Freiburger
Geschlechter
Studien

Migration – Mobilität – Geschlecht

Ausgabe 25/ 2011

Budrich UniPress Ltd.

Freiburger GeschlechterStudien 25

Herausgeberin der Reihe: *Zentrum für Anthropologie und Gender Studies* (*ZAG*)/ Abteilung *Gender Studies*.
Herausgeberinnen der Ausgabe 25: Dr. Meike Penkwitt, Dr. des. Antonia Ingelfinger.

Öffentlichkeitsarbeit: Julia Angstenberger, Irina Belikow, Dr. Meike Penkwitt.
Umschlaggestaltung: Elmar Laubender, Dr. Meike Penkwitt.
Satz: Elmar Laubender.

Verlag: Budrich UniPress Ltd., Stauffenbergstr. 7, D-51379 Leverkusen-Opladen, www.budrich-unipress.de.

Druck: Hausdruckerei der Albert-Ludwigs-Universität Freiburg i. Brsg.
Umschlagsdruck: Druckwerkstatt im Grün, Auflage: 350.

Bibliografische Information der Deutschen Bibliothek
Die Deutsche Bibliothek verzeichnet diese Publikation in der Deutschen Nationalbibliographie; Detaillierte Daten sind im Internet unter http://dnb.ddb.de abrufbar.

ISBN-10: 3-940755-90-7 ISBN-13: 978-3-940755-90-2 ISSN: 0948-9975

AutorInnen finden Informationen zur Veröffentlichung auf den Seiten 327 und 380.

Inhalt

Vorwort

Der 25. Ausgabe der *Freiburger GeschlechterStudien* „Migration, Mobilität, Geschlecht" liegt die gleichnamige Veranstaltungsreihe zugrunde, die im Wintersemester 2010/2011 an der Albert-Ludwigs-Universität Freiburg und anderen Freiburger Veranstaltungsorten stattfand. Als diese Reihe im Oktober 2010 anlief, erwies sich das Thema als noch aktueller und brisanter als wir es während der Vorbereitung des Programms erwartet hatten: In erster Linie ausgelöst durch das Skandal-Buch Thilo Sarrazins wurde Migration innerhalb der letzten Monate in der Tages- und der Wochenpresse, mehr noch als bereits zuvor, zu einem allgegenwärtigen Thema. In dieser Debatte wurde der Fokus oft auf die Integrations(un)willigkeit der Einwanderer gerichtet. Dem setzen wir mit der Veranstaltungsreihe und dem Band *Migration, Mobilität, Geschlecht* gezielt eine wissenschaftliche Auseinandersetzung entgegen, die besonderen Wert auf die Perspektive der Betroffenen legt.

Unsere nächste Veranstaltungsreihe, die wir im Wintersemester 2010/2011 in Kooperation mit der Musikhochschule Freiburg durchführen, trägt den Titel „Musik und Genderdiskurs". Eine Übersicht zu dieser Veranstaltungsreihe (mit Abstracts zu den Veranstaltungen sowie Kurzlebensläufen der Vortragenden) finden Sie auf den Seiten 331 bis 354 des vorliegenden Bandes.

Diese Übersicht soll Appetit machen sowohl auf die Veranstaltungsreihe als auch auf unseren kommenden Sammelband mit demselben Thema. Anders als bei den bisherigen Ausgaben der *Freiburger GeschlechterStudien* werden mit dem nächsten Band allerdings nicht mehr vorwiegend die Aufsatzfassungen der Vorträge aus der Veranstaltungsreihe veröffentlicht. Denn mit Ausgabe 26 steht eine konzeptuelle Umstellung unserer Zeitschrift an, die mit einem Namenswechsel einhergeht: Ab Ausgabe 26 wird aus den *Freiburger GeschlechterStudien* die *Freiburger Zeitschrift für Geschlechterforschung*. In Zukunft sind Zeitschrift und Veranstaltungsreihe zumindest partiell entkoppelt. Die Ausgaben der Zeitschrift widmen sich zwar demselben Themenschwerpunkt wie die jeweiligen Veranstaltungsreihen, Ausgabe 26 also ebenfalls dem Thema „Musik und Geschlecht". Jeweils kurz vor Beginn der Reihe erscheint jedoch neuerdings ein thematisch identischer Call, der für alle Interessierten offen ist: Alle interessierten zum jeweiligen Schwerpunkt arbeitenden WissenschaftlerInnen können bei uns Texte einreichen. Diese Texte werden dann einem (double blind) Peer-Review-Verfahren unterzogen, bei dem die Texte anonymisiert werden und von Gutachterinnen, die ihrerseits ebenfall anonym bleiben, gegengelesen werden. Den ersten Call (zum Thema „Musik und Genderdiskurs"), den wir bereits Ende Juli verschickt haben, finden Sie auf den Seiten 327 bis 329. Ab 2013 erscheint die *Freiburger Zeitschrift für Geschlechterforschung* zudem zweimal jährlich, dafür (bereits ab Ausgabe 26) mit einem deutlich geringeren Seitenumfang.

Neben den Aufsätzen und Rezensionen finden Sie in der vorliegenden Ausgabe einen Bericht eines Besuchers des von der DFG (Deutschen Forschungsgemeinschaft) geförderten internationalen Symposions „‚was ich vor langem an einem anderen Ort begonnen habe...' die Erinnerungstexte der Autorin Erica Pedretti". Dieses Symposion wurde vom *ZAG* (*Zentrum für Anthropologie und Gender Studies*) gemeinsam mit dem Deutschen Seminar und dem Literaturbüro Freiburg im vergangenen Herbst 2010 durchgeführt. Eine darauf zurückgehende Publikation erscheint 2012 bei Königshausen und Neumann.

Beim vorliegenden Band handelt es sich um einen Jubiläumsband: die 25. Ausgabe der *Freiburger GeschlechterStudien*. Dieses Jubiläum werden wir im Rahmen eines Symposions feiern, das Teil der Veranstaltungsreihe „Musik und Genderdiskurs" ist, und vom Donnerstag, den 16. Februar 2012 bis zum Samstag, den 18. Februar 2012 in den Räumen des Carl-Schurz-Hauses stattfindet. Sie sind herzlich dazu eingeladen. Um Anmeldung wird gebeten.

Bedanken möchte ich mich an dieser Stelle bei den AutorInnen, deren Texte im vorliegenden Band erscheinen, sowie auch bei denjenigen, die im Rahmen der Veranstaltungsreihe vorgetragen haben und nun nicht durch einen Aufsatz vertreten sind. Danken möchte ich außerdem den Redakteurinnen, ganz besonders denjenigen bei denen sich dieser Dank mit einem Abschied verbindet. So nehmen folgende Redakteurinnen die Konzept-Umstellung unserer Zeitschrift zum Anlass, sich nach teilweise bereits über zehnjähriger Mitarbeit aus dem Redaktionsteam zu verabschieden: Dr. Ruth Brand, Dr. Regula Giuliani, Caroline Günther, Antje Harms, Jennifer Jäckel, Gertraud Lenz und Dr. Tina Karen Pusse. Schon vor der letzten Redaktionsrunde in alter Form hat sich Bettina Schreck aus dem Redaktionsteam verabschiedet. Mit dem Abschied verbunden ist auch der Dank an die drei Hilfskräfte, Dorothea Knorre, Irina Belikow und Christiane Götzen, die in den vergangenen Monaten ihr Studium abgeschlossen haben. Ganz besonders bedanken möchte ich mich ein weiteres Mal bei Antonia Ingelfinger, die mich im Wintersemester vertreten hat, und es mir so ermöglichte meine Dissertation fertigzustellen. Frau Ingelfinger übernahm die Koordination und Durchführung der laufenden Veranstaltungsreihe „Migration – Mobilität – Geschlecht", deren Konzeption und Organisation in meinen Händen lag. Für die Herausgabe der Zeitschrift sind wir nun gemeinsam verantwortlich; die Einleitung stammt von Antonia Ingelfinger. Bedanken möchte ich mich außerdem bei Friederike Schulte, der neuen Direktorin des Carl-Schurz-Hauses für die erfolgreiche Kooperation im Rahmen unserer Migrationsreihe sowie für die überaus produktive gemeinsame Vorbereitung unserer Musikreihe: Das Carl-Schurz-Haus steuert in der nächsten Runde nicht nur eine Reihe von Vorträgen, sondern darüber hinaus auch eine Ausstellung mit dem Titel „Sophisticated Ladies – Women and Jazz" (17.2.2012-19.12.2012) bei. Darüber hinaus geht mein Dank auch an Prof. Dr. Janina Klassen, die ganz maßgeblich an der Konzeption und auch Organisation der Reihe „Musik und Genderdiskurs" beteiligt war. Last but not least danke ich dem Rektor der Universität, Prof. Dr. Hans-Jochen Schiewer, sowie dem Prorektor Prof. Dr. Heiner Schanz, für die großzügige Unterstützung der Veranstaltungsreihe und der Zeitschrift.

Meike Penkwitt Freiburg, im September 2011

Antonia Ingelfinger

Migration – Mobilität – Geschlecht. Eine Einleitung

Bahnhöfe: Ankünfte, Anfänge, Stationen, Endstationen, Endstation, Adiö: so ein schönes sentimentales Thema:
Immer noch gibt es die Bahnhöfe von Hohenstadt, Sternberg, Schönberg und Freudenthal, deren Namen es längst nicht mehr gibt.
Mitten in der Landschaft eines üblen Traums, Bahnhof München 45, Wasser gepumpt und eimerweise in den Zug Prag-St. Margrethen geschleppt. Zürich Wollishofen-Enge-Hauptbahnhof. Paris Est. Und Le Havre, Gare Maritime. (...)
Anne war noch nie in dieser Gegend. Sie weiß nicht, wie es in Staz aussehen, wie es dort sein wird. Warum fährt sie gerade dorthin? Ob Staz ihr gefallen oder nicht gefallen wird, es wird auf jeden Fall in ihrem Leben eine Rolle spielen. Immer wieder geschieht ihr das: *sie sitzt in einem Zug,*
der fährt von Osten nach Westen, sie wird von Zábřeh nach St. Margrethen gebracht. Niemand hat sie vorher gefragt, willst du oder willst du nicht, man fährt doch gern ins gelobte Land, besonders unter den herrschenden Umständen, warum sollte jemand eine Ausnahme machen, macht sie eine Ausnahme?
Oder sie findet sich auf einem Schiff wieder: wer verließe diesen Kontinent nicht gerne? Was hast du nur gegen The American Way of Life? Westchester is most beautiful, isn't it?
Oder sie sitzt in einem Zug und denkt an ihren Bestimmungsort: Balgach. Bis letzte Woche hatte sie diesen Namen noch nie gehört, man könnte gut 80 werden, ohne ihn zu kennen. Und niemand hat sie gefragt, willst du nach Balgach, willst du nicht? Sie muß dorthin. Wie sie wenige Jahre später nach Mamaroneck muß. Ein komischer Name, Mamaroneck, indianisch. Wie wird es dort aussehen, warum ausgerechnet Mamaroneck? Ob es ihr gefallen oder nicht gefallen wird, (...)
So komme ich zu einem Haus mit Türmchen, dem soll ich fortan ‚zuhause' sagen, oder ich komme zu einem Haus in holländischem Stil, ich hatte mir holländische Häuser anders vorgestellt, auch diesem Haus soll ich jahrelang ‚zuhause' sagen. (...)
Immer wieder bringt der Zug Anne an den jeweils schönsten Ort. Was hat sie nur, was könnte sie dagegen haben? Warum würde sie gern vorher um ihre Einwilligung gefragt, hätte gern die Illusion der freien Wahl, wenn sie doch weiß, daß sie keine andere Wahl hat?

(Erica Pedretti: Heiliger Sebastian, 26-28)

Aktuell

Der ‚Arabische Frühling', die derzeit in vielen arabischen Ländern erstarkenden Demokratiebewegungen gegen vom Westen tolerierte oder sogar hofierte Despoten, hat die Flüchtlingsströme aus Afrika anwachsen lassen. Obwohl diese Migrationsbewegungen zum größten Teil zwischen den arabischen Nachbarstaaten stattfinden, verstärkt Europa seine Abgrenzungsbestrebungen mit

Organisationen wie FRONTEX[1], die Flüchtlinge an den Grenzen Europas abfangen und in ihre Herkunftsländer abschieben, um das zahlenmäßig weit geringere Flüchtlingsaufkommen an Europas Grenzen einzudämmen. Während in den Berichten über die ‚Arabischen Revolutionen' die Rolle von Frauen für die demokratischen Umwälzungen häufig besonders hervorgehoben wird, zeigen die Nachrichtenbilder von den in Lampedusa Gestrandeten vorwiegend junge, nordafrikanische Männer, die wagemutig das Mittelmeer überquerten, um in Europa bessere Lebens- und Arbeitsbedingungen vorzufinden.[2] In dieser massiven optischen Präsenz wirken sie jedoch wie die Inszenierung eines erneuten muslimischen Ansturms auf das christliche Abendland. Daher wird im Zusammenhang mit dem gestiegenen Flüchtlingsaufkommen in einigen Grenzstaaten Europas gegenwärtig von einzelnen Regierungen das Schengener Abkommen[3] über die Freizügigkeit innerhalb der europäischen Union zur Disposition gestellt, um die unerwünschten MigrantInnen daran zu hindern, sich innerhalb der EU frei zu bewegen.

Daran wird deutlich, das sich die Gemeinschaft der europäischen Länder, für deren BürgerInnen der Begriff ‚Mobilität' zu einer zentralen, vorwiegend positiv besetzten Kategorie ihrer Arbeits- und Lebensrealitäten geworden ist, gegen die Mobilität außereuropäischer Menschen zur Wehr setzt, um die Privilegien ihrer eigenen Bevölkerung zu schützen. Die ‚Festung Europa' wird zum Bollwerk gegen Migrationsbewegungen aus dem außereuropäischen Ausland.

Migration, Mobilität, Geschlecht

Migration ist ein allgegenwärtiges Phänomen, das fast täglich, meist auf dramatisierende Weise, in den Medien thematisiert wird. Dabei konzentriert sich die Berichterstattung der Nachrichtensendungen, neben der Schilderung teilweise unmenschlicher Reisebedingungen von Flüchtlingen, häufig auf die als negativ eingestuften Folgen der Flüchtlingsströme für die Zielländer. Hier fallen oft Schlagworte wie ‚Überfremdung', ‚clash of civilisations'[4], ‚Parallelgesellschaften' oder der Vorwurf des mangelnden Integrationswillens der MigrantInnen bis hin zum Terrorismusverdacht, unter den vor allem die muslimischen EinwanderInnen gestellt werden. Dieser Sammelband soll dazu dienen, der oft einseitigen öffentlichen Betrachtung des Themas ‚Migration' eine differenziertere wissenschaftliche Auseinandersetzung entgegenzuhalten, die auch die Perspektiven von MigrantInnen umfasst. Dabei wird die enge und vielfältige Verknüpfung des Begriffs ‚Migration' mit den Begriffen ‚Mobilität' und ‚Geschlecht' untersucht. Denn Migration hängt per se mit Mobilität zusammen, wobei, wie der einleitende Abschnitt über den Arabischen Frühling gezeigt hat, hier auch das Gegenteil von Mobilität, nämlich ‚Immobilität' oder ‚Demobilität' eine Rolle spielt, wenn Flüchtlingen die Einreise oder eine gewisse Freizügigkeit verwehrt wird, die in westlichen Gesellschaften mit zu den wichtigsten Voraussetzungen einer modernen Lebensgestaltung gehören. Dass Migration auch ein geschlechtlich determinierter Prozess ist, zeigt die Analyse von MigrantInnenbiographien sowie deren spezifischer Probleme in den Aufnahmeländern. So differieren, neben den Fluchtgründen, oft auch die Erwartungen bei Männern und Frauen, und auch die Bildungschancen und Arbeitsmöglichkeiten in den Aufnahmeländern variieren aufgrund von Familienstrukturen und von Zuschreibungen seitens der Mehrheitsgesellschaft je nach Geschlecht. Wie das komplexe Zusammenspiel zwischen Aufnahmegesellschaft und MigrantInnen zeigt, ist die Differenzkategorie ‚Geschlecht' dabei jedoch nicht ohne weitere Differenzkategorien wie ‚Rasse'/Ethnizität[5], Klasse und Sexualität zu denken, die gerade im Kontext von Migration bedeutsam sind, wie ich später noch ausführen werde.

Die Begriffstrias ‚Migration', ‚Mobilität' und ‚Geschlecht' eröffnet daher ein breites, interdisziplinäres Forschungsfeld, an dem die Migrationssoziologie, die interkulturelle Pädagogik, die Frauen- und Geschlechterforschung, die *Queer Studies*, die *Black Studies*, die *Critical Whiteness Studies* und die *Postcolonial Studies* sowie auch die Geschichtswissenschaft, die Geologie, die Politik-, die Rechts- und die Wirtschaftswissenschaften ihren Anteil haben. Darüber hinaus beschäftigen sich auch die Geisteswissenschaften mit den kulturellen Erzeugnissen von EinwanderInnen und ihre Rückwirkung auf kulturelle Entwicklungen in den Aufnahmeländern. In den folgenden Abschnitten werde ich daher das Themen- bzw. Problemspektrum, das mit dieser Begriffstrias verbunden ist, skizzieren und dabei knapp auf die Forschungsschwerpunkte und die wichtigsten Fragestellungen der damit beschäftigten wissenschaftlichen Disziplinen eingehen.

Gründe für Migration

Gründe für Migration gibt es viele. Einerseits führt der globalisierte Kapitalismus mit seinem Bedarf an möglichst günstigen ArbeiterInnen zur Erlangung möglichst hoher Gewinne und ein damit einhergehendes wirtschaftliches und soziales Gefälle zwischen Regionen und Nationen weltweit zu immer mehr Migrationsbewegungen;[6] gleichzeitig siedeln sich international agierende Konzerne zunehmend in Weltregionen an, in denen die Arbeitskraft billig zu haben ist. Andererseits finden westliche Vorstellungen von unveräußerlichen Menschenrechten, die jedem Individuum ohne Ansehen der Person zugebilligt werden, durch die Globalisierung der Märkte und Ideen sowie durch die militärischen Interventionen westlicher Nationen in verschiedenen Krisenregionen der Welt (z.B. in Afghanistan und im Irak) globale Verbreitung. Daher erscheinen westliche Gesellschaften in doppelter Hinsicht als ‚gelobte Länder': Im Hinblick auf die Einhaltung von Menschenrechten und aufgrund ihrer Wirtschaftskraft und ihres Reichtums, von dem sich Menschen aus ärmeren Weltregionen materielle Aufstiegschancen erhoffen. So benötigen westliche Gesellschaften, allen voran Deutschland, nach der Einschätzung von WirtschaftsexpertInnen gut bezahltes, qualifiziertes Arbeitspersonal aus dem Ausland, da die demographische Entwicklung mittelfristig für einen Mangel an qualifizierten Arbeitskräften im eigenen Land spricht. Außerdem werden aus denselben Gründen u.a. auch in der häuslichen Pflege wie im Pflegesektor allgemein verstärkt (schlecht bezahlte) Pflegekräfte gebraucht, die mittelfristig ebenfalls vorwiegend im Ausland rekrutiert werden müssen, wenn die Pflegebedürftigen nicht gleich selbst zur Pflege ins kostengünstige Ausland transferiert werden. Während jedoch die gut bezahlten hochqualifizierten MigrantInnen[7] von Politik und Wirtschaft umworben und mit Privilegien auch aus dem außereuropäischen Ausland angelockt werden, werden die schlecht bezahlten Arbeitsplätze im (häuslichen) Pflegebereich aufgrund des innereuropäischen Lohngefälles stillschweigend von osteuropäischen, zum Teil auch von undokumentierten MigrantInnen eingenommen. Hier zeigen sich deutliche Unterschiede in der politischen Behandlung von MigrantInnen,[8] die in erster Linie mit den Qualifikationen der MigrantInnen – hauptsächlich für wirtschaftlich wichtige Bereiche –, sowie auch mit dem Faktor Geschlecht zusammenhängen. Denn die für den wirtschaftlichen Standort Deutschland wichtigen ausländischen Fachkräfte, die einen privilegierten Sonderstatus im Ausländerrecht erhalten sollen, sind häufig Männer, wohingegen die reproduktiven Arbeiten im häuslichen und im Pflegebereich oft von Frauen ausgeübt werden (vgl. Shinozaki 2009). Für diese gilt, dass mit ihrer geringen finanziellen Wertschätzung zum Teil auch noch ein prekärer Aufenthaltsstatus einhergeht.[9] Welche Erfahrungen Asylsuchende, die in ihren Heimatländern verfolgt oder unterdrückt wurden, in westlichen Ländern wie Deutschland machen bzw. welchen Problemen sie gegenüberstehen, ist ein weiterer wichtiger Aspekt der Debatte, der nicht zuletzt JuristInnen und AktivistInnen von ProAsyl beschäftigt. Hier lässt sich die Frage anknüpfen, inwieweit den Ankömmlingen aus anderen Weltregionen die Segnungen westlicher Demokratien tatsächlich zugute kommen.

Mit den komplexen Ursachen für Migration, die hier nur angerissen werden konnten, befasst sich u.a. die empirische Migrationsforschung. Sie stützt sich auf verschiedene Theorien. Dabei verbindet sie makrotheoretische, also globale Verhältnisse betreffende Erklärungsansätze (z.B. Gravitationstheorie, makroökonomischer Ansatz, Push-Pull-Regressionsmodelle), mit mikrotheoretischen, auf der Individualebene ansetzenden Methoden und Erklärungsansätzen (vgl. Kalter 2008). Historische Untersuchungen ergänzen diese, indem sie Migrationsbewegungen früherer Zeiten nachzeichnen, Migrationsrouten aufzeigen und damit ebenfalls Daten liefern, die Rückschlüsse auf die vielfältigen Gründe für Migration zulassen.

Der komplexe Zusammenhang zwischen Migration und Mobilität

Auf den ersten Blick erscheinen die Begriffe Migration und Mobilität geradezu wie eng verbundene Zwillingsbegriffe, versteht man doch unter Migration die Wanderungsbewegungen von Menschen zwischen Kontinenten und Nationalstaaten in der Absicht, dauerhaft ihren Wohnort zu verlagern. Die Gründe hierfür sind, wie bereits angedeutet, vielfältig. Neben Flüchtlingen aus Regionen, in denen politische oder religiöse Unruhen herrschen oder die von Naturkatastrophen betroffen sind, gibt es MigrantInnen, die wegen (drohender) Armut und

Chancenlosigkeit ihre Heimatländer verlassen. Allerdings unterliegt die Immigration den jeweiligen Einwanderungsbestimmungen des Nationalstaates, in den die Einwanderung/Flucht erfolgen soll, d.h. die Mobilität der MigrantInnen ist keinesweg eine uneingeschränkte. Die Bestimmungen wiederum folgen, mit Ausnahme des Schutzes Asylsuchender[10], den Interessen der Einwanderungsländer, die meist wirtschaftlichen Überlegungen geschuldet sind und sich so z.B. am Arbeitskräftebedarf orientieren. Die Regulierung von Einwanderung erfolgt darüber hinaus häufig entlang von Differenz- und Diskriminierungskategorien, die in Anlehnung an rassistische Vorstellungen aus der Kolonialzeit eine Hierarchie zwischen Einheimischen und Eingewanderten erzeugen. So versteht sich die Bundesrepublik Deutschland nicht als Einwanderungsland und sieht, abgesehen von der grundsätzlichen, tatsächlich aber immer mehr eingeschränkten Möglichkeit, Asyl zu beantragen, nur eine stark reglementierte Arbeitsmigration vor (Ochse 1999, 135). Die restriktive Ausländerpolitik in Deutschland sieht für dokumentierte MigrantInnen das Ausländerrecht vor, das ihnen weniger Rechte und Chancen zubilligt als deutschen StaatsbürgerInnen.[11] MigrantInnen, die ohne gültigen Aufenthaltstitel in Deutschland leben, verfügen über gar keinen rechtlichen Status und müssen jederzeit damit rechnen, verhaftet und abgeschoben zu werden (vgl. u.a. Lenz 2009, 53). Darüber hinaus ist „das deutsche Staatsbürgerschaftsrecht (...) mit dem Mythos einer homogenen und gemeinsamen kulturellen Herkunft verknüpft und schließt die meisten MigrantInnen aus“ (Ochse 1999, 135). Aufgrund dieses Staatsbürgerverständnisses überrascht es auch nicht, dass MigrantInnen auf kulturelle Differenzen festgeschrieben werden, welche im Vergleich zu den Einheimischen konstruiert werden.

Wie das eingangs erwähnte Beispiel zeigt, ist der Begriff der Mobilität in unseren westlichen Gesellschaften vorwiegend positiv besetzt. Mobilität bedeutet Beweglichkeit, in Bewegung bleiben, flexibel sein, auch über Staatsgrenzen hinweg, um stets für neue Erfahrungen offen zu sein und sich für seine berufliche Arbeit weiterzuqualifizieren. Mobilität als Privileg, als „Elitemobilität“ (Lutz 2009, 8), die Freiheit, sich überall hinzubegeben und sich dort niederzulassen, wo man/frau will, kommt aber bei genauerem Hinsehen nicht jeder/m zugute. De facto bedeutet die neo-liberale Forderung der Gesellschaft mobil zu sein für den/die weniger privilegierte/n Einzelne/n nämlich auch, notfalls dahin zu gehen, wo es Arbeit gibt, und damit überall verfügbar zu sein. Freizügigkeit wird jedoch nicht allen Menschen gleichermaßen zugebilligt, denn die westlichen Industriestaaten machen die Erlaubnis zur Einreise (Visa) in ihre Länder z.B. von Herkunftsland, Vermögen und Ausbildungsstand der Reisewilligen abhängig. Während beispielsweise westlichen, weißen, gebildeten, vermögenden und gesunden männlichen Personen beinahe die ganze Welt offen steht,[12] ist die Mobilität von nicht-westlichen, ‚farbigen‘, ungebildeten, armen, nicht-gesunden weiblichen Personen erheblich eingeschränkt, wobei meist eine Kombination von nur zwei der erwähnten Eigenschaften bereits für eine Einschänkung der Mobilität ausreicht. Mobilität steht also im Zusammenhang mit einer Reihe von Differenzkategorien, die die Grundlage für Hierarchisierungen bilden. Diese wiederum entscheiden darüber, wie mobil jemand sein kann bzw. ob er/sie zur Immobilität gezwungen ist.

‚Gender' und weitere wichtige Differenzkategorien

Die Migrationsforschung ist lange selbstverständlich davon ausgegangen, dass vor allem Männer ihre Herkunftsländer verlassen, um anderswo Arbeit zu finden oder sich politischer bzw. religiöser Verfolgung zu entziehen.[13] Inzwischen hat sich die Erkenntnis durchgesetzt, dass mindestens ebenso viele Frauen migrieren, und zwar nicht nur, wie häufig angenommen, als Anhängsel ihrer Ehemänner oder Eltern, und zum Teil auch aus anderen Gründen als Männer. Daher sprechen ForscherInnen mittlerweile von einer „Feminisierung der Migration" (Han 2003, 3). Diese Erkenntnis wirkt auf die Forschung selbst, ihre Fragen und Untersuchungsansätze zurück, denn auch im Zielland angekommen differieren die Erfahrungen, die Frauen bzw. Männer (ganz zu schweigen von *Queers* oder *Transgenders*) machen, werden sie doch von Arbeitsbedingungen, -restriktionen und Vorurteilen ebenso wie von kulturellen Vorstellungen ihrer eigenen Herkunftsländer sowie auch denen des Aufnahmelandes, beeinflusst (vgl. Bednarz-Braun 2004, Munsch 2007 und Färber 2008).

Die Frauenforschung, und später die *Gender Studies*, haben früh erkannt, dass Geschlecht eine Kategorie ist, anhand der Ausgrenzung bzw. Diskriminierung stattfindet. Allerdings hat sich diese Forschung bis in die 1980er Jahre hinein zu stark auf die Probleme weißer Mittelschichtsfrauen konzentriert, aus deren Reihen die Forscherinnen selbst zumeist stammten (vgl. Bednarz-Braun 2004, 21). Aus diesem Grund formierten sich in den USA Angehörige von Minderheiten, die sich durch die wissenschaftliche Forschung an den Universitäten nicht nur nicht repräsentiert, sondern sogar systematisch unsichtbar und unhörbar gemacht fanden, und riefen weitere wissenschaftskritische Forschungsrichtungen neben den *Gender Studies* ins Leben. Die Forschungsergebnisse dieser neu entstandenen kritischen Ansätze wie den *Queer Studies*, den *Black (Feminist) Studies*, den *Critical Whiteness Studies* oder den *Postcolonial Studies* machten deutlich, dass sich die tatsächlichen Lebensverhältnisse von Frauen, Männern, *Queers* oder *Transgenders* mit der Differenzkategorie Geschlecht allein nicht adäquat erfassen lassen. Es ist das Verdienst dieser Differenzforschungen, nachdrücklich darauf hingewiesen zu haben, dass neben dem Geschlecht (*gender*) auch die Hautfarbe/‚Rasse' (*race*), die Ethnie (*ethnicity*), die Religion, die Sprache, die sexuelle Ausrichtung (*sexuality*), die soziale Herkunft (*class*), der Bildungsstand und viele weitere Faktoren über die Teilhabe am gesellschaftlichen Leben und seinen Entscheidungsprozessen bestimmen. Im Hinblick auf die Migrationsforschung ist zu konstatieren, dass immer noch zu wenig Forschung von MigrantInnen bzw. Menschen mit Migrationshintergrund durchgeführt wird und dass darüber hinaus Forschungsergebnisse aus den Herkunftsländern der MigrantInnen, sei es aufgrund ihrer sprachlichen Zugänglichkeit , sei es wegen der Ignoranz der hegemonialen westlichen Wissenschaftspositionen, zu wenig wahrgenommen werden (vgl. Ochse 1999, 141).

Dass Geschlecht eine soziale Strukturkategorie darstellt, die sich in Interaktionen ereignet und von gesellschaftlichen Vorgaben und Situationen beeinflusst wird, also auch nicht statisch, sondern wandelbar ist, kann inzwischen als Konsens in der Geschlechterforschung gelten (vgl. auch Bednarz-Braun 2004, 39-41). Die Vorstellung von ‚Rasse' als einem biologischen Merkmal, das eine Gruppe von Menschen grundlegend und prinzipiell von anderen Gruppen unterscheidet, wurde auch in der Forschung erst viel später hinterfragt und ist sogar heute noch in einzelnen wissenschaftlichen Untersuchungen wirksam (vgl. auch Ochse 1999, 138). Im Zuge der Kolonialisierungsbestrebungen der europäischen Nationalstaaten wurde die Differenzkategorie der ‚Rasse' eingeführt und zu einem ‚natürlich gegebenen' und relevanten Kriterium der Unterscheidung erklärt" (Arndt 2004, 341). An diese scheinbar objektiv erkennbaren ‚Rassenmerkmale' wurden weitere Eigenschaften geknüpft, wobei eine hierarchisierende Dichotomie zwischen ‚schwarz' und ‚weiß' (‚fremd' und ‚eigen', ‚emotional' und ‚intelligent', ‚wild' und ‚zivilisiert' etc.) installiert wurde, um die Kolonisierten als in jeder Hinsicht inferior zu konstruieren und somit ihre Ausbeutung zu rechtfertigen (vgl. Arndt 2004 und Ha 2005). Obwohl diese pseudowissenschaftichen ‚Rassentheorien' längst als „Rechtfertigungsideologie" (Arndt 2004, 341) der Kolonialmächte enttarnt wurden, durchdringt der Rassismus und damit die Hierarchisierung unterschiedlicher ‚Rassen'/Ethnien weiterhin den westlichen Alltag (vgl. Ha 2005).

> Dennoch, hier scheint sich die kulturwissenschaftliche Forschung einig, ist es nicht möglich, den Begriff ‚Rasse' gänzlich zu vermeiden oder einfach aufzulösen. Denn diese biologistischen ‚Rassenkonstruktionen' haben sich nachhaltig in Denk- und Verhaltensmuster eingeschrieben, die gesellschaftliche, kulturelle und politische Prozesse und Hegemonien konstituieren und irreversibel rassialisierte Identitäten und Positionen hergestellt haben. Collette Guillaumin brachte dies auf die polemische Formel: ‚Race does not exist. But it does kill people.' (Arndt 2005, 342)

Aus diesem Grund ist es notwendig, ‚Rasse' ebenso wie Geschlecht als „soziale Position und kritische[.] Analyse und Wissenskategorie" (Arndt 2004, 342) zu verstehen und beispielsweise herauszuarbeiten, dass sich die Konstruktion von Schwarz- und Weißsein im Laufe der Geschichte verändert hat, in politischen und sozialen Auseinandersetzungen immer wieder neu verhandelt wird und somit grundsätzlich Wandlungsprozessen unterliegt. In diesem Zusammenhang ist es wichtig, auf die Untersuchungen der Kritischen Weißseinsforschung (z.B. Eggers 2005) hinzuweisen. Diese beschäftigt sich mit der unsichtbar gemachten, weil als Norm geltenden, hegemonialen Position des Weißseins und weist auf damit verbundene Privilegien von Weißen hin. Darüber hinaus analysiert sie Weißseinsverleugnungsstrategien (z.B. Haritaworn 2005), arbeitet daran, die ‚unsichtbare' Farbe weiß sichtbar zu machen und sucht nach Strategien, um die Hierarchisierung von Weißsein abzubauen.

Diese Erkenntnisse sind gerade auch für die Migrationsforschung ganz besonders wichtig geworden. Auch die *Gender Studies* versuchen mittlerweile, diese blinden Flecken aufzuarbeiten und die Perspektiven anderer Diskriminierter in ihre Untersuchungen aufzunehmen. Ein Beispiel hierfür ist der noch relativ junge intersektionelle Untersuchungsansatz, der die Schnittstellen, Überlagerungen und Wechselwirkungen zwischen den Differenzkategorien *Gender*, Klasse, ‚Rasse'/Ethnizität und Sexualität in den Blick nimmt, anhand deren Diskriminierung bzw. Privilegierung gezeigt werden kann (vgl. Klinger/Knapp 2005 und Degele/ Winker 2007 und 2009).

Zur Situation der MigrantInnen in Deutschland

Wie bereits oben dargelegt, versteht sich die Bundesrepublik Deutschland nicht als Einwanderungsland und sieht nur eine stark regulierte Arbeitsmigration vor. So wurden Mitte der 1950er Jahre bis zirka Mitte der 1970er Jahre so genannte ‚GastarbeiterInnen' aus verschiedenen Mittelmeeranrainerstaaten angeworben, um den wirtschaftlichen Aufschwung nach dem zweiten Weltkrieg realisieren zu können. Für diese zeitlich befristet aufgenommenen ‚AusländerInnen' wurde ein eigenes ‚Ausländerrecht' geschaffen, das alle Angelegenheiten regelt, die mit Aufenhalts- und Arbeitsrechten oder Familiennachzug zusammenhängen, ihnen aber auch weniger Rechte einräumt als deutschen StaatsbürgerInnen. Häufig geht es in öffentlichen Auseinandersetzungen um MigrantInnen oder ‚AusländerInnen' in Deutschland um diese ‚GastarbeiterInnen' und ihre Nachkommen, teilweise aber auch um Flüchtlinge und AsylbewerberInnen, deren Aufnahme im Zuge von Bürgerkriegen und -unruhen, Revolutionen und Naturkatastrophen von Politik und Medien diskutiert wurde.

Der Großteil der Migrationsforschung befasst sich mit den MigrantInnen[14] selbst, ihrer persönlichen, sozialen und strukturellen Lage in der Aufnahmegesellschaft, ihren Bildungs- und Arbeitschancen, Problemen und Nöten, sowie auch mit ihrer konfliktträchtigen ‚Andersheit'. So untersucht die empirische Integrationsforschung anhand verschiedener Faktoren wie Bildungsqualifikation und Arbeitsmarkterfolg, Spracherwerb und Bilingualität, soziale Herkunft, soziale Vernetzung, binationale Eheschließungen, räumliche Segregation oder Beibehaltung bzw. Übernahme im Herkunfts- oder Aufnahmeland dominanter Einstellungen und Wertorientierungen den Grad der Integration[15] von EinwanderInnen in kognitiv-kultureller, struktureller, sozialer und in emotionaler Hinsicht (vgl. Kalter 2008). Bei den geschilderten empirischen Untersuchungen zur Situation der MigrantInnen wird ausdrücklich auch „die Bedeutung von Prozessen der ethnischen Grenzziehung und der sozialen Distanzierung für der Ausgang von Integrationsprozessen" (Kalter 2008, 27), also die evtl. Ablehnung der MigrantInnen durch die einheimische Bevölkerung, betont.[16]

Neben Fragen nach der Integrationsleistung von MigrantInnen untersuchen die Migrationsforschung und die interkulturelle Pädagogik gezielt die Bildungssituation der MigrantInnen bzw. Bildungsungleichheiten (vgl. auch

Waburg/Schurt 2011, 159-174 im vorliegenden Band) zwischen einheimischen und Kindern mit Migrationshintergrund sowie ihre Chancen auf dem Arbeitsmarkt. Hier werden jeweils Fähigkeiten und Defizite seitens der MigrantInnen in Beziehung zu strukturellen Gegebenheiten wie z.B. soziale Auslese über das Bildungssystem oder Ausschlussmechanismen des Arbeitsmarkts gesetzt. Auch dieser Forschungsbereich ist, da er aus der Sozialarbeit mit MigrantInnen hervorgegangen ist, stark problemorientiert und liefert Hinweise für den konkreten Umgang mit MigrantInnen, um ihre Lage zu verbessern und sie besser in die Aufnahmegesellschaft zu integrieren.

Im Rahmen der Geschlechterforschung wird Migration stärker auf die Bedeutung des Faktors Geschlecht hin untersucht, seit den 1990er Jahren auch mit Blick auf damit verschränkte weitere Diskriminierungsfaktoren (z.B. Ochse 1999, Bednarz-Braun 2004, Munsch 2007 oder Lutz 2009). Ebenso wie die auf postkoloniale Ansätze (z.B. Ha 1999) zurückgreifende Migrationsforschung und die Kritische Weißseinsforschung verweist sie auf die ausgrenzende Gewalt von Zuschreibungen und Rassismus, untersucht Lebensbewältigungsstrategien von MigrantInnen und leitet zum Teil auch politische Forderungen von ihren Erkenntnissen ab. Außerdem wird gefragt, ob und wie sich Migrationsprozesse auf die Geschlechterverhältnisse in den Herkunfts- und Aufnahmeländern auswirken. Ausländerrechtliche Bestimmungen beruhen auf unhinterfragten herrschenden Vorstellungen von Zusammenleben und familiären Beziehungen und führen in ihrer Anwendung zu Normierungen bzw. ‚Normalisierungen' des Lebens von MigrantInnen, d.h. die dem Recht zugrunde liegenden Vorstellungen wirken bis in die (familiären) Beziehungen von MigrantInnen hinein. So zeigt María do Mar Castro Varela die Wirkmacht der Heteronormativität westlicher Gesellschaften (Castro Varela 2007), Éric Fassin beschreibt die Auswirkung des nationalen Postulats der ‚sexuellen Freiheit' für muslimische Immigrantinnen (Fassin 2011, 211-232 im vorliegenden Band) und Jana Häberlein macht in ihrem Beitrag deutlich, dass das Schweizer Ausländerrecht auf Drittstaatenangehörige Vorstellungen von Ehe und Familie geltend macht, die in der Mehrheitsgesellschaft bereits als überholt gelten (Häberlein 2011, 193-210 im vorliegenden Band).

Problematisch im Umgang der Aufnahmegesellschaft mit MigrantInnen ist, dass EinwanderInnen dabei häufig auf statisch gedachte kulturelle Differenzen bzw. Ethnien festgelegt werden, sei dies nun im negativen oder auch im positiven Sinn wie im Multikulti-Ansatz (vgl. Ochse 1999, 140). Diese Festlegung der ‚Fremden' ermöglicht eine klare Abgrenzung von ihnen, entspricht der komplexen Realität jedoch nicht im Ansatz, wird kulturelle Differenz bzw. Ethniziät doch erst in der sozialen Interaktion erzeugt und über konstruierte Selbst- und Fremdbilder, die in der Abgrenzung verschiedener Gruppen voneinander entstehen, hergestellt.[17] In diesem Kontext ist auch die Macht und potentielle Gewalt der Bezeichnungen anzusiedeln, die EinwanderInnen kategorisieren, von den Einheimischen abgrenzen und auch abwerten können.[18] Im Gegensatz dazu steht die Ermächtigung der Selbstbezeichnung, die Identitäten, Selbstverständnisse und politische Haltungen ausdrücken können[19]. Hinzu kommt, dass MigrantInnen oftmals als passives Problem wahrgenommen werden und nicht als aktive, problemlösende Menschen (vgl. Ochse 1999, 140) und dass darüber hinaus zwischen unterschiedlichen MigrantInnen zu wenig differenziert wird. So werden beispielsweise gut ausgebildete und westlich sozialisierte MigrantInnen aus dem europäischen Ausland bzw. aus den USA oder Kanada häufig überhaupt nicht als solche wahrgenommen. Im Zusammenhang mit rassistischen und ethnischen Zuschreibungen, die ja dazu benutzt werden, die Unterschiede zwischen dem ‚Eigenen' und dem ‚Fremden' zu betonen, ist die häufig bemühte Unterscheidung zwischen der ‚emanzipierten deutschen Frau' und der ‚unterdrückten muslimischen Frau' ein weiterer interessanter Aspekt, der die doppelte Funktion von Zuschreibung als ‚Fremdabwertung' und ‚Selbstaufwertung' deutlich macht. Diese verallgemeinernde Unterscheidung ist ein Mythos (vgl. Bednarz-Braun 2004, 70-81), der jedoch nicht ohne Folgen bleibt. Einerseits dient er dazu, muslimische Migrantinnen als unterentwickelt abzustempeln und ihnen den Zugang zum deutschen Arbeitsmarkt zu erschweren, da selbstverständlich angenommen wird, dass sie sich ausschließlich um ihre Familien kümmern müssten. Andererseits hilft der Mythos der emanzipierten deutschen Frau auch, davon abzulenken, dass trotz aller offiziellen Beteuerungen die tatsächliche Gleichberechtigung zwischen Frauen und Männern immer noch aussteht (vgl. Rommelspacher 2007). An diesem Beispiel zeigt sich einmal mehr, dass meist ‚weiße', gebildete Personen aus der Mittelschicht, WissenschaftlerInnen und PolitikerInnen die Definitionsmacht über Begriffe und Personen haben, während Perspektiven und auch Forschungen von MigrantInnen zu wenig wahrgenommen werden. Inzwischen nimmt allerdings die Zahl der Forschungen von MigrantInnen zu, die auf blinde Flecken im herrschenden Diskurs hinweisen und Forschungsergebnisse des Mainstream kritisieren und in Frage stellen. Sie weisen gerade auch den von der Forschung oftmals postulierten objektiven Blick als rassistisch und zu wenig reflektiert zurück und mahnen genaue Standortbestimmungen der ForscherInnen an (vgl. Eggers 2005 und Popal 2011, 47-64 im vorliegenden Band).

Zu den Aufsätzen

Die Beiträge dieses Sammelbandes fokussieren vor allem auf migrantische Perspektiven, etwa indem sie postkoloniale Theorieansätze vorstellen und sie zur Anwendung bringen, indem sie kulturelle Äußerungen von MigrantInnen untersuchen oder sich den Impulsen für Kultur und Religion in den Aufnahmegesellschaften widmen, die von MigrantInnen und ihren transkulturellen Erfahrungen ausgehen. Vier der Beiträge stammen darüber hinaus selbst von ‚MigrantInnen' bzw. von Deutschen ‚mit Migrationshindergrund'. Weiterhin werden in den Aufsätzen Einzelaspekte der Lebensbedingungen von MigrantInnen in Deutschland, der Schweiz und Frankreich untersucht, in einem Beitrag auch die Pflege der transnationalen Bindungen zum Herkunftsland in den Blick genommen.

Den Auftakt bilden zwei Beiträge, die der postkolonialen Theorie verpflichtet sind und sich besonders mit den Gedanken Gayatri Spivaks befassen. So beschäftigt sich die Anglistin **Miriam Nandi** in ihrem Aufsatz mit Gayatri Spivaks Beiträgen zur postkolonialen Diskussion, die sie als postkoloniale Selbstkritik versteht. Zunächst stellt sie Schlüsselbegriffe des Postkolonialismus vor, wobei Edward Saids Analyse und Kritik des orientalischen Diskurses, in dem die (aus westlicher Sicht) ‚andere' Kultur als kindisch, grausam und inferior abgewertet wird, eine wichtige Rolle spielt. In einem nächsten Schritt stellt sie dann postkoloniale Gegenkonzepte wie Homi Bhabhas Feier von Hybridität und das Konzept des ‚Writing Back' der australischen TheoretikerInnen Bill Ashcroft, Gareth Griffith und Helen Tiffen vor, um im Anschluss daran über Spivaks Weiterführung von und Kritik an postkolonialen Paradigmen zu reflektieren. Nandi geht es in ihrem Beitrag in erster Linie darum zu zeigen, dass Spivak sich klar vom postkolonialen Mainstream – hauptsächlich vertreten durch Homi Bhabha – abgrenzt und ihm eine *class-* und *gender-*sensible Kulturwissenschaft entgegensetzt.

Die Islamwissenschaftlerin **Mariam Popal** setzt sich in ihrem Beitrag kritisch mit dem Bedeutungsfeld der Begriffstrias ‚Migration', ‚Mobilität' und ‚Geschlecht' auseinander. Anhand von Spivaks Überlegungen zu der Problematik des Übersetzens und ihren eigenen Erfahrungen als ‚Woman of Color' im akademischen Alltag in Deutschland spürt Popal die von den Begriffen verdeckte Geschichte ihrer Bedeutungskonstruktion auf. Dabei macht sie deutlich, dass diese Begriffe von einer unhinterfragten weißen hegemonialen Position aus ihre Bedeutung erhalten, die andere Möglichkeiten des Sprechens versperrt, und zeigt auf, welche anderen Lebensaspekte dabei unsichtbar gemacht werden.

Die folgenden Beiträge widmen sich dem Einfluss migrantischer bzw. interkultureller Erfahrungen im Bereich des Tanzes, der Musik und der Literatur.

Die Tanzphilosophin **Mónica Alarcón** weist in ihrem Beitrag zu „Identität und Migration im zeitgenössischen Tanz" darauf hin, dass die Globalisierung Einfluss auf lokale Lebensstile nimmt, immer mehr Menschen in mehreren Kulturen gleichzeitig leben und hybride Lebensformen zunehmen. Zeitgenössische Tanzkompanien spiegelten diese neuen globalen Lebensweisen nicht zuletzt durch ihr mobiles, internationales Personal. Dabei avanciert der Tanz, Alarcón zufolge, zu einem gelungenen Modell der Konstruktion transkultureller Identitäten.

Mit der in der Forschung vernachlässigten weiblichen Rapkultur Frankreichs befasst sich der Aufsatz der Romanistin **Eva Kimminich**. Sie analysiert darin, wie Rapperinnen in der als männlich konstruierten Szene eigene originelle Selbstbilder entwerfen. Dabei, so Kimminich, spielen deren persönliche Lebensgeschichten eine wichtige Rolle, wobei sie diese in ihren Texten in Zusammenhang mit Gesellschaft und Geschichte bringen. Vor dem Hintergrund der in die Narratologie übernommenen ‚possible world theory' zeigt die Autorin auf, wie Authentizität und Glaubwürdigkeit für die in den Texten beschriebenen ‚textual actual worlds' oder ‚possible worlds' beansprucht werden. An drei

Künstlerinnen untersucht sie schließlich exemplarisch, wie die Rapperinnen die Kulturtechnik des Rap zur Her- und Darstellung ihrer Identitäten als Frauen mit Migrationshintergrund bzw. als Rapperinnen in einer männlich dominierten Szene nutzen.

Um Männlichkeitskonstrukte in der türkisch-deutschen Literatur geht es im Beitrag der Literaturwissenschaftlerin **Weertje Willms**, die sie am Beispiel von vier literarisch sehr unterschiedlichen Texten untersucht. Die signifikanten Unterschiede ergeben sich dabei vor allem aus der Zugehörigkeit der ProtagonistInnen zu unterschiedlichen Generationen und verschiedenen gesellschaftlichen Schichten. In den beiden aus der Väterperspektive geschilderten Texten (Fethi Savaşc¸i: *Bei laufenden Maschinen* und Emine Sevgi Özdamar: *Schwarzauge in Deutschland*) aus den 1980er Jahren werden die Schicksale türkischer ‚Gastarbeiter' in Deutschland dargestellt. Während ihre nationale Identität als Türken unhinterfragt bestehen bleibt, wird ihre geschlechtliche Identität, so Willms, in der Zeit ihrer ‚Gastarbeitertätigkeit' in Deutschland erschüttert. Zwar gehören sie auch in der Türkei nicht zu den Vertretern der hegemonialen Männlichkeit, doch werden sie in Deutschland, Willms zufolge, aus der Gruppe der Männer ganz ausgeschlossen, indem sie zu unmündigen Kindern und rechtlosen ‚Arbeitstieren' degradiert werden. Wird in der Vätergeneration nur ein Männlichkeitsmodell beschrieben, differenziert sich die Darstellung innerhalb der Generation der Söhne nach den gesellschaftlichen Schichten, denen sie angehören. In der Unterschicht (Feridun Zaimoglu: *Kanak Sprak*, 1995) konstruieren die männlichen Jugendlichen ein eigenes positiv besetztes Männlichkeitskonzept in Abgrenzung von ihren Vätern und den deutschen Männern, welche sie gleichermaßen verachten. Dieses nach eigenen, strengen und archaischen Regeln geschaffene Konzept grenzt die zugehörigen Jugendlichen auch von allen anderen Gruppen ab. In der gebildeten Schicht (Yadé Kara: *Selam Berlin*, 2003) dagegen werden, wie Willms ausführt, Männlichkeitsmodelle entworfen, die sich im Spannungsfeld globaler Konzepte entwickeln und dabei sowohl transnational als auch *transgendered* sind. Damit sind diese Konzepte gesellschaftlich tragfähig und zukunftsweisend.

Im Gegensatz zur Germanistin Weertje Willms untersucht die Amerikanistin **Selma Erdogdu-Vollmerich** weniger die von Migrationserfahrungen geprägten Identitätskonstrukte in der Literatur von MigrantInnen, sondern widmet ihre Aufmerksamkeit dem öffentlichen und akademischen Umgang mit dieser Literatur und ihren AutorInnen. Sie wählt dafür ebenfalls das Beispiel der erfolgreichen deutsch-türkischen Autorin Emine Sevgi Özdamar, der für *Das Leben ist eine Karawanserei, hat zwei Türen, aus einer kam ich rein, aus der anderen ging ich raus* (1992) als erster Nicht-Muttersprachlerin der Ingeborg Bachmann-Preis zugesprochen wurde, und der ebenso populären haitianisch-amerikanischen Schriftstellerin Edwidge Danticat, deren *Breath, Eyes, Memory* (1994) für Oprah Winfreys Buchclub ausgewält wurde. Dabei konzentriert sich Erdogdu-Vollmerich auf die Frage, welchen Stellenwert die Aspekte Gender und Migration in der kritischen Rezeption dieser beiden Texte haben. Während die

Literaturkritik Özdamar in einem ‚Othering'-Prozess als eine türkische Autorin etabliert, die mit einem exotischen Text einen deutschen Preis erhält, wird Danticats Roman in Oprah Winfreys Buchclub auf die Kultur transzendierende Bedeutung der in ihm beschriebenen Mutter-Tochter-Beziehung hin gelesen und somit die potentielle ‚Andersheit' des Textes wie der Autorin nivelliert. Erdogdu-Vollmerich stellt überdies heraus, dass die Rezeption beider Romane sehr stark auf die Inhaltsebene fokussiert und formale bzw. ästhetische Aspekte außer Acht lässt. Mit der medialen Behandlung der Texte als seien sie ‚aus dem Bauch heraus erzählt', werde einmal mehr die Assoziation von Frauen mit Natur im Gegensatz zur als männlich wahrgenommenen Kultur genährt.

Die nächsten beiden Beiträge fragen nach feministischen Impulsen für die christliche bzw. muslimische Theologie, die von Migrantinnen und ihren spezifischen Erfahrungen ausgehen.

So stellt die katholische Theologin **Margit Eckholt** eine Theologie ‚an der Grenze' vor, die von in die USA emigrierten lateinamerikanischen Theologinnen auf der Basis des feministisch-befreiungstheologischen Ansatzes entwickelt wurde. Hier wird die Grenze, laut Eckholt, zu einem neuen ‚locus theologicus', zu einem produktiven und kreativen Ort, an dem sich die Zeichen der Zeit – Globalisierung, Migration, Armut, kultureller und religiöser Pluralismus – bündeln. Die Gruppe der MigrantInnen aus den Ländern Lateinamerikas versteht sie als eine kulturell plurale Gemeinschaft, welche die US-amerikanische Gesellschaft zu verändern beginnt, aber noch viel zu wenig wahrgenommen wird. Um diese Veränderungen bewusster zu machen und ihre Wichtigkeit zu betonen, führt Eckholt in die Arbeit der Theologin María Pilar Aquino ein. Für diese ist das ‚Dazwischensein' – die ‚in-betweenness' – zu einer neuen Metapher ihrer Ortsbestimmung geworden, da ihr Leben und das der anderen MigrantInnen eine tägliche ‚Grenzüberschreitung' bedeutet. Daher ist es ihr Anliegen, das Leben von beiden Seiten der Grenze her zu interpretieren und so eine Theologie ‚beyond any border' zu entwickeln.

Während sich feministische Kritik am Christentum spätestens seit der Mitte des 20. Jahrhunderts im Zuge der Frauenbewegung in einer kritischen Neuauslegung der Bibel und ihrem androzentristischen, patriarchalischen Weltbild manifestierte und zur Etablierung einer feministischen Theologie geführt hat, hat sich der Alleindeutungsanspruch männlicher muslimischer Gelehrter auf den Koran und andere islamische Texte weitaus länger gehalten. Erst seit den 1990er Jahren machen sich vermehrt Aktivistinnen (und einige Aktivisten) daran, mittels verschiedener (hermeneutischer, epistemologischer, historisch-kritischer) Methoden die bisherige Mehrheitslehre systematisch durch alternative Interpretationen des Korans und anderer islamischer Texte in Frage zu stellen und die patriarchalischen Lesarten und Denkmuster zu dekonstruieren. Dieser Trend wird gemeinhin als ‚islamischer Feminismus' bezeichnet und MigrantInnen dabei eine Vorreiterrolle zugeschrieben. Die Islamwissenschaftlerin **Roswitha Badry** stellt in ihrem Beitrag eine Auswahl der akademischen Bemühungen muslimischer Migrantinnen zu einer anti-patriarchalen Lesart des Korans und zu einer Dekonstruktion ‚der Scharia' vor und weist auf die Chancen sowie auf die noch bestehenden Defizite des Gegen-Diskurses bzw. die Gefahren der noch in Entwicklung befindlichen Bewegung hin. So stellt sich z.B. die Frage, ob aus den zum Teil vielversprechenden Ansätzen eine ‚feministische Theologie', vergleichbar der im Christentum bereits etablierten, hervorgehen kann.

Nach der Betrachtung der von MigrantInnen herrührenden kulturellen Äußerungen und ihrer Einflussnahme auf die theologische Interpretation religiöser Schriften, werden in den folgenden fünf Beiträgen, die auf empirischem Untersuchungsmaterial beruhen, die Lebenssituationen von MigrantInnen in Deutschland, der Schweiz, Frankreich und den Kapverdischen Inseln bzw. ihrer Diaspora beleuchtet.

Der Aufsatz der Dipomsoziologin **Wiebke Waburg** und der Diplompädagogin **Verena Schurt** beschäftigt sich mit Ungleichheiten im deutschen Bildungssystem und fokussiert dabei die Differenzkategorien Geschlecht und Ethnizität in ihrer Verschränkung. Einleitend verweisen die Autorinnen auf die gesamtgesellschaftliche Präsenz vergeschlechtlichter Bilder über Migrantinnen und Migranten sowie die mit diesen Bildern korrespondierende permanente Reproduktion von Stereotypen über traditionelle Geschlechterverhältnisse in Einwandererfamilien. Vor diesem Hintergrund stellten sich die Fragen, ob und wie sich die negativen Darstellungen in der Schule niederschlagen und wie in der Wissenschaft mit der Gefahr ihrer Reifizierung durch Forschung umgegangen wird. Antworten darauf sind mit Blick auf die äußerst defizitäre Forschungslage nicht einfach zu formulieren, denn es fehlt in der empirischen Schulforschung, den Autorinnen zufolge, weitgehend an Studien, in denen die Kategorien Geschlecht und Ethnizität in ihren Ungleichheit (re-)produzierenden Wechselwirkungen analysiert werden. Da die wenigen vorliegenden Untersuchungen zu uneinheitlichen Ergebnissen kommen, kann nicht eindeutig beantwortet werden, ob Mädchen aus Einwandererfamilien im Vergleich zu Jungen im Vorteil oder Nachteil sind. Vor allem, wenn nach Herkunftsgruppen differenziert und bereichs- bzw. kontextbezogen analysiert wird, zeigt sich, dass die Wechselwirkungen zwischen Geschlecht und Ethnizität durchaus widersprüchlich und gebrochen sind, dass sich die Kategorien wechselseitig verstärken oder abschwächen können. Als zentrales Problem erweist sich die theoretische Einordnung der uneinheitlichen Ergebnisse: Hier besteht aufgrund des Mangels an migrations- und geschlechtertheoretisch begründeten Erklärungen die Gefahr, auf stereotype Bilder über MigrantInnen zurückzugreifen. Entsprechend betonen die Autorinnen, wie wichtig es für die interkulturelle Forschung ist, das eigene Vorgehen sowie die Gefahr, Geschlecht und Ethnie zu reifizieren, permanent zu reflektieren.

Ebenfalls auf Deutschland bezieht sich der Beitrag der Sozialpädagogin **Debora Niermann**. Sie skizziert darin den aktuellen Forschungsstand zu Geschlechter- und Familienbeziehungen von Männern mit osteuropäischem Migrationshintergrund. Zunächst konstatiert sie eine weitgehende Leerstelle in der Forschung und erklärt diese mit dem Verweis auf eine noch immer zum

Tragen kommende ethnozentrische Ausrichtung der Familienforschung einerseits und der langen Blindheit der Migrationsforschung gegenüber Migration als Familienprojekt andererseits. Im Anschluss daran beschreibt sie methodische und theoretische Eckpfeiler der qualitativen Machbarkeitsstudie „Männer Leben – Familie und Migration im Lebenslauf von Männern" (12/2008-12/2009). In der Darstellung der empirischen Ergebnisse verdeutlicht sich eine klar dominierende Männlichkeitskonstruktion des ‚männlichen Familienernährers'. Diese wird von den Befragten unabhängig von ihren variierenden sozialen Migrationslagen und damit unabhängig von ihrer gesellschaftlichen Position als Etablierte oder Außenseiter in Deutschland entworfen. Im Vergleich mit den gegenwärtigen gesellschaftlichen Transformationen von Geschlechterverhältnissen in Russland stellt Niermann heraus, dass es sich bei dieser traditionellen hegemonialen Männlichkeitskonzeptualisierung keineswegs um ausschließlich in Deutschland stattfindende Entwicklungen handelt, die als Migrationseffekte zu diskutieren wären. Vielmehr stellt die Autorin die Gleichzeitigkeit einer Entwicklung hin zur Repatriarchalisierung bei Männern in den postsowjetischen Staaten und bei in Deutschland lebenden Männern mit osteuropäischem Migrationshintergrund fest. Bislang unklar blieben in diesem Zusammenhang Konzepte von Familien- und Geschlechterbeziehungen aus weiblicher Sicht und deren etwaige Veränderungen angesichts der vorgestellten Retraditionalisierungsentwicklungen.

Einen kritischen Blick auf die Neuerungen des Ausländer- und Asylgesetzes (2007/08) im Nachbarland, der Schweiz, wirft die Anglistin **Jana Häberlein**. Die wesentlichen Ziele der Gesetzesrevision waren zwar einerseits einzelne Verbesserungen in der Rechtsstellung von Nicht-SchweizerInnen, andererseits sollten sie aber auch deren Integration forcieren, die Einwanderung von Drittstaatenangehörigen begrenzen sowie allgemeinen Missbrauch bekämpfen. Häberleins Beitrag fokussiert auf die Neuregelungen zu sogenannten ‚Scheinehen' und die neue Möglichkeit, Vaterschaft *ex lege* abzuerkennen. Sie untersucht darin die den rechtlichen Konzeptualisierungen zugrunde liegenden Vorstellungen von gegenwärtigen Schweizer Familien und den ihnen eingelagerten Normalisierungen. Außerdem diskutiert sie anhand von Beispielen aus der behördlichen und rechtssprechenden Praxis geschlechtliche bzw. sexistische und rassistische Normen. Häberleins Überlegungen werden eingerahmt von einer Lesart, die Gesetzesrevisionen und ihre Folgen für die Betroffenen als Teil einer Praxis des Migrationsmanagements und der Bevölkerungssteuerung versteht.

Am Beispiel Frankreichs legt der Soziologe **ÉricFassin** dar, dass Einwanderungspolitik inzwischen in Europa zu einer geschlechtlichen Angelegenheit geworden ist, und zwar sowohl im Hinblick auf *gender* als auch auf Sexualität. In seinem Beitrag verfolgt er die Geschichte dieses neuen politischen Diskurses zurück. Öffentliche Debatten über Prostitution und Gruppenvergewaltigungen Anfang der 2000er Jahre fokussierten auf ImmigrantInnen und ihre Nachkommen. Jedoch hat die politische Definition der Einwanderinnen als Opfer ihnen keineswegs Rechte garantiert, wie die abgelehnte Einbürgerung der prominenten, mit dem Tode bedrohten niederländischen Politikerin Ayaan Hirsi Ali 2008 gezeigt hat, sondern im Gegenteil, politische Strategien gegen Einwanderung gerechtfertigt, die neben Männern auch Frauen betreffen. Die Kampagne des Präsidenten von 2007 macht diese diskursive Verschiebung sichtbar. Nicolas Sarkozys Politik der nationalen Identität basiert auf der Rhetorik der ‚sexuellen Demokratie', wobei Französischsein angeblich sexuelle Freiheit und Gleichheit zwischen den Geschlechtern impliziert, was im Gegensatz zu den Überzeugungen von afrikanischen EinwanderInnen und MuslimInnen stehe. Konsequenterweise können daher die gegen die Einwanderung gerichtete Politik und damit verbundene Strategien, selbst wenn sie von Menschenrechtsadvokaten kritisiert werden, von der Regierung als Verteidigung demokratischer Werte präsentiert werden. Dies wirkt sich direkt auf das Leben der ImmigrantInnen aus, deren Privatleben seither auf verschiedenste Weise kontrolliert und begutachtet wird. Denn der politische Fokus auf Gewalt gegen Frauen, gegen Zwangsheirat, Polygamie, genitale Verstümmelung genauso wie gegen den Zwang zum Hijab (ein den weiblichen Körper ganz bedeckendes Kleidungsstück), rechtfertigt das Vorgehen gegen ‚unwillkommene Immigration'. Es besteht darin, dass binationale Paare und MigrantInnen, die einen Antrag auf Familienzusammenführung stellen, generell unter Verdacht stehen und überprüft werden. Ihr Recht auf ein Privat- und Familienleben ist also im Namen der sexuellen Demokratie eingeschränkt. Mit seinen Ausführungen zeigt Fassin letztlich, dass die Politik der nationalen Identität in Frankreich heute auf den Körpern von Immigrantinnen ausgetragen wird.

Der letzte auf emipirischen Daten basierende Aufsatz fokussiert nicht auf die Lebensbedingungen der MigrantInnen im Aufnahmeland, sondern auf die transnationalen Verbindungen zwischen Migrantinnen und ihren im Herkunftsland zurückgelassenen Kindern und Verwandten. Die Ethnologin **Heike Drotbohm** geht darin dem Thema familialer Sorge über große geographische Distanzen hinweg nach, und zwar am Beispiel von transatlantischer Migration vom westafrikanischen Inselstaat Kap Verde. Zusammenhalt, Kontakt und Fürsorge waren, Drotbohm zufolge, in Kap Verde schon seit Beginn der Besiedlung des Archipels wichtiger Baustein für die transatlantische Mobilität der BewohnerInnen. Aufgrund der seit den 1970er Jahren zunehmenden Feminisierung der Migration veränderten sich die transnationalen Familienarrangements, da abwandernde Frauen die Versorgung ihrer zurückgelassenen Kinder bzw. älterer und kranker Familienmitglieder organisieren und sicherstellen mussten. Drotbohm befasst sich anhand selbst erhobener Daten mit der Frage, wie Migration und Versorgung von Seiten kapverdischer Frauen auf den Inseln und in der Diaspora gestaltet, erlebt und bewertet werden. Anhand der spezifischen kolonialen Verflechtungsgeschichte Kap Verdes kontextualisiert sie zunächst Geschlechterbeziehungen und Versorgungspflichten, um dann die Bewertung familialer Solidarität und der veränderlichen einwanderungsrechtlichen Bestimmungen aus kapverdischer Sicht zu erläutern. Dabei macht sie deutlich, dass weniger die räumliche Trennung, als vielmehr die drohende Immobilität auf beiden Seiten der Grenze, die mögliche Verhinderung, Mutterschaft in einem materiellen

Sinne adäquat umzusetzen, sowie die rechtlichen Unwägbarkeiten zu einer ambivalenten Bewertung transnationaler Beziehungsgeflechte führen.

Abschließend setzen sich noch zwei Filmbesprechungen mit den Implikationen des Themenkomplexes Migration, Mobilität und Geschlecht auseinander und legen dar, wie die jeweiligen Filmerzählungen Migrationserfahrungen im Alltag der MigrantInnen in der Aufnahmegesellschaft, sowie auch im Alltag der im Herkunftsland Verbliebenen filmisch zur Sprache bringen.

Mit der selten beleuchteten Situation und Perspektive der von den Migrierenden Zurückgelassenen beschäftigt sich der Film *L'enfant endormi* (2004) der marokkanisch-belgischen Filmemacherin Yasmine Kassari, den die Kulturwissenschaftlerin **Marion Mangelsdorf** vorstellt. Während die Männer Arbeit in Spanien suchen, bleiben vier Generationen von Frauen in einer kleinen Ansammlung steinerner Häuser im Maghreb zurück. Die Geschichte fokussiert vor allem auf das Leben zweier junger Frauen, von denen eine kurz nach der Abreise der Männer ihre Schwangerschaft feststellt. Daraufhin wird sie von ihrer Schwiegermutter dazu gedrängt, den Fötus nach altem Brauch einschlafen und ihn erst wieder wach werden zu lassen, wenn der Vater zurückgekehrt ist. Die Andere, die bereits ihre Kinder alleine großziehen muss, hinterfragt diesen Brauch. Der Film beleuchtet die Abhängigkeiten und inneren Widersprüche der beiden Frauen und zeigt, Mangelsdorf zufolge, dass sie sich im transkulturellen Raum zwischen der ‚geborgenen Unfreiheit' der östlichen und der ‚bedauernswerten Freiheit' der westlichen Existenzweise bewegen. Darüber hinaus macht die Autorin in ihren Ausführungen deutlich, dass die beiden Protagonistinnen im Laufe des Films zu einer eigenen Sprache finden, wenn diese auch nichts an ihrer ungewissen Zukunft ändert.

Im Film *Fremde Haut* von Angelina Maccarone (2005) dagegen werden die Erfahrungen einer ‚Fremden' visualisiert, die auf der Flucht aus dem Iran nach Deutschland in die ‚Haut' ihres Landsmannes Siamak schlüpft, um ihrer drohenden Abschiebung zu entgehen. Diesen buchstäblich unter die Haut gehenden Film analysiert die Dipompädagogin **Elke Gramespacher** und geht dabei dem Vexierspiel zwischen dem Eigenen und dem Fremden – in ethnischer wie auch in geschlechtlicher Hinsicht – nach. Siamak alias Fariba – und mit ihr/ihm alle Akteure, die in direktem Kontakt mit ihr/ihm stehen – sind, so Gramespacher, in dieser emotionalen Geschichte ständig im Begriff, sich mit dem Eigenen und dem Fremden auseinanderzusetzen, es zu (re-)konstruieren und sich angesichts körper-äußerlicher und körper-innerlicher Fremdheit zu bewegen.

Anmerkungen

1 Frontex, die Europäische Agentur für die operative Zusammenarbeit an den Außengrenzen, überwacht seit 2005 die Grenzen der Europäischen Union und koordiniert die Zusammenarbeit der EU-Mitgliedsstaaten im Schutz eben dieser Außengrenzen. Neben der Ausbildung von Grenzschutzbeamten beobachtet sie Migrationsrouten und organisiert Sammelabschiebungen. Sie tut dies auf der rechtlichen Grundlage einer 2004 vom Rat der EU erlassenen Verordnung, die 2007 durch eine weitere Verordnung von Parlament und Rat der EU ergänzt wurde. Finanziert wird sie durch Beiträge der Mitgliedstaaten, die sich auch mit Personal an den einzelnen Operationen beteiligen. Menschenrechtsorganisationen kritisieren militärische Einsätze von Frontex, mit denen Flüchtlinge in der Mittelmeer-Region abgewehrt werden sollen, und werfen den Beteiligten Menschenrechtsverletzungen vor (Vgl. Nokel 2011).

2 ‚Weibliche Migration' findet im Zusammenhang mit den Unsicherheiten und Bedrohungen infolge des ‚Arabischen Frühlings' in erster Linie innerhalb des afrikanischen Kontinents statt. So stellen Frauen und Kinder z.B. in den türkischen Auffanglagern für Flüchtlinge aus Syrien den Löwenanteil (vgl. Ulack 2011).

3 Das Schengener Abkommen ist ein Abkommen zwischen europäischen Staaten, innerhalb des Schengener Gebiets (des Territoriums der beteiligten Staaten) keine Personenkontrollen an den Grenzen durchzuführen und damit eine innereuropäische Bewegungsfreiheit zu garantieren. Im Gegenzug wurden die Kontrollen an den Außengrenzen des Schengener Gebiets verstärkt, um sicherzustellen, dass nur den Personen diese Bewegungsfreiheit zuteil wird, die von den beteiligten Staaten erwünscht sind.

4 Das Schlagwort vom ‚Kampf der Kulturen' geht auf die Publikation *The Clash of Civilizations and the Remaking of World Order* des US-amerikanischen Politikwissenschaftlers Samuel Phillips Huntington zurück (Huntington 1996). Er vertritt darin die Überzeugung, dass zukünftige weltweite Auseinandersetzungen weniger aus politischen, ökonomischen oder ideologischen Gründen geführt werden, sondern aufgrund von Konflikten, die das Aufeinandertreffen unterschiedlicher Kulturkreise auslösen. Dieses Schlagwort wird gerne aufgegriffen, um z.B. die Unvereinbarkeit der Lebensweisen und Auffassungen von christlich und muslimisch geprägten Menschen zu betonen und in einem nächsten Schritt damit die potentielle Gefährdung christlich geprägter Nationalstaaten wie Deutschland durch die Einwanderung Letzterer zu postulieren.

5 Da der Begriff der ‚Rasse' in Deutschland durch die ‚Rassifizierung' der Juden und ihre systematische Vernichtung im Nationalsozialismus besonders belastet ist, wird er in der deutschsprachigen Forschung häufig in Anführungszeichen gesetzt oder gleich durch den Begriff der Ethnie ersetzt, um nicht mit der Rassenideologie der Nazis in Verbindung gebracht zu werden. Es gilt allerdings auch für den Begriff Ethnie, dass er nicht als fixiertes Differenzierungsmerkmal missverstanden werden sollte, sondern dass kulturelle Differenzierung erst in der sozialen Praxis entsteht, oftmals auch als Effekt von Diskriminierung (vgl. Bednarz-Braun 2004, 47-49).

6 Die vorgestellten Migrationsbewegungen werden auch mit makrotheoretischen Gravitationsmodellen beschrieben, die auf das Gravitationsgesetz der Physik und die klassische Wirtschaftslehre zurückgreifen, um das Migrati-

onsverhalten ganzer Populationen zu erklären.

7 Die Bezeichnungen für Personen, die dauerhaft in ein anderes Land kommen, variieren je nach Aufnahmeland und Situation und je nachdem, ob es sich dabei um Fremdbezeichnungen oder Selbstbezeichnungen handelt. Länder wie die USA oder Frankreich, die sich als Einwanderungsländer verstehen, bezeichnen die EinwanderInnen daher als ‚ImmigrantInnen', wohingegen in Deutschland, das sich offiziell nicht als Einwanderungsland versteht, die Menschen aus dem Ausland negativ konnotiert und in Abgrenzung zu den InländerInnen als ‚AusländerInnen', als ‚GastarbeiterInnen' oder neutraler als ‚MigrantInnen' bezeichnet werden. Für eingebürgerte Deutsche hat sich inzwischen die Bezeichnung ‚Menschen mit Migrationshintergrund' durchgesetzt, es gibt aber auch andere übliche Bezeichnungen wie ‚Neudeutsche'. Menschen, die in Deutschland aufgrund von politischer, religiöser oder sonstiger Verfolgung Asyl beantragt haben, deren Asylverfahren aber noch nicht abgeschlossen ist, nennt man offiziell ‚AsylbewerberInnen', abwertend werden sie aber auch als ‚AsylantInnen' bezeichnet. Schließlich leben in Deutschland und anderen westlichen Ländern auch Menschen ohne gültige Einreisepapiere, die als ‚undokumentierte' bzw. ‚illegale MigrantInnen' bezeichnet werden. Darüber hinaus gibt es noch viele weitere Bezeichnungen, die, wie Gabriele Ochse treffend darlegt, Macht- und Herrschaftsverhältnisse anzeigen, vor allem, wenn es sich um Fremdbezeichnungen handelt (vgl. Ochse 1999, 15). Ich werde im Folgenden in erster Linie auf die Bezeichnung ‚MigrantIn' zurückgreifen, weil diese die neutralste ist und darüber hinaus für alle Gruppen gilt.

8 Auf wesentliche Unterschiede hinsichtlich der Lebenslage von MigrantInnen, die sich am Zusammenwirken verschiedener Faktoren wie Geschlecht, soziale Klasse und damit verbunden häufig Qualifikation, sowie auch ‚Rasse'/Ethnie festmachen lassen, weist auch Ilse Lenz hin (vgl. Lenz 2009, 52/53).

9 Helma Lutz konstatiert zu diesem Thema: „Deutschland wie andere EU-Mitgliedstaaten treten für selektierte Zulassung von Hochqualifizierten ein und versuchen gleichzeitig die Migration von Niedrigqualifizierten mithilfe restriktiver Gesetzgebung zu verhindern" (Lutz 2009, 8).

10 Gemeint sind hier wegen ihrer politischen Ansichten, ihrer religiösen Überzeugungen oder ihrer sexuellen Orientierung in ihren Heimatländern Verfolgte. So genannte ‚WirtschaftsmigrantInnen', die aus wirtschaftlichen Gründen ihre Heimatländer verlassen haben, um im Ausland bessere Lebens- und Arbeitschancen zu finden, erhalten z.B. in Deutschland kein Asyl.

11 Gabriele Ochse bezeichnet die ausländerrechtlichen Regelungen aus diesem Grund zutreffend als „legale Diskriminierungspraktiken" (Ochse 1999, 136).

12 Für die dauerhafte Niederlassung in den USA die benötigt die Einreisewillige eine *Green Card,* für deren Vergabe die genannten Kriterien teilweise Anwendung finden. Darüber hinaus wird jedoch ein bestimmtes Kontingent von *Green Cards* über ein Lotterieverfahren verlost.

13 Dies führte zur unbewussten Konstruktion des Modells eines geschlechtsneutralen Migranten, dem jedoch die Erfahrungen männlicher Migranten zugrunde gelegt wurden, so dass die spezifisch weiblichen Erfahrungen als Abweichung von der Norm behandelt wurden (Vgl. Ochse 1999, 11).

14 Die meisten Untersuchungen widmen sich der größten MigrantInnengruppe der türkischen Einwanderer (vgl. z.B. Ha 1999).

15 Gemeint ist hier Integration im Sinne von Assimilation, Anpassung, an die Aufnahmegesellschaft.

16 Problematisch scheint mir an der hier vorgestellten Soziologie der Migration und Integration, dass sie nach eigenen Aussagen „event-driven" (Kalter 2008, 12) vorgeht, dass also Forschungsimpulse und Leitfragen (...) vielfach durch die tagespolitischen Geschehnisse und die Suche nach zeit- und praxisnahen Antworten bestimmt" (12) ist. Dies bedeutet, dass die Debatte um das Buch von Thilo Sarrazin letztlich dazu geführt hat, die Integrationsleistungen der MigrantInnen, vor allem derer türkischer Herkunft, besonders genau unter die Lupe zu nehmen und dass die Ergebnisse unmittelbar zu gesellschafts- und sozialpolitischen Reaktionen beitragen.

17 Dieser Abschnitt lehnt sich eng an eine von Bedarz-Braun (2005, 49) zitierte Textstelle an: Sighard Neckel (1997, 265).

18 Vgl. Fußnote 7.

19 Die Selbstbezeichnungen der MigrantInnen sind meist abhängig von ihrem jeweiligen Lebensgefühl; sie wirken identitätsstiftend oder politisieren. So bezeichnen sich Nachfahren von türkischen GastarbeiterInnen beispielsweise als Deutsch-TürkInnen, um ihre Herkunft aus der Türkei zu markieren oder als Neudeutsche, um ihre Verbundenheit mit Deutschland zu betonen, sich jedoch von den autochthonen Deutschen abzugrenzen. Afrikanische Einwanderer bezeichnen sich beispielsweise als Afro-Deutsche in Anlehnung an die US-amerikanischen Afro-Americans oder sie wählen die Bezeichnung ‚Schwarze' oder ‚People of Color' (Sammelbegriff für alle Nicht-Weißen, Nicht-Privilegierten, von Rassismus und Diskriminierung Betroffenen), um auf den die deutsche Gesellschaft strukturell durchdringenden Rassismus hinzuweisen.

Literatur

Arndt, Susan (2005) „Mythen des *weißen* Subjekts: Verleugnung und Hierarchisierung von Rassismus." *Mythen, Masken und Subjekte. Kritische Weißseinsforschung in Deutschland.* Hg. Maureen Maisha Eggers/ Grada Kilomba/ Peggy Piesche/ Susan Arndt. Münster: Unrast, 340-362.

Bade, Klaus J./ Michael Bommes/ Jochen Oltmer (2008) *Nachholende Integrationspolitik – Problemfelder und Forschungsfragen. IMIS-Beiträge* 34. Osnabrück: Institut für Migrationsforschung und Interkulturelle Studien (IMIS).

Bednarz-Braun, Iris/ Ulrike Heß-Meining (2004) *Migration, Ethnie und Geschlecht. Theorieansätze – Forschungsstand – Forschungsperspektiven.* Wiesbaden: VS Verlag für Sozialwissenschaften.

Castro Varela, María do Mar (2007) „Wer bin ich? Und wer sagt das? Migrantinnen und die Zumutungen alltäglicher Zuschreibungen." *Eva ist emanzipiert, Mehmet ist ein Macho. Zuschreibung, Ausgrenzung, Lebensbewältigung und Handlungsansätze im Kontext von Migration und Geschlecht.* Hg. Chantal Munsch/ Marion Gemende/ Steffi Weber-Unger Rotino. Weinheim/ München: Juventa, 62-73.

Degele Nina/ Gabriele Winker (2007) „Intersektionalität als Mehrebenenanalyse." 21. Sept. 2011 <www.tu-harburg.de/agentec/winker/pdf/Intersektionalitaet_Mehrebenen.pdf>.

Degele Nina/ Gabriele Winker (2009) *Intersektionalität. Zur Analyse sozialer Ungleichheiten.* Bielefeld: transcript.

Eggers, Maureen Maisha/ Grada Kilomba/ Peggy Piesche/ Susan Arndt (2005) Hg. *Mythen, Masken und Subjekte. Kritische Weißseinsforschung in Deutschland.* Münster: Unrast.

Färber, Christine/ Nurcan Arslan/ Manfred Köhnen/ Renée Parlar (2008) *Migration, Geschlecht und Arbeit. Probleme und Potenziale von Migrantinnen auf dem Arbeitsmarkt.* Opladen/ Farmington Hills: Budrich UniPress Ltd.

Ha, Kien Nghi (1999) *Ethnizität und Migration. Einstiege.* Band 9. Münster: Westfälisches Dampfboot.

Ha, Kien Nghi (2005) „Macht(t)raum(a) Berlin – Deuschland als Kolonialgesellschaft". *Mythen, Masken und Subjekte. Kritische Weißseinsforschung in Deutschland.* Hg. Maureen Maisha Eggers/ Grada Kilomba/ Peggy Piesche/ Susan Arndt. Münster: Unrast, 105-117.

Han, Petrus (2003) *Frauen und Migration. Strukturelle Bedingungen, Fakten und soziale Folgen der Frauenmigration.* Stuttgart: Lucius & Lucius.

Haritaworn, Jinthana (2005) „‚Der Menschheit treu': Rassenverrat und Multi-Themenpolitik im derzeitigen Multikulturalismus." *Mythen, Masken und Subjekte. Kritische Weißseinsforschung in Deutschland.* Hg. Maureen Maisha Eggers/ Grada Kilomba/ Peggy Piesche/ Susan Arndt. Münster: Unrast, 158-171.

Huntington, Samuel Phillips (1996) *The Clash of Civilizations and the Remaking of World Order.* New York: Simon & Schuster.

Kalter, Frank (2008) Hg. *Migration und Integration. Kölner Zeitschrift für Soziologie und Sozialpsychologie. Sonderheft 48.* Wiesbaden: VS Verlag für Sozialwissenschaften.

Klinger, Cornelia/ Gudrun-Axeli Knapp (2005) „Achsen der Ungleichheit – Achsen der Differenz. Verhältnisbestimmungen von Klasse, Geschlecht, ‚Rasse'/ Ethnizität." *Transit* 29/2005: 79-95.

Lenz, Ilse (2009) „Geschlecht, Klasse, Migration und soziale Ungleichheit." *Gender mobil? Geschlecht und Migration in transnationalen Räumen.* Hg. Helma Lutz. Münster: Westfälisches Dampfboot, 52-68.

Lutz, Helma (2009) Hg. *Gender mobil? Geschlecht und Migration in transnationalen Räumen*. Münster: Westfälisches Dampfboot.

Munsch, Chantal/ Marion Gemende/ Steffi Weber-Unger Rotino (2007) Hg. *Eva ist emanzipiert, Mehmet ist ein Macho. Zuschreibung, Ausgrenzung, Lebensbewältigung und Handlungsansätze im Kontext von Migration und Geschlecht*. Weinheim/ München: Juventa.

Neckel, Sighard (1997) „Die ethnische Konkurrenz um das Gleiche. Erfahrungen aus den USA." *Auf dem Weg von der Konsens- zur Konfliktgesellschaft, Band 2*. Hg. Wilhelm Heitmeyer. Frankfurt/ M.: Suhrkamp, 255-275.

Nokel, Caroline (2011) „Hermes, Nautilus und Rabits. Wie die EU-Agentur Frontex an den europäischen Außengrenzen operiert." Ein Feature im Deutschlandradio Kultur vom 27. Juni 2011, 19:30 Uhr.

Ochse, Gabriele (1999) *Migrantinnenforschung in der Bundesrepublik Deutschland und den USA*. Oldenburg: BIS (Bibliothekssystem der Universität Oldenburg).

Rommelspacher, Birgit (2007) „Geschlecht und Migration in einer globalisierten Welt. Zum Bedeutungswandel des Emanzipationsbegriffs." *Eva ist emanzipiert, Mehmet ist ein Macho. Zuschreibung, Ausgrenzung, Lebensbewältigung und Handlungsansätze im Kontext von Migration und Geschlecht*. Hg. Chantal Munsch/ Marion Gemende/ Steffi Weber-Unger Rotino. Weinheim/ München: Juventa, 49-61.

Shinozaki, Kyoko (2009) „Die ‚Green Card' als Heilmittel für Arbeitskräfteknappheit? Ein Vergleich der Migration von ‚Hoch-' und ‚Niedrigqualifizierten." *Gender mobil? Geschlecht und Migration in transnationalen Räumen*. Hg Helma Lutz. Münster: Westfälisches Dampfboot, 69-84.

Stalford, Hellen/ Smantha Currie/ Samantha Velluti (2009) Hg. *Gender and Migration in 21st Century Europe*. Farnham: Ashgate.

Ulack, Chris: „The Arab Spring's Looming Refugee Crisis." *FP Foreign Policy* 23. Juni 2011 <http://mideast.foreignpolicy.com/posts/2001/06/23/the_arab_spring_s_looming_refugee_crisis>.

Walgenbach, Katharina/ Gabriele Dietze/ Antje Hornscheidt/ Kerstin Palm (2007) *Gender als interdependente Kategorie. Neue Perspektiven auf Intersektionalität, Diversität und Heterogenität*. Opladen/ Framington Hills: Budrich.

Aufsätze zum Thema ‚Migration – Mobilität – Geschlecht'

Miriam Nandi

Postkoloniale (Selbst-)kritik: Geschlecht und Migration bei Gayatri Chakravorty Spivak

Das Werk der indischstämmigen Literaturwissenschaftlerin Gayatri Chakravorty Spivak gilt als theoretisch anspruchsvoll und ausgesprochen schwer zu lesen, wenn nicht sogar kryptisch (vgl. Eagleton 2003). Es scheint mir daher sinnvoll, eine Anekdote voranzustellen, anhand derer sich die ganz konkrete politische Brisanz von Spivaks Werk veranschaulichen lässt. Die Autorin dieser Zeilen kommt aus einer binationalen Familie. Mein Vater ist Inder, meine Mutter Deutsche. Ich bin jedoch in Deutschland, und, wie die Amerikaner sagen würden *white identified* aufgewachsen. Ich bin weder zweisprachig noch praktizierende Hinduistin. Ich kann einen Auszählreim auf Bengali sagen und habe mich erst in indische Philosophien und Religionen einlesen müssen (wie andere interessierte Deutsche auch). In den frühen 1990er Jahren fanden in Baden-Württemberg Landtagswahlen statt, und die rechtsradikalen Republikaner bekamen in der Kleinstadt Laupheim, in der ich damals wohnte, 18 Prozent, in den umliegenden Dörfern sogar über 20 Prozent. Ich ging also am Montag nach der Wahl auf dem Weg zur Schule durch die Stadt und dachte: Jeder fünfte, der mir über den Weg läuft, will uns hier nicht haben. An diesem Tag habe ich mich dann zum ersten Mal in meinem Leben als Ausländerin gefühlt.

Gleichzeitig gibt es jedoch noch eine ganz andere Geschichte, die unser Familiengedächtnis heimsucht. Eine der ersten Kindheitserinnerungen meines Vaters ist, wie Flüchtlinge aus dem heutigen Bangladesh, damals Ostbengalen, nach Kalkutta strömten. Ich weiß nicht, ob es Hindus waren, die aus muslimischen Gebieten flohen oder ob das Gangesdelta überflutet war; jedenfalls saßen diese Flüchtlinge vor dem Fenster meiner Großeltern und bettelten um Essen. Meine Familie war beim Abendbrot. Die Flüchtlinge konnten auf den Tisch sehen und starrten auf das Essen. Ich wollte wissen, wie meine Großfamilie reagierte. Mein Vater sagte daraufhin mit quälendem Schuldgefühl in der Stimme: „Wir haben einfach weitergegessen."

Wie kann man also damit umgehen, dass diejenigen, die zur Zielscheibe von westlichem Rassismus und Ausgrenzung werden, mitunter selbst ausgrenzen, ausbeuten und unterdrücken? Das Beispiel macht deutlich, dass Migration eben nicht nur Nord-Süd Migration ist, sondern häufig auch Süd-Süd-Migration. Die

Bevölkerung der Elfenbeinküste besteht beispielsweise zu 25 Prozent aus Migrantinnen und Migranten (vgl. hierzu Conchiglia). Welche Sprache könnte es also geben, um frei von kolonialen Klischees zu artikulieren, dass die *Opfer* von Rassismus selbst zu *Tätern* werden? Gibt es einen Weg, eine Theorie, die uns hilft, Ausgrenzung innerhalb der postkolonialen Nation oder auch innerhalb von *migrant communities* zu beschreiben, ohne auf koloniale, rassistische Platitüden zurückzufallen? Wie kann man Unterdrückung von Frauen in Migrantengemeinden theoretisieren bzw. sich mit den Frauen solidarisieren *ohne* das rassistische Klischee des gewalttätigen frauenverachtenden Muslims zu perpetuieren? Gibt es für eine solche Solidarisierung einen Weg? Zu diesem Zweck sollen zunächst Schlüsselbegriffe des Postkolonialismus vorgestellt werden. Im Anschluss soll über Spivaks Weiterführung von und Kritik an postkolonialen Paradigmen reflektiert werden. Wesentlich ist es mir zu zeigen, dass Spivak sich klar vom postkolonialen Mainstream, hauptsächlich vertreten durch Homi Bhabha, abgrenzt und ihm eine *class-* und *gender-*sensitive Kulturwissenschaft entgegensetzt.

1 Postkoloniale Theorie

Thematisch betrachten die *postcolonial studies* die langfristigen kulturellen, politischen, sozialen und psychologischen Auswirkungen des Kolonialismus. Dabei werden sowohl die ehemaligen Kolonien als auch die ehemaligen imperialen Zentren in den Blick genommen. Untersucht werden u.a. die Verzahnungen zwischen kultureller Produktion und imperialer Herrschaft wie etwa bei Edward Said (1995 [1978]; 1993). Said war zwar nicht der erste, aber doch der theoretisch versierteste und systematischste Kritiker einer humanistischen Illusion, die die Geisteswissenschaften bis in die siebziger Jahre hinein geprägt hatte: der Illusion der neutralen und objektiven Orientalistik, die scheinbar unabhängig von politischen und kulturellen Kontexten funktionierte. Said kam zu den folgenden Thesen, die er anhand von umfassenden Literaturanalysen belegte: Die westliche Orientalistik, die geistes- und sozialwissenschaftliche Auseinandersetzung mit dem kulturell Anderen kann nicht unabhängig von dem europäischen imperialen Projekt gesehen werden. Vielmehr handelt es sich hier um einen orientalistischen Diskurs (*orientalist discourse*) im Foucault'schen Sinne, um eine Verzahnung von Machtpraktiken und wissenschaftlicher Forschung, um eine systematische Kontrolle und Unterwerfung des als essentiell ‚anders' wahrgenommenen Kulturraumes. Der orientalistische Diskurs legitimiert das imperiale Projekt nicht nur ideologisch, indem er den Orient als dekadent, verkommen, infantil, grausam – sprich: anders und inferior – stigmatisiert; er produziert in gewisser Weise auch erst den Orient als ein Makrosubjekt. Der orientalistische Diskurs ist so etwas wie eine *self-fulfilling prophecy*, er schafft gewissermaßen Realitäten. Dabei operieren die „Orientalisten"[1] mit Binäroppositionen, die den Orient vom Okzident abgrenzen und ihn letztlich als minderwertig und degeneriert erscheinen lassen (Said 1995, 40-41; Said 1993, 300-01). Der Hinduismus ist hierarchisch (das Christentum egalitär), die Orientalen sind irrational (die

Europäer rational); der Islam ist grausam – islamische Migranten gewaltbereit (das Christentum aufgeklärt und milde); die Orientalen verhalten sich wie Kinder (die Europäer wie Erwachsene) usf. Dem Orient wird weder Vielschichtigkeit noch historischer Wandel zugestanden. Im orientalistischen Diskurs werden Alteritätsbilder also in Form eines „synchronischen Essentialismus" („synchronic essentialism", Said 1993, 240) festgeschrieben und in unzähligen Wiederholungen aufs Neue affirmiert, bis sie „diskursive Konsistenz" („discursive consistency", 230) erhalten (vgl. auch 231-34).

Das „post" in postkolonial ist also nicht nur zeitlich (nach dem Kolonialismus), sondern ganz besonders auch politisch gemeint. Die *postcolonial studies* betrachten zum einen jene Prozesse, die nach und im Zuge der Kolonialisierung stattfanden, zum anderen ergreifen sie jedoch auch ganz klar Partei für die Entrechteten, die „Verdammten der Erde" wie Frantz Fanon schreibt. Postkolonialismus ist also nicht nur eine neue Form, (Literatur-)Geschichte zu schreiben, sondern immer auch ein Versuch, die Perspektive zu wechseln, eurozentrische Denkmuster aufzubrechen, die globale Landkarte nach Süden und nach Osten auszudehnen.

Postkolonialismus bleibt jedoch nicht bei Kritik, bzw. bei bloßer Negativität stehen. Seit den späten 1980er Jahren werden verstärkt auch Gegenkonzepte entwickelt. Damit ist kein schwarzer ‚Gegenrassismus' gemeint wie man das teilweise in den 1960er Jahren noch bei Fanon beobachten kann. Vielmehr wird mit und gegen den kolonialen Diskurs gearbeitet. Das australische AutorInnentrio Bill Ashcroft, Gareth Griffith und Helen Tiffin fasst dies unter den Begriffen „appropriation" und „abrogation", wobei unter Ersterem die subversive Aneignung (*appropriation*) der Sprache und Kultur des kolonialen Herrschers zu verstehen ist, und unter letzterem die kritische Umkodierung derselben, die Ablehnung (*abrogation*) des kolonialen Überlegenheitsdenkens (Ashcroft et al. 1989, 38-41). Auf diese Weise kann mit Hilfe des kolonialen Diskurses gegen ihn angeschrieben werden. Die Studie, auf die ich mich beziehe, trägt den Titel *The Empire Writes Back*. Um zu verdeutlichen, was mit *appropriation* und *abrogation* gemeint sein könnte, möchte ich zunächst aus dem Gedicht „An Introduction" der kürzlich verstorbenen indischen Schriftstellerin Kamala Das zitieren:

> (...)
>
> I speak three languages, write in
> Two, dream in one.
> Don't write in English, they said, English is
> Not your mother-tongue. Why not leave
> Me alone, critics, friends, visiting cousins,
> Every one of you? Why not let me speak in
> Any language I like? The language I speak
> Becomes mine, its distortions, its queernesses
> All mine, mine alone.
> (...) (Das 1965)

Die Sprecherin des Gedichts verwendet die englische Sprache, sie lässt sich jedoch davon nicht in irgendeiner Form kolonial vereinnahmen. Vielmehr verhält es sich hier umgekehrt. Der selbstbewusste Satz „The language I speak / Becomes mine" spricht für sich. Es geht in diesem „Writing Back" also nicht darum, zu einem wie auch immer gearteten vor-kolonialen Ursprung zurückzukehren. In Das' Gedicht wäre diese Haltung durch die Familienmitglieder symbolisiert, die die Sprecherin davon abhalten wollen, in englischer Sprache zu dichten. Vielmehr wird angestrebt, sich das Koloniale zu eigen zu machen und gerade dadurch seinen Überlegenheitsstatus in Frage zu stellen. Konsequenterweise sprechen sich auch Ashcroft, Tiffin und Griffith für eine Vermischung oder Hybridisierung von einheimischen und kolonialen Elementen aus, wodurch der Reinheitsmythos des kolonialen Diskurses endgültig als das entlarvt werden könne, was er ist: als pure Fiktion (Ashcroft et al. 1989, 33-34).

Die Konzepte der Aneignung und Ablehnung könnten gerade in der heutigen Zeit als Antwort auf die so genannte Integrationsdebatte herangezogen werden. Anstatt MigrantInnen als „gute oder schlechte Subjekte", die sich eben „gut" oder „schlecht" integrieren, zu betrachten, müsste der Blickwinkel geändert werden. Die Aneignung der (deutschen) Sprache und Kultur sollte auch von migrantischer Seite gedacht werden. Im Ergebnis würde das bedeuten, dass MigrantInnen sich deutsche Sprache und als deutsch kodierte Kultur aneignen, wie es in der so genannten Integrationsdebatte immer gefordert wird. Der Blickwinkel wäre jedoch eine völlig anderer.

Ein ähnlich subversives Potential in der Aneignung von westlichen Sprachen und Denkmodellen postuliert auch Homi Bhabha in seinem Konzept der Hybridität. Für Bhabha entsteht Hybridität zunächst in der kolonialen, später jedoch auch in der durch Globalisierung hervorgerufenen Begegnung zwischen Ost und West bzw. Nord und Süd. Dabei ist Hybridität nicht eine harmonische Mischung oder gar Verschmelzung von verschiedenen Kulturen. Bhabha vergleicht hybride Kultur nicht mit einem Schmelztiegel („melting pot"), sondern mit einem dicken Eintopf („menudo chowder"), in dem ein paar sture Klumpen („stubborn chunks"), die einfach nicht schmelzen wollen, „gezwungen sind herumzutreiben" (Bhabha 2004, 313). Hybridität ist also nicht hippe globale Kultur wie etwa die fröhliche Weltmusikfolklore à la Manu Chau, sondern verweist immer auch auf Inkommensurabilität, auf innere Zerissenheit. Hybridität ist, so wie ich Bhabha verstehe, immer schräg. Die verschiedenen Bestandteile verschmelzen nicht friedlich ineinander, stattdessen bleibt immer etwas zurück, das stört, eine Reibung, ein innerer oder auch ein äußerer Konflikt.

2 Postkoloniale (Selbst-)kritik

Nach dem Boom in den 1980er und 1990er Jahren hat sich inzwischen ein apokalyptischer Ton in die postkoloniale Debatte eingeschlichen. Der Postkolonialismus wird „in Frage gestellt" (Mukherjee 1998, Trivedi 1996), „neu verortet" (Goldberg 2002), oder gar für „beendet" (Agnani et al. 2007) erklärt. Die wichtigsten Kritikpunkte lassen sich folgendermaßen (freilich etwas zugespitzt) zusammenfassen.

- Postkolonialismus ist eurozentrisch. Die postkoloniale Theorie postuliert, dass das wichtigste Thema kultureller Produktion Widerstand gegen den ehemaligen Kolonialherren ist. Dadurch bleibt dieser jedoch ganz zentral.
- Postkolonialismus verallgemeinert auf unzulässige Weise: Als postkolonial dürften so unterschiedliche Staaten wie die USA (die ja global betrachtet eher neokolonial sind), Kuba, Bangladesh, Singapur usf. gelten. Damit werden globale Ausbeutungszusammenhänge verharmlost.
- Postkolonialismus ist in der Vergangenheit verhaftet. Wir brauchen eine Theorie für die postkoloniale Gegenwart.
- Postkolonialismus ist neokolonial. Er wurde von Intellektuellen geprägt, die an amerikanischen Ivy League Universitäten lehren und von dort aus in den Rest der Welt exportiert. In Indien und Afrika wird postkoloniale Theorie sehr kritisch rezipiert, da Postkolonialismus nicht als Theorie des Südens wahrgenommen wird. Zudem können sich die meisten Bibliotheken in Indien und Afrika die zahlreichen postkolonialen Journals und Monografien leisten. Eine indische Professorin schrieb auf ihrer Facebook Seite: „The greatest irony of postcolonialism is that we cannot read our own texts."
- Postkolonialismus verharmlost Ausgrenzung innerhalb der Länder des Südens. Das Problem bei Bhabha und Ashcroft et al. ist, dass sie der postkolonialen kulturellen Produktion irgendwie einen widerständigen Status zuschreiben und gewissermaßen en passant davon ausgehen, dass die postkoloniale Gesellschaft als Ganzes damit beschrieben wird, so dass man nicht mehr über Hierarchien, Ausgrenzung und Unterdrückung innerhalb der postkolonialen Nation oder innerhalb von Migrantengemeinden spricht.

Damit bin ich bei den Fragen angelangt, die ich eingangs gestellt habe, und die auch gleichzeitig die Grundfragen sind, die wir bei Gayatri Chakravorty Spivak finden.

3 Postkoloniale Selbstkritik bei Gayatri Spivak

Spivak war eine der ersten postkolonialen Intellektuellen, die vor allem den letztgenannten Kritikpunkt immer wieder stark gemacht haben. Spivak hat den Postkolonialismus von Anfang an mit geprägt, jedoch stets auch kritisch begleitet. Am meisten stößt sie sich daran, dass dem postkolonialen Subjekt *per se* ein subalterner, d.h. ein deprivierter, potentiell auch widerständiger Status zugeschrieben wird. Für Spivak können die Opfer von kolonialer Ausbeutung jedoch auch ganz schnell zu Tätern werden, sobald sie selbst eine Machtposition erlangen. Dementsprechend merkt sie bereits 1993 an: „in our enthusiasm for migrant hybridity, first world marginality, third world urban radicalism, the subaltern is once again silent for us" (Spivak 1993a, 67). Damit meint sie jedoch nicht, dass es falsch sei, auf hybride Identitäten oder Widerstandsbewegungen im Süden zu fokussieren. Vielmehr zeigt sie, dass dies nicht ausreicht, dass der Postkolonialismus ergänzungswürdig ist. Ihr Forschungsprogramm lässt sich am ehesten als eine Suche nach dem charakterisieren, „was fehlt": was fehlt in der postkolonialen Diskussion (eine Fokussierung auf Unterdrückung und Widerstand im Süden), was fehlt im westlichen Feminismus (ein Verständnis für *race* und *class*), was fehlt in der marxistischen Theorie (eine Theorie der Vergeschlechtlichung des arbeitenden Körpers). Eine Figur, die man bei Spivak häufig findet, ist die unterdrückte Arbeiterin im Süden, die sie in Anlehnung an Gramsci auch als „subaltern" bezeichnet. Diese Frauen, so Spivak, kommen in keiner der aktuellen Debatten der *academic community* vor. Um so wichtiger ist es, so Spivak, Postkolonialismus, Gender Studies und Marxismus dahingehend zu ergänzen, dass die Super-Ausbeutung („super-exploitation", Spivak 2003) dieser Frauen verstehbar und kritisierbar wird.

Wie aktuell Spivaks *gender-* und *race*-sensitiver Marxismus ist, zeigt sich beispielsweise daran, dass Fabriken in Malaysia, Japan oder Hong Kong gezielt Frauen rekrutieren, um die Lohnkosten möglichst niedrig zu halten (vgl. hierzu Dannecker 2008). In malayischen Fabriken arbeiten Frauen aus Bangladesh an sechs Tagen in der Woche. Sie dürfen einmal in der Woche in Begleitung einer Aufpasserin auf dem Markt einkaufen, ihre Aufenthaltserlaubnis ist dazu lediglich befristet (ebd., 93). Meist schicken die Frauen den Großteil ihres Gehalts nach Hause an ihre Familien (im Jahr insgesamt etwa 3,8 Milliarden über offizielle Kanäle, wahrscheinlich noch einmal so viel über inoffizielle). Dennoch haftet ihnen, wenn sie in ihr Land zurückkehren, ein schlechtes Image an. Sie gelten trotz ihrer enormen ökonomischen Produktivität als „ehrlos". Vielfach haben die Ehemänner erneut geheiratet, bzw. es finden sich für jüngere Rückkehrerinnen keine zukünftigen Ehemänner. Das sind Phänomene, über die wir laut Spivak unbedingt sprechen müssen. Gleichzeitig ist dies jedoch ausgesprochen schwierig, da wir dabei ganz schnell auf koloniale Bilder zurückfallen.

Ganz entscheidend ist bei Spivak die Einsicht, dass wir in die Phänomene, die wir kritisieren, immer auch eingelassen sind. Sie nennt das „complicity" (Spivak 1999, ix), was sich lose mit „Komplizenschaft" oder „Mittäterschaft" übersetzten lässt. Das „Täter"-Sein, d.h. auch das konkrete Übernehmen von Verantwortung, ist bei Spivak wichtig. Sie hat wenig Geduld mit Selbstviktimisierung und Selbstmarginalisierung. So räumt sie auch klar ein, dass sie nicht das ist, über das sie schreibt – kein marginalisiertes subalternes Subjekt, sondern eine erfolgreiche Intellektuelle. In Indien steht sie ganz oben in der sozialen Hierarchie, worauf sie auch in zahlreichen Interviews hinweist (vgl. Spivak 1990). Für Spivak sind wir als postkoloniale Feministinnen in gewisser Hinsicht Täterinnen, allein aufgrund der Tatsache, dass wir an der ökonomischen und ökologischen Ausbeutung der Dritten Welt in unserem Alltagshandeln beteiligt sind, ob wir dies nun wollen oder nicht. Beinahe jede postkoloniale Intellektuelle hat schon einmal einen nicht fair gehandelten Kaffee getrunken, der unter Aufwand von Schadstoffen, unter ausbeuterischen Bedingungen, möglicherweise auch noch unter Einsatz von halbwüchsigen Arbeitskräften, hergestellt wurde. In ihrem Hauptwerk *Critique of Postcolonial Reason* schreibt Spivak ganz konkret von dem „hässlichen French connection Pulli" („ugly French Connection sweater"), den sie an einem New Yorker Wintervormittag trägt (415). Jeder wisse, so Spivak, dass die großen westlichen Textilkonzerne Arbeiterinnen in der Dritten Welt zu menschenunwürdigen Bedingungen beschäftigen, dass dort Löhne gezahlt werden, die so lächerlich gering seien, dass die Pullover auch für eine schlecht bezahlte Arbeiterin im Westen erschwinglich sind. Unser angenehmer Lebensstil in den postindustriellen Nationen basiert laut Spivak zu einem nicht kleinen Teil auf der Ausbeutung von Arbeiterinnen im Süden, bzw. in Osteuropa. Aufgabe der postkolonialen Intellektuellen ist es für Spivak also, diese Mittäterschaft einzuräumen und mitzudenken. Aus diesen Gründen hält Spivak kritische Intellektuelle immer auch für ausgesprochen verwundbar und das ist etwas, das wir einfach akzeptieren müssen; sie spricht von „radical acceptance of our vulnerability" (18). Gemäß Spivak sind wir** verwundbar, weil wir Teil der Strukturen sind, die wir kritisieren. Sie schreibt immer wieder Variationen des folgenden Satzes: „Deconstruction can only speak in the language of the thing it criticises. So, as Derrida says, it falls prey to its own critique, in a certain way. That makes it very different from ideology critique (...)" (130). Entsprechend skeptisch beurteilt sie Versuche, nicht-weiße, nicht-eurozentrische, nicht-androzentrische Theoriegebäude zu entwickeln, wie es etwa die afro-amerikanische Dichterin und Theoretikerin Audre Lourde vorschlägt. Bei Spivak gibt es kein unkompliziertes ‚back to the roots'. Derrida folgend geht sie davon aus, dass wir stets in die Denkhorizonte eingelassen sind, die wir doch hartnäckig kritisieren müssen. Entsprechend lehnt sie auch den Postkolonialismus, bei aller Kritik nicht ab. Sie hält die postkoloniale Theorie vielmehr für unvollständig, und erweitert sie, ergänzt sie durch ihre Beiträge. Eine wichtige Ergänzung ist Spivaks Fokussierung auf die unterdrückte Frau im Süden, die weder in der postkolonialen Theorie noch in den Gender Studies noch im marxistischen Mainstream eine Stimme findet. Eine weitere wichtige Ergänzung ist ihr Konzept der Übersetzung, das ich im folgenden Absatz vorstellen möchte.

4 Über-setzungen aus anderen Welten: Geschlecht und Migration

Das Konzept der Übersetzung („translation") wurde im letzten Jahrzehnt nicht zuletzt auf Anregung von Spivak verstärkt in der postkolonialen Theorie diskutiert (vgl. u.a. Trivedi, Venuti, Tymomozco). Spivak ist selbst Übersetzerin von Jacques Derridas *De La Grammatologie,* die sie ins Englische übertrug. Außerdem hat sie zahlreiche Kurzgeschichten der bengalischen Autorin und Menschenrechtsaktivistin Mahasweta Devi ins Englische übersetzt.[2]

Übersetzertätigkeit ist bei Spivak nicht nur ein linguistisches Phänomen, sondern immer auch eine Form *kultureller* Übersetzung. Darüber hinaus spricht Spivak auch ganz explizit von einer Politik des Übersetzens. Für sie läuft eine Übersetzerin stets Gefahr, tradierte Bilder und Klischees der anderen Kultur zu reproduzieren und dadurch die ohnehin vorhandenen Machtdifferenzen zwischen westlichen und nicht-westlichen Kulturen zu perpetuieren (vgl. Spivak 1993, 181).[3] Das geht über das Phänomen, das man auch mit „traduttore traditore" bezeichnet, ein ganzes Stück hinaus. Für Spivak ist Übersetzen ein Akt, der besonders viel „Intimität" („intimacy", 191) erfordert zu der Kultur, aus der der Text stammt (191). Übersetzen ist für Spivak ein fragloses sich-Ausliefern an den Text, eine besonders intime und, man könnte schon sagen, erotische Form des Lesens. Dabei ist am Ende nicht mehr klar, ob das Original in eine neue Fassung übersetzt wird, oder vielleicht umgekehrt die Sprache, in die das Original übersetzt werden soll, verändert und ‚über-setzt', verschoben und hybridisiert wird. Das zeigt sich gerade auch in Spivaks eigenen Übersetzungen. Spivak verdreht und hybridisiert die englische Sprache so sehr, dass sie für einen englischen Muttersprachler mitunter beinahe so fremd ist wie Bengali. Mahasweta Devi ist darüber sehr glücklich, wie sie in einem Interview sagt (vgl. hierzu Collu 1998). Ihr gefallen Spivaks Übersetzungen besser als die ihrer anderen Übersetzer, da sie ganz offensichtlich möchte, dass ihre Texte befremden und verstören. Sie sollen sich nicht leicht lesen lassen.

Interessant am Konzept der kulturellen Übersetzung ist darüber hinaus, dass Übersetzung immer in verschiedene Richtungen möglich ist: nicht nur von Süden nach Norden, sondern auch umgekehrt. Das macht das Konzept offener und weniger eurozentrisch als das Konzept des „Writing-Back" oder der „Aneignung", wie es bei Ashcroft, Griffith und Tiffin vorgeschlagen wird. Es ist auch zu überlegen, ob wir Migration selbst als Über-Setzungsprozess begreifen können (vgl. hierzu auch Young 2003). Migrantinnen sind immer auch Menschen, die sich selbst über-setzen müssen, die gleichzeitig jedoch auch die Gesellschaft und die Kultur, in die sie migrieren, über-setzen. Diese Idee scheint mir deutlich weniger eurozentrisch und rassistisch als das Konzept der Integration.

Insgesamt ist Spivaks Schaffen selbst möglicherweise ein Über-setzungs-, Verschiebungs- und Migrationsprozess. Sie verschiebt den Feminismus weiter nach Süden und nach Osten. Sie übersetzt den Marxismus in eine feministischere, kulturell sensitivere Sprache. Sie lässt die Dekonstruktion in Gegenden migrieren, die ihr selbst nicht ganz behagen.

Spivak gibt damit keine einfachen Antworten auf die Frage, wie wir damit umgehen können, dass diejenigen, die zur Zielscheibe von westlichem Rassismus werden, mitunter selbst ausbeuten und unterdrücken. Noch entwickelt sie Konzepte, aus denen sich eine Politik oder irgendeine Form von Aktivismus ableiten ließe, den Migrantinnen für sich nutzbar machen könnten. Sie war jedoch lange Zeit die einzige, die diese Frage überhaupt aufkommen ließ. Ihre Fokussierung auf theoretische Lücken und blinde Flecken innerhalb der Gender Studies und des Postkolonialismus, hat den beiden Disziplinen nicht etwa geschadet, sondern sie vielmehr bereichert. Die Ausbeutung von Arbeiterinnen im Süden und die prekäre Situation von Frauen innerhalb von *migrant communities* hat sich dadurch freilich nicht geändert, aber sie rückt durch Spivaks Einwände immerhin stärker in den Blickpunkt von akademischen Diskursen. Ihr Vorschlag, sich selbst in der Begegnung mit dem Anderen in einen kulturellen Übersetzungsprozess zu begeben, ist letztlich metaphorisch und bleibt damit vage. Möglicherweise ist es jetzt an uns, Spivaks Theorie in ein anderes, politisch handhabbares Idiom zu übersetzen. In einer solchen Übersetzung ginge sicher etwas verloren. Es könnte aber auch viel gewonnen werden.

Anmerkungen

1 Wie von Wolfgang Essbach (1996) vorgeschlagen, verwende ich abwechselnd die männliche und weibliche Form.

2 Mahasweta Devi ist eine ausgesprochen radikale sozialkritische Autorin, in deren Texten es sich fast immer um Ausgrenzung, Unterdrückung und Gewalt dreht. Sie schreibt nicht die charmante, aber auch exotistische indische Prosa, die im Westen große Erfolge feiert.

3 So hat Tewasjini Niranjana in ihrer eindrucksvollen Studie *Siting Translation* (1992) dargelegt, wie Übersetzungen von klassischen Sanskrit-Texten während der Kolonialzeit gezielt dazu eingesetzt wurden, ein bestimmtes entwertendes Bild vom hinduistischen Glauben zu schaffen.

Literatur

AGANI, SUNIL/ FERNANDO CORONIL/ GAURAV DESAI/ MAMADOU DIOUF/ SIMON GIKANDI/ SUSIE THARU/ JENNIFEL WENZEL (2007) „Editor's Column: The End of Postcolonial Theory? A Roundtable with Sunil Agani, Fernando Coronial, Gaurav Desai, Mamadou Diouf, Simon Gikandi, Susie Tharu, and Jennifer Wenzel." *PMLA* 122, 3/2007: 633-650.

ASHCROFT, BILL/ GARETH GRIFFITH/ HELEN TIFFIN (1989) *The Empire Writes Back.* London/New York: Routledge.

BASSNET, SUSAN (1999) Hg. *Translation in the Postcolonial Context.* London: Routledge.

BHABHA, HOMI (2004) *The Location of Culture* [1994]. New York: Routledge Classics.

COLLU, GABRIELLE (1998) „Speaking with Mahasweta Devi. Mahasweta Devi Interviewed by Gabrielle Collu." *Journal of Commonwealth Literature* 32/2/1998: 43-148.

CONCHIGILA, AUGUSTA (2008) „Wer Ivorer sein darf." *Immer der Arbeit nach. Sonderheft Le monde diplomatique* 4/2008: 64-67.

DANNECKER, PETRA (2008) „Der Aufbruch der Frauen." *Immer der Arbeit nach. Sonderheft Le monde diplomatique* 4/ 2008: 92-99.

DAS, KAMALA (1965) *Summer in Calcutta,* o.S.

EAGLETON, TERRY (2003) „In the Gaudy Supermarket." *Figures of Dissent,* 16.

ESSBACH, WOLFGANG (1996) *Schlüsselbegriffe der Soziologie.* München: UTB.

GOLDBERG, DAVID THEO (2002) *Relocating Postcolonialism.* Oxford: Blackwell.

MUKHERJEE, ARUN (1998) „Interrogating Postcolonialism." *Postcolonialism.* My Living. Toronto: TSAR, 16-23.

NIRANJANA, TEWASJINI (1992) *Siting Translation.* Berkeley: University of California Press.

SAID, EDWARD (1995) *Orientalism: Western Conceptions of the Orient* [1978]. Hardmondsworth: Penguin.

SAID, EDWARD (1993) *Culture and Imperialism.* Hardmondsworth: Penguin.

SPIVAK, GAYATRI (1990) *The Postcolonial Critic.* New York: Routledge

SPIVAK, GAYATRI (1993a) *Outside in the Teaching Machine.* New York: Routledge.

SPIVAK, GAYATRI (1993b) „The Politics of Cultural Translation." Dies. *Outside in the Teaching Machine.* New York: Routledge, 179-200.

SPIVAK, GAYATRI (1999) *A Critique of Postcolonial Reason.* Cambridge/Mass.: Harvard University Press.

TRIVEDI, HARISH (1996) *Interrogating Postcolonialism.* Shimla: Institute of Advanced Study.

TYMOCZKO, MARIA (1999) *Translation in a Postcolonial Context.* Manchester: St. Jerome.

YOUNG, ROBERT (2003) *Postcolonialism.* Oxford: Oxford University Press.

Mariam Popal

‚Gender'. Mythen – Masken – Subjektpositionen – und *beyond*.

Zum Ende dieses Texts bin ich auf eine Aussage Toni Morrisons gestoßen, die ich hier an den Anfang setzen möchte, gleichsam als Wegweiser und Erinnerung für meine Gedanken, während ich im Text weitergehe. Darin drückt sich für mich der Ausgangspunkt Schwarzer Kritik aus, der sie gleichzeitig erklärt und über sie hinaus geht, auf ein freies Wissensfeld in dem sie nicht mit einem Label versehen und gettoisiert wird:

> My own editor is not Black. I think what Black writers complain about when they don't want a white editor is the ignorance, not the color of their skin – an inability to grasp a cultural thought or experience – not the lack of intelligence. When an editor is able to do that, there are no complaints. (Morrison 2008, 7)

‚gender' – translations

> *In every possible sense, translation is necessary but impossible.*
> (Spivak 2000, 13)

Der kryptische Titel dieses Beitrags ist der Tatsache geschuldet, dass beim Betrachten der in diesem Band der *Freiburger GeschlechterStudien* aufgeworfenen Thematik „Migration, Mobilität, Geschlecht" eher ein Fragenknäuel in meinem Kopf erschien und erscheint, eine Kugel voller Fragen, denn ein geordneter Text, den ich schreiben könnte. Ich möchte, um mich dem Knäul anzunähern und die einzelnen Fäden und ihre Verläufe zu verfolgen, mich, wie entlang einer Mauer[1], an den Texten oder vielleicht besser Invokationen Gayatri Chakravorty Spivaks orientieren, wobei diese Mauer nicht Spivaks Texte repräsentieren kann, so dass mein Gang hier an ihren Texten entlang selbst ein Teil des Knäuels bleibt. Die Achse dieser Fragenfäden stellt sich für mich in der Frage der Übersetzbarkeit dar. Übersetzung meint nicht so sehr die wortwörtliche Übersetzung oder Transkodierung zwischen Sprachen und

Idiomen und noch weniger Kommunikation, welche eine egalitäre Situation zwischen Sprachen und Idiomen als gegeben voraussetzt. Spätestens seit dem *linguistic turn* werden Sprachen nicht mehr als Mittel zum Zweck der Kommunikation aufgefasst, sondern als ein Prozess der Bedeutungskonstruktion. Postkoloniale Ansätze betonen dabei die historischen, politischen Kontexte dieser Bedeutungskonstruktionen in bestimmten Machtgefügen. In diesen Prozessen nehmen Übersetzungen ein massives eigenständiges Leben ein (Spivak 1993, 179). Übersetzen meint hier daher das Über-setzen von unterschiedlichen Be-deutungen auf Grund der gewaltvollen Wege, die Bedeutungen durchziehen: das Bevor und das Zwischendurch ihrer Stationen, im eigenen Inneren, das Äußere davor und das Äußere danach. Den ganzen Prozess des *shuttling* an verschiedenen idiomatischen und kulturalistischen Fronten. Spivak benutzt in diesem Sinne Übersetzung (*translation*) als eine Katachresis, als ein Wort, das das Phänomen, das sie beschreiben will, nicht wirklich erfasst, und das auch nicht die wörtliche Bedeutung des Worts wiedergibt, die in der Sprache als korrekt angesehen würde, für das es aber kein anderes, besser vermittelndes Wort gibt (Spivak 2000, 14). In dieser Bedeutung von Übersetzung wird der Körper bereits von Anfang an selbst zum Skript – oder ein sich unaufhörlich einschreibendes Instrument, ein „ceaseless inscribing instrument" (ebd.). In dieser unaufhörlichen Bewegung des Verstehens in seinem elementarsten Sinne entsteht zugleich das prekäre Subjekt der Wiedergutmachung und der Verantwortlichkeit, „the precarious subject of reparation and responsibility" (13). Diese generelle Bedeutung von Übersetzung entzieht sich der Kontrolle des übersetzenden Subjekts. Vielmehr ist das menschliche Subjekt (*human subject*), welches entstanden sein wird (*will have happened*) „as this shuttling translation, from inside to outside, from violence to conscience: the production of the ethical subject". Auch eine enggefasste Bedeutung von Übersetzung zwischen zwei Sprachen verbindet Spivak mit einem ethischen Zug:

> When a translator translates from a constituted language, whose system of inscription, and permissible narratives are ‚her own', this secondary act, translation in the narrow sense, as it were, is also a peculiar act of reparation – toward the language of the inside, a language in which we are ‚responsible', the guilt of seeing it as one language among many. Translation in the narrow sense is thus a reparation. I translate from my mother tongue. This originary *Schuldigsein*– being-indebted in the Kleinian sense [gemeint ist die Psychoanalytikerin Melanie Klein, M.P.] – the guilt in seeing that one can treat one's mother tongue as one language among many – gives rise to a certain obligation for reparation. (ebd.)

Dieses behutsame dekonstruktive Verständnis von Übersetzung verweist auf viele ineinandergreifende Schichten und Prozesse von Transkodierung und Bedeutungsproduktionen: Ein generelles Verständnis, welches das mögliche Entstehen des Subjekts miterfasst, ein spezifisches Verständnis, das die semiotische Übersetzung in die Metasprache und idiomatische Transkodierung in die Hauptsprache, unterschiedliche Sprachen und nationale Sprachräume gewaltsam erfasst wie auch Transkodierungen „within the general violence of culturing". In diesen Prozessen der Übersetzung sind Momente der Verantwortung (responsibility) und *Schuldigsein* (reparation) als Möglichkeiten des Übersetzens inhärent.

Die Frage, die sich mir stellt, ist: Wie gehen wir (und wer sind wir?) mit den Begriffen – „Migration, Mobilität, Geschlecht" – um, wer übersetzt hier was, in welchen Raum hinein? Der Titel meines Beitrags fasst vielleicht eine Richtung, eine Assoziation ein, die sich mir dabei aufgedrängt hat, oder sich aus mir heraus über-setzt hat. Beim Über-setzen geht es mir um Gleichzeitigkeit, die Gleichzeitigkeit von Aussagen, wie Edward Saids kontrapunktisches Lesen. Es geht weg von einer Tempos-konstruierten hierarchisierenden Unterscheidung in ‚Tradition' und ‚Moderne', oder ‚wir' und die ‚anderen', die das ‚abendländische' Denken kennzeichnen, dabei das *weiße*[2] Subjekt oben auf der Skala platzieren und als (intentionale?) Folge das Andere zum Verstummen bringen (wollen); eher geht es um die Gleichzeitigkeit von Aussagen, die gewaltsam Unterschiedliches nur über-setzen können, weil wir in der Textur der Welt, der Bedeutungen, verschieden eingeschrieben sind und um die Möglichkeit, wie wir mit dieser Gebundenheit im Hinblick auf-ein-ander verantwortlich heraus weisen können.

Ich komme auf die gesetzten Begriffe zurück und möchte zunächst mit dem letzten Wort dieser Reihe und meinem ersten Titelwort beginnen: ‚Gender'. In „Feminism and Critical Theory", einem ihrer bekanntesten Essays zum Feminismus, schreibt Spivak, dass sie nicht vom Feminismus generell sprechen kann. Hier schränkt Spivak den generell gebrauchten Begriff ‚Feminismus' ein auf das, was sie als ‚Frau' im Rahmen der Literaturwissenschaft (literary criticism) tut (what I do). Sie schreibt: „My own definition of a woman is very simple: it rests on the word ‚man' as used in the texts that provide the foundation for the corner of literary criticism establishment that I inhabit" (Spivak 1988, 77).

Und ich frage mich inwiefern wir hier von Geschlecht oder ‚Gender' allgemein sprechen können, in welchem Rahmen wir dies tun und was der Begriff sein mag, auf den ‚Gender' verweist? Ist ‚Gender' eine universale Kategorie? Auf welches andere Wort oder welche andere Aussage verweisen die Begriffe ‚Gender'/Geschlecht in ihrer Geschichtlichkeit? Wenn nach Spivak ‚woman' auf ‚man' beruht, dann verweist sie nicht nur auf ein anderes Wort, von dem es seine Bedeutung in der Differenzsetzung erhält, sondern auch auf das, was Wörter als Signifikanten von Kodesystemen auch sind, auf die zentral gesetzte und damit marginalisierende, andernde Platzierung des Worts ‚Mann'. ‚Man' steht als Signifikant für ein bestimmtes Machtgefüge das ‚woman' mit schreibt.

Welche Signifikanten ruft der Begriff ‚Gender' inzwischen selbst auf, und warum sprechen wir nicht von *queer*, das bisher eher als Unterabteilung aufzutauchen scheint?[3] Beschreibt das Wort tatsächlich Geschlecht, das ja selbst als Zeichen für so viele Zuweisungen fungiert? Bisher wird noch vorwiegend mit ‚Gender' als Metakonzept und Analysekategorie gearbeitet, ganz so, als würde der Begriff nicht einen Moment des Benennens ausmachen, einen Prozess, *eine Bewegung lediglich beschreiben*, sondern als wäre er eine fixe ‚Tatsache'. Abgesehen davon ist das Konzept von einer gesellschaftsphilosophischen Position aus gesprochen worden, die sich als *weiß* zu verstehen scheint (?) und daher selbst

‚Gender' aus einer tabuisierten und privilegierten Position heraus beschreibt, die es ihr erlaubt, unbenannt zu bleiben und Universalität zu implizieren. Gerade aber das unbenannte Subjekt schafft die Voraussetzung epistemischer Gewalt – immer wieder von Neuem. Interessanterweise sind gerade jene Texte Judith Butlers – angefangen bei ihrem Essay „Gender is Burning" zu „Bodies That Matter" und schließlich „Undoing Gender", in dem sie schließlich auf die Kategorie ‚human' verweist und sie neu setzt – weitaus weniger rezipiert (Wollrad 2005, 109).

In den interdisziplinären Zugängen zum Wissensverstehen und zur Wissensproduktion, die ich für mich erwählen konnte, ist ‚Gender' ein stark umkämpftes Wort. Da ist zum einen die Islamwissenschaft, eine (bereits interdisziplinär arbeitende, weltmachende) Disziplin der so genannten Regionalstudien (was wiederum die Frage nach der Konstruktion von Welt und Wissenserzeugung weiterhin und vielleicht wie nie zuvor aufwirft); hier würde ich ‚Gender' mit Fragen und Ausdrücken umschreiben wollen wie: ‚Wie ist die Frau im Islam?' und ‚Die Stellung der Frau im Islam' und implizit in ‚Islam und Sexualität'. So dass hier sowohl ‚muslimische Frau' als auch ‚Islam' wie auch übrigens ‚muslimischer Mann', – *queer* gibt es in diesem Zusammenhang interessanterweise nicht wenn wir von der deutschen Islamwissenschaft und den Mainstream Darstellungen über *den Islam* ausgehen, es sei denn eher disziplinübergreifend in negativen Repräsentationen über ‚den Islam' – Figuren signifizieren, die mit einer gewissen Wesenhaftigkeit verbunden bleiben. Dies ist ein Zugang, in dem die Beschreibenden wie selbstverständlich unsichtbar bleiben, wie auktoriale Erzählstimmen, und in der die vermeintlich Sichtbargemachten eingefroren, fixiert sind als, wie Spivak es ausdrückt „the object of the gaze ‚from above'" (Spivak 1988, 264). Wir erinnern uns: Sprechen entsteht vor dem Hintergrund historisch bedingter Machtgefüge. ‚Gender' ist hier längst angeeignet und in der Regel als weiteres Konzept zur Erschaffung des Selbst-Anderen-Binarimus gebraucht.

Zum anderen ist da die Postkoloniale Feministische Kritik, in der ich auch Spivak, vermutlich entgegen ihrer eigenen Aussage, verorten würde. Hier werden die Kategorien ‚Gender' und ‚Frau' aus einer anderen Perspektive gesehen, nämlich einerseits die historische, hegemoniale Bedeutung des Ausdrucks als etwas, das insbesondere *weiße* feministische Bedeutungen universalisierend umschrieben und damit auch oftmals halfen und helfen koloniale und neokoloniale Strategien durchzusetzen. Andererseits versucht die Postkoloniale Feministische Kritik sichtbare Aussageräume zu schaffen, auch um sich und die Begriffe herum.

Als einen dritten Strang, der ebenso interdisziplinär ist, möchte ich die *Black Feminist Studies*, Schwarze Feministische Studien nennen, die meines Erachtens untrennbar sind von *Postcolonial Feminist Studies*; beide beeinflussen sich gegenseitig und gehen ineinander über; vielleicht berühren sie andere Geschichtsmomente und weisen auf die Vielfalt und die Differenzen der Orte und Erfahrungen hin mit etwas wiederum, das sich aus historisch bedingten Momenten des Machtgefüges in Form von Bedeutungen heraus kristallisiert hat und in uns eingeschrieben ist. Nach diesen Bedeutungen können ‚Gender' und ‚Frau' nicht für sich allein stehen, sondern müssen in Abhängigkeit von anderen Kategorien wie Klasse und ‚Rasse', vom Kontext und von der Subjektposition der erzählenden, über-setzenden Person, ihrem Text und ihrer Textur gesehen werden. Foucault unterscheidet zwischen Sprache und der Äußerung (*énonciation/statement*). Die Äußerung beinhaltet die Positionierung eines Subjekts, sie ist wie Spivak es ausdrückt, „the place of the ‚I'" (Spivak 1988, 242). Es ist nach Foucault ein determinierter und zugleich ein leerer Platz, der durch unterschiedliche Individuen gefüllt werden kann. Die Äußerung bringt die Position (in den unterschiedlichen Diskursformationen) zum Ausdruck, die dem Subjekt zugeschrieben werden kann (ebd.). Und jeder Text beinhaltet in der Zeichensetzung und Aussage mindestens eine Subjektposition. Diese unterscheiden sich, je nachdem im Rahmen welcher Diskursformationen Subjekte sich bewegen und sind nicht frei davon. Damit wird eine objektive Sicht oder die Behauptung, dass es eine solche gibt, selbst eine Äußerung im Rahmen bestimmter Diskurse, die das behaupten. Das wiederum ist der Beginn der Historisierung *weißer* und *weißistischer*[4] Stimmen und damit der *Provinzialisierung Europas*, das beansprucht (hat), ein Erdteil und mehr zu sein.

Wenn ich hier von Weißsein, Schwarzsein bzw. *of Color* sein und ‚Rasse' spreche, so nicht um auf biologistische Unterscheidungen zwischen Menschen zu verweisen, die inzwischen, wenn sie in diesen Bedeutungen auch noch deutlich herumspuken, längst *ad absurdum* geführt sind. Worauf ich verweise, sind Rassifizierungen von Körpern und Menschen, die mit materiellen Folgen zu tun hatten und haben und Körpern und Politiken Bedeutungen und Aussagen entlang von Machtachsen einschreiben (Ha 2007, 31-41).[5] Ich möchte hier auch vorsichtig die These äußern, dass ‚Rasse', immer wieder auch als ‚Kultur', ‚Religion' und kartografisierender Kulturalismus gekleidet (der Westen), die wichtigste Säule und der zentrale Kodeschlüssel unseres neoliberalen, imperialen Systems bleibt, das immer noch bestimmt – diese Frage stellt sich Judith Butler (Asad/ Brown/ Butler/ Mahmood 2009) anlehnend an die Arbeiten Talal Asads – welche Leben und Körper als lebens- und beschützenswert gezählt werden und welche nicht (Butler 2009, 129-151).[6] Kultur und Ökonomie, Philosophie und Praxis können nicht getrennt voneinander gedacht werden.

‚gender' – masks

The most difficult thing here is to resist mere appropriation by the dominant.
(Spivak 2003, 11)

Es gibt inzwischen auch in Deutschland unterschiedliche Zugänge ‚Gender' zu definieren. Obwohl ein Strang, der ‚Gender', ähnlich wie schon ‚Frau', als universalisierende Metanorm versteht, noch recht stark ist, gibt es auch immer mehr Arbeiten, die auch andere Kategorien wie ‚Rasse', Klasse und Alter zu ‚Gender' dazu zählen. Gleichzeitig gibt es seit mindestens zwanzig Jahren Schwarze feministische Stimmen, die in der Forschungslandschaft merkwürdig an den Rand gedrängt erscheinen, zumindest sind sie nicht deutlich sicht- und hörbar; solche Stimmen of Color spielen sich immer noch weitgehend, wenn nicht ganz, außerhalb des akademischen Mainstreams ab. Das ist ein großer Unterschied zu der Situation im anglophonen Raum, insbesondere den USA, wo Stimmen of Color längst Teil diskursiver, auch akademischer Räume sind. Daher auch der zu Recht warnende Hinweis Spivaks, aus diesem Raum heraus nicht in die Falle der Identitätspolitik zu fallen, dass, die so genannte ethnische Verortungen stets ein Normales, (*weißes*) Anderes erschafft, und ebenso metropolitane Migrant_innen zelebriert, die unweigerlich *ihr* Anderes dabei produzieren und gleichzeitig vergessen helfen. In gewisser Weise erscheint dies auch als eine Fortsetzung kolonialer Praktiken der Spaltung und Hierarchisierung postkolonialer Subjektivitäten, wo doch eine beständige Deplatzierung durch verantwortliches Handeln, Denken und Schreiben passieren sollte. Verantwortlich bedeutet nach Spivak „that responses can follow from both sides" (Spivak 2003, 55).

Im Rahmen der Tagung „Migration, Mobilität, Geschlecht" der Freiburger GeschlechterStudien bleibt mein Eindruck, dass Fragen und Antworten von einer Seite folgen und dass Schwarze Stimmen und Stimmen of Color aus dem deutschen Raum weitgehend fehlen. Zu der Situation in den USA schreibt Spivak:

> In the last five years, we have seen an explosion of marginality studies in college and university teaching in the United States. In one way or another, all the pieces included in this book [*Outside in the Teaching Machine*, M.P.] are part of this struggle. ‚In a Word', shows the shift in my work from a ‚strategic use of essentialism' to considerations of institutional agency that accompanied the explosion. (...) Such a caution emerges out from my conviction that, as the margin or ‚outside' enters an institution or teaching machine, what kind of teaching machine it enters will determine its contours. Therefore the struggle continues, in different ways, after the infiltration. (Spivak 1993, ix)

Die deutschen Universitäten sind von einer solchen Explosion und Infiltration marginalisierter Positionen und Wissensproduktionen, die mal tokenhaft auftreten mögen, weit entfernt. Postkoloniale und Schwarze Ansätze werden hier, wenn überhaupt von *weißen* Wissenschaftler_innen vertreten, was eine Dominanzbeziehung charakterisiert und für sich sprechen mag. Ein strategischer Gebrauch von Essentialismus ist hier für *uns*, die, in welcher Subjektposition auch immer, diese reflektieren und verschieben wollen, daher noch unabdingbar.

Das von der Schwarzen Feministin Kimberle Cranshaw 1989 eingebrachte und inzwischen auch in *weißen* feministischen Diskursen breit rezipierte Konzept der Intersektionalität verschiedener Kategorien, wie ‚Rasse', Klasse und Geschlecht kann nur verschiedene Momente ‚verschiedene Kontexte bedeuten. Gefährlich an dem Konzept ist, wenn Intersektionalität in der Rezeption mit Addition und der Beziehung konstruierter Kategorien verwechselt wird, denn dadurch mögen Differenzen anerkannt werden, aber die ihnen inhärenten

Gewaltverhältnisse bleiben verschleiert, wie feministische Forschungen über Blackness längst feststellten (Wollrad 2005, 106-108).[7] Rassismen geben nicht nur die unterschiedlichsten Erfahrungen von *women, men* und *queer of Color* wieder, sondern durchziehen ebenso *weiße* Subjektposition und machen sie möglich. Alle Subjektpositionen unterliegen Rassifizierungsprozessen, auch wenn Weißsein so normalisiert ist, dass es unsichtbar wirkt.[8]

Vielleicht ist das Wort, auf das ‚Gender' verweist und das es zugleich versteckt, daher *Geschichte*, auch die präsente, Verhältnisse und Erzählungen, die von Machtverhältnissen gekennzeichnet sind, auch unter ‚Frauen' und ‚Queer'. Metasprachlich würde sich danach ‚Gender' mit ‚Mann' auf einer Ebene treffen, nicht nur wenn die Kategorie ‚Gender' als alleinige oder zentrale, scheinbar unabhängige Analysekategorie herangezogen wird, sondern auch, wenn sie in Additionen zu ‚Rasse' und Klasse erscheint.

Der Titel meines Vortrags ist außerdem angelehnt an eine Anthologie, eine erste Essaysammlung zu kritischer Weißseinsforschung im deutschen Kontext. Das Buch heißt *Mythen, Masken, Subjekte. Kritische Weißseinsforschung in Deutschland* (Eggers/ Grada/ Peggy/ Arnd 2005). Das Buch bezieht selbstkritisch Position und reflektiert Subjektpositionierungen, wie es auch Selbstpositionierungen zu Weißsein fordert. Ich verstehe die Kritische Weißseinsforschung als eine Perspektiverweiterung der Postkolonialen Studien und Kritik, die das *weiße* Subjekt, *weiße* und weißistische Subjektpostionen, die die mehrheitliche, dominante Hegemonialsemiotik kennzeichnen, ins Zentrum der wissenschaftlichen Forschung rückt und die Logiken und Sinnbildung der Textur von hegemonialen Machtsymboliken dekonstruktivistisch aufzubrechen und zu verschieben versucht. Hier ergänzen sich Schwarze Perspektiven, Perspektiven of Color mit kritischen *weißen*. Hegemoniale Signifikationen und Zuordnungen werden nicht nur durch komplexe und miteinander verwobene intersektionale Faktoren getragen, sondern können auch durch *assemblage* Zusammensetzungen mehrerer Bedeutungsträger wie *race, class* und Sexualität, bewirkt werden.[9]

Unter ‚*assemblagen* Zusammensetzungen' verstehe ich in erster Linie die Verstärkung herrschaftsbestimmender Sinnerzeugung über mehrere Kategorien wie Feminismus, ‚*queer*ness', Klassismus und nationale/ euro-amerikanische Identitätskonstruktionen in der postkolonialen und kolonialisierenden globalen Verteilung (etwa um Herrschafts- und Kriegslegitimität gegenüber einem als rückständig, *queer*-feindlich, frauenfeindlich, freiheitsfeindlich begriffenen ‚Islam' herzustellen). Für diese ist eine Machtasymmetrie charakteristisch, welche fortwährend liberale Vorstellungen von binären Bedeutungen und Zuweisungen produziert.

Im Rahmen dieses globalen Gefüges steht als zentraler Kern nach wie vor die Herstellung des kolonialen (und in der Regel unsichtbaren) Selbst und des kolonisierten Anderen, auf sämtlichen strukturellen und diskursiven Ebenen. Ich weiß nicht ob der *turn* zu Affekt-Theorien zu Gunsten einer, wie ich finde auch im Poststrukturalismus vorhandenen, Politik des Wohlwollens und damit der Inkorporation des Anderen, nicht gerade repressive Mechanismen widerbelebt und nicht als *backlash* gelesen werden kann. Inwiefern können – und konnten je – Affekte außerhalb/ getrennt von Sprache, Diskursen und Macht betrachtet und vorausgesetzt werden?

Bezeichnen ist unabdingbar um Sprechen zu können. Bezogen auf ihre Definition von ‚woman' sagt daher Spivak, dass nichts in abgeschlossener Form definiert werden kann. Und dass die Opposition zwischen den Zeichen ‚Mann' und ‚Frau' schließlich zeige, dass es eine binäre Opposition ist, die sich selbst verschiebt. Und weiter: „Therefore ‚as a deconstructivist,' I cannot recommend that kind of dichotomy at all". Da Definitionen aber nach Spivak unabdingbar sind, „in keeping us going, to allow us to take a stand," benutzt sie diese auf provisorische Art:

> I construct my definition as a woman not in the sense of a woman's putative essence, but in terms of words currently in use. ‚Man' is such a word in common usage. (...) I therefore fix my glance upon this word even as I question the enterprise of redefining the premises of any theory. (Spivak 1988, 77)

Angelehnt an diese Aussage erscheint es mir wichtig zu fragen, wie ‚Gender' in unserer vom Markt und neoliberalen Denken bestimmten Sinnerzeugung benutzt wird, statt ‚Gender' selbst als schablonenhafte Analysekategorie zu benutzen. Wie funktioniert der Begriff ‚Gender' etwa im Duktus von so genannter Entwicklungshilfe (civilizing mission), Krieg und Wissensproduktion von imaginierten Anderen? Und wer überhaupt wirft diesen Blick mit welchem Selbstanspruch? Und wäre es ein gleiches Resultat, wenn ‚Gender' als Analysekategorie von ‚Anderungen', von *othering* begriffen würde?

In welchem Zusammenhang würde hier dann Migration und Mobilität zu ‚Gender' stehen?

‚gender' – dis/mobile dis/migrität

One question is who is responsible? Another is can you read?
(Morrison 2008, 3)

Migration – Mobilität. Die Begriffe erscheinen mir mystifizierend. Barthes schreibt zum Mythos:

> Die Funktion des Mythos besteht darin, das Reale zu entleeren, er ist buchstäblich ein unablässiges Ausschließen, ein Ausbluten, oder wenn man lieber will, ein Verflüchtigen, also eine spürbare Abwesenheit (...) Der Mythos ist eine entpolitisierte Aussage. (Barthes 1997, 131)[10]

‚Migration' und ‚Mobilität' machen nach meinem Lesen ihr Gegenteil, von dem wir eher ausgehen sollten, abwesend. ‚Migration' und ‚Mobilität' werden zu Titeln und Themen wissenschaftlicher Forschung, die auch nicht frei ist von den Mechanismen des Handels. Die Begriffe ersetzen und besetzen damit politische Strukturen, die Flucht und Migration gerade herstellen und außerdem behindern, Mobilität verunmöglichen und Leid und Tod bedeuten. Das passiert nicht von ungefähr, sondern scheint mir daran zu liegen, dass *wir* diese Titel benennen, die wir migrieren *können* und *mobil sind* (Privilegien machen arm). Eine gewisse neoliberale Flexibilität, Hippheit, schwingt in den Wörtern an, die sexy wirkt. Von der anderen Seite, die zumeist keinen Einlass in die Universität findet und für die Migration vor allem Verluste bedeutet (wobei Verluste immer auch Reichtümer bergen und/ oder nach sich ziehen können) würde der Titel vielleicht ‚Gefangenschaft' heißen, oder auf das in Afghanistan gesprochene Dari ‚kujā?' (wohin) oder ‚panā' (Schutzraum) verweisen – man bedenke parallel dazu auch, dass die Hauptschulen in Deutschland voller Kinder mit so genanntem Migrationshintergrund (vielleicht besser Migrationsvordergrund) sind, obwohl sie in der Regel mehrere Sprachen sprechen können. Deutschland wird damit als *weißer* Raum konstruiert, der dafür unablässig seine Arbeiterschaft und Anderes produzieren muss. Wie viele Generationen lang sind Menschen Migrant_innen? Und wie lange bleiben sie es, selbst auf demselben Fleck? „Der Mythos leugnet nicht die Dinge," so Barthes weiter, „seine Funktion besteht im Gegenteil darin, von ihnen zu sprechen. (...) Er gibt ihnen Klarheit, die nicht die der Erklärung ist, sondern die der Feststellung" (Barthes 1997, 131).

Doch auch eine Erklärung kann wie eine Feststellung mythologisieren. Und es ist nicht der Mythos, der Naturalisierungen schafft, er wird vielmehr von Machtgefügen dazu benutzt. Das Machtgefüge, welches unsere Zeit auszeichnet, ist das eines euro-amerikanischen Neoliberalismus bis hin in sämtliche Bedeutungsebenen hinein. Und Kritik ist nach Foucault bekanntlich die Kunst sich nicht dermaßen beherrschen zu lassen. Doch scheint Poststrukturalismus inzwischen selbst lediglich eine Modeerscheinung geworden zu sein. Ein Mythos des akademischen Alltags.

‚Die Universität' lebt (*wir* leben), wenn auch in unterschiedlichen Nuancierungen und Machtgefügen, weiterhin den Mythos von der Suche nach Wahrheit und dem Bemühen um Objektivität, das Wort ist immer noch recht modern. Akademische Institutionen kontrollieren, und es obliegt ihnen die Differenz zu setzen zwischen der wie Barthes es ausdrückt, ‚Objektivität des Gelehrten' und der ‚Subjektivität des Schriftstellers' – oder den angeblich ungebildeten, nativen Dritt-Welt-Analphabet_innen. Sie schaffen nicht nur dichotome Differenzen, sondern auch eine Hierarchie der Aussagen und der Aussagemöglichkeiten. Mittels des Mythos wird die „Komplexität der menschlichen Handlungen durch die Einfachheit der Essenzen ersetzt" (131). Das hat den Effekt, dass ‚die Dinge' von alleine zu bedeuten scheinen. Der Mythos schafft eine unschuldig normalisierende, unschuldig machende Metasprache.

Für mich hat der Mythos eine Rückseite, welche das Tabu darstellt, die andere Seite derselben Münze. Barthes schreibt: „Was dem Leser ermöglicht, den Mythos unschuldig zu konsumieren, ist, daß er in ihm kein semiologisches, sondern ein induktives System sieht. Dort, wo nur eine Äquivalenz besteht, sieht er einen kausalen Vorgang" (115). Durch diese Schreibweise personifiziert Barthes den Mythos und verschleiert dadurch die Semiologie seiner eigenen ideologisierten Sprache. In diesem Verstecken des Subjekts hinter dem Text scheint in poststrukturalistischen Narrationen das Cartesianische Subjekt, hier als eine *weiße* Subjektposition, weiter zu leben. Hier wirkt die tabuisierte Seite der Metasprache, die Rückseite des Mythos, wie eine Maske.

Tabus maskieren. Masken verdecken. Es gibt unterschiedliche Masken. Zum Beispiel wenn wissenschaftliches Schreiben als desinteressiertes, faktisches Schreiben, als angeblich objektives Schreiben verpackt wird, und dabei nur bestimmten Schreibgepflogenheiten folgt, die als wissenschaftlich gelten (Spivak (1988, 103) nennt das „the usual disinterested academic style"), dann verdeckt dieses Ideal hegemonialer Wissenschaftlichkeit die Macht und Sprechposition der Sprechenden. So ist diese Maske in dem Glauben an bemühte Objektivität mystifiziert worden. Maskieren hat etwas mit Sprechmacht, mit Kontrolle der Aussagen zu tun. In ihrem Essay „No Masks" (2005) thematisiert Grada Kilomba dekonstruktiv den Begriff der ‚Maske' in einem Doppelstrang: zum Einen die tatsächliche Funktion einer Maske im Kolonialismus, die in der transatlantischen Versklavung darin bestand, Versklavten durch das Aufsetzen einer Maske über den Mund das Sprechen und den Widerstand zu verwehren, und zum Anderen die symbolische Bedeutung von Masken in ihrer Funktion, andere Stimmen durch Exklusion, *Othering* und Marginalisierung – und ihr Beispiel sind deutsche universitäre Institutionen und *weiße* Wissenschaftler_innen – zum Schweigen zu bringen, und *weiße* Wissenschaftler_innen als „disembodied theorists" (84) zentral zu setzen. Dabei folgen Wörter keiner friedlichen Koexistenz, wie Jacques Derrida feststellt, sondern einer gewalttätigen Hierarchie (83). Das Bildungssystem kann so auch als eine Maskenproduktion gelesen werden, die darin unterscheidet, wessen Worte es wert sind gehört und gelesen zu werden. Und dabei gilt der größte Teil der Erdbevölkerung als ungebildet, obwohl er spricht. Die Möglichkeiten des Zugangs zu den Sprechressourcen werden beschränkt und Menschen ihrer Sprache beraubt, entmündigt, weil sie als nicht über-setzbar gelten, bzw. als Strategie der Herrschaftssicherung der Übersetzung nicht für wert gehalten werden, es sei denn vielleicht in einem wohlmeinenden Sinne von philoethnischer Darstellung, was nicht dasselbe ist wie Sprechen, sondern Aneignung und Tokenismus entspricht.

> These [Black/ of Color, M.P.] discourses, however, are not accidentally at the margin, they are placed there by dominant regimes which regulate what *true* scholarship is (...). The fact that such discourses are absent at the center reminds me that we are dealing with a cartography in which *race* defines place. Within this cartography *whiteness* signifies mobility, while Blackness incarceration. Here, *whiteness* has the ability to move, and this ability to move results in the unmarking of the *white* body. (...) In contrast, Blackness is captive at the periphery, and this captivity results from its embodiment. (...) This injurious constellation between race and place, naturally, leads to the frightening but realistic question: which bodies can indeed enter the university? Furthermore, if race and place are so interlocked and define who can enter the academic rooms, then we also have to ask: who has indeed the *permission* to produce knowledge? (85) [Hervorh. im Original, M.P.]

Während unmarkierte Körper gleichzeitig mit dem Privileg versehen werden, sprechen und wandern zu können, sind ihnen entgegengesetzte, markierte uneigentliche Körper (improper bodies) „out of place and marked as (…) speechless and immobile. They can not travel or circulate" (Kilomba 2005, 86). Interessanterweise werden diese Körper (mit Vordergrund) als *Migrant_innen* markiert, Mythos und Tabu signifizieren und verdecken im gleichen Schritt. „Die Körper mit Haut [oder auch Religion, M.P.]" wie Sara Ahmed es ausdrückt (ebd.), werden in räumliche Grenzsetzungen über-setzt. Die Markierung durch Haut oder Religion, die Andersheit (wovon?), bedeutet gleichzeitig eine Grenzsetzung. „It is a border which keeps the *white* subject inside, and the ‚Other' outside, as improper" (ebd.), so dass Markierungen des Anderen deren enge Platzzuweisung im Koordinatensystem von Weißsein, Liberalität, Mobilität und Sprechen beinhalten können. Umso wichtiger ist es, Weißsein/ Weißismus mitzubenennen.

Nicht nur sollten daher (die eigenen) Subjektpositionen beständig aufgedeckt werden müssen, sondern auch zugleich der hierarchisierende Binarismus zwischen Gebildet und Wissend und Ungebildet und Unwissend, in „unterschiedliches Wissend aufgrund bestimmter Machtasymmetrien" eingetauscht werden, um auch an den Universitäten das Vertikale in ein Horizontales umzuwandeln. Feldforschung würde dann ihre Objekte verlieren und gänzlich in ein Sprechen übergehen müssen, in dem der uneigentliche Andere bereits als Teil des Selbst noch vor dem Sprechen anwesend ist und das ebenso das Erkennen der engen Grenzen des „eigenen" Wissens, das immer (eigene) Ignoranz einschließt. Über diese Einsicht vielleicht kann Zuhören – ohne späteren Vermittlungswillen über die_den Andere_n – erreicht werden, wenn die hegemoniale Funktion von Repräsentation, die Selbstbilder kreiert und Ausbeutung und Marginalisierung rechtfertigt, immer wieder von neuem dekonstruiert wird.

Migration und Mobilität machen die brutale Realität von Flucht nicht nur unsichtbar, sie maskieren und verschweigen ebenfalls *unsere* Subjektpositionen und Affektmechanismen aus dem Norden und machen sie unschuldig, denn bezogen auf den gesamten Planeten werden die meisten Menschen nachgerade daran gehindert mobil zu sein, können eben nicht migrieren (und würden Menschen migrieren, wenn sie nicht strukturell dazu gezwungen wären?). Wir sind daran beteiligt Menschen zu Ausgesetzten, ohne jeglichen Zugang zu jeglicher Mobilität zu machen. Das kartografische, weltschaffende Antonympaar Nord und Süd bedeutet nicht nur die Produktion von Rassifizierungen und ist nicht nur in Affekten eingeschrieben, sie geht ihnen historisch-diskursiv voraus. Migration und Mobilität gehören als Wörter vielleicht vielmehr in die Kategorie von Tourismus und müssten mit diesem Begriff und Phänomen zusammen analysiert werden. Was sie beschreiben sollen, entspricht vielmehr einer Situation zwischen unterschiedlichen Formen von Überleben und Sterben. Und sie bauen auf Strukturen und Denkmuster auf, die genau das in Kauf nehmen. Vielleicht wären Dis-Migration und Dis-Mobilität so die zutreffenden Ausdrücke, die eher eine neoliberale akademische Vermarktung der Effekte struktureller Gewalt und Ungleichheit verhindern können. Eine Möglichkeit dies zu tun, wäre ‚Gender' nicht als universale Analysekategorie vorauszusetzen, sondern bezogen auf die Subjektposition der Fragenden, den Kontext (die Welthaltigkeit im Sinne von Edward W. Said) der Fragestellung und das Erkenntnisinteresse zu hinterfragen.

beyond. ,gender'

> No speech is speech if it is not heard. It is this act of hearing-to-respond that may be called the imperative to translate.
>
> We often mistake this for helping people in trouble, or pressing people to pass good laws, even to insist on behalf of the other that the law be implemented. But the founding translation between people is a listening with care and patience, in the normality of the other, enough to notice that the other has already silently made that effort. This reveals the irreducible importance of idiom, which a standard language, however native, cannot annul. (Spivak 2000, 22)

Der Krieg in Afghanistan, und das hat gewissermaßen eine koloniale Tradition, wurde mit einer gegenderten Argumentation in Euro-Amerika legitimiert und begonnen. Dazu wurden afghanische Frauenstimmen instrumentalisiert. „‚Gender' exceptionalism works as a missionary discourse to rescue Muslim women from their oppressive male counterparts, (...) [p]ositioning the American feminist as the feminist subject par excellence", wie Jasbir Puar anmerkt (2007, 5). Eine dieser Stimmen gehört der Frauenorganisation *RAWA* (*Revolutionary Association of the Women of Afghanistan*), die unter der Taliban insbesondere im Bereich der Bildung aktiv geblieben ist. *RAWA* fordert inzwischen den sofortigen Abzug der USA und macht auf die katastrophale Lebenssituation der Gesamtheit der Menschen in Afghanistan, nicht nur der ‚Frauen' aufmerksam. *RAWA* wird seit Jahren nicht mehr in den euro-amerikanischen Medien als Sprachrohr Afghanistans präsentiert. Stattdessen haben sich *weiße* feministische Organisationen auf die afghanischen ‚Frauen' eingeschworen. In einem Schreiben vom 20. April 2002 wehrt sich *RAWA* etwa gegen die Ausradierung ihrer Aktivitäten und Stimmen durch die US-Organisation *Feminist Majority Foundation*, die sich die Befreiung der afghanischen ‚Frau' gut- und zuschreibt. *RAWA* bezeichnet diese Organisation nicht nur als hegemonial, US-zentrisch, selbstbezogen und als Firmen-Feminismus (corporate feminism), sondern beklagt auch, dass eklatante Rechtsverletzungen und -verbrechen an ‚Frauen' der einstigen Nordallianz von der feministischen Organisation verschwiegen werden. „The Feminist Majority, in their push for U.S. political and economic power, are being careful not to anger the political power in the U.S." (6). In einem Interview spricht die afghanische Bürgerrechtlerin Malalay Joya, die vor einigen Jahren nach diesem kolonialen Muster einige mediale Beachtung fand, vom ‚afghanischen *folks* (mardom)'[11] und den ‚Afghan_innen'. Obwohl sie zumeist in der euro-amerikanischen Presse als Frauenrechtlerin dargestellt wird, bezieht sich Joya selbst auf Menschen, sie unterscheidet zwischen Demokrat_innen und regressiven Kräften, wobei sie auch die USA und die NATO zu den letztgenannten zählt. Ich zitiere hier einige Aussagen Joyas aus einem Interview:

> *Afghan lives* have been getting worse since 2001. The current situation of *Afghanistan* is a disaster and is getting worse.
>
> *People* suffer from such extreme insecurity that many have stopped sending their children to school, especially girls, fearing that they might be kidnapped or raped.(...)
>
> [Poverty in Afghanistan] is so extreme that *people* sell their children for as low as $10 for a piece of bread! (...).
>
> Women's conditions in some cities have slightly improved since the Taliban regime. But if we compare it with the era before the rule of the fundamentalists in Afghanistan, it has not changed much. Afghan women had more rights in the 1960s to 1980s than today. (...) Women commit self-immolation to escape their miseries, and the rate of self-immolations is climbing in many of the provinces. Afghanistan still faces a women's rights catastrophe.

Und hier taucht wieder die Frage von Übersetzung und ‚Gender'-Training im NGO-Format auf. ‚Woman' oder ‚Frau' wird verstanden als Konzept-Metapher im kolonialen Diskurs. ‚Woman' beinhaltet hier auch das Wort ‚man' und ‚wo_man'. Und ‚woman' verdeckt in diesem Fall. Ich frage mich ob bei dem hohen Drogen- und Opiumverbrauch (auch bei sehr jungen) ‚Männern' nicht auch hier von Selbstverbrennung geredet werden sollte; übrigens werden auch ‚Männer' zwangsverheiratet. Joya weiter:

> (...) The root cause of this ongoing catastrophe in Afghanistan is that the government is controlled by fundamentalists of both brands (Jihadis and Taliban) who are constantly nourished by the United States and its allies. (Mercille 2009) [Hervorh. von mir, M. P.]

Es war eine ‚Gender'-Rhetorik mit der der Krieg in Afghanistan erneut begonnen wurde, die Unterscheidung in gute, hilflose ‚Frauen', die sich nicht selbst helfen können und böse bärtige Männer, die durchweg frauenfeindlich sind, ein gegendertes Bild zur Kriegslegitimation, mit andauernden, unendlich schrecklichen Folgen. Wenn Mobilität darin besteht, jederzeit getötet und vertrieben werden zu können, ins Landesinnere als so genannte Binnenflüchtlinge, *panā* bedeutet dann eine Plastikplane in undichten Zelten, was kann es da bedeuten, wenn wir von unseren Idiomen ausgehen, um die Dinge zu beschreiben, wie sie sich für uns darstellen (Kandiyoti 2011)?

Der Begriff ‚Gender' versteckt auch die Überlebensweisen von ‚Männern'. Darin habe ich mich selbst ertappt als ich hier Stimmen von ‚Women of Color' in diesem meinem privilegierten Text einer ‚Muslim[12] Woman of Color aus dem Norden' einbauen wollte. Es ist kein Zufall, dass ich als ‚Afghanin paschtunischer Herkunft' im Norden sitze; das zeitigt die Affiliation meines Status mit post-kolonialen Machtkonfigurationen, die von *whiteness*-Vorstellungen genährt

sind und mir abermals das Sprechen – auf Deutsch, einer, wenn nicht *der*, imperialen Sprache (schlechthin)[13] – ermöglichen.
In seinen Werken, wie in der Erzählung *Dasht-e Laili* (Die Laili-Wüste), thematisiert der afghanische Schriftsteller Mohammad Hossein Mohammadi das auch von Talal Asad aufgegriffene Phänomen des Ausgesetztseins, was ein Ausgesetztwerden ist, die Legitimation des Tötens oder auch den *homo sacer*. In einer schlicht-epischen Erzählweise beschreibt Mohammadi, der aus dem Norden Afghanistans stammt und im iranischen Exil selbst iranisch-nationalkonstruktivistischen Rassismen ausgesetzt war und bleibt, die Fahrt eines in U.S.- bzw. Alliiertengefangenschaft geratenen so genannten Talibs in einem Lastwagen voller Halbtoter und einer während der Fahrt immer mehr anwachsender Zahl an Leichen zu einem Massengrab. Dort schließlich spürt er, noch lebendig und nach Luft ringend, wie Sand sein Gesicht zuschüttet. Der letzte Satz der Erzählung lautet:

„Ich öffne den Mund um die Luft voller Staub und Sand in meine Lungen zu lassen, aber mein Mund wird voll von Sand, und meine Augen, die offen sind, kann ich nicht schließen, und Sand, und Sand, Sand, Sand, Sand…" (Mohammadi 2004, 122). Im *Dasht-i Laili* wurde ein Massengrab mit den Leichen von Taliban gefunden. Es wird auf den befreienden Einsatz der US-Truppen zurückgeführt. Deutschland ist ein alliiertes Land.

Das Schreiben Mohammadis kommt für mich dem nahe, was Spivak als die Verantwortlichkeit des Selbst zum Anderen hin, auf den anderen zu, beschreibt. Die Anrufung des Anderen und die eigene Antwort auf diese Anrufung als ein ethisches Moment.

Vielleicht heißt das für unsere Forschung und Lehre, von Dis-migration und Dis-mobilität auszugehen und zu untersuchen, wie Geschlecht und akademisches Wissen überhaupt zum Handlanger neokolonialer philosophischer Praxen wird und wie wir, indem wir einen Schritt zurück gehen und unseren akademischen Gewissheiten und Marktorientiertheiten entkommen lernen, die Plätze anderer unserer selbst nicht besetzen, wenn wir Verantwortung beziehen:

To be human is to be intended toward the other
(Spivak 2003, 73)

Anmerkungen

1 Um Missverständnissen vorzubeugen, möchte ich anmerken, dass Mauern, an deren Wänden ich entlang gegangen bin, meinen Schulweg in Kabul kennzeichneten, unterbrochen nur durch wenige Straßen, die quer liefen und einer hölzernen Brücke, während die Stadt im Hintergrund schlummerte, am Morgen, oder am Mittag schlief. Sie waren – aus der Retrospektive, wenn es das geben kann – meine heilsame Orientierung zur Schule, ein ungewisses Pflaster.

2 Um die Konstruiertheit der Begriffe ,weiß' und ,Schwarz' deutlich zu machen, wird weiß im Folgenden klein und kursiv geschrieben und Schwarz groß. Diese Unterscheidung in der Schreibweise soll das Widerstandspotential und die andere (unabgeschlossene) Historizität des Begriffs Schwarz, um den es Schwarzen/People of Color geht, erkennbar machen. Es geht damit nicht um eine ahistorische binäre und polare Aufrechterhaltung der Bedeutungen, sondern um ihre jeweiligen historischen Entstehungskontexte und Bedeutungen, auch wenn sie unterschiedlich und in einem nach wie vor unabgeschlossenen Prozess aufeinander verweisen.

3 Diskutiert wird die potentiell offene Bedeutsamkeit des Begriffs *queer* im Sinne von *queering* von Judith Butler (1995, 295-319) angelehnt an die kritischen Diskurse, weg von ,*race*' hin zu Rassisierung. Butler geht dabei aber ebenfalls von ihrer Subjektposition aus und gesteht dem Begriff *queering* eine zentrale (wenn auch vorübergehende, unabgeschlossene) Bedeutung bei. Warum aber knüpft sie nicht gleich an den Begriff Rassisierung als einen solchen offenen Begriff an, anstatt ihn als einen parallelen Diskurs zu situieren (von dem ,wir' viel lernen können)? Inwiefern und auf welche Weisen spielen hier Geschichte, Weißismus (ein Konzept, das Weißsein unterliegt, welches ich in meinem Artikel zu Objektivität – „Objektivität – Desiring Subjects." erläutere, Popal 2011) und Subjektposition eine Rolle? Denn dass sie eine Rolle spielen, scheint mir offensichtlich zu sein.

4 Mit Weißismus ist ein Koordinatensystem an Wertmaßstäben, Argumentationslinien und Bildern gemeint, welches als epistemologischer Maßstab ,europäischer' Hegemonie *weiße* Normen legitimiert und naturalisiert, an dem aber auch People of Color auf unterschiedliche Weisen beteiligt sind und beteiligt sein können (vgl. zum Begriff Popal 2011, 476-479).

5 Als solidaritätsstiftender Ausdruck bezieht sich der Begriff People of Color „auf alle rassifizierten Menschen, die in unterschiedlichen Anteilen über afrikanische, asiatische, lateinamerikanische, arabische, jüdische, indigene oder pazifische Herkünfte und Hintergründe verfügen. Er verbindet diejenigen, die durch die *weiße* Dominanzkultur marginalisiert sowie durch die Gewalt kolonialer Tradierungen und Präsenzen kollektiv abgewertet werden" (37). Neben der Anthologie *Mythen – Masken Subjekte* (2005), die erstmalig Weißsein im deutschen Kontext kritisch reflektiert und zu einer Selbstpositionierung zu Weißsein auffordert, bleibt *re/ visionen* (2007) für die Postkoloniale Kritik von besonderer Bedeutung über den deutschen Raum hinaus. Hier artikulieren ausnahmslos People of Color unterschiedliche Perspektiven und eröffnen einen diskursiven Raum, in dem Weißsein, das als normgebendes Tabu wirkt, und seine Effekte sichtbar werden und durch ihre Thematisierungen auf Utopien eines anderen Verstehens verweisen, das Rassisierungen in all ihren Nuancen, Schattierungen und Verschleierungen dekonstruieren will, so dass ein diskursiver Raum *beyond-race* überhaupt ersichtlich werden kann. Es

bleibt sehr zu hoffen, dass dieses Projekt weitergetragen wird.

6 In „Is Critique Secular? – Blasphemy, Injury and Free Speech“ (2009), verharrt Butler paradoxerweise in einer ‚westlich‘ zu verstehenden philosophischen Selbstverortung, die sie offenbar essentialistisch benutzt, statt auf den historisch-diskursiven Kontext zu verweisen. Sie setzt diese geradezu *a priori*, anstatt die Gewalt und die Konstruktivität, die ihre implizite Verortung kennzeichnen, weiter zu beachten. Daher verfällt aus meiner Sicht ihre Stellungnahme (zu Talal Asad und Saba Mahmood) tendenziell in Eurozentrismen und weißistische (philosophische) Positionierungen, die sie in ihrer Kritik an den beiden Autor_innen nicht mitreflektiert, während sie beständig auch die beiden Kritiker_innen in – ‚muslimische‘ – Positionen hineinzwängen will, so dass ihre Kritik Plätze zuweisen will und einer signifizierenden Logik zu folgen scheint. Kritik scheint nach diesem Text tatsächlich nicht nur säkular (Kode: westlich) sein zu sollen, sondern auch ‚europäischer‘ Herkunft und in ihrer Obhut. Ob das der Anfang einer Infragestellung dieses Mythos ist oder seine Fortsetzung bleibt?

7 Vgl. kritisch hierzu auch Walgenbach/ Dietze/ Hornscheidt/ Palm 2007; hier wird Gender selbst als interdependente Kategorie gefasst und (auch institutionell) weitergedacht, jedoch weiterhin zentral gesetzt. Es ist aber nicht die Interdependenz der Kategorien, von der ausgegangen werden sollte; vielmehr geht es um die Gleichzeitigkeit ihrer Effekte.

8 Zuweilen verfällt Judith Butler selbst in ein additives Verständnis von Intersektionalität, wenn sie etwa von der stärkeren Betroffenheit von „communities of color“ spricht, wobei sie die unerwähnten *weißen* als Norm konstituiert, und die Gewalt, die von einer solchen weißistischen Aufzählung ausgeht, zu übersehen scheint. Da Butler als eine Ikone gilt, die die Gender Studies auch in Deutschland stark geprägt hat, scheint hier ihr Zugang zu den *weißen* akademischen Diskursen um ‚Gender‘ und *queer* mit ausschlaggebend gewesen und (willig?) übernommen worden zu sein (vgl. etwa Butler 2004, 6).

9 Jasbir Puar theoretisiert den Begriff (*queer*) *assemblages* in Zusammenhang mit dem *war on terror*, indem sie untersucht, welche neuen Verwobenheiten zwischen diskursiven Praktiken im Zusammenhang mit Körpern und Affekten hergestellt werden, um imperiale Praktiken zu initiieren und zu legitimieren (vgl. Puar 2007, 204-205). Wichtig wäre hier weiter zu verfolgen, welche Formen *assamblager* Widerstände neue Beziehungen ebenfalls bewirken mögen.

10 Hier gerät Barthes selbst in die Falle seiner imperialen Metasprache, die mit degradierenden Benennungen und Konzepten zur Umschreibung des Anderen und damit zur Aufwertung des weißen Selbst arbeitet. Roland Barthes bleibt selbst in seinen Schriften unbenannt, was ihm erlaubt, ein einseitig zur Abwertung des Anderen gebrauchtes Konzept zur Rassifizierung des Anderen, das N-Wort, zu benutzen. Dadurch erscheint er selbst als Subjekt wie eine universale Aussage und er vergisst, das Wort wie auch sein Beispiel aufgrund der Normalisierungen seiner Metasprache zu markieren.

11 Das Wort *mardom* ist von der Bedeutung her dem eher egalitär und uneigentlich insbesondere in Schwarzen Rhetoriken gebrauchten englischen Wort *folks* näher als dem deutschen Wort ‚Volk‘, das einen stark völkisch-nationalen Klang und Geschichte erhalten hat.

12 ‚Muslim‘ ist hier in Anlehnung an Schwarzsein und parallel dazu, als eine widerständige Selbstbezeichnung zu verstehen, in der die kolonialen und kolonisierenden fixierenden *weißen* und weißistischen Bedeutungszuweisungen

zurückgewiesen werden. ‚Muslim' ist vielmehr als eine Rekonzeption und Wiederaneignung in einem uneingeschränkten und unendlichen Sinne von Freie/r Mensch und Menschgestaltung zu verstehen.

13 Deutsch ist die Sprache der europäischen (*weißen*) Philosophie, in der imperiale Episteme und die Grammatik des weißistischen imperialen Denkens feste Verankerung finden konnten, sich verbreiteten und bis heute Gültigkeit besitzen (vgl. dazu Spivak 1999, 8). Und das ist meines Erachtens noch ein relativ unberührtes Forschungsfeld, was sicher auch seine Gründe haben wird.

Literatur

ASAD, TALAL/ WENDY BROWN/ JUDITH BUTLER/ SABA MAHMOOD (2009) *Is Critique Secular? Blasphemy, Injury and Free Speech.* Berkely/ Los Angeles/ London: University of California Press. 5. April 2011 <http://escholarship.org/uc/item/84q9c6ft%3Fquery%3Dsecularism;via-ignore%3Drss>.

BARTHES, ROLAND (1997) *Mythen des Alltags* [1964]. Übersetzt aus dem Französischen von Helmut Scheffel. Frankfurt/M.: Suhrkamp.

BUTLER, JUDITH (1995) *Körper von Gewicht: Die diskursiven Grenzen des Geschlechts* [1993]. Übersetzt von Karin Wördemann. Berlin: Berlin Verlag.

BUTLER, JUDITH (2009) *Raster des Krieges – Warum wir nicht jedes Leid beklagen.* Übersetzt aus dem Englischen von Reiner Ansén. Frankfurt/M./ New York: Campus-Verlag.

HA, KIEN NGHI (2007) „People of Color – Koloniale Ambivalenzen und historische Kämpfe." *re/visionen – Postkoloniale Perspektiven von People of Color auf Rassismus, Kulturpolitik und Widerstand in Deutschland.* Hg. Kien Nghi Ha/ Nicola Lauré al-Samarai/ Sheila Myrosekar. Münster: Unrast-Verlag, 31-41.

KANDIYOTI, DENIZ (2011) *Islam and the Politics of Gender: Reflections on Afghanistan.* Carl Heinrich Becker Lecture of the Fritz Thyssen Stiftung. Berlin: Wissenschaftskolleg zu Berlin.

KILOMBA, GRADA (2005) „No Masks." *Mythen – Masken – Subjekte: Kritische Weißseinsforschung in Deutschland.* Hg. Maureen Maisha Eggers/ Grada Kilomba/ Peggy Piesche/ Susan Arndt. Münster: Unrast-Verlag, 80-88.

MERCILLE, JULIEN (2009) „Interview with Malalai Joya." *Foreign Policy In Focus – October 16th 2009.* 11. Feb. 2011 <http://www.fpif.org/articles/interview_with_malalai_joya>.

MOHAMMADI, MOHAMAD HOSSAIN (2004) „Dasht-e Laili". Ders. *majmu'a-ye āthār – anjirhā-ye sorkh-e mazār* [2003]. Teheran: chashma.

MORRISON, TONI (2008) *A Mercy: a novel.* New York: Vintage Books.

MORRISON, TONI (2008) *Conversations.* Hg. Carolyn C. Denard. *Literary Conversations Series.* Jackson: University Press Mississippi.

POPAL, MARIAM (2011) „Objektivität – Desiring Subjects." *Wie Rassismus aus Wörtern spricht – (K-)Erben des Kolonialismus im Wissensarchiv deutsche Sprache – Ein kritisches Nachschlagewerk.* Hg. Susan Arndt/ Nadja Ofuatey-Alazard. Münster: Unrast-Verlag, 463-483.

PUAR, JASBIR (2007) *Terrorist Assemblages – Homonationalism in Queer Times.* Durham: Duke University Press.

SPIVAK, GAYATRI CHAKRAVORTY (1999) *A Critique of Postcolonial Reason – Toward a History of the Vanishing Present.* Cambridge/ London: Harvard University Press.

SPIVAK, GAYATRI CHAKRAVORTY (2003) *Death of a Disipline.* New York: Columbia University Press.

SPIVAK, GAYATRI CHAKRAVORTY (1988) *In other Worlds – Essays in Cultural Politics.* New York/ London: Routledge.

SPIVAK, GAYATRI CHAKRAVORTY (1993) *Outside in the Teaching Machine.* New York/ London: Routledge.

SPIVAK, GAYATRI CHAKRAVORTY (2000) „Translation as Culture". *parallax* 6, 1/2000: 13-24.

WALGENBACH, KATHARINA/GABRIELE DIETZE/ ANTJE HORNSCHEIDT/KERSTIN PALM (2007) *Gender als interdependente Kategorie: Neue Perspektiven auf Intersektionalität, Diversität, Heterogenität.* Opladen/ Farmington Hills: Barbara Budrich Verlag.

WOLLRAD, ESKE (2005) *Weißsein im Widerspruch – Feministische Perspektiven auf Rassismus, Kultur und Religion.* Königstein/T.: Ulrike Helmer Verlag.

Mónica Alarcón

Identität und Migration im Zeitgenössischen Tanz

Hier und jetzt überall sein

Welchen Sinn macht es, von einem bestimmten Ort zu reden, wenn doch das ‚Hier' überall ist? Die Transformation von Raum und Zeit in der Folge globaler Kommunikationsmedien und Massentransportmöglichkeiten ruft eine neuartige ‚Ortslosigkeit' und damit verbundene Identitätskonflikte hervor (vgl. Beck 1995, 9-15). Mehr als 192 Millionen Menschen leben in einem Land, das nicht ihre ursprüngliche Heimat ist (*IOM* 2011)[1], und immer mehr Individuen leben in mehreren Kulturen gleichzeitig. Während in der Vergangenheit der Unterschied zwischen ‚eigen' und ‚fremd' dank der Konstruktion nationaler Identitäten deutlicher zu erkennen war, wirkt dieser Parameter in einer globalisierten Welt eher obsolet. Mobilität und Flexibilität lösen immer mehr alte eingewurzelte Traditionen ab, und der Tanz avanciert zu einem gelungenen Modell von Konstruktion transkultureller oder transnationaler Identitäten. Die Zukunft kulturell diversifizierter Gesellschaften kann in diesem ästhetischen Raum entworfen und erprobt werden.

Die Unterschiede zwischen den Kulturen wahrzunehmen ist ebenso wichtig wie diese zu respektieren. Zwischen den Kulturen gibt es aber nicht nur Unterschiede, sondern auch vielfältige Verflechtungen und gegenseitige Beeinflussung. Eine sprachliche, kulturelle oder ethnische Homogenität ist in der Realität nirgends zu finden. Hybride Lebens- und Ausdrucksformen, bei denen sich die Herkunft einzelner Strukturelemente nicht mehr eindeutig nachvollziehen lässt, gewinnen immer mehr an Bedeutung (vgl. Pieterse 2004). Nach Byung-Chul Han (2005) ist eine neue Definition von Kultur vonnöten, eine Kultur, die nicht mehr bestimmte Territorien, Religionen oder Ethnien aufnimmt, sondern frei in der Welt zirkuliert. Sein Begriff der ‚Hyperkulturalität' soll die Möglichkeit einer divergierenden Konvergenz zwischen den Kulturen erfassen. Argentinischer Tango wird beispielsweise sowohl in Berlin als auch in Delhi leidenschaftlich getanzt. Interessant an diesem Konzept ist, dass der/die Fremde weder minderwertig ist noch leidet. Er/sie hat kein Heimweh, denn hier kann er/sie auch dort sein. Vielmehr drückt er/sie potentiell eine neue Form der

Freiheit aus, vielleicht soll man ihn/sie *homo liber* nennen. Hyperkulturalität setzt Freundlichkeit voraus, nicht nur Toleranz. Denn nur Freundlichkeit bringt Nähe und Kontinuität im hyperkulturellen Raum hervor. Im hyperkulturellen Raum gibt es keine Kultur, die sich über die andere erhebt und vergisst, dass sie nur eine Möglichkeit unter anderen ist.

Das ‚Fremde' im Tanz

‚Das Fremde' im Tanz ist an sich kein neues Thema. Vielmehr ist es ein tradiertes Motiv in der Tanzgeschichte. Die *Turquérie* im Ballett des 17. und 18. Jahrhunderts ist ein frühes Beispiel dafür (vgl. Dahms 2004, 67-84). Was ist aber das Besondere im zeitgenössischen Tanz, dass dieser im 21ten Jahrhundert als ‚Botschafter' eines antifundamentalistischen Kulturbegriffs fungieren kann? Die Durchdringung von Tanzformen verschiedener Kulturen wird als eine der produktivsten Grundlagen der künstlerischen Entwicklung des zeitgenössischen Tanzes betrachtet. Dabei soll es nicht nur um die Inhalte, sondern auch um die Verflechtungen der Kulturen und Ausdrucksformen in den international besetzten Ensembles gehen. Zeitgenössische Tanzkompanien scheinen ein Abbild neuer globaler Lebensweisen wiederzugeben (vgl. Klementz/ Cramer 2004, 14-19).

Zeitgenössischer Tanz, die Bühnenkunst der Gegenwart, steht in der Tradition der Gründer des Modernen Tanzes und hängt mit der Idee einer nicht überlieferten gestischen Sprache zusammen (vgl. Louppe 2009, 31). Im Zeichen der ‚Kulturkrise' um 1900 und unter dem Einfluss der Freikörperbewegung und ihrer Lebensphilosophie tritt eine Tanzbewegung auf, die sich von dem tradierten *Code des Balletts* abgrenzt[2]. Kennzeichnend für diese neue Tanzkunst sind der individuelle Ausdruck in der Bewegung, die bedeutende Rolle der Erdanziehungskraft als Antrieb der Bewegung, die Natürlichkeit des Bewegungsprinzips und die Betonung eines beseelten Tanzkörpers. Das Fremde und Exotische spielten von Anfang an eine große Rolle in der Entstehung des Modernen Tanzes. Beispielsweise Isadora Duncans Wiederbelebung des Griechischen oder Ruth Saint Denis' (1879- 1968) Verkörperung Indischer Tänze.[3] Während beim Freien Neuen Tanz noch eine Ästhetik der Schönheit in den Bildern der freien Natur und der freien Frau vorherrscht[4], entfernt sich der Ausdruckstanz von diesen Idealen mit seiner Forderung nach Ausdruck von Wahrheit und inszeniert auch ‚hässliche' Körperbilder (vgl. Brandstetter 1995, 34). Beeinflusst vom deutschen Ausdruckstanz entstand nach dem zweiten Weltkrieg das eindrucksvolle japanische Tanztheater *Butoh,* auch ‚Tanz der Finsternis' genannt. *Butoh* wurde von Tatsumi Hijikata (1928-1986) und Ōno Kazuo (1906-2010) begründet und obwohl seine Anfänge auf die 1920er Jahre zurückgehen, fand die erste *Butoh* Performance erst 1959 statt. Dieser Tanzstil wehrte sich sowohl gegen die japanische Moderne und deren Amerikanisierung als auch gegen die japanischen Traditionen. *Butoh* ist ein Tanz des Widerstandes, welcher europäische Einflüsse und japanische Traditionen aufs Neue verbindet und kulturübergreifend alle Menschen anspricht. *Butoh* wird heutzutage weltweit gelehrt und praktiziert (vgl. Haerdter 1986, Schwellinger 1998). Es ist eine Ironie der Geschichte, dass der anfangs innovationsreiche und gesellschaftskritische Ausdruckstanz während Hitlers Machtübernahme an die Ideologie des Nationalsozialismus angepasst wurde. Die Konsequenz war, dass der Ausdrucktanz nach dem zweiten Weltkrieg in Vergessenheit geriet und die akademische Auseinandersetzung mit diesem Tanzstil bis vor kurzem vermieden wurde (vgl. Manning 1993, 221-254). Nach dem Krieg boomte das klassische Ballett in Deutschland und erst das Tanztheater bot eine Alternative zur Amerikanisierung des Tanzes. Vor allem in der Person von Pina Bausch hat diese Kunstform internationale Anerkennung erlangt. Im Unterschied zu anderen modernen Tanzstilen verkörpert das Tanztheater eher ein Gesamtkunstwerk und statt heroischer, mythischer Themen inszeniert es alltägliche, individuelle Lebensgeschichten, die sinnlich-leiblich reflektiert werden. Es ist bestimmt kein Zufall, dass die Tanzkompanie von Pina Bausch die deutsche Tanztradition mit Tänzern aus der ganzen Welt fortsetzt. Dabei ist zu bemerken, dass in diesem Fall eine andere Inszenierung des ‚Fremden' stattfindet. Es ist beispielsweise ein Unterschied, ob die amerikanische Tänzerin Ruth Saint Denis indische Tänze mit indischem Kostüm auf der Bühne tanzt oder ob eine indische Tänzerin in der Kompanie von Pina Bausch den *Sacre du Printemps* mittanzt. Für eine transkulturelle Tanztheorie ist es wichtig – wie am *Butoh* gezeigt worden ist – die Pluralität des Modernen zu berücksichtigen, statt von einer eurozentristischen Moderne im Singular auszugehen (vgl. Elberfeld 2007). Dazu sollen – postkolonialen Theorien zufolge – die gegenseitige Beeinflussung der Kulturen ausführlicher thematisiert werden (vgl. Castro Varela/ Dhawan 2005).

Der andere Körper – das andere Ich

Auf der Suche nach einem anderen Körper jenseits des westlichen Dualismus[5] haben andere Philosophien und Körper-Praktiken eine große Rolle gespielt. Sowohl der Sufismus und der Zen-Buddhismus wie auch Yoga, Atemtechniken, asiatische Sportarten und afrikanische Tänze haben unter anderem KünstlerInnen und DenkerInnen der Moderne stark beeinflusst. Es kann hier nicht darum gehen, alle diese Tanzstile einzeln zu analysieren, sondern den Einfluss anderer Kulturen auf die Entstehung dieser neuen Tanztechniken anzuerkennen. Kontakt-Improvisation ist beispielsweise innerhalb der Tradition des *modern dance* und seiner kontinuierlichen Innovationen entstanden. Der neue experimentelle Tanzstil wird häufig als *postmodern*[6] bezeichnet und mit der Entstehung des Tänzerkollektives *Judson Church* gleichgesetzt. Eine der Möglichkeiten, welche die Gruppe in Angriff nahm, war die offene Improvisation auf der Bühne, welche auch von der später begründeten Gruppe *ReUnion* praktiziert wurde (vgl. Novack 1990). Kontakt-Improvisation ist eine spezifische Art der Improvisation, die einerseits den Aspekt der Berührung (*contact*) und anderseits die Spontaneität (*improvisation*) in der sich im Hier und Jetzt gestaltenden Bewegung hervorhebt. Dieser Tanzstil entwickelt mittels seiner Technik ein Körperbild, das sich als *antwortender Körper* herauskristallisiert.

Das Bild des antwortenden Körpers beschreibt eine Seinsweise des Menschen, die im Einklang mit den Naturgesetzen agiert. Der *responsive body* verkörpert bestimmte Qualitäten im tänzerischen Dialog: Spontaneität, Ehrlichkeit, Aufmerksamkeit im Hier und Jetzt und in dem was geschieht (Realität) und nicht zuletzt Spiritualität. Das Ich, das sich auf das Hier und Jetzt einlässt und einen gemeinsamen Bewegungsfluss mit dem/der Anderen gestaltet, steht im Gegensatz zu dem individualistischen und egozentrierten Ich, das die Realität manipuliert. Es handelt sich also um eine Möglichkeit, die eigene Individualität auf eine tiefere Art und Weise zu erfahren. Kontakt-Improvisation lehrt – anstatt eines festen Vokabulars – eine Art und Weise, *sich selbst zu bewegen*. Dennoch gibt es eine gewisse Struktur in der freien Improvisation, und zwar durch die aufmerksame Wahrnehmung von Berührung und Gewichtsverlagerung unter den TänzerInnen (vgl. Novack 1990, 28-30).

Die Entfremdung von bekannten, geglaubten, selbstverständlichen bzw. auch bewussten Inhalten gehört zu den wichtigsten Merkmalen des zeitgenössischen Tanzes und nicht nur der Kontakt-Improvisation. Als ästhetisches Verfahren auf der Suche nach neuen Bewegungsmöglichkeiten oder auch um die ZuschauerInnen zu überraschen, fördert das Medium der Verfremdung das Alltägliche oder Bekannte in einem anderen Licht zu Tage. Sich selbst zu überraschen und das Bekannte nicht zu wiederholen, dies sind wichtige Methoden in der Erforschung von Bewegung im zeitgenössischen Tanz. Entfremdung ist somit eine Befreiungsstrategie von den selbst angelegten Ketten der Identifikation und Gewohnheiten: „Jeder sollte sich von sich selbst entfernen. Sonst fällt der Schrecken weg, der zur Erkenntnis nötig ist" (Brecht 1967, 189).

Andere Kulturen und MigrantInnen haben den Modernen und den zeitgenössischen Tanz nicht nur inspiriert oder ihm Impulse gegeben, vielmehr gestalteten und gestalten sie diesen Tanzstil immer noch aktiv mit. Im Rahmen dieses Beitrages können diese Prozesse nicht im Einzelnen thematisiert werden, aber es sollen einige Namen der ProtagonistInnen genannt werden, die hierbei maßgeblich waren: Isadora Duncan (1877-1927), Wegbereiterin des Modernen Tanzes, war die Tochter einer aus Irland in die USA eingewanderten Familie. Als Erwachsene lebte und arbeitete sie als Tänzerin in verschiedenen Ländern: Griechenland, Frankreich, Deutschland, Russland usw. Sie tanzte in vielen Ländern der Welt und starb in Italien. José Limón (1908-1972), mexikanischer Tänzer, lebte und arbeitete in New York. Die ‚Limon Technik' wird heutzutage weltweit gelehrt und hat dem Modernen Tanz wichtige Impulse gegeben. Anja Holm (1893-1992; geborene Johanna Eckert), war eine sehr erfolgreiche deutsch-amerikanische Tänzerin und Choreografin, Schülerin von Mary Wigman. Sie lebte in New York und ist unter anderem für den Einfluss des Ausdruckstanzes in Amerika verantwortlich. Der afroamerikanische Tänzer und Choreograf Alvin Ailey (1931-1989) setze sich für einen kulturellen Pluralismus in Amerika ein. Er forderte den afro-amerikanischen Einfluss im Modernen Tanz und sorgte unter anderem mit seiner Tanzkompanie dafür, dass mehr farbige Tänzer auf der Bühne (Hochkunst) gesehen werden. Er zählt zu den berühmtesten Tänzern aller Zeiten. Alvin Ailey arbeitete eine Zeit lang mit dem Brasilianer Ismael Ivo in New York zusammen. Ismael Ivo lebt und arbeitet heute in Berlin und Wien.

Er war unter anderem Leiter des Tanztheaters am Deutschen Nationaltheater in Weimar (1996-2000). Koffi Kôkô ist im Benin geboren, er ist Voodoo-Priester und zugleich Tänzer und Choreograf. Seit den 1980er Jahren pendelt er zwischen Europa und Afrika. Elsa Wolliaston ist in Jamaica geboren und lebte in New York. Derzeit arbeitet sie in Paris. Sie führte den afrikanischen-zeitgenössischen Tanz in Frankreich ein. Suraya Hilal ist eine ägyptische Tänzerin und Choreografin, die ihre Tanzausbildung in den USA absolvierte und nun in England arbeitet. Die ‚Hilal Dance Company' nimmt innerhalb des zeitgenössischen Tanzes eine besondere Stellung ein, denn sie gab dem traditionellen orientalischen Tanz eine zeitgenössische Form.

Fazit

Zeitgenössische Tanzkompanien sind meistens international besetzt. Die Vielfalt der Körper, Ausdrucksweisen und Tanztechniken wird auf der Bühne unterschiedlich repräsentiert, dargestellt und thematisiert. Die Verflechtungen der Kulturen, Kooperationen, Perspektivwechsel wie auch die Vermittlung zwischen den unterschiedlichen Welten sind, wie oben gezeigt wurde, mannigfach und omnipräsent. Durch die Globalisierung und Massenmigration wird dieses lange bestehende Phänomen deutlich und es ist an der Zeit, diese gegenseitige Beeinflussung der Kulturen, das ‚Fremde im Eigenen' anzuerkennen. Viele kulturelle Innovationen sind aus der Begegnung der Kulturen entstanden. Kultur ist nicht etwas Festes, sondern in stetiger Bewegung und Veränderung. Kulturelle Identität entsteht aus dem Dialog, den wir immer wieder neu konstruieren.

Die erfolgreiche Tanz-Installation von Sasha Waltz, *Insideout*, die zum ersten Mal in Graz 2003 gezeigt worden ist, hat als Thema die Konstruktion ‚postmoderner' Identitäten. Interessant an diesem Tanzstück ist unter anderem, dass die einzelnen Biografien der TänzerInnen als Grundlage dieser künstlerischen Arbeit dienten. Karl Stocker interviewte 2001 die internationalen Mitglieder des Tanzensembles *Sasha Waltz & Guest*. Dadurch dass die TänzerInnen aus zehn verschiedenen Ländern kamen, gewann das Stück zugleich eine globale Dimension. Die Ergebnisse dieser Interviews sind als Buchvorlage veröffentlicht worden und bilden die Grundlage für *Insideout*. Joakim Nabi Olsson, Mitglied der Tanzkompanie *Sasha Waltz & Guest*, bringt die kulturelle Vielfalt zeitgenössischer Tanzkompanien mit den folgenden Worten auf den Punkt:

> When we are on tour sometimes and I look at the group, when we're sitting, waiting for the bus and I see the different clothes .... Everybody looks as if they belonged to a completely different world, but we are in the same world (...) They have this way of walking, some people have that kind of clothes and some people look young and some people look old, ... It's amazing. He is tall and she is short, and he is like very open and she is very ..., you know that. I have never seen ourselves performing, so I don't know, but what everybody says, is that, that it's so different. (zitiert nach Stocker/ Cusimano/ Schurl 2003, 161)

Die Suche nach einem neuen, individuellen Körper im Tanz hat verschiedene Tanzstile und choreografische Verfahren hervorgebracht, so dass es schwer fällt, einen gemeinsamen Nenner für diese Vielfalt zu finden. Das Streben nach Individualität, Innovation und Grenzüberschreitung des eigenen Tanzstils führt zu einem stetigen Wandel dieser Ästhetik. Der zeitgenössische Tanz kann deshalb eher als eine bestimmte Haltung zur Bewegung verstanden werden, weniger als eine bestimmte Ästhetik oder Technik. Seit den 1980er Jahren stark vom Postmodernismus und Überlegungen zu einer Medien- und multikulturellen Gesellschaft beeinflusst, kann der zeitgenössische Tanz ein wichtiger Partner in der Frage nach der Zukunft multikultureller Gesellschaften sein. Die Offenheit für das ‚Fremde' und der Dialog zwischen den Kulturen sind wesentliche Merkmale dieses Tanzstils (vgl. Clavadetscher/ Rosiny 2007). Moderne Gesellschaften, für die ‚Vielfalt' etwas Positives darstellt, sind allerdings von der gelebten Vielfalt des zeitgenössischen Tanzes weit entfernt. Die Möglichkeit, trotz aller Unterschiede miteinander zu leben, zu kommunizieren und zusammen zu arbeiten, kann daher nur als eine Vision verstanden werden. Ein hyperkultureller Raum muss noch kreiert werden.

Literatur

1 *International Organisation for Migration.*

2 Das Ballett ist der älteste Bühnentanz der europäischen Tanzgeschichte und entwickelte sich aus den höfischen Tänzen und Schauspielen des 15. und 16. Jahrhunderts in Frankreich und Italien. Von der aristokratischen Unterhaltung schritt das Ballett zu einer eigenständigen Kunstgattung fort und wurde später von professionellen Tänzern im Theater aufgeführt. Als Folge davon wurde mit der Zeit ein striktes Bewegungsvokabular entworfen, an dem die Tänzer sich ausrichten sollen. Das Ballett verfügt über verschiedene Schritte und Posen, die unterschiedlich miteinander kombiniert und zeitlich variiert werden können. Die ‚Formen' der Bewegung stehen aber fest (vgl. Alarcón 2009, 45-60).

3 Der Moderne Tanz gliedert sich in den Neuen Freien Tanz: Loie Fuller (1882-1928), Isadora Duncan (1877-1927), Ruth Saint Denis (1879-1968), in den deutschen Ausdruckstanz: Rudolf von Laban (1879-1958), Mary Wigman (1886-1973), und den modernen amerikanischen Tanz: Martha Graham (1894-1991), Doris Humphrey (1895-1958). Der Begriff ‚modern' bezieht sich auf die künstlerisch-literarische Bewegung des späten 19. Jahrhunderts, setzt sich im Tanz allerdings später als in Literatur, Theater und den bildenden Künsten durch. Erst mit dem Auftreten Loie Fullers in Paris 1892 kann man von Modernem Tanz sprechen (vgl. Alarcón 2009, 56).

4 Im Unterschied zu anderen Epochen, in denen der Tanz eher eine untergeordnete Rolle im gesamten Kunstschaffen spielte, gewinnt der Tanz in dem Kontext der *Sprach-Krise* eine Schlüsselstellung. Der Tanz spielte eine herausragende Rolle beim Widerstand gegen die Mechanisierung und Rationalisierung der Welt. Der tanzende Körper entzieht sich der reinen Mechanik und herrschenden Rationalität und bietet Augenblicke der Freiheit in seinen natürlichen Bewegungen. Dem Tanz wird aber in diesem Diskurs über Technisierung, Verdinglichung und Überfremdung eine utopietragende Funktion zugemutet, weil er die letzte Bastion verkörpert, in der Selbstverwirklichung und Selbsterkenntnis noch möglich sind. Doch man vergisst, dass der Tanzkörper auch immer innerhalb bestimmter Diskurse und Machtstrukturen seine Funktion erfüllt. Im Fall des Modernen Tanzes ist das beispielsweise die Tatsache, dass die Erneuerung des Tanzes hauptsächlich von Frauen (Tänzerinnen und Choreografinnen) durchgeführt wurde, die sich als Vertreterinnen eines natürlichen Tanzes verstanden und als solche der gesellschaftlichen Rolle entsprechend, in der die Frau mehr mit dem Körper als mit der Ratio zu tun habe, interpretiert wurden. Das bedeutet, dass die Anerkennung der Tänzerin und ihrer Botschaft in einem ganz traditionellen Diskurs stattfand, in welchem Frau, Natur und Körper zusammengehören, im Gegensatz zur männlichen Konstellation aus Vernunft, Wissenschaft und Politik (vgl. Manning 1993, 27-46; Banes 1980, 1998).

5 Während in der Antike und der Scholastik der menschliche Körper als beseelt betrachtet worden ist, wurde er im 17. Jahrhundert – mit dem Aufkommen der wissenschaftlichen Methode – zu einem materiellen *Ding* reduziert. Descartes Philosophie liefert eine metaphysische Begründung für die Realdistinktion zwischen Körper und Seele und hinterlässt einen in zwei Substanzen geteilten Menschen. Der Philosoph versuchte alle Fähigkeiten und Eigenschaften des Menschen und die Wahrnehmungsgegenstände und Objekte seiner Erkennt-

nis einem der beiden Begriffe, *res cogitans* und *res extensa,* unterzuordnen. Sein Ergebnis führt zu einem dualistischen Verständnis des Menschen. Die Überzeugungskraft der Theorie annulliert die eigene Erfahrung der Einheit, und das theoretische Ergebnis ist ein ‚Ich', das eine Körpermaschine hat. Mit der Bezeichnung ‚Körpermaschine' lässt sich der Bedeutungswandel des Begriffs ‚Leib' in der Neuzeit anschaulich nachvollziehen. Das denkende Subjekt denkt seine Vereinzelung und Leiblichkeit nicht, sondern das Ich als *res cogitans* unterscheidet sich von seinem Leib derart, dass es sich von ihm trennt. So kommt es, dass der eigene Leib als ein Stück äußere Natur verstanden und seine Lebendigkeit mechanisch erklärt wird. Es ist im philosophischen Denken der Neuzeit etwas Neues, die Bestimmung des Körpers von der des Leibes zu unterscheiden, so dass sie sich trennen und der Leib zu einer rätselhaften ‚engen Verbindung' des Geistes mit einem Körper verblasst (vgl. Discours V, 12 (AT VI, 59) und Prinzipien II, 2-3 (AT VIII, 41-42). Die theoretischen und praktischen Schwierigkeiten einer dualistischen Philosophie, welche das Ich mit einem diskursiven Denken identifiziert und alles Körperliche auf ein materielles Ding reduziert, machen deutlich, warum das Thema des Körpers so wichtig für die nachcartesianische Philosophie geworden ist (vgl. Alarcón 2009).

6 Der Begriff ‚postmodern' ist ein umstrittener Begriff, da es nicht ganz klar ist, was diesen Stil kennzeichnet und inwiefern er vom traditionellen *modern dance* zu unterscheiden ist. Außerdem werden mit postmodernem Tanz sehr widersprüchliche und verschiedene Tanzstile bezeichnet (vgl. Huschka, 2000, 36-38).

Literatur

ALARCÓN, MÓNICA (2009) *Die Ordnung des Leibes. Eine tanzphilosophische Betrachtung.* Würzburg: Königshausen & Neumann.

BANES, SALLY (1987) *Terpsichore in sneaker: post-modern dance.* Middletown, Conn.: Wesleyan University Press.

BANES, SALLY (1998) *Dancing women: female bodies on stage.* London: Routledge.

BECK, ULRICH/ WILHELM VOSSENKUHL / ULF ERDMANN (1995). *Eigenes Leben. Ausflüge in die unbekannte Gesellschaft, in der wir leben.* München: Beck.

BRANDSTETTER, GABRIELE (1995) *Tanz-Lektüren: Körperbilder und Raumfiguren der Avantgarde.* Frankfurt/M.: Fischer-Taschenbuch.

BRECHT, BERTOLT (1967) „Dialog über die Schauspielkunst." Ders. *Gesammelte Werke,* Bd. 15. Frankfurt/M.: Suhrkamp.

CASTRO VARELA, MARÍA DO MAR/ NIKITA DHAWAN (2005) *Postkoloniale Theorie: eine kritische Einführung.* Bielefeld: Transcript.

CLAVADETSCHER, RETO/ CLAUDIA ROSINY (2007) Hg. *Zeitgenössischer Tanz: Körper – Konzepte – Kulturen; eine Bestandsaufnahme.* Bielefeld: Transcript.

DAHMS, SYBILLE (2004) „Die Turquérie im Ballett des 17. Und 18. Jahrhunderts." *Tanz anderswo: intra- und interkulturell. Jahrbuch Tanzforschung,* 14. Hg. Krassimira Kruschkova/ Nelle Lipp. Münster: LIT, 67-84.

DESCARTES, RENÉ (1990) *Discours de la méthode – Von der Methode des richtigen Verstandesgebrauches* [1637]. Fran.- deutsch. Hamburg: Felix Meiner Verlag .

DESCARTES, RENÉ (1992) *Prinzipien der Philosophie* [1644]. Hamburg: Felix Meiner Verlag.

ELBERFELD, ROLF (2007) „Bewegungskulturen und multimoderne Tanzentwicklung." *Tanz als Anthropologie.* Hg. Gabriele Brandstetter/ Christoph Wulf. München: Fink, 219-232.

HAERDTER, MICHAEL (1986) Hg. *Butoh: die Rebellion des Körpers; ein Tanz aus Japan.* Eine Publikation des Künstlerhauses Bethanien. Berlin: Alexander.

HAN, BYUNG-CHUL (2005) *Hyperkulturalität. Kultur und Globalisierung.* Berlin: Merve.

HUSCHKA, SABINE (2000) *Merce Cunningham und der moderne Tanz: Körperkonzepte, Choreographie und Tanzästhetik.* Würzburg: Königshausen & Neumann.

IOM (2011) *International Organisation for Migration.* „About Migration. Facts & Figures". 01. Juli 2011 <http://www.iom.int/jahia/jsp/index.jsp>.

KLEMENTZ, CONSTANZE/ FRANZ CRAMER (2004) „Einmischung in auswärtige Angelegenheiten. Tanz als migratorische Praxis." *Theater der Zeit,* 2/2004: 14-19.

LOUPPE, LAURENCE (2009) *Poetik des zeitgenössischen Tanzes.* Übersetzt aus dem Französischen von Frank Weigand. Bielefeld: Transcript.

MANNING, SUSAN (1993) *Ecstasy and the demon: feminism and nationalism in the dances of Mary Wigman.* Berkeley: University of California Press.

NOVACK, CYNTHIA (1990) *Sharing the dance: contact improvisation and American culture.* Madison, Wisconsia: University of Wisconsia Press .

ODENTHAL, JOHANNES (2005) *Tanz Körper Politik.* Eggersdorf: Theater der Zeit.

PIETERSE, JAN NEDERVEEN (2004) *Globalization & Culture. Global Mélange.* Lanham: Rowman & Littlefield.

SCHWELLINGER, LUCIA (1998) *Die Entstehung des Butoh: Voraussetzungen und Techniken der Bewegungsgestaltung bei Hijikata Tatsumi und Ono Kazuo.* München: Iudicium.

STOCKER, KARL/ NADIA CUSIMANO/ KATIA SCHURL (2003) Hg. *Insideout.* Wien/ New York: Springer.

Eva Kimminich

Black Barbie & Co.
Migrations- und Rassismuserfahrungen in Songtexten französischer Rapperinnen

Der Beitrag befasst sich mit der in der Forschung vernachlässigten weiblichen Rapkultur Frankreichs, die vor dem Hintergrund von Immigration, Kultur- und Integrationspolitik eine besondere Ausprägung entwickelt hat. An drei Künstlerinnen wird exemplarisch untersucht, wie die Rapperinnen diese Kultur zur Her- und Darstellung ihrer Identitäten als Frauen mit Migrationshintergrund bzw. als Rapperinnen in einer männlich dominierten Szene nutzen.

1 Entstehungsgeschichte

Rap entwickelte sich Anfang der 1970er Jahre in den schwarzen Ghettos der South Bronx New Yorks aus dem Erbe subkultureller musikalischer Ausdrucks- und Protestformen afroamerikanischer Bevölkerungsgruppen und Latino-Minderheiten. Im selben Jahrzehnt entstand in den Ghettos von Los Angeles und San Francisco der sogenannte Gangsta-Rap. Er griff die Ängste und Projektionen der Weißen auf. Ließen sich seine Ghettoheroen und Pimps mit Gewalt inszenierenden und sexistisch frauenfeindlichen Subgenres auf dem globalisierenden Musikmarkt besonders gut verkaufen, so wurde Rap andererseits mit Rassenkampf und spezifischen Lebensphilosophien und Ideologien verbunden.

Louis Farrakhan vereinnahmte ihn in seiner *Nation of Islam*, Afrika Bambaataa nutzte ihn zur Gründung seiner durch den Rastafarianismus geprägten *Universal Zulu Nation* und *KRS-One* (*Knowledge Rules Supreme over Everyone*) setzte ihn für seine *Stop-the-Violence*-Bewegung ein, mit der das *Rapping* zum *Edutainement* erhoben wurde. Als pragmatische und kreative Wortarbeit bringt Rap insbesondere das Selbst- und politische Bewusstsein ethnischer Minderheiten zum Ausdruck. Das eigene Anderssein (*blackness*) wurde dabei als Beginn einer sich von der weißen Kultur bewusst unterscheidenden Lebensweise diskutiert und der Anspruch bzw. das Recht auf eine der weißen gleichberechtigten schwarzen Kultur und Geschichte abgeleitet. Zusammen mit der Kunst des *DJing*, *B-Boying*, *Beatboxing* und *Writing* ist Rap die verbale Komponente der von Baambaata geprägten HipHop-Bewegung.

Als dieser 1974 die *Zulu Nation* gründete, um den Bandenkriegen in den Metropolen der Ostküste entgegenzutreten, die zum damaligen Zeitpunkt den Höhepunkt der Selbstzerstörung erreichten, rief er eine nicht nur ethnische wie nationale Barrieren überschreitende Bewegung ins Leben. Darüber hinaus bereitete er auch einer programmatischen Umwandlung aggressiver in kreative Energien den Weg, die er in einer Charta mit 21 Verhaltensregeln formulierte. Diese Philosophie schlug sich sowohl in den die HipHop-Kultur insgesamt charakterisierenden ritualisierten Formen des (mehr oder weniger symbolisch bleibenden) Wettbewerbs (*battles*) nieder, als auch in einer komplexen Metaphorik sprachlichen Handelns.

Seit Mitte der 1980er Jahre verbreiteten sich HipHop und Rap weltweit. Dabei bildeten sich landes- und kulturspezifische Szenen heraus, die jeweils mit ihren Eigenheiten zu untersuchen sind. Als die Musikindustrie Rap zu vermarkten begann, wurden bestimmte Subgenres fester Bestandteil populärer Unterhaltungsmusik. Davon distanzierten sich die Gruppen und Szenen, die auf den afroamerikanischen Ursprüngen bzw. dem sozialkritischen Engagement des Rap beharrten und ihn an der *Realness* der Songs und Künstler maßen. Dahinter stand der Anspruch, die Künstler müssten das, was sie sagen, auch verkörpern.

Aufgrund seiner transkulturellen Praktizierbarkeit kann Rap als eine multi- und interethnische sowie schichten- und *gender*-übergreifende Technik des Umgangs mit Sprache betrachtet werden. Er erwächst aus unterschiedlichen Motivationen und wird mit verschiedenen Intentionen verbunden; sie reichen von Gelderwerb – im Rapjargon als „*Moneymaking*" bezeichnet –, Gesellschaftskritik, Identitätsarbeit, Gruppen- oder Gender-Bewusstsein und sozialem Engagement über Selbstdarstellung, Gewaltverherrlichung oder (schwarz)nationale Bestrebungen, religiös unterlegte Botschaften der Weltverbesserung bis hin zu neonazistischen, antijüdischen und islamistischen Ideologiebildungen, die seit etwa 2000 in Erscheinung getreten sind.

In den Szenen und in der Wissenschaft wird inzwischen die Debatte geführt, ob HipHop und Rap genuin ein Teil der schwarzen Kultur seien und bleiben müssen. Denn ihre Vereinnahmung und Konsumierung durch Weiße erzeuge Stereotypen einer schwarzen Exotik (Templeton 2005, 32).

2 Immigration und Integrationspolitik: Rap in Frankreich

Der gesellschaftspolitische Hintergrund der französischen Rap-Szene ist eng mit der dortigen Integrationspolitik verknüpft. Waren die nach dem Krieg am Wiederaufbau beteiligten Immigranten bis etwa 1980 zwar nicht kulturell, aber sozial und politisch integriert, so wurden sie durch die Folgen der Desindustrialisierung ab Ende der 1980er Jahre in den sozialen Abstieg gestürzt. Diese Entwicklung betraf besonders die in Frankreich geborenen Söhne und Töchter der Immigranten. Im Gegensatz zu ihren Eltern waren sie zwar kulturell integriert, aber ihre ökonomische und soziale Integration blieb mangels Ausbildungs- und Arbeitsplätzen aus. Mit den steigenden Zuwanderungswellen und der in den Vorstädten durch die Jugendarbeitslosigkeit auf fast das Dreifache angestiegenen Kriminalität wuchs die Gefahr der Ghettoisierung. Die Politik der 1980er Jahre begegnete diesen Problemen noch mit gezielten Maßnahmen, die jedoch, wie verschiedene Studien zeigen, einerseits an der wachsenden Xenophobie des zuständigen Personals scheiterten, anderseits daran, dass die soziokulturellen Programme der „démocratisation culturelle“ Jack Langs durch den Einspruch der sich konsolidierenden rechtskonservativen Parteien blockiert wurden. Mit ihrem Einzug in die Rathäuser wurden zahlreiche Initiativen ersatzlos gestrichen.

Als Folge der gescheiterten Maßnahmen entstanden vielerorts kleine Ghettos innerhalb der Vorstädte. Dort verdichteten sich gescheiterte Existenzen jeder Couleur, auch sozial abgestiegene Frankofranzosen (*poor whites*). Bei ihnen stieß der Nationalpopulismus des *Front National* auf offene Ohren, so dass mit wachsendem Nationalismus auch der Alltagsrassismus zunahm. Für die in Frankreich geborenen und zur Schule gegangenen Immigrantenkinder bedeutete das eine zunehmende Diskriminierung. Ihre Wohnungs- und Arbeitssuche blieb erfolglos. Es kam zu strengeren Polizeikontrollen mit rassistischen Übergriffen, die sich vor allem „au faciès“, also an der Hautfarbe oder an der Wohnadresse, dem „délit d'adresse“, orientier(t)en (siehe dazu Kimminich 2007, Hüser 2004). Damit stiegen Aggressionen und Gewaltbereitschaft an, die Ghettoisierung nahm zu, denn wer konnte, zog aus den Vorstädten weg. 2005 entlud sich das Spannungspotential in heftigen Unruhen. Die Regierung Sarkozy verstärkte daraufhin Kontrollen und Repressionsmaßnahmen. Das war und ist das Klima, in dem sich die französische Rap-Szene als eine autonome *bricolage* kultureller Elemente entfaltete bzw. weiter entwickelt.

Sie ist als ästhetisierter Ausdruck der Stimm- und Namenlosen zu betrachten, der an die Stelle physischer Gewalt Wortgewalt treten ließ. Dabei wird mit einer hoch metaphorischen Sprache gearbeitet; allem voran mit dem vielfältig variierbaren metaphorischen Konzept *das Wort ist eine Waffe*: „des mots pour exorciser des maux", „des rimes qui égorgent", „des verbes qui deviennent des projectiles" (siehe dazu Kimminich 2002 und Lüdke 2007). Auch Rapperinnen nutzen dieses Konzept, unter anderem auch, um dem Klischee der schwachen Frau zu begegnen, wie beispielsweise Diam's: „C'est pas une fille qui prend le mic, c'est une fusée" (Es ist kein Mädchen, das das Mikro nimmt, es ist eine Rakete). Black Barbie stellt sich den Rappern gar als ‚Killermikrofon' entgegen: „Avant Black B t'avais jamais entendu d'meuf rapper, j'ai le flow criminel et les rimes meutrières (...) J'suis une mircophone killeuze" (Vor Black B hast Du wohl keine Frau rappen hören, ich habe einen kriminellen Flow und mörderische Reime (...) ich bin ein Killermikrofon) („La reine du 93", auf: *Black Barbie Style* 2008).

Die Wort-Waffen Metapher entspricht der von Lakoff und Johnson (1980) nachgewiesenen, das westliche Denken prägenden Konzeptualisierung des Argumentierens als Krieg. Im Rap wird sie oft mit der Konstruktion von Identität verknüpft. Rapper und Rapperinnen verstehen sich als Kämpfer und Kämpferinnen, sie machen ihren Mund zu ihrer Waffe oder auch zum Werkzeug, dessen Handhabung man allerdings erst erlernen muss: „La bouche est un outil / mais comme la faux et le marteau / Avant de vouloir en parler / apprends la signification des mots" (der Mund ist ein Werkzeug, aber wie Sichel und Hammer musst Du die Bedeutung der Worte lernen, bevor Du sprichst).

Rappen heißt also mit dem Wort zu arbeiten, sich seiner Bedeutungen bewusst werden. Dazu wird es gnadenlos auseinandergenommen. Auf diese Weise de- und rekonstruiert Rap sprachliche Festschreibungen, mit denen Hierarchien und Hegemonien erzeugt, gesellschaftliche Wirklichkeiten konstruiert und Identitäts- sowie *Gender*-Modelle festgelegt werden. Der bzw. die Einzelne muss sich dieser Einstellungen bewusst werden, um sich seine/ihre Rolle und Stimme zu erarbeiten.

3 Female Rap und Forschung

Im Allgemeinen wird das Ausdrucksmedium Rap für eine fast ausschließlich männliche Domäne gehalten bzw. in den Medien als solche dargestellt. Diese Darstellung ist nur teilweise richtig. Auch wenn Rap zunächst von schwarzen Männern ausgeübt wurde, haben auch schwarze Frauen von Anfang an eine wichtige Rolle in der Genese dieser spezifischen Ausdrucksform gespielt. So wurde die verbale Technik des *Dissens* in den USA von einer Frau, nämlich von der Rapperin (Roxanne) Shanté ausgearbeitet und etabliert (siehe dazu Völker/ Menrath 2007, 22 f) Inzwischen ergreifen in verschiedenen Ländern auch nichtschwarze Frauen zunehmend Wort und Mikrofon. Rapperinnen haben eigene Magazine, Internetportale und Festivals. Die ersten afroamerikanischen Rapperinnen antworten auf frauenfeindliche und sexistische Subgenres einerseits, indem sie sich die sie und ihre Körper abwertenden Diskurse aneignen (Rose 1994, 175). Damit beanspruchen sie eine eigene Subjektposition (Schischmanjan/ Wünsch 2007, 8), selbst wenn sie das männliche Gangsta-Image kopieren, denn sie lehnen sich so gegen die gängigen Rollenkonventionen auf (s.a. Leibnitz 2007, 49). Andererseits treten sie mit der Formulierung eigener weiblicher Identitätsmodelle der Verobjektivierung (schwarzer) Frauen entgegen. Völker und Menrath haben im weiblichen Rap der letzten zwanzig Jahre fünf Kategorien beobachtet, die als mediale Konstrukte durch das Zusammenwirken von Künstlerinnen, Musikindustrie und Konsumenten entstanden sind: die ‚Bitch', die ‚Gangstarapperin', die ‚Crew-Sahnehaube', die ‚Conscious-Sista' und die ‚True-School-MC' (Menrath/ Völker 2007, 9-20). Mit diesen *Role-Models* wollen die Autorinnen keine Kategorisierung vornehmen, sondern Repräsentationsformen beschreiben, die zeigen, dass sich Rapperinnen nicht nur über ihren Körper oder die gängigen Konstrukte von Weiblichkeit definieren. Sie können sich im Sinne Judith Butlers auch Maskulinität als soziales Gender-Konstrukt zu Eigen machen, um ihre Identität darauf zu begründen, denn „die ursprüngliche Identität, der die Geschlechtsidentität nachgebildet ist, [ist] selbst nur eine Imitation ohne Original" (Butler 1991, 31). So können sie durch ihre *Performance* von Gender-Rollen zeigen, dass Maskulinität und Feminität im Grunde nur eine Pose sind, die sie zu ihren Zwecken nutzen (siehe dazu Petri 2007, 92-106).

Völker und Menrath heben hervor, dass die die männerzentrierte Geschlechtermatrix übernehmende *Queen Bitch*, wie sie insbesondere die amerikanischen Rapperinnen Lil'Kim oder Foxy Brown verkörpern, durch gewinnbringenden Verkauf ihres Körpers und ihrer Sexualität gleichzeitig finanzielle Unabhängigkeit und Selbstbewusstsein gewinnt. Queen Latifah inkarniert mit ihren sozialkritischen Texten hingegen den Ende der 1980er Jahre aufkommenden Typ der *Queen Mother* bzw. *Consious Sista*. Als afroamerikanische Frauen reagieren Rapperinnen schließlich auch auf Normen einer von Rassismus und Kapitalismus durchzogenen Gesellschaft:

> Sie formulieren somit eigene wichtige Positionen. Sie beziehen sich in Form einer dialogischen Kritik auf andere RapperInnen, männliche und weibliche HipHop-Fans, auf die Black Community und feministische Diskurse. (Schismanjan/ Wünsch 2007, 7)

D.h. sie machen auf ihre eigene Lebenssituation aufmerksam, die sie mit ihren männlichen Kollegen teilen, denn:

> Sie sitzen in einem Boot. Daher sehen sich viele Rapperinnen auch nicht als außenstehende Bewerterinnen einer männlich-sexistischen Musik, sondern versuchen, die andere, weibliche Seite einer Lebenssituation zu beleuchten, die für Frauen ebenso unterdrückend ist wie für Männer. (Petri 2001, 101)

Den *True-School-MCs* geht es daher, so Völker und Menrath, nicht darum ihre Körper zu vermarkten und finanziellen Gewinn aus ihrem Erfolg zu schlagen, sondern um die Kultur und die Lebensphilosophie des HipHop, d.h. um die Präsentation eigener Ideen und persönlicher Erlebnisse. Ob Mann oder Frau rappt, spielt in diesem Kontext keine Rolle und wird daher auch nur nebenbei thematisiert (Völker/ Menrath 2007, 18-20). Das gilt auch für (nichtschwarze)

Rapperinnen europäischer Szenen, denn Unterdrückung von Frauen oder ethnischen Minderheiten betrifft jeweils die Gesamtgesellschaft.

Trotz Erfolges innerhalb ihrer Szenen (v.a. in den USA oder in Frankreich), der relativen Unabhängigkeit vom Musikmarkt durch Selbstproduktion und, obwohl das Jahr 2008 zum internationalen „Year of the HipHop Women" ausgerufen wurde, sind viele Rapperinnen unbekannt geblieben (siehe dazu auch Völker/ Menrath 2007, 19). Auch die französische Rapperin Black Barbie führt das auf die Profilschablonen der Musikindustrie zurück, der viele Rapperinnen nicht entsprechen würden. Journalisten und Journalistinnen tragen ebenfalls dazu bei, weil sie die durchaus breite und vielschichtige Szene weiblicher Rapper nach wie vor ignorieren. Auch in den einschlägigen Rapgeschichten werden rappende Frauen, wenn überhaupt, nur am Rande erwähnt. In den soziologischen Studien zum Rap in Frankreich (Boucher 1998, Vicherat 2007, Martinez 2008) wird der dortigen weiblichen Szene immerhin ein, allerdings meist nur sehr kurzes, Kapitel gewidmet, das ihre Existenz wenigstens dokumentiert. Der amerikanische HipHop-Kritiker George Nelson bezeichnet HipHop hingegen als ausschließlich männliche Kultur, was für Frauen die Konsequenz mit sich brächte, sich ihr anzupassen, maskulin und androgyn zu werden oder sich über Sex zu verkaufen. Einen Einfluss auf die künstlerische Entwicklung des HipHop spricht er ihnen gänzlich ab (Nelson 2002, 240 ff, vgl. Völker/ Menrath 2007, 20-22). So wird Rap als männliche Domäne konstruiert und aufrechterhalten, denn wie Tricia Rose bereits 1994 beobachtete, werde die Kultur des HipHop durch eine steigende Anzahl an rappenden Frauen „in ihrer Männlichkeit bedroht" (Rose 1994, 152). Daher werde zur Aufrechterhaltung der eigenen Domäne eine schwarze Männlichkeit unhinterfragt vorausgesetzt.

4 Frankreichs reimende Amazonen

Die erste weibliche Rap-Compilation *Lab' Elles* erschien 1995. 1999 feierten Lady Laistee, Diam's, Bams und Princess Aniès mit ihren ersten eigenen Alben Erfolge. Im Jahr 2000 konstatierte man(n) daher in der *L'Humanité* eine „Explosion reimender Amazonen" und sprach von einer feministischen HipHop-Szene. Das war sicherlich übertrieben, zeigt jedoch eine Entwicklung an, die das erste Jahrzehnt des 21. Jahrhunderts charakterisiert: Black Barbie & Co. ergreifen zunehmend Wort und Mikrofon. Dabei wurden zunächst frauenspezifische Themen eingeführt wie Schwangerschaft und Geburt (Diam's: „Car tu portes mon nom", dt: Denn Du trägst meinen Namen, Black Barbie: „9 Monate" oder von Bams: „Baby Blues"). Aber auch Solidarität unter Frauen wird immer wieder thematisiert (so bereits von Sté Strausz: „Plus d'idéal" (Keine Ideale mehr) 1996, von Lady Laistee: „Un peu de respect" (Ein bisschen Respekt), auf: *HipHop Therapy* 2002, von Princes Aniès: „Vivre sa vie" (Sein Leben leben) oder von Black Barbie: „Plus de temps à perdre" (Es gibt keine Zeit mehr zu verlieren) auf: *Barbieturique* 2009). Diese meist mit der Apostrophe „soeur/s" oder „sista" an die *Sisterhood* des US-amerikanischen Rap anknüpfenden Lyrics ermuntern Frauen dazu, ihr Leben selbst in die Hand zu nehmen und an sich selbst zu glauben:

Vivre sa vie, malgré les préjugés, loin des a prioris / Ne pas se retourner, aller au bout de ses envies / Indépendante, militante, combattante / Accroche-toi dans tout ce que tu tentes. (Princess Aniès, „Vivre sa vie", auf: *Conte de Faits* 2008).

Sein Leben leben, trotz Vorurteilen, weit weg von allen Aprioris; nicht zurückblicken, seine Wünsche bis zum Ziel verfolgen; unabhängig, militant, kämpferisch; Glaub an das, was Du versuchst.

Ähnliche Verse rappt auch Black Barbie:

[C]'est ça sista il y a plus d'temps à perdre, / tu ne peux pas compter sur leurs lois pour te sortir de la merde. ... Sois ta propre patronne / ouais charbonne ma soeur, y a que comme ça qu'on y arrive /.../ Une soeur issue des quartiers populaires qui arrive à se faire une place c'est une victoire ... car d'autres suivront ses traces /.../ il est temps qu'on s'active, qu'on crée nos propres biz. („Plus de temps à perdre", auf: *Barbieturique* 2009)

Es ist so, Schwester, es gilt keine Zeit zu verlieren. Du kannst nicht auf ihre Gesetze zählen, um Dich aus der Scheiße zu holen ... Sei Deine eigene Chefin, ja hau rein, meine Schwester, nur so kommt man zum Ziel (...) es ist Zeit, dass wir aktiv werden, dass wir unser eigenes Geschäft kreieren.

Folglich wird auch die traditionelle Frauenrolle demontiert, beispielsweise von der sich über Internet selbst vermarktenden, in der Bretagne aufgewachsenen Rapperin Alison alias Agonie im Song „Tais-toi, nettoie" („Schweig und mach sauber", auf: *De l'autre coté du miroir* 2009), in dem sie die angeblichen Pflichten der Hausfrau mit der betonenden Einleitung „c'est pas moi qui" verneinend aufzählt:

Parait qu' les meufs on doit faire le ménage mais moi, / mec, j'en ai rien à foutre de ton repassage /.../ C'est pas moi qui doit ramasser tes chaussettes qui sentent le rat mort /.../ C'est pas moi qui doit faire tout tes lessives /.../ C'est pas moi d'changer les draps, vas-y tais-toi; (ebd.)

Scheint, als ob die Frauen den Haushalt machen müssten, mir, Du Macho, mir ist Deine Bügelwäsche scheiß egal (...) Ich bin es nicht, die deine Socken aufsammelt, die nach toter Ratte stinken (...) Ich bin es nicht, die Dein Geschirr spült (...) Ich bin es nicht, die Dir die Laken wechselt, hau ab und schweig.

Im Refrain schlägt sie dann einen Rollentausch vor: „Si on changeait un peu de rôles, / si on inversait les règles, /.../ vas-y tais-toi, tais-toi, tais-toi. / Vas-y nettoie, nettoie, nettoie." (Wenn man mal die Rollen tauschen würde, wenn man mal die Regeln umdrehen würde, (...) hör auf, sei still, sei still, hör auf, mach sauber, mach sauber, mach sauber.)

Als Anleitung selbst das Wort zu ergreifen, was einer Anleitung zur Selbstbewusstwerdung gleichkommt, bietet Rap Frauen dasselbe wie Männern, er verändert ihr Leben, ermöglicht es ihnen, Aggressionen und Frust abzubauen, gibt ihnen Halt und eine Aufgabe. Warum sie rappen und was Rap für sie bedeutet, ist daher ein zentrales Thema für Rapper wie Rapperinnen. Er wird zum Lebensinhalt und Lebenssinn erklärt wie beispielsweise von Diam's:

> [J]e fais du rap pour me libérer du mal, /…/ Le rap m'a percée au plus profond de moi tu le ressens, / Moi je n'ai que ça, j'ai pas le bac /…/ Mon rap, c'est ma raison de vivre, c'est ma raison de dire au mode / Que quand on veut on y arrive, malgré les zones d'ombre / Et je suis contente si un jeune s'en sort. („Petite Banlieusarde", auf: *Dans ma Bulle*, 2006)

> Ich rappe, um mich von allen Übeln zu befreien (…). Rap hat mich am tiefsten Punkt meiner selbst getroffen, Du kannst das fühlen. Ich habe nur ihn, kein Abitur (…) Mein Rap gibt mir einen Grund zu leben.

In dieser Funktion hat Rap eine (selbst)therapeutische Funktion (siehe dazu Kimminich 2009). Gleichzeitig wird er als Mission verstanden: „J'rap, c'est comme toi pour manger / Mais j' n'oublie pas les choses que j'aimerai voir changer /…/ Je garde en tête les injustices que j'veux voir venger (Ich rappe wie Du täglich isst, aber ich vergesse dabei nicht die Dinge, die ich gerne anders sehen würde (…) ich behalte all die Ungerechtigkeiten im Kopf, die ich gerächt sehen will; „Si je rap", auf: *Vivre ou mourir* 1999).

In ihren Bestrebungen zu rappen, und d.h. zu kämpfen, wurden Frauen durchaus von einigen männlichen Vertretern der Szene von Anfang an ermutigt, beispielsweise von Assassin, La Brigade, Razbol oder Fabe. So rappte die Gruppe Assassin schon 1995:

> On ne s'arrête pas à la couleur de peau, / Quand Assassin fait un morceau tous les auditeurs sont égaux. / La prise de conscience, voilà ce qu'on essaye de mettre en avant, / En musique, pour que nos sœurs se lèvent et se mettent en mouvement. (Assassin 1995, „La flamme s'éteint", auf: *L'Homicide volontaire*)

> Wir richten uns nicht nach der Hautfarbe. Wenn Assassin einen Song macht, sind alle Hörer gleich. Bewusstwerdung, das ist es, was wir mit Musik vorantreiben wollen, damit unsere Schwestern mit uns kämpfen.

2000 widmete Assassin der Abwertung und Unterdrückung der Frau einen eigenen Song: „L'entrave à nos jouissances" (*Touche d'espoir*): „Ma soeur est une déesse, une reine, une sirène / Une guerrière qui visionne l'homme et ses dilemmes" (Meine Schwester ist eine Göttin, eine Königin, eine Sirene, eine Kriegerin, die Visionen hat für die Menschen und ihre Sorgen, ebd.) Der Refrain wird mit Nachdruck immer wieder wiederholt, um die Evolution durch eine Revolution der Begriffe und den Kampf gegen Klischees einzuleiten. Squat klagt an: den Vatikan, dass der die Verdammung der Frau nicht aufhebt, und er klärt auf, indem er auf die Abtreibung von weiblichen Föten aufmerksam macht, auf die

Unterdrückung der Frauen in Afghanistan und andernorts, auf die Prostituierung der Frau in der ganzen Welt etc. Und er hebt ihren Kampfesmut hervor, mit dem sie sich nicht nur für ihre eigene Freiheit engagiert, sondern für Minderheiten und Entrechtete aller Art eintritt.

Radikale Rapperinnen wie Keny Arkana verkörpern dieses Bild. Ihr erstes Album mit dem aussagekräftigen Titel *Entre Ciment et la Belle Etoile* erschien 2006, das zweite, *Désobéissance*, folgte 2008. 2006 kam auch das erste Soloalbum von Casey (*Tragédie d'une trajectoire*) auf den Markt, die sich mit ihrem militanten *Hardcore Rap* Akzeptanz bei ihren Kollegen verschaffte. Weibliche wie männliche Rapper würden, wie sie betont, nicht an ihrem Geschlecht, sondern an ihrer *Realness* gemessen. Casey ist das wie Keny Arkana offensichtlich gelungen.

Die dem Rap zugeschriebene Männlichkeit wird von vielen französischen Rapperinnen zwar einerseits übernommen um Zugang zur Szene und zum Rapgeschäft zu haben. D.h. sie verzichten bewusst auf feminin aufreizende Kleidung um sich nicht zum Objekt männlicher Begierde zu machen, denn sie wollen wie ihre männlichen Kollegen an ihrem Rap und ihren Texten gemessen werden. Daher legen sie auch weniger Wert auf die Konstruktion eines bestimmten Images, wie aus Interviews hervorgeht, die Maria Schwörer 2010 mit Pariser Rapperinnen durchgeführt hat (Schwörer 2010, 179-213). Sie ergaben auch, dass das Klischee des vermeintlich frauenfeindlichen Rap für die Szene Frankreichs sicherlich nicht gilt (95 f). Dort eignen sich Frauen zwar auch die Merkmale einer als männlich konstruierten Technik des verbalen Ausdrucks bzw. Auftretens an. Als Begründung gaben sie jedoch an, dass sie den männlichen *Dresscode* übernehmen, um nicht das Klischee amerikanischer Rapperinnen wie Lil'Kim oder Foxy Brown zu erfüllen, die sich in ihren Augen als aggressive Objekte der Begierde verkaufen (48-52). Vor allem von Lil'Kim distanzieren sich viele französische Rapperinnen auch explizit in ihren Lyrics (88).

Das männliche Outfit hat darüber hinaus, wie u.a. Diam's formuliert, den Vorteil, „que les gars me regardent toujours dans les yeux. Pas ailleurs" (dass mir Typen in die Augen schauen und nicht sonst wohin) (zitiert nach Schwörer 2010, 50). *Dresscode* und Habitus lassen sich jedoch auch variieren, so dass frau damit eigene Stile entfalten kann, um sich visuell von den rappenden Männern abzugrenzen. Babela beispielsweise kreierte, auch um nicht dem allgemeinen Ghetto-Image zu entsprechen, aus Schnitten und Stoffen der 1960er Jahre ihre eigene Mode, die sie mit den Merkmalen des Ghetto-Outfits kombiniert. Die in der *Banlieue* von Seine Saint-Denis aufgewachsene, aus Kamerun stammende Maxiline Tamko alias Black Barbie kleidet sich hingegen betont sexy.

Unabhängig von Kleidung und Bühnendarstellung thematisieren viele weibliche Rapperinnen wie ihre männlichen Kollegen neben spezifisch weiblichen Problembereichen vor allem die gesellschaftspolitischen Bedingungen ihres eigenen Lebensalltags und hinterfragen deren historische Ursachen. Rassismus, Politik, Geschichte und Gesellschaft sind insgesamt betrachtet bei Rapperinnen ebenso rekurrente Themen wie bei Rappern. Und sie bestehen darauf, diese Themen ebenso kompetent und kreativ umzusetzen wie ihre männlichen Kollegen, inhaltlich, sprechtechnisch und musikalisch.

An drei französischen Rapperinnen soll im Folgenden gezeigt werden, wie sie mit Erfahrungen des Alltagsrassismus umgehen, wie sie ihn thematisieren, welche Rolle dabei die dem Rap zugeschriebene Maskulinität als Gender-Konstrukt spielt und wie dieses mit femininen *Role-Models* verhandelt oder ob beides ignoriert und eigene Positionen entworfen werden.

7 Casey: Das Wort gegen Alltagsrassismus ergreifen

Mut beweisen und das Wort ergreifen ist die klare Ansage der aus Martinique stammenden Cathy Palenne alias Casey. Seit mehr als zehn Jahren hat sie sich in der Rapszene mit ihren politischen Hardcore-Lyrics einen Namen gemacht, indem sie mit ihrer tiefen Stimme und ihrem Auftreten Maskulinität einerseits gezielt kultiviert. Das hat ihr einen größeren Handlungsspielraum in der Szene eröffnet als feminin auftretenden MCs. Andererseits betrachtet sie Gender-Rollen als soziale Konstrukte, die sie für ihre Ziele einzusetzen weiß. Casey formuliert daher wie wichtig und vor allem selbstverständlich es ist, als Frau das Wort zu ergreifen:

> Ma parole est mise en péril ou passe pour stérile par ceux qui n'attendent de moi qu'un profil servile, une cervelle spongieuse, un buvard pour leurs conneries, /.../ Mais en dépit de ça mon débat se poursuit: ma parole est privilège quand le silence sévit. (Casey 1997, „La parole est mienne", auf *mixtape L 432*)

> Mein Sprechen ist in Gefahr oder wird als aussagelos betrachtet von denen, die von mir Dienstbarkeit erwarten, ein schwammiges Hirn, das ihre Dummheiten aufsaugt (...) Aber trotzdem setze ich meinen Wortstreit fort, mein Sprechen ist Privileg, wenn Schweigen grassiert.

Frau kann also sprechen und rappen. Dies wird ihr nur aufgrund von Gender-Konstrukten abgesprochen. Wenn sie in der Lage ist, die ihr zugedachte Rolle abzulegen und sich nicht so zu verhalten, wie man es von ihr erwartet, dann kann sie sich verbal entfalten. Mut und Lust selbst zu sprechen sind gleichzeitig Voraussetzung um sich mit negativen Alltagserfahrungen auseinanderzusetzen und eine positive Identität zu entwickeln.

Wie der alltägliche Rassismus und seine Konsequenzen für die persönliche Lebensplanung erlebt und verarbeitet werden können, lässt Casey ihr lyrisches Ich in der zweiten Strophe beschreiben. Dabei wird einerseits erneut die Bedeutung hervorgehoben, selbst das Wort zu ergreifen; andererseits distanziert sich die Sprecherin, wie Casey selbst, vom männlichen *Ego-tripping*:

> Moi ma zone c'est l'hexagone à l'esprit exigu où les fachos sont fâchés et les négros pas fichus de les chauffer. ... Mais rien à foutre je me veux libre et riche donc je pose mes cartes en silence. Ma seule discipline: le négrotrip, mon unique vœu: froisser la France. J'veux pas gonfler mon égo lorsqu'on oppresse ma peau, ni jouer la cécité quand je galère en cité.

Mein Umfeld ist ein Frankreich mit Kleingeist, wo sich die Faschisten ärgern und die Neger nicht im Stande sind, sie anzumachen. ... aber egal, ich will frei sein und reich, deshalb spiele ich meine Trümpfe heimlich aus. Meine einzige Disziplin: der Negrotrip, mein einziger Wunsch: Frankreich zu zerknittern. Ich will mein Ego nicht aufblasen, wenn man meine Hautfarbe unterdrückt, noch will ich die Blinde spielen, wenn ich in meinem Viertel leide.

Denn:

Ma couleur, ma colère, ma nature humaine n'est pas vaine, mon âme reste sereine dans cette jungle urbaine, la lutte quotidienne, la parole est reine, donc la parole est mienne.

Meine Hautfarbe, meine Wut, meine menschliche Natur sind nicht sinnlos, meine Seele bleibt heiter in diesem urbanen Dschungel, der tägliche Kampf, das Sprechen eine Königin, denn das Wort gehört mir.

Autobiografisch unterlegt ist der Song „Tragédie d'une trajectoire“ (*Solo* 2006):

Cette belle insouciance de l'enfance / Qui plus tard laisse place à la sagesse / J'l'ai pas connu. Je suis noire ( ) et née ( ) en France / Et maintenue en position de faiblesse / Et aujourd'hui encore un rien me blesse / Et pourtant j'ai tout fait pour que passent / Mes traumatismes / Mais c'est dur ( ) il faut que je le reconnaisse / Et y'a peu de chances que ça s'tasse avec la vieillesse. (ebd.)

Diese wunderbare Sorglosigkeit der Kindheit, die später der Weisheit Platz macht. Ich habe sie nicht gekannt. Ich bin schwarz und in Frankreich geboren und werde in einer Position des Schwächeren gehalten. Auch heute verletzt mich noch ein Nichts und das obwohl ich alles getan habe, um mein Trauma zu überwinden. Aber ich muss zugeben, dass das sehr schwer ist und ich sehe kaum Chancen, dass sich das im Alter legt.

Diese Erfahrung von Rassismus wird von Casey – wie von vielen anderen Rapperinnen und Rappern – auf die Kolonialgeschichte zurückgeführt, beispielsweise in ihrem Song „Dans nos histoires“ (auf: *Ennemi de l'Ordre* 2009):

Aucune différence dans cette douce France / entre mon passé, mon présent et ma souffrance / être au fond du précipice ou en surface / mais en tout cas sur place et haï à outrance / Mes cicatrices sont pleines de stress / pleines de rengaines racistes qui m'oppressent / de bleus, de kystes, de peines et de chaînes épaisses / pour les indigènes à l'origine de leur richesse / On nous agresse donc on agresse / Ils ont battu des nègres, violé des négresses / Donc nos plaies sont grosses et mon crâne endosse / angoisse et moral en baisse dans mon blockhaus / C'est le blocus sur nos vies en plus / on signale nos pedigrees dans nos cursus / Comment veux-tu que ma colère cesse / quand le colon est cruel comme le SS? (ebd.)

> Es gibt keinen Unterschied zwischen dieser *douce France* und meiner Vergangenheit, meiner Gegenwart und meinem Leid, es macht keinen Unterschied in der Tiefe des Abgrunds oder an der Oberfläche zu sein, aber da muss man sein und aufs Äußerste gehasst werden. Meine Narben sind voller Stress, voller rassistischer Gemeinheiten, die mich unterdrücken. Blaue Flecke, Blasen, Strafen, schwere Ketten für die Eingeborenen sind der Ursprung ihres Reichtums. Man greift uns an, also greifen wir an. Sie haben die Neger geschlagen, die Negerinnen vergewaltigt. Die Wunden sind also tief und mein Schädel belastet, die Stimmung sinkt in meinem Blockhaus. Es ist die Blockade unseres Lebens, man macht in unseren Lebensläufen auf unsere Stammbäume aufmerksam. Wie soll meine Wut verschwinden, wenn der Kolonist grausam ist wie die SS?

Das subjektive Erleben alltagsrassistischer Situationen wird hier mit historischen Fakten kombiniert, die als Stereotype einer in der Geschichte verankerten Ungerechtigkeit eingesetzt werden. Das hebt die historisch bedingte Ausweglosigkeit der Situation der Ich-Erzählerin hervor und erklärt ihre emotionale Gestimmtheit.

8 Diam's: Mission Multikulti gegen rechtskonservative Ordnungen

Diam's (Mélanie Georgiades), eine Rapperin mit griechisch-zypriotischem Migrationshintergrund, war wegen ihrer aussagekräftigen politischen, für Freiheit und Gleichheit eintretenden Texte Ikone der Vorstadtjugend Frankreichs, bevor sie im September 2009 zur Enttäuschung vieler Fans zum Islam übertrat. In „Ma France est à moi“ (*Dans ma Bulle* 2006) entwirft sie ein positives Bild des Vorstadtlebens, um rassistischen und durch die Medien verbreiteten Vorurteilen über die in der *Banlieue* lebenden Menschen mit Migrationshintergrund die Grundlage zu entziehen. Denn das personifizierte Frankreich ihres lyrischen Ich hat trotz seiner kleinen Schwächen und Fehler Werte, Regeln und Träume, und es schäumt vor Lebenslust über.

> Ma France à moi elle parle fort, elle vit à bout de rêves, / Elle vit en groupe, parle de bled et déteste les règles, /... / C'est le hiphop qui la fait danser sur les pistes, / Parfois elle kiffe un peu d'rock, ouais, si la mélodie est triste, / Elle fume des clopes et un peu d'shit, mais jamais de drogues dures, /.../ Elle a des valeurs, des principes et des codes, / Elle se couche à l'heure du coq, car elle passe toutes ses nuits au phone. / Elle parait faignante mais dans le fond, elle perd pas d'temps, / Certains la craignent car les médias s'acharnent à faire d'elle un cancre ... (ebd.)

> Mein Frankreich spricht laut, es lebt in vollen Zügen. Es lebt in Gruppen, spricht vom Dorf und hasst Vorschriften ... Der HipHop lässt es tanzen, manchmal hört es Rock, wenn die Melodie traurig ist, raucht es eine Zigarette oder ein wenig Hasch, nie aber nimmt es harte Drogen... Es hat Werte, Prinzipien und Codes. Es

geht mit dem Hahnenschrei ins Bett, weil es die Nächte am Mikrofon verbringt. Es erscheint faul, aber es verliert keine Zeit. Manche fürchten es, weil die Medien aus ihm ein Krebsgeschwür machen ...

In der zweiten Strophe erklärt sie, wer genau zu ‚ihrem' Frankreich gehört:

Elle, c'est des p'tits mecs qui jouent au basket à pas d'heure, /.../ Elle, c'est des p'tites femmes qui se débrouillent entre l'amour, les cours et les embrouilles, / Qui écoutent du Raï, Rnb et du Zouk. / Ma France à moi se mélange, ouais, c'est un arc en ciel, / Elle te dérange, je le sais, car elle ne te veut pas pour modèle. (Diam's 2006, „Ma France est à moi", auf: *Dans ma Bulle*)

Mein Frankreich, das sind kleine Kerle, die zu jeder Zeit Basketball spielen. ... das sind kleine Frauen, die sich zwischen Liebe, Schulstunden und täglichem Ärger durchschlagen, die Rai, RNB und Zouk hören. Mein Frankreich mischt sich, ja, es ist ein Regenbogen. Es stört Dich, ich weiß, weil es Dich nicht zum Vorbild nimmt.

Mit diesen Versen wird der interkulturelle Lebensalltag in den Vorstädten beschrieben und idealisiert; Menschen, die sich durchschlagen, die ohne Vorurteile aufeinander zugehen, die Spaß miteinander haben. Das Frankreich des lyrischen Ich ist ein junges und lebenshungriges Frankreich, das sich nicht assimilieren lassen möchte. Es speist sich aus der Lebensphilosophie des HipHop und wird einem anderen, von Xenophobie, Rassismus und Nationalismus geprägten Frankreich des fiktiven Adressaten entgegengestellt; ein Kontrast, der durch die den Text rhythmisierende anaphorische Wiederholung von „elle" und „celle qui" sowie die betonte Verneinung „Non, c'est pas ma France à moi" bzw. „Non, ma France à moi c'est pas la leur" verstärkt wird:

Ma France à moi, c'est pas la leur, celle qui vote extrême, / Celle qui bannit les jeunes, /.../ Celle qui s'croit au Texas, celle qui à peur de nos bandes, / Celle qui vénère Sarko, intolérante et gênante. /.../ Non, ma France à moi c'est pas la leur qui fête le Beaujolais, /.../ Et qui prétend s'être fait baiser par l'arrivée des immigrés, / Celle qui pue le racisme mais qui fait semblant d'être ouverte, /.../ Non, c'est pas ma France à moi, cette France profonde /.../ Alors peut être qu'on dérange mais nos valeurs vaincront /.../ Et si on est des citoyens, alors aux armes la jeunesse, / Ma France à moi leur tiendra tête, jusqu'à ce qu'ils nous respectent. (ebd.)

Mein Frankreich ist nicht das ihre, das Rechtsextrem wählt, das die Jugend verbannt, ... das glaubt in Texas zu sein, das Angst vor unseren Banden hat, das Sarko(zy) verehrt, intolerant und hinderlich. Nein, mein Frankreich ist nicht das ihre, das den neuen Beaujolais feiert, und das behauptet von den Immigranten betrogen worden zu sein. Das, das nach Rassismus stinkt, aber so tut, als ob es offen für alle sei, ... Nein, mein Frankreich ist nicht dieses doppelbödige Frankreich ...

> Kann also sein, dass wir stören, aber unsere Werte werden siegen .... Und wenn wir Staatsbürger sind, dann greift zu den Waffen, ihr jungen Leute. Mein Frankreich wird ihnen die Stirn bieten, solange bis sie uns respektieren.

Diese Strophe arbeitet gängige Vorurteile gegen Menschen, v.a. Jugendliche mit Migrationshintergrund, auf, die sich wie alle Franzosen als Staatsbürger fühlen und für ihre Werte kämpfen. Dieser Rückbezug auf eine politisch-ethische Motivation ist für Frankreichs Rapper und Rapperinnen konstitutiv. Er ist Baustein ihrer Identität und teilweise missionarisch verbrämte Lebensaufgabe. Bei diesen Werten handelt es sich sowohl um religiöse als auch, wie Dietmar Hüser (2004) unter Berücksichtigung zahlreicher Interviews und Raptexte zeigte, um die in Frankreich seit der Revolution verklärten republikanischen Werte, deren Verwirklichung in vielen Texten hinterfragt und kommentiert wird.

Als der Wunsch nach Integration und der aktiven Beteiligung als *citoyens* an der praktischen Verwirklichung der Demokratie mitzuwirken sich nicht realisierte, wurde die kulturelle Abseitsstellung und damit das ethnische Bewusstsein der Vorstädter verstärkt. Seit 2000 traten viele Jugendliche durch Rapper Kerry James oder Abl al Malik angeregt, zum Islam über. Diese Flucht stellte einerseits eine Möglichkeit dar, ihre Zugehörigkeit zum Vorstadtmilieu positiv umzudeuten. Andererseits tritt das Engagement für den Islam an die Stelle des ohne Erfolg bleibenden sozialpolitischen Engagements (siehe dazu Kimminich 2007), wenn auch nicht in allen Fällen. Für die Konversion von Diam's scheinen, ihrer Aussage zufolge, persönliche Gründe ausschlaggebend gewesen zu sein; sie habe sich für die Religion entschieden, weil „die Ärzte ihre Seele nicht heilen konnten".

9 Keny Arkana: gender-neutraler Aktivismus

‚Messerscharf' sind die Texte der in Marseille lebenden, 1983 von algerischen Eltern geborenen Keny Arkana. Sie wuchs in den Vorstädten der Hafenstadt auf und begann im Alter von zwölf Jahren zu rappen. Erklärtes Ziel der Aktivistin, Kapitalismus- und Globalisierungsgegnerin ist es, die Jugend über gesellschaftliche und politische Missstände aufzuklären und sie für Unrecht und Korruption zu sensibilisieren. Auch sie stützt sich auf ethische Kategorien, was ihrer Kritik Authentizität und ihren Forderungen Berechtigung und Nachdruck verleihen soll. Rap ist für sie nur Mittel zum Zweck, nämlich Ausdruck politischen und sozialen Engagements: „[J]e suis une anonyme dans la masse avec un haut-parleur. C'est comme ça que je me vois" (zitiert nach Cachin 2006); folglich definiert sie sich auch nicht über ihn: „[J]e ne suis pas une rappeuse contestataire mais une contestatrice qui fait du rap" (ebd.). Geschlecht und Gender spielen ebenfalls keine Rolle. Denn für Arkana ist es als Frau so selbstverständlich zu rappen, dass sie dies nicht thematisiert. Sie muss sich deshalb auch nicht vom männlichen Rap-Image differenzieren. Im Zentrum ihres Handelns steht allein ihr Ziel: die in den von allen vergessenen Vorstadtzonen lebenden Menschen dafür zu sensibilisieren, dass sie Rechte und eine Stimme haben. Immer wieder setzt sie sich dabei mit ihrer eigenen Herkunft auseinander bzw. mit den gesellschaftspolitischen Ursachen benachteiligter Stadtteile und den Konsequenzen für die dort Lebenden.

Ihre rhetorisch gefeilten Lyrics kombinieren autobiografische und poetische Details, real Erlebtes und Fiktion. Im Lyric „J'viens d'l'incendie" („Ich komme aus den Brandherden", auf: *Entre Ciment et la belle Etoile*, 2006) stellt das lyrische Ich gleich in den ersten Versen mit einem ironisch-sarkastischen metaphorisch verdichteten Wortspiel klar, wer dort aufwächst und was das für den Einzelnen/die Einzelne bedeutet: „J'viens de l'incendie, donc excuse la tête brûlée ... Du poison dans la tête, une enfance dans l'errance / Libre dans la marge, trop sauvage pour rentrer dans les rangs ..." (Ich komme aus den Brandherden, verzeih daher meinen verkohlten Kopf ... Gift im Hirn, eine Kindheit, von Heimatlosigkeit geprägt, vogelfrei, zu wild um angepasst zu werden, ebd.). Die metaphorische, nicht adäquat übersetzbare Formulierung „tête brulée" ist ein gängiger Begriff im Rap und in der Umgangssprache, der dunkelhäutige Menschen bezeichnet. Keny Arkana setzt ihn hier doppeldeutig ein, indem sie auf die Brandstiftungen anspielt, die die *Banlieue* als Wohnort diskriminierter Bevölkerungsgruppen kennzeichnen, sowie auf die dort herrschende Selbstzerstörung. Das ist das Dekor, in dem das lyrische Ich wie Keny Arkana selbst eine wenig erfreuliche Jugend auf der Straße verbringt, die zumindest vorübergehend im Heim enden sollte:

> La rue... j'y dormais déjà à l'âge de treize ans / Pistée par les flics, jours et nuits, la chasse est ouverte / Et quand la loi abuse de son pouvoir, cette pute est couverte! /.../ La faim, le froid, la fatigue et les coups / Un monde fait de mensonges, ça aide pas à faciliter l'écoute! /.../ Me voler ma liberté / Pour ça, ils m'ont coupé les ailes à la scie! / Brûlé mes rêves à l'acide, que mon âme crève à l'asile. (ebd.)
>
> Die Straße ... dort schlief ich bereits mit dreizehn Jahren. Die Bullen lauerten mir auf, Tag und Nacht, die Jagd ist eröffnet. Und wenn das Gesetz seine Macht missbraucht, wird diese Nutte gedeckt! ... Hunger, Kälte, Müdigkeit und Schläge, eine Welt voller Lügen, das trägt nicht gerade dazu bei Gehorsam zu lernen! ... Mir meine Freiheit stehlen, dazu haben sie mir die Flügel mit der Säge gestutzt! Meine Träume mit Säure verätzt, damit meine Seele im Heim krepiert.

Die Reaktion auf Freiheitsentzug und ‚Erziehung' ist heftig und lässt das lyrische Ich mit ihrer Entscheidung zu rappen das Wort ergreifen.

> Pour oublier qu'à quinze ans, ils m'ont fait subir la camisole! / Quand le système veut ta peau, OK la guerre sonne! / Facile de piétiner ces mômes qui n'appartiennent à personne /.../ J'peux pas zapper! / Tu voulais qu'on la ferme? / Moi, j'ai choisi de rapper! (ebd.)

> Um zu vergessen, dass sie mich mit 15 in die Zwangsjacke gesteckt haben! Wenn das System dich unterkriegen will, ok, dann wird zum Krieg geblasen! Es ist einfach auf den Kindern rumzutrampeln, die zu niemandem gehören ... Ich kann das nicht wegzappen! Du wolltest, dass wir den Mund halten? Ich, ich habe beschlossen zu rappen!

Diese Verse sind, wie die Rapperin in einem Interview sagte, u.a. auch an ihren ehemaligen Heimleiter gerichtet, die sie ihm damit, in ihrer Selbstbefreiung triumphierend, entgegenschleudert. Aus dieser persönlichen Erfahrung der Unterdrückung, ihrer eigenen Kraft und Möglichkeiten heraus resultieren v.a. aber ihr Engagement und ihr Aktivismus, mit dem sie Politik und Politiker kritisiert und 2005 die „Jeunesse de l'occident“ (auf: *L'esquisse*) mit einem gleichnamigen Song ‚aufweckt‘, um ihr Ideale aufzuzeigen, für die sie kämpfen kann:

> Ce monde me rend contestataire... / Pourtant je rêve de paix et de bonheur /.../ Désolée j'veux réveiller les frères et soeurs / Monde de fous, veux pas attendre de voir ce que l'enfer réserve! / J'suis peut-être idéaliste, certains me le reprocheront / Mais on a besoin d'idéaux pour bousculer les choses / Alors laisses moi crier, même à blanc, le mal d'une époque / Le même que tu retrouveras dans les yeux de mes sistas et de mes potes / Parce qu'on est conscient que ça tourne pas rond et qu'il n'y a pas de solutions /.../ On change le monde qu'à son échelle, est-tu prêt pour la Révolution? (ebd.)

> Diese Welt ist streitbar rebellisch..., Dennoch träume ich von Frieden und Glück (...) tut mir leid, ich will meine Brüder und Schwestern wecken. Diese verrückte Welt, ich will nicht warten, was uns die Hölle noch vorbehält! Ich bin vielleicht Idealistin, manche werfen mir das vor, aber wir brauchen Ideale, um die Dinge in Bewegung zu setzen. Lass mich (...) das Leid einer Epoche herausschreien, dasjenige, das Du in den Augen meiner Schwestern und Freunde wiederfinden wirst, denn wir sind uns bewusst, dass die Dinge nicht im Lot sind und dass es keine Lösungen gibt (...) Man kann die Welt nur nach seinem Maßstab ändern, bist Du bereit für eine Revolution?

2006 folgt ein Appell an die „Jeunesse du monde“ (auf: *Entre Ciment et la belle Etoile*) sich zu solidarisieren und gemeinsam zum Kampf gegen Babylon anzutreten; es inkarniert den globalisierten Kapitalismus, Fronten gibt es also überall. Diese Metapher wurde zunächst von den Rastafaris für Unterdrückung und Ausbeutung durch den weißen Kolonialismus eingesetzt und im Rap als Inbegriff kapitalistischer Lebensweise des Westens übernommen:

> Ils aimeraient nous monter les uns contre les autres! / Mais si Dieu le veut bien ... ce sera les gens simples contre les ordres! / Enfants du siècle, avançons le poing levé / Jeunesse et peuples du Tiers-monde nous marcherons à tes côtés! / Ta lutte est la nôtre, tout comme notre lutte est la tienne / Justice et liberté pour tous les habitants de la Terre /.../ RESISTANCE! On a dit NON! / On a le Nombre! / Jeu-

nesse du monde .../ Ce sera plus jamais sans nous! / Dignité et Conscience / On est des milliards à vouloir faire tourner la roue dans l'autre sens! (Kenny Arkana 2006, „Jeunesse du monde", aus *Entre Ciment et Belle Etoile*)

Sie würden uns gerne gegeneinander aufhetzen! Aber wenn Gott es so will, dann werden die einfachen Menschen gegen die Ordnungskräfte sein! Kinder unseres Jahrhunderts, lasst uns mit erhobener Faust voranschreiten. Jugend und Völker der dritten Welt, wir marschieren an Eurer Seite! Euer Kampf ist der unsere, so wie unser Kampf der Eure ist. Gerechtigkeit und Freiheit für alle Bewohner dieser Erde (...) Widerstand! Wir haben Nein gesagt! Wir sind zahlreich! Jugend der Welt..., Nie wieder wird es ohne uns gehen! Würde und Bewusstsein. Wir sind Milliarden, die das Rad in die andere Richtung drehen wollen!

Refrain:

Babylone, Babylone! Entends-tu la colère monte / Les oubliés de l'occident et les oubliés du Tiers-monde / Babylone, Babylone! Tu nous as dit „c'est marche ou crève" / Alors on marche ensemble contre toi pour faire valoir nos rêves / Babylone, Babylone! Tu voudrais voir notre déclin, / Que nos idéaux partent en éclats, mais méfie-toi car on est plein / Babylone, Babylone! Ta fin est proche! (ebd.)

Babylon, Babylon! Hörst Du die anschwellende Wut? Die von Okzident Vergessenen und die Vergessenen der dritten Welt. Babylon, Babylon! Du hast uns gesagt „marschiere oder stirb." Also marschieren wir gemeinsam gegen Dich, um unsere Träume geltend zu machen. Babylon, Babylon! Du wolltest unseren Untergang, dass unsere Ideale zersplittern. Hüte Dich, denn wir sind viele. Babylon, Babylon! Dein Ende naht.

Fassen wir zusammen:

Sich vom US-amerikanischen Rap distanzierend, griff die französische Szene die von Bambaataa begründete HipHop-Philosophie auf. Rap wurde für die in die Vorstädte abgeschobenen Jugendlichen mit Migrationshintergrund zu einem Instrument entwickelt, alltagsrassistische Erfahrungen zu verarbeiten und die gesellschaftspolitischen Ursachen in Gegenwart und Vergangenheit zu thematisieren. Die Arbeit an und mit der Sprache, historischen und gesellschaftlichen Diskursen, bildet die Basis für die Dar- und Herstellung ihrer Identität und eröffnet ihnen ein Forum, in dm sie die ihnen in der frankofranzösischen Gesellschaft versagte Anerkennung erhalten. Weibliche Rapperinnen spielen dabei keineswegs eine marginale Rolle. Sie entfalteten die im HipHop bereits vorhabenden genderspezifischen *Role-Models*, mit denen die US-amerikanischen Rapperinnen eine Subjektposition behaupteten. Einerseits thematisieren und kritisieren sie Gender-Konstrukte, wie die männerzentrierte Geschlechtsmatrix übernehmende *Queen Bitch*; sie wird insbesondere durch die US-amerikanische Rapperin Lil'Kim verkörpert, von der sich die französischen Rapperinnen explizit distanzieren. Andererseits wird der Anspruch der Rapper auf die mit Männlichkeit verknüpfte Rap-Kompetenz hinterfragt. Mut, (verbale) Aggressivität und Kreativität werden als menschliche Eigenschaften gleichermaßen für Frauen beansprucht und Männlichkeit als Habitus genutzt. Als solcher kann er für die Bühnenperformance übernommen oder aber auch modifiziert werden, was insbesondere am *Dresscode* sichtbar wird. Der rapspezifische Habitus von Männlichkeit wird dabei aber auch kritisiert. Ihre ethisch-moralischen Motivationen hervorhebend, distanzieren sich die Rapperinnen vom männlichen Raphabitus und versuchen eine ihnen eigene, von Gender-Konstruktionen unabhängige Position zu erlangen. Diese ist an Engagement und moralische Integrität gebunden. Um eine solche herzustellen, wird subjektives Erleben mit historischen Fakten kombiniert, werden gängige Vorurteile herausgearbeitet oder erlebte Ausschnitte gesellschaftlicher Wirklichkeit als mögliche und bessere Lebensformen entworfen.

Anmerkungen

1 Sie hat dieses Pseudonym gewählt, weil sie, wie sie erklärt, über die alltäglichen Leiden des Lebens schreibt.

Literatur:

BOUCHER, MANUEL (1998) *RAP – expression des lascars: significations et enjeux du Rap dans la société française*. Paris: Union Peuple et Culture.

BUTLER, JUDITH (1996) „Imitation und Aufsässigkeit der Geschlechtsidentität." *Grenzen lesbischer Identitäten*. Hg. Sabine Hark. Berlin: Quer-Verlag, 15-37.

CACHIN, OLIVER (2006) „Keny Arkana, le missile est lancé." *RFI*. 3. März 2011 <http://rfimusique.com/musiquefr/articles/083/article_16663.asp>.

HÜSER, DITMAR (2004) *RAPublikanische Synthese. Eine französische Zeitgeschichte populärer Musik und politischer Kultur*. Köln/ Weimar/ Berlin: Böhlau.

KIMMINICH, EVA (2002) „En*rage*ment und Eng*age*ment. Beobachtungen und Gedanken zur WortGewalt der französischen und frankophonen Hip-Hop-Kultur." *Wort und Waffe. Welt – Körper – Sprache, Perspektiven kultureller Wahrnehmungs- und Darstellungsformen*, Bd. 2, 147-174.

KIMMINICH, EVA (2006) „Citoyen oder Fremder? Ausgrenzung und kulturelle Autonomie in der Banlieue Frankreichs." *Archiv für Sozialgeschichte*, Bd. 46: *Integration und Fragmentierung in der europäischen Stadt*. Bonn: Verlag J.H.W. Dietz Nachf., 505-538.

KIMMINICH, EVA (2009) „Das therapeutische Potential der Hip Hop-Kultur." *Motivation und Widerstand – Herausforderungen im Maßregelvollzug. Materialien der 24. Eickelborner Fachtagung zu Fragen der Forensischen Psychiatrie, 4. bis 6. März 2009*. Hg. Nahlah Saimeh. Bonn: Psychiatrie Verlag, 339-350.

KIMMINICH, EVA (2010) „RapAttitüden – RapAttacken – RaPublikaner." *Lyrik des 20. Jahrhunderts*. Hg. Winfried Wehle. Tübingen: Narr, 412-458.

LEIBNIZ, KIMIKO (2007) „Inszenierung von Weiblichkeit. Die Darstellung von Rapperinnen im Musikvideo." *female hiphop – Realness, Roots und Rap Models*. Hg. Anja Schischmanjan/ Michaela Wünsch. Mainz: Ventil Verlag, 41-60.

LÜDTKE, SOLVEIG (2007) *Globalisierung und Lokalisierung von Rapmusik am Beispiel amerikanischer und deutscher Raptexte*. Berlin/ Münster: Lit. Verlag.

MARTÍNEZ, ISABELLE MARC (2008) *Le rap français: esthétique et poétique des textes (1990-1995)*. Bern/ Berlin/ Frankfurt/M./ Wien: Lang.

NELSON, GEORGE (2002) *XXX – 3 Jahrzehnte Hip Hop*. Übersetzt aus dem Amerikanischen von T. Man. Freiburg: orange press.

PETRI, JEANNETTE (2007) „strike a pose – be a king." *female hiphop – Realness, Roots und Rap Models*. Hg. Anja Schischmanjan/ Michaela Wünsch. Mainz: Ventil Verlag, 92-107.

ROSE, TRICIA (1994) *Black Noise: Rap Music and Black Culture in Contemporary America (Music/Culture)*. Middletown, CT: Wesleyan University Press.

SCHISCHMANJAN, ANJELA / MICHAELA WÜNSCH (2007) Hg. *female hiphop – Realness, Roots und Rap Models*. Mainz: Ventil Verlag.

SCHWÖRER, MARIA (2010) *„Pourquoi j'rap, pourquoi j'rime, pourquoi j'crée, pourquoi j'crie" – Frauenrap in Frankreich*. Zulassungsarbeit an der Albert-Ludwigs-Universität Freiburg.

TEMPLETON, INEZ HORTON (2005) *What's so German about it? Cultural Identity in Berlin HipHop Scene*. 3. März 2011 <https://dspace.stir.ac.uk/bitstream/1893/75/1/Inez%20Templeton%20-%20Thesis%20PDF%20Version.pdf>.

VICHERAT, MATHIAS (2007) *Pour une analyse textuelle du rap français*. Paris: L'Harmattan.

VÖLKER, CLARA/ STEFANIE KIWI MENRATH (2007) „‚Rap-Models'– Das schmückende Beiwerk." *female hiphop – Realness, Roots und Rap Models*. Hg. Anja Schischmanjan/ Michaela Wünsch. Mainz: Ventil Verlag, 9-33.

Weertje Willms

Männlichkeitskonstrukte in Texten türkisch-deutscher Väter und Söhne: Autorinnen und Autoren

1 Einleitung

Als sich Mitte der 1980er Jahre die Männlichkeitsforschung in Deutschland entwickelte, geschah dies vor dem Hintergrund, dass dem Mann als eigenständigem Forschungsobjekt in den Gender Studies bis dahin kein Platz eingeräumt worden war. Aufgrund der Jahrtausende alten Vorherrschaft des Mannes in allen Bereichen der Gesellschaft und der Wissenschaft und der seit langem gängigen Gleichsetzung von Mann und Mensch ist der Mann, so das Argument der ForscherInnen, ohnehin stets der Untersuchungsgegenstand gewesen, von dem die Frau als defizitäres Anderes abgegrenzt wurde. Erst mit den Forschungen vor allem von R.W. Connell in den 1970er Jahren[1] drang allmählich die Tatsache ins Bewusstsein, dass mit der genannten Gleichsetzung und der männlichen Vorherrschaft erstens nur ein Teil der Männer im Fokus der Untersuchungen steht – nämlich die das herrschende Männlichkeitskonzept verkörpernden ‚großen Männer' der Geschichte – und dass zweitens nicht der einzelne Mann mit seinen Identitätskonzepten und konkreten Angelegenheiten untersucht wird, sondern die hegemonialen Männlichkeitskonzepte.[2] Dieses Defizit begannen die Männlichkeitsforscher zu beheben. Bis heute ist die Männlichkeitsforschung allerdings nicht selbstverständlicher Teil der Gender Studies, welche nach wie vor häufig ihren Blick auf die Frauen lenken.

Auch in Bezug auf die Erforschung der türkisch-deutschen Literatur als eines der bedeutendsten Zweige der deutschsprachigen, interkulturellen Literatur gilt dieser Forschungsfokus: Es gibt zahlreiche Studien zu weiblichen Identitätskonzepten in der türkisch-deutschen Literatur,[3] kaum aber Untersuchungen zu Männlichkeitskonzepten. Diesem Desiderat möchte der vorliegende Beitrag Rechnung tragen, indem hier Männlichkeitskonstrukte anhand von beispielhaft ausgewählten Texten türkisch-deutscher Autorinnen und Autoren untersucht werden. Wie man sich leicht vorstellen kann, fallen diese Konzepte unterschiedlich aus, je nachdem, welcher Generation die dargestellten Figuren zugeordnet werden können. Ich unterscheide daher für meine Analyse zwei Blickwinkel: den der Väter und denjenigen der Söhne.

Bei den Väter-Figuren handelt es sich um türkische Männer, die in den 1960er Jahren als so genannte Gastarbeiter nach Deutschland kommen und mit der Arbeit in der Fabrik, dem Leben in Deutschland, der Trennung von der Familie und der Heimat, den im Spannungsfeld zweier Kulturen befindlichen Gender-Konzepten und der Auseinandersetzung mit ihren nachreisenden oder bereits in Deutschland geborenen Kindern fertig werden müssen. Diese Generation wird in den Texten türkisch-deutscher Autorinnen und Autoren seit den 1960er Jahren dargestellt. Während in den frühen Werken die Generation der Väter im Mittelpunkt steht, handelt es sich bei den Erzählern in den Texten der jüngeren AutorInnen in der Regel um Vertreter der Kindergeneration, die über sich selbst und ihre Beziehung zu ihren Vätern sprechen und weniger deren Schicksal ins Zentrum ihrer Erzählung stellen. Beispielhaft für die Generation der Väter habe ich zwei literarisch sehr unterschiedliche Texte ausgewählt: Emine Sevgi Özdamars *Karagöz in Alamania. Schwarzauge in Deutschland* (1990) sowie Fethi Savaşçıs *Bei laufenden Maschinen* (1983). Beide Texte sind zu Beginn der 1980er Jahre entstanden[4] und rücken einen türkischen ‚Gastarbeiter' in Deutschland ins Zentrum der Darstellung. Literarisch könnten die Werke aber unterschiedlicher nicht sein: Während Özdamar mit zahlreichen Verfremdungsmitteln arbeitet, ist Savaşçıs Text schlicht und reportageartig.

Auch für den Blickwinkel der Söhne habe ich zwei literarisch unterschiedliche Texte ausgewählt, um verschiedene Facetten vorstellen zu können: Feridun Zaimoglu, *Kanak Sprak* (1995) und Yadé Kara, *Selam Berlin* (2003). In beiden Texten geht es um die Identität von Söhnen türkischer ‚Gastarbeiter', wobei in ihrer Auseinandersetzung mit ihren Vätern und dem Versuch, ein tragbares Identitätskonzept für sich zu entwickeln, Männlichkeitskonstrukte einen zentralen Platz einnehmen. Zaimoglu wählt dafür eine ungewöhnliche Form, wenn er „Protokolle" (Zaimoglu 1995, 15) türkisch-deutscher männlicher Jugendlicher zusammenstellt, die aber eindeutig literarisch überformt sind. Markantes Merkmal der Sprecher ist die „Kanakensprache", welche weit über das Buch hinaus in der deutschen Öffentlichkeit bekannt wurde.

Wie aus diesem Überblick bereits deutlich wird, müssen bei der Erforschung der geschlechtlichen Identität im interkulturellen Kontext die nationale Identitätskonzeption, die Auseinandersetzungen der Generationen untereinander und die Auseinandersetzung mit den verschiedenen Kulturen (Herkunftskultur und Kultur der neuen Heimat) mit berücksichtigt werden, da alle genannten Bereiche ineinander verflochten sind.

2 Männlichkeitskonzepte in der Vätergeneration: Fethi Savaşçı und Emine Sevgi Özdamar

Savaşçı verwendet in seiner Erzählung eine schlichte Sprache und deutliche Oppositionen, und der Leserin/dem Leser wird klar die Absicht des Textes vermittelt, nämlich die traurige und demütigende Situation der ‚Gastarbeiter' in Deutschland zu veranschaulichen. Im Zentrum der Erzählung steht der türkische ‚Gastarbeiter' Ahmet, welcher aufgrund einer Manipulation an seiner Maschine das Arbeitssoll in der Fabrik nicht erfüllen kann und dem daher gekündigt wird. In den Ereignissen und Gesprächen bis zur Kündigung wird deutlich, dass der Familienvater Ahmet durch seine prekäre Situation in Deutschland von dem deutschen Vorarbeiter und der türkischen Dolmetscherin, welche sich bei den Deutschen anbiedert, zu einem hilflosen Kind degradiert wird, dem man aber nicht mit Mitleid begegnet, sondern mit Verachtung und Demütigung: Er wird verlacht, weil er körperlich klein ist, er wird von oben herab behandelt, nicht ernst genommen und nicht als gleichwertiger Mensch angesehen, er wird als „Bauernlümmel" (Savaşçı 1983, 19) beschimpft, er ist völlig hilflos, da er kein Deutsch kann und als Landarbeiter von der Fabrikarbeit überfordert ist, er hat keine Interessenvertretung und ist den Machenschaften der Dolmetscherin hilflos ausgeliefert, und er wird in der Fabrik als Arbeiter ausgebeutet. Wie auch in anderen Texten aus dieser Zeit verbindet sich die Anprangerung von Ausbeutung mit einer grundsätzlichen Kapitalismuskritik: Weder in Deutschland noch in der Türkei habe der einfache Arbeiter eine Chance auf ein würdiges Leben; stets behalten die Armen ihren Opferstatus und verharren in Unmündigkeit, Armut und Rechtlosigkeit, indem sie von den korrupten Reichen ausgebeutet werden, wie es heißt. Diese Situation als Opfer und hilfloses Kind wird von Ahmet als demütigend reflektiert. Er entspricht dadurch nicht dem hegemonialen Männlichkeitskonzept, also dem anerkannten, vorherrschenden und anstrebenswerten Männlichkeitskonzept, er erfüllt noch nicht einmal die Anforderungen, die an einen erwachsenen Menschen gestellt werden.

Es gibt drei Dinge, die Ahmet helfen, damit fertig zu werden: 1. das Ziel, zu sparen und in die Heimat und zur Familie zurückzukehren, 2. die Religion und der Glaube, 3. die Hoffnung auf eine bessere Zukunft in der nächsten Generation, welche die Lebensbedingungen in der Türkei verbessern soll. Während der dritte Punkt spezifisch für das von Savaşçı vermittelte Welt- und Wertesystem ist und in anderen Texten türkisch-deutscher Autoren aus dieser Zeit nicht gestaltet wird, sind der erste und zweite Aspekt zentral für fast alle frühen Texte türkisch-deutscher Autoren und sie werden auch in den späteren Texten von den Söhnen als spezifisch für die Vätergeneration genannt. Um mit der Entwurzelung, der Trennung und der fremden Umgebung fertig zu werden, finden Männerfiguren wie Ahmet in der Religion ein Orientierungssystem, welches Halt gibt, die Welt in ‚gute Gläubige' und ‚schlechte Ungläubige' einteilt und darüber hinaus in anderen Texten als Mittel dargestellt wird, um einen Kitt innerhalb der Familie in Deutschland zu schaffen, als deren moralisches Oberhaupt der Vater gilt. Die Religion stellt hier also traditionelle Männlichkeitskonzepte mit einer stabilisierenden Funktion zur Verfügung. Ein solcher Rückgriff auf ein altes, bewährtes Ordnungsmuster verspricht zwar Halt in instabilen Situationen (vgl. Keupp 1997, 30), bewährt sich aber aufgrund seines Konservatismus und seiner den Dialog verhindernden Oppositionshaltung nicht dauerhaft als Mittel der Bewältigung aktueller Probleme.

Das Ziel zu sparen, um sich dann in der Heimat ein neues Leben aufbauen zu können, hängt eng mit dem patriarchalisch geprägten Männlichkeitskonzept dieser Väterfiguren zusammen: Als Familienernährer und -versorger wollen sie der Familie ein Heim bieten und sie mit einem kleinen Wohlstand versorgen. Dies lässt die dargestellten ‚Gastarbeiter' die Demütigungen mit ihrem ‚höheren Ziel' vor Augen ertragen. Denn dass Ahmet in dem vorliegenden Text – und das Gleiche gilt für viele ähnliche Figuren aus den frühen Erzähltexten türkisch-deutscher Autoren auch – nicht dem hegemonialen Männlichkeitskonzept in Deutschland entspricht, ist ihm ebenso bewusst wie die Tatsache, dass er in Deutschland überhaupt aus der Gruppe der erwachsenen Männer ausgeschlossen ist.

Auch in *Karagöz in Alamania* von Emine Sevgi Özdamar steht ein türkischer ‚Gastarbeiter' im Zentrum. Es werden sein Auszug aus dem türkischen Dorf nach Deutschland und die Ereignisse nach der Ausreise nachgezeichnet. Die Erzählung beginnt mit der Anwerbung des jungen türkischen Bauern nach Deutschland durch das Versprechen immensen Reichtums („Es regnet in Deutschland Perlen." Özdamar 1998, 59). Der Bauer ist zwar arm, aber keineswegs unglücklich. Die treibende Kraft für den Entschluss, sich als ‚Gastarbeiter' zu verdingen, ist der Onkel des Bauern, der in seiner Geldgier nicht davor zurückschreckt, seinen Neffen zu opfern. Der nun dargestellte Lebensweg des Bauern wird als ein ‚typisches Gastarbeiterschicksal' präsentiert: Er arbeitet in einer Fabrik, als Bergmann und als Straßenarbeiter. Dabei verliert er seine Gesundheit und seine innere Ruhe; seine zurückgelassene Ehefrau kommt nach Deutschland, fühlt sich fremd und pendelt in der Folge mit der stetig wachsenden Kinderschar zwischen den Welten hin und her, bis die Familie unter diesen Lebensbedingungen auseinanderbricht. In der Darstellung der Figuren wird ganz auf Psychologisierung und individuelle Charakterzeichnung verzichtet. Obwohl der Text durchaus unterschiedliche Schicksale türkischer ‚Gastarbeiter' vorstellt, bleiben die Figuren und ihre Schicksale stets typenhaft. Der Erzähler hält sich zurück und verzichtet auf Kommentare, Wertungen und Erklärungen. So wird das ‚typische Gastarbeiterleben' als das eines körperlichen und seelischen Verfalls dargestellt, welches den Mann und seine Familie zerstört, während sich das Ziel vom Reichtum in der Türkei nicht erfüllt.

Die nationale und kulturelle Identität des Protagonisten als Türke ist dabei für ihn – genau wie für den Protagonisten in Savaşçıs Erzählung – trotz all dieser Ereignisse stets unhinterfragt gegeben. Dies markiert einen zentralen Unterschied zwischen Özdamars Erzählung sowie all den anderen Texten, welche die ‚Gastarbeiter' der ersten Stunde thematisieren auf der einen und den neueren interkulturellen Texten auf der anderen Seite: Während in Letzteren die nationale und kulturelle Identität *das* zentrale Thema überhaupt ist, um das sich die Werke als ganze in erster Linie drehen, berichten Erstere dagegen nur vom körperlichen und seelischen Verfall, nicht aber von einer Infragestellung der nationalen Identität. Die nationale und kulturelle Zugehörigkeit wird für den Bauern in Özdamars Erzählung auch durch sein Leben in Deutschland bzw. zwischen den beiden Ländern und durch das Auseinanderbrechen der Familie nicht erschüttert.

Auch sein Männlichkeitskonzept wird durch die interkulturellen Erfahrungen nicht grundsätzlich in Frage gestellt, allerdings findet eine Veränderung statt, nämlich eine Verstärkung und Verhärtung des bestehenden Konzepts, ähnlich wie bei der sich verstärkenden Religiosität in dem anfangs vorgestellten Text. So definiert sich der Bauer als das patriarchale Oberhaupt seiner Frau und seiner Kinder, obwohl er *de facto* auf das sich hauptsächlich in der Türkei abspielende Leben seiner Familie keinen Einfluss hat. Als die Frau nach Deutschland kommt, verkörpert sie gleichsam das Klischee der unterdrückten islamischen Ehefrau: Der Bauer lässt seine ständig schwangere Frau unselbständig, nicht sprachmächtig, rechtlos und sozial isoliert in der Wohnung und vergeht sich mit körperlicher Gewalt an ihr. Zwar hat die Frau auch zu Beginn der Erzählung ihren Mann bedient und wurde ohne vernünftige Erklärungen in der Türkei zurückgelassen, doch war sie dort in der Dorfgemeinschaft aufgehoben (vgl. Özdamar 1998, 52), während sie in Deutschland auf die Fürsorge ihres Ehemannes angewiesen ist. Dieser ist indes nicht in der Lage, ihr eine solche Fürsorge zu bieten. Selbstverständlich setzt er auch für sich und seine Frau unterschiedliche Maßstäbe in Bezug auf die eheliche Treue. Den ganzen Text über wirft er ihr vor, dass sie angeblich „mit seinem Onkel im Dorf vom selben Baum Kirschen gegessen haben soll“ (83), worin er ein Anzeichen von Untreue sieht. Unproblematisch dagegen scheint ihm, dass er große Anstrengungen unternimmt, um für sich eine deutsche Freundin zu finden (ebd.). Mit der Selbstdefinition als Patriarch strebt der Bauer nicht an, sich dem Hegemoniekonzept in Deutschland oder der Türkei anzunähern, sondern sie ist die Folge seiner prekären Situation als ‚Gastarbeiter‘, die traditionelle Konzepte hervorruft oder verschärft.

Beide Schicksale – das des türkischen ‚Gastarbeiters‘ Ahmed bei Savaşçı und das des Bauern bei Özdamar – werden als ‚typisch‘ präsentiert. Wichtig ist, dass beide Männerfiguren nicht das hegemoniale Männlichkeitskonzept in Deutschland verkörpern. Welche Figuren dem hegemonialen Konzept entsprechen, wird in den Texten allerdings nicht explizit thematisiert, dies kann man lediglich ergänzen: Es sind die Figuren der reichen Kapitalisten in Deutschland und der Türkei, welche die Bauern und ‚Gastarbeiter‘ ausbeuten, diejenigen, die die Dinge in der Hand halten, deren Körper und Seele nicht kaputt gehen und deren Familien nicht zerbrechen. In den späteren Werken türkisch-deutscher AutorInnen, die aus der Perspektive der Söhne geschrieben sind, wird eben dieses Ungenügen der Väter an der hegemonialen Männlichkeitsnorm geschildert und kritisiert. Da die frühen Werke aus der Väterperspektive und die späten Werke aus der Perspektive der Söhne miteinander im Dialog stehen, ist eine Rückprojektion von den späten Texten auf die frühen – also gewissermaßen von den Söhnen auf die Väter – gerechtfertigt. Die Söhne werfen ihren Vätern das Ungenügen am hegemonialen Konzept sowie das Hinnehmen dieser Demütigung vielfach vor, nicht zuletzt deshalb, weil sie es als ausschlaggebend für ihre geschlechtlichen, nationalen und kulturellen Identitätsproblematiken ansehen. Dies werde ich im Folgenden darstellen.

3 Männlichkeitskonzepte in der Generation der Söhne: Feridun Zaimoglu und Yadé Kara

Feridun Zaimoglus *Kanak Sprak* versammelt 24 literarisch überformte „Protokolle" deutsch-türkischer männlicher Jugendlicher aus den untersten Gesellschaftsschichten, die sich selbst als „Kanaken" (Zaimoglu 1995, 9)[5] bezeichnen. Während, wie gezeigt, für die Vätergeneration die nationale Identität fraglos gegeben war, ist für die Söhne die Auseinandersetzung hiermit das zentrale Thema. Eng damit verknüpft ist die Frage nach der geschlechtlichen Identität, die von den Söhnen ebenfalls anders beantwortet wird als von den Vätern. Alle Texte drehen sich um die Konstruktion einer nationalen, kulturellen und männlichen Identität, und es wird von den „Kanaken" selbst reflektiert, dass sie dies tun und tun müssen (44). Denn, so sagen sie, Identität ist auch das Produkt von diskursiven Zuschreibungen, welche von außen an das Individuum herangetragen werden. ‚Die Deutschen' weisen den türkisch-deutschen Jugendlichen die Rolle des kriminellen Ausländers zu, gegen die sie sich nicht wehren können (25). Die Eltern erwarten von ihnen, dass sie es in ihrem Leben ‚zu etwas bringen', um die Defizite der Vätergeneration zu kompensieren. In diesem Spannungsfeld der von außen, also durch die deutsche Gesellschaft, und von innen, durch die türkischen Eltern, an sie herangetragenen Rollenerwartungen werden sie nun auf sich selbst zurückgeworfen, weil sie sich in ihrer Identitätskonstruktion nicht auf die beiden hierfür üblicherweise zur Verfügung stehenden Säulen stützen können, nämlich die Eltern und die Vorbilder aus dem sozialen Umfeld. Sowohl die nationalen als auch vor allem die männlichen Identitätskonzepte der Eltern und der deutschen Gesellschaft lehnen sie strikt ab.

Die Deutschen – und dies gilt vor allem für die deutschen Männer, mit denen sie sich in erster Linie auseinandersetzen – sind für die türkisch-deutschen Jugendlichen hochgradig psychisch gestörte Menschen mit einem zu großen Über-Ich, das sich in verklemmter Sexualität (67-69), einem Zwangscharakter, Ängstlichkeit und Ähnlichem zeigt:

> (...) und'n leben lang wurmt sie die fremde regie, und die leute würden gern 'n andren text quatschen, aber die besonderheit des fakts läßt da nicht locker. (...), aber so ne obermutti ihm inner psyche hockt, und ihm dreimal am tag die vollgeschissenen windeln wechselt. Ne einzige spange hält die man zusammen, mann wie frau: zwingewille, (...) wo das man die verdirbt und denen ihre schöne seele klaut, so daß sie im schlummer mit'n ollen zähnen mahlen (...), ne latte von oberfiesen störungen kriegen die eingebastelt, da können die noch so'n feinen zwirn tragen (...). (Zaimoglu 1995, 79 f)

Da die deutschen Männer aber nach Ansicht der türkisch-deutschen Jugendlichen eigentlich auch gerne ‚echte Männer' wären, also unkontrolliert ihre Triebe ausleben würden, projizierten sie, so die Meinung der Jugendlichen, ihren Selbsthass nach außen auf die Fremden – also die „Kanaken" – oder mutierten unter Alkoholeinfluss zu schlägernden und grölenden Nazis (vgl. v.a. 84-86). Aufgrund dieser negativen Eigenschaften können die deutschen

Männer nicht als Vorbild bei der Identitätsbildung der türkisch-deutschen Jugendlichen dienen, allenfalls *ex negativo*. Die „Kanaken" fühlen sich von den Deutschen verachtet und ausgegrenzt, was bei ihnen ebenfalls Verachtung, Wut und die Trotzhaltung hervorruft, zu der Gruppe dieser Männer auch gar nicht dazugehören zu wollen (z. B. Zaimoglu 1995, 84). Dies schafft die Notwendigkeit, ein von der Gesellschaft unabhängiges Identitätskonzept zu entwickeln.

Auch die zweite Säule der Identitätsvorbilder, nämlich die Eltern, speziell die Väter, versagen in ihrer positiven Funktion. Die Jugendlichen begegnen ihren Vätern voller Hass, da sie sie als maßgeblich mitverantwortlich für ihre Identitätsmisere ansehen. Der trotzige, wütende Ton in ihren Aussagen verrät aber, dass sie sich auch von ihnen im Stich gelassen fühlen. Den Vätern wird in erster Linie vorgeworfen, dass sie sich in Deutschland nicht weiterentwickelt und an das neue Lebensumfeld angepasst haben, sondern stattdessen ihre türkischen Eigenarten konserviert und sie sogar noch verstärkt haben. Alles an ihnen ist Gegenstand der Kritik: ihre Kleidung, ihre Sitten, ihr Geschmack, ihr schlechtes Deutsch, ihre Gefühle und Gedanken (100-103). Im Zentrum stehen aber ihr Traditionalismus, die strenge Religiosität und das patriarchalische Genderkonzept: „Und einige lassen das weib in einem abstand von sieben schritten folgen, die teigwarenmamma (...), die ihre blößen züchtig bedeckt zum wohlgefallen des mannes" (102-103).

Es werden hier also genau die Dinge kritisiert, die ich für die männlichen Figuren in den frühen Texten als maßgeblich herausarbeiten konnte. Diese Aspekte des väterlichen Lebensmodells schüren deshalb soviel Wut, weil die Eltern ihr Lebensmodell und ihr traditionelles, türkisches Identitäts- und Gender-Konzept auf die Kinder übertragen wollen und dabei nicht merken, dass es für diese in ihrem Lebensumfeld in Deutschland nicht passt: „[D]a draußen tobt ne fehde, die alten sind ohne saft, das is jetzt ne zeit nach den alten" (47). Die Jugendlichen reflektieren, dass Traditionalismus und Religiosität die Orientierungsmodelle der Eltern sind, die dieser Generation in Deutschland Halt geben (112). Für die Söhne sind diese Orientierungsmuster indes nicht mehr tauglich.

Eine weitere zentrale Kritik an den Vätern, die ebenfalls weiter oben bereits angesprochen wurde, bezieht sich auf den ‚Gastarbeitertraum' vom Sparen und Zurückkehren:

> [Mein vater] hat von nichts anderem als diesem verdammten haus geredet, und von der endgültigen rückkehr. (...) Ich empfand nichts als ekel, widerwillen gegen einen mann, der sich die seele aus dem leib schuftet für den billigen traum eines kleinbürgers (...). (Zaimoglu 1995, 111)

Zwei Dinge sind hierbei für die Jugendlichen problematisch: Um ihren Traum zu verwirklichen, lassen die Väter es zu, von den Deutschen in ihrer Männlichkeit gedemütigt und zu Kindern degradiert zu werden. Die ‚Gastarbeiter'-Väter unterwerfen sich ihren Ausbeutern und werden unter diesen Bedingungen akzeptiert – als ‚Arbeitstiere' ohne Ansprüche und eigene Identität (einer der Jugendlichen bezeichnet dieses Konzept als das des „lieb-alilein"; 32). Man kann also konstatieren, dass die Söhne ihre Väter dafür verachten, dass sie schwach sind und dem hegemonialen Männlichkeitskonzept in keiner Weise genügen bzw. noch nicht einmal darum kämpfen, diesem Männlichkeitskonzept gerecht zu werden. Zum zweiten ist an dem ‚Gastarbeitertraum' problematisch, dass er sich im Laufe der Zeit zur Schimäre entwickelt, was aber von den Vätern nicht erkannt wird. Somit halten sie krampfhaft an einem Lebensmodell fest, welches an der Lebensrealität ihrer Kinder vorbei geht, und verpassen es, in die Zukunft ihrer Kinder (in Deutschland) zu investieren.[6] Die Kinder wissen längst, dass sie nicht in die Heimat Türkei zurückkehren werden – es ist nicht oder nicht mehr ihre Heimat –, sondern dass sie sich in der deutschen Gesellschaft einen Platz und ein taugliches Identitätsmodell schaffen müssen. Die Jugendlichen stecken in dem Dilemma, einerseits zur Gesellschaft und zur *peer group* dazugehören, andererseits die Wurzeln bewahren zu wollen. Die Situation der „Kanaken" sieht nun folgendermaßen aus:

> Um dich herrscht'n donnerwetter, okay, ne menge jungs beißen vor ihrer zeit ins gras, okay, von'n alten kriegst du rat mit viel luft drin, davon wirst du nicht satt, alles klar. Den deutschen traust du nich übern weg, weil sie, die haben durchblick in ne andre richtung, und da willst du ums verrecken nicht hin. (Zaimoglu 1995, 45)

Welche Lösung finden die Jugendlichen? Um einen Weg jenseits der deutschen Gesellschaft und jenseits des elterlichen Raumes zu finden, ohne sich dabei zu verbiegen, schaffen sie sich eine eigene, unabhängige nationale, kulturelle und geschlechtliche Identität. Verkörpert wird diese Identität von der Gruppe türkisch-deutscher Jugendlicher, der so genannten Gang, welche durch bestimmte Regeln und eine eigene Sprache gekennzeichnet ist, die *Kanak Sprak*. Die als Kodex bezeichneten Regeln der „Gang" definieren sie so: Gemeinschaft (nichts tun, was einen selbst oder die Gemeinschaft schwächt), keine Drogen, keine Kriminalität, Respekt und Schutz gegenüber den Dazugehörigen, die sich an die Regeln halten (28). Mit diesem ‚guten Kodex' grenzen sie sich von denjenigen Jugendlichen ab, die einen ‚Gangster-Kodex' leben und in Gangkriege verstrickt sind. Die Einhaltung der Regeln wird strengstens überwacht, der Gewinn aus der Unterwerfung unter dieses strenge System sind Halt, Orientierung, Anerkennung durch die Gruppe, Loyalität, das Gefühl der Macht und eine stabile Identität. Gerade weil sich die Gruppe von der Mehrheitsgesellschaft unterscheidet, zu den ‚Underdogs' gehört und keine positiven Vorbilder hat, müssen die Regeln so strikt eingehalten und muss die Gruppe nach Außen abgegrenzt werden. Nur so wird das selbstentworfene Identitätskonzept nicht gefährdet.[7] Die eigene Ausgegrenztheit und Unsicherheit werden so in der Gruppenidentität und ihrer intoleranten Abgrenzung nach Innen und Außen aufgehoben, was einen Selbstwert verschafft, der jedoch letztlich auf einem umgedrehten Selbsthass basiert und auch deshalb die strengen Regeln für seinen Erhalt braucht.

Zentral für den Kodex und die Gruppenidentität ist das Männlichkeitskonzept der „Kanaken". Ein ‚echter Mann' zu sein, heißt: nicht so zu sein wie die komplexbeladenen deutschen Männer, nicht wie die traditionalistisch-patriarchalischen, kleinbürgerlichen und zu Kindern degradierten Väter, keine Frau zu sein und nicht schwul.[8] Das Konstrukt besteht aus Härte, latenter Gewaltbereitschaft und ungehemmtem Sex. Die Einstellung gegenüber Schwulen und Frauen ist voller Verachtung, da sich beide außerhalb der eigenen Gruppe befinden und die „Kanaken" sich in ihrer Identitätskonstruktion scharf von ihnen abgrenzen; Frauen werden als Objekte betrachtet. Die Jugendlichen wissen genau, dass sie mit ihrem Männlichkeitskonzept nicht dem in der deutschen Gesellschaft gültigen hegemonialen Konstrukt entsprechen.[9] Das streben sie auch nicht an, da sie von den Deutschen ihrer Meinung nach sowieso nicht als gleichwertig anerkannt werden und ihnen auch nicht nacheifern. Sie schaffen sich vielmehr ein eigenes Sub-Modell, welches in ihrer Welt zwischen Deutschland und der Türkei hegemonialen Charakter hat und das sie anstreben: ein ‚echter, harter Mann' zu sein, ein „Kanake", der zur Gang gehört und den ‚guten Kodex' befolgt.[10]

Das Identitätskonzept der türkisch-deutschen Jugendlichen aus der Unterschicht soll nun ergänzt werden durch ein Modell aus der Mittelschicht, welches signifikant anders ausfällt.

Der Ich-Erzähler und Protagonist Hasan in Yadé Karas *Selam Berlin* ist der Sohn eines türkischen Einwanderers. Der Vater besitzt akademische Bildung und führt in Berlin-Kreuzberg ein Reisebüro. Hasan gehört somit einer anderen Gesellschaftsschicht an als die „Kanaken", was sich auch in seinem Identitäts- und Männlichkeitskonzept niederschlägt. Die Auseinandersetzung mit seiner Identität ist auch für ihn zentral, doch ist es keine problematische Suche nach einer nationalen, kulturellen oder geschlechtlichen Zugehörigkeit, sondern die alterstypische Suche eines 19-jährigen Abiturienten nach dem eigenen Lebensweg. Mit der Frage der nationalen und kulturellen Zugehörigkeit zu den Deutschen oder den Türken wird Hasan ständig konfrontiert und erkennt dabei, dass die nationalen und kulturellen Zuschreibungen stets von außen an ihn herangetragen werden, so wie auch die Gesellschaft ihn zu einem Problemfall stilisieren möchte. Menschen auf der Suche nach ihrer nationalen Identität und Zugehörigkeit (wie z.B. seine Freundin Leyla) kann er nicht verstehen (Kara 2003, z.B. 266), die Vorstellung vom Zerriebenwerden zwischen den Welten findet er ebenso unpassend (z.B. 223) wie die Notwendigkeit, sich zwischen der deutschen und der türkischen Identität entscheiden zu müssen. Hasan lebt vielmehr ein flexibles Identitätsmodell, indem er sich der jeweiligen Situation neu anpasst: Mal kehrt er ‚das Türkische' stärker hervor, mal ‚das Deutsche', was manchmal fast etwas opportunistisch wirkt. An einer Stelle, an der er von seiner Kindheit berichtet und von seiner Sehnsucht nach Repräsentationen ‚des Türkischen' in den Medien und der Gesellschaft, wird aber deutlich, dass er so etwas wie einen türkischen Identitätskern hat (zumal seine Eltern sich eindeutig als Türken definieren):

> Wir suchten immer nach etwas Türkischem in Zeitungen, im Fernsehen, in Schulbüchern. Damals im Deutschland der siebziger Jahre. Ich suchte so was wie meinen türkischen Schatten. (Kara 2003, 282)

Doch zeigt sich an der Figur Hasan auch, dass der Mensch durchaus in der Lage ist, auf der Basis eines solchen Kerns Erweiterungen jeglicher Art vorzunehmen.[11] Da die nationale Zuordnung für den türkisch-deutschen Jugendlichen Hasan nicht mehr angemessen ist, bedient er sich einer neuen Kategorie, nämlich einer regionalen. Er sagt von sich selbst: „Ich bin ein Berliner" (5) oder „Ich bin ein Kreuzberger" (18). Auf diese Zuordnung ist er stolz und mit ihr grenzt er sich von den verschiedenen „Provinzlern" (z.B. 202) deutscher oder türkischer Herkunft aus unterschiedlichsten Berufen und Schichten ab. Hasan kommt mit diesem Identitätskonzept gut zurecht, denn es entspricht genau seinem Lebensgefühl: Er will Teil der kosmopolitischen Welt sein, die keine engen nationalen Grenzen mehr kennt. Somit ist es nur logisch, dass er entweder eine ganz kleine, regionale Zuordnung für sich schafft oder die ganz große, transnationale.

Dieses nationale Identitätskonzept hat auch Auswirkungen auf das geschlechtliche Identitätskonstrukt Hasans. Mit dem kosmopolitischen Modell vertritt er nämlich gewissermaßen ein globales Jugend-Konzept, welches westlich bzw. amerikanisch orientiert ist, durch die Medien auf der ganzen Welt verbreitet wird und hegemonialen Status angenommen hat. Zu diesem Konzept gehören folgende Elemente: schnell zu Geld kommen, bei der ‚Party' dabei sein, frei und unabhängig sein, an der faszinierenden Medienwelt teilhaben, die richtige Kleidung tragen und die richtigen Marken kennen. Wichtig ist nun, dass dieses globale Konzept für männliche wie für weibliche Jugendliche gleichermaßen Gültigkeit hat, was sich anhand der unterschiedlichen Figuren des Textes zeigen lässt. Für Hasan ist es nicht wichtig, ein ‚harter Mann' zu sein; er und sein bester Freund Kazim werden mit Handlungen gezeigt, die dem urbanen ‚metrosexuellen' Männlichkeitskonstrukt zuzuordnen sind: Sie schminken sich (63), tragen Ohrring (ebd.), verwenden eine Augenmaske zur Körperpflege (90) und Ähnliches. Für Hasans Vater ist dies noch eindeutig als homosexuell einzuordnen und strikt abzulehnen.

Selam Berlin präsentiert ein Potpourri an schillernden Figuren unterschiedlichster Herkunft, die alle zueinander in diversen Oppositionen stehen, z.B.: Westdeutsche vs. Türken, Ostdeutsche vs. Türken, Ostdeutsche vs. Westdeutsche, Hauptstädter vs. Provinzbewohner, Istanbuler Türken vs. Berliner Türken, Türken vs. andere Ausländer. Da aber viele der Romanfiguren mehreren Gruppen gleichzeitig angehören, heben sich nach und nach die nationalen und kulturellen Zuschreibungen und Stereotype, von denen alle immerzu sprechen, gegenseitig auf. Es wird deutlich, dass es durchaus das Bedürfnis nach Zu- und Einordnung der Menschen gibt. Diese Zuordnungen müssen aber nicht zwingend nationaler oder geschlechtlicher Art sein: Alte Grenzen können sich auflösen, die Elemente können sich vermischen und neu zusammengesetzt werden, und Menschen können zu allen möglichen, nicht national oder geschlechtlich eingegrenzten Gruppen dazugehören (die Gruppe der Medienleute, die Berliner, die Kreuzberger, die Kommunisten usw.).

Wie schon in dem Buch *Kanak Sprak* wird auch in *Selam Berlin* die Vätergeneration dargestellt. Durch die Entdeckung, dass Hasans Vater jahrelang ein Doppelleben mit einer deutschen Freundin in Ostberlin geführt hat, wird eine verstärkte Auseinandersetzung mit dem Vater ausgelöst. Anders als Hasan definiert sich sein Vater eindeutig als Türke. Er siedelt sich in Kreuzberg an, weil er dort in der türkischen Kommune leben kann und meint, seine ‚türkische Identität' bewahren zu können. Es wird aber deutlich, dass sich die Vorstellungen von Hasans Vater und seinen Freunden auf eine fiktive Türkei beziehen (154), die es so nicht oder nicht mehr gibt, da zum Einen die Erinnerung die zurückgelassene Heimat zum Positiven verändert und zum Anderen sich die Türkei in den Jahrzehnten ihrer Abwesenheit gewandelt hat. Sie hat sich an westlich-amerikanische Lebenssitten angepasst, so dass das Leben und die Menschen in Istanbul denen in Berlin oder anderen Großstädten nicht so unähnlich sind. Gefangen in seinem Heimweh nach einem fiktiven Sehnsuchtsort, verschließt Hasans Vater sich der deutschen Gesellschaft, in der er nicht wirklich Fuß gefasst hat und wo sich seine beruflichen Träume nicht verwirklicht haben. Gequält durch das Wissen, auch in die Türkei nicht problemlos zurückkehren zu können, lehnt er die Deutschen ab, die für ihn ein Volk ohne Kultur, Wurzeln und Werte sind. Bei ihm zeigen sich also der gleiche verstärkte Traditionalismus, Konservatismus und die strengere Religiosität wie bei den ‚Gastarbeitervätern' in *Kanak Sprak*.

Damit seine Söhne (Hasan und sein Bruder Ediz) nicht die ‚Werte der Heimat' verlieren und westlich ‚verkommen', schickt er sie in die Türkei zur Schule. Paradoxerweise sind es aber ja nicht die kosmopolitischen Söhne, welche die Familie – also den höchsten Wert des türkischen Vaters – zerstören, sondern der Vater selbst. Dass er dieses Doppelleben geführt hat – ausgerechnet mit einer Deutschen, also einer „Ungläubigen" – kann als Ausdruck für sein nationales und geschlechtliches Nicht-Zurechtkommen in Deutschland gewertet werden. Denn er findet keinen Platz in der deutschen Gesellschaft – wird also nie der Gruppe der hegemonialen Männer angehören –, und auch im engen Familienkreis gilt er als ein Versager, dem die Mutter Vorwürfe macht, da er seine Lebensziele, mit denen er nach Deutschland gekommen ist, nämlich sein Studium zu beenden und als Akademiker zu arbeiten, nicht verwirklicht hat.

Interessanterweise gibt es einen weiteren Text, der eine fast identische Konstruktion aufweist, nämlich das 2001 erschienene Jugendbuch *Der Mond isst die Sterne auf* von Dilek Zaptcioglu. Auch hier deckt ein Abiturient das Doppelleben seines türkischen Vaters auf. In der parallel zu der Ich-Erzählung des Jungen Ömer erzählten Geschichte des Vaters Seyfullah werden die Gründe für das Doppelleben noch deutlicher als in *Selam Berlin*, weshalb sie hier ergänzend angeführt werden: Seyfullah, der Vater des Ich-Erzählers, wird nach traditioneller Sitte von seinem Vater mit einem türkischen Mädchen verheiratet, als er, bereits als ‚Gastarbeiter' in Deutschland, in seinem Dorf zu Besuch ist. Bei dieser Gelegenheit wagt er es nicht, seinem Vater zu gestehen, dass er bereits verheiratet ist, nämlich mit einer Deutschen. Er hat später ein gutes Verhältnis zu seiner türkischen Ehefrau, die sich dem patriarchalisch geprägten Gender-Konzept der traditionellen türkischen Familie fraglos unterwirft. Doch Seyfullah wird durch die psychischen Anstrengungen seines Doppellebens zerrieben. Wichtig ist, dass es nicht als persönliche Schwäche zu deuten ist, dass sich Seyfullah seinem Vater nicht widersetzt. Er kann zum Zeitpunkt dieser Ereignisse aus dem traditionellen Gender- und Männlichkeitskonzept nicht ausbrechen und den Generationenkonflikt mit seinem Vater nicht offen austragen. Sein Sohn wird aber – genau wie Hasan in *Selam Berlin* – ein neues Konzept leben, welches er in Auseinandersetzung mit seiner Lebensrealität und seinen Wurzeln entwirft. Es ist nicht traditionalistisch, sondern kosmopolitisch.[12]

4 Resümee

Wie die Analyse gezeigt hat, ist es durchaus wichtig, auch die männlichen Figuren und ihre Konzepte gesondert in den Fokus der wissenschaftlichen Betrachtung zu rücken. Die konkreten Angelegenheiten und Probleme und die Erschütterungen ihrer Identitätskonzepte geben wichtige Aufschlüsse über die Männer selbst; es wurde aber auch deutlich, dass die Untersuchung des Männlichkeitskonstrukts erhellende Einblicke in die in den Texten dargestellten Genderbeziehungen im Allgemeinen gibt, in die Konzepte nationaler Identität sowie in die Generationen-Beziehungen, mit denen die Männlichkeitskonzepte eng verwoben sind.

In Bezug auf die Generationen zeigte sich die Notwendigkeit, zwischen den gesellschaftlichen Schichten zu unterscheiden. Innerhalb der Vätergeneration sind es weitgehend dieselben Elemente, welche die nationale, kulturelle und geschlechtliche Identität bestimmen: Die türkischen Männer, die als ‚Gastarbeiter' nach Deutschland kamen, leiden unter dem Ungenügen am deutschen und türkischen hegemonialen Männlichkeitsmodell gleichermaßen. In beiden vorgestellten Texten werden die männlichen Protagonisten sogar überhaupt aus dem Kreis der Männer ausgeschlossen, indem sie zu identitätslosen ‚Arbeitstieren' degradiert werden; in der Erzählung von Savaşçı geschieht dies besonders explizit, da hier die männliche Figur als unmündiges Kind behandelt wird und damit nicht zu den erwachsenen Männern dazugehört. Auf diesen demütigenden Ausschluss aus der Gruppe der (erwachsenen) Männer reagieren die Figuren, indem sie auf traditionelle Männlichkeitskonzepte zurückgreifen, welche durch die Religion und durch patriarchalische Gender-Konzepte zur Verfügung stehen. Alle männlichen Figuren streben außerdem danach, ihren Traum zu verwirklichen, nämlich die Rückkehr in die Türkei als reicher Mann. Im Laufe der Zeit entwickelt sich dieser Traum zu einer Schimäre; aus unterschiedlichen Gründen halten die Figuren jedoch an ihm fest und flüchten sich immer mehr in realitätsferne konservative Modelle, unter denen die Beziehung zur nächsten Generation leidet. Auch sie selbst standen bereits im Konflikt mit den Männlichkeitsmodellen ihrer Vätergeneration, einem Konflikt, den sie indes nicht offen austragen konnten. So halten sie z.B. aus Angst vor Schande gegenüber den Männern im Heimatdorf an der Lebenslüge des Zurückkehrens fest.

In den späteren Texten aus der Perspektive der Söhne werden genau die Dinge thematisiert und den Vätern vorgeworfen, welche zentral für die

Identitätskonzepte der männlichen Figuren in den frühen Texten sind. Dabei existieren innerhalb der Generation der Söhne jedoch zwei unterschiedliche Reaktionsweisen auf das Vätermodell, je nachdem, welcher Schicht die Protagonisten angehören. Die türkisch-deutschen Jugendlichen aus den untersten Gesellschaftsschichten finden einen dritten Weg jenseits der deutschen Gesellschaft und der Welt ihrer Väter und schaffen sich ein eigenes hegemoniales Identitäts- und Männlichkeitsmodell. Auch dieses funktioniert nach archaischen Regeln und ist in seinen psychologischen Mechanismen dem Modell der Väter nicht so unähnlich. Wichtig aber ist, dass sie sich damit – anders als ihre Väter – den Deutschen nicht unterwerfen, sondern stattdessen ein eigenes nationales, kulturelles und geschlechtliches Identitätskonzept schaffen, während für die Väter Ersteres unproblematisch gegeben war (die Identität als Türke) und sie auf Letzteres – zumindest in Bezug auf Deutschland – gewissermaßen verzichtet haben (die Identität als Mann), wie ihnen die Söhne vorwerfen. Das Modell der „Kanaken" ist von Hass und Verachtung und der Vorstellung von moralischer Überlegenheit gegenüber anderen geprägt und damit nicht in der Lage, in den Dialog mit anderen zu treten.

Anders bei den Söhnen aus den gebildeteren Schichten: Sie stehen zwar auch vor der Notwendigkeit, sich mit Fragen der nationalen, kulturellen und geschlechtlichen Identität auseinanderzusetzen, doch schaffen sie kein Hass-Modell *ex negativo*, sondern sie können globale Konzepte übernehmen, die – und das ist entscheidend – transnational und ‚transgendered' sind. Innerhalb dieser Konzepte finden sie einen lebbaren Weg, der den Dialog zulässt und zukunftsweisend ist.

Anmerkungen

1 Vgl. bes. Carrigan/ Connell/ Lee 1985, Connell 2005 und Connell 2006. Einen neueren Forschungsbericht hat Erhart (2005) vorgelegt.

2 Mit hegemonialer Männlichkeit ist in dem Konzept von Carrigan, Connell und Lee die Form von Männlichkeit gemeint, welche in einem gesellschaftlich, national und historisch gegebenen Kontext die jeweils vorherrschende ist. Sie dominiert dabei über andere Formen der Männlichkeit ebenso wie über Weiblichkeit. Männlichkeit ist also ein historisch wandelbares Konstrukt, welches nie nur in einer Form existiert, sondern verschiedene Ausprägungen besitzt.

3 Z.B. Ackermann 2002, Karakuş 2009, Wierschke, 1996, Yeşilada 1997.

4 Özdamars Erzählung wurde bereits 1982 als Theaterstück konzipiert, stammt also aus der gleichen Zeit wie Savaşçıs Text.

5 Im Folgenden wird der Terminus „Kanake" nicht mehr durch Seitenzahlen nachgewiesen, da er von allen Jugendlichen durchgängig zur Selbstbezeichnung verwendet wird.

6 Cem Gülay (2010) entwickelt in seinem Lebensbericht *Türken-Sam. Eine deutsche Gangsterkarriere* ein Modell der Einwanderergenerationen und formuliert dabei genau diesen Gedanken. Zentral für Gülays Konzept, welches drei Generationen identifiziert, ist die Unterscheidung zwischen der Schicht der ‚Gastarbeiter' und derjenigen der Facharbeiter. Während der Autor die Kinder der Facharbeiter als „Generation Chance" und deren Kinder als „Generation angekommen?" bezeichnet, benennt er die Nachkommen der ‚Gastarbeiter' nach der Verfilmung von Zaimoglus Buch *Abschaum* als „Generation Kanak Attack". Deren Vertreter, so Gülay, seien vielfach gewalttätig und kriminell geworden, weil ihre Väter – ausschließlich konzentriert auf das Sparen und den Traum von der Rückkehr – es versäumt hätten, in die Zukunft ihrer Kinder im neuen Land zu investieren (vgl. Gülay 2010, 37 f).

7 Hier werden die psychologischen Mechanismen der Eigen- und Fremdgruppenbildung wirksam, welche umso rigoroser auf Abgrenzung hin ausgerichtet sind, je labiler die eigene Identität ist oder empfunden wird (vgl. Hofstätter 1997, 819 ff, Keupp 1997, 26 ff, Mitscherlich 1991, 232 ff, Schmidt-Mummendey 1997, 818 f).

8 Hier zeigt sich anscheinend ein Phämomen, das Elisabeth Badinter (1993, 122) für die Initiation des Jungen zum Mann beschreibt: Der Junge müsse sich dabei von der Mutter, dem weiblichen Geschlecht und den eigenen homosexuellen Anteilen abgrenzen, er müsse also beweisen, dass er kein Baby, keine Frau und nicht schwul sei. Die deutschen Männer und die türkischen Väter nehmen hier gewissermaßen den Part ‚Baby' ein, da sie in den Augen der „Kanaken" keine ‚echten Männer' sind, sondern zu unmündigen Wesen innerhalb der Gesellschaft degradierte Kinder. Außerdem findet eine rigorose Abgrenzung gegenüber Frauen und Homosexuellen statt.

9 Zwar gibt es auch in der deutschen Gesellschaft Schwulen- und Frauenfeindlichkeit, doch entspricht es nicht dem hegemonialen Männlichkeitskonzept, sich dezidiert und offen feindlich von Frauen und Homosexuellen abzugrenzen. Es lässt sich aber das interessante Phänomen erkennen, dass die in dem Buch *Kanak Sprak* entwickelte Männlichkeit aus dem Raum der Literatur hinaus in die deutsche Öffentlichkeit gewirkt hat und für viele deutsche Jugendliche aller Gesellschaftsschichten heute als nachahmenswert gilt. Die aggressive, sich über alle Tabus

und Normgrenzen hinwegsetzende Männlichkeit der türkisch-deutschen Jugendlichen scheint für männliche Jugendliche eine Projektionsfläche geheimer Wünsche zu sein, wie sie sonst nur in Fiktionen wie Western, *Superman*-Geschichten u.ä. ausgelebt werden können.

10 Besonders in der linguistischen Forschung wird häufig der kreative und produktive Aspekt der Jugendkultur der „Kanaken" hervorgehoben. Heike Wiese (z.B. 2006) hat hierzu mehrere Forschungsberichte vorgelegt, die aufzeigen, dass die vom Standarddeutschen abweichenden Sprachstrukturen der „Kiez-Sprache", wie sie sie nennt, „nicht als lediglich defizitär anzusehen sind, sondern (...) eine sprachliche Produktivität auf[weisen]" (269), also als produktive Neuschöpfungen und Weiterentwicklungen des Deutschen aufzufassen sind. Was in Bezug auf die Sprache der „Kanaken" und die in *Kanak Sprak* zitierten und literarisch überformten Protokolle sofort einleuchtet, stellt sich anders dar, wenn man, wie hier geschehen, den Fokus auf die semantischen Strukturen und die Identitäts- und besonders Männlichkeitskonzepte verlagert. Hier scheinen doch deutlich die psychologischen Mechanismen der Eigen- und Fremdgruppenbildung zu überwiegen, welche sich in starker Aggression, Hass, rigoroser Abgrenzung zu anderen und deren Abwertung manifestieren (vgl. hierzu Anm. 7).

11 Die Frage, ob Identität etwas Statisches ist oder ein Entwicklungsprozess, gehört zu den meist diskutierten Themenkomplexen in der Identitätsforschung (vgl. Keupp 2008, 63 ff). Der Begriff ‚Identitätskern' verbindet gewissermaßen den statischen mit dem Entwicklungsbegriff, da er zwar vom Prozesscharakter der Identität ausgeht, aber einen stabilen Kern der Identität annimmt, also eine Einheit von Fühlen und Denken, die jenseits der unterschiedlichen sozialen Rollen existiert, welche die Menschen einnehmen können (66 f). Vor allem in der Psychoanalyse ist die Vorstellung vom Identitätskern verbreitet. Sie geht davon aus, dass die „psychosoziale Identität (...) einen stabilen, unveränderlichen Aspekt [umfasst], ein dauerndes inneres Sich-selbst-Gleichsein", welches neben einem „flexiblen, sich ständig verändernden Anteil, erwachsend aus den Interaktionen mit der Mitwelt" (Auchter/ Strauss 2003, 89) existiert. Ob es so etwas wie einen Identitätskern gibt oder nicht, ist umstritten. In der kulturwissenschaftlichen Forschung werden eher Konzepte favorisiert, die Identität als frei fluktuierendes, hybrides und diskursives Konstrukt ansehen. Prominentester Vertreter dieser Richtung ist Stuart Hall (1994), dessen Konzept der kulturellen Identität besagt, dass Identität ein diskursives Konstrukt ist, welches nicht auf Wesenheiten irgendwelcher Art zurückzuführen ist. Der Text von Kara bestätigt die Vorstellung von der kulturellen Identität im Hall'schen Sinne gerade nicht. In dem Roman treten sehr viele Figuren auf, die unterschiedlichen Gruppierungen angehören. So wird ein vielgestaltiges Potpourri an Identitäten vorgeführt, welche zueinander in Opposition und miteinander in Interaktion stehen. Die Hauptfigur Hasan sucht und definiert sich in diesem Spannungsfeld, in Auseinandersetzung mit ihrer Umwelt, und nimmt immer wieder neue und andere Rollen ein. Darin scheint sich das Konzept von der Diskursivität der Identität zunächst zu bestätigen. Doch die oben genannte, eher unscheinbare Passage aus seiner Kindheit (Kara 2003, 282) scheint mir ein Indiz dafür zu sein, dass Hasans flexible Identitätsarbeit nur deshalb funktioniert, weil sie einen stabilen Identitätskern als Grundlage hat.

12 In solchen Konzepten zeigt sich das spezifische Potenzial der Literatur, welche durch die ästhetische Gestaltung neue Konstrukte entwerfen kann, die so (noch) nicht durchweg gängig in der Gesellschaft sind. Darauf weist Tholen (2011) nachdrücklich hin, wenn er ausführt, dass Literatur nicht soziologische Theorien oder gesellschaftliche Gegebenheiten abbildet, sondern dass sie diese „ästhetisch-narrativ (re)inszeniert" (284). Dadurch entfaltet die Literatur, so Tholen, „bisweilen aber auch die ihr eigene utopische Kraft, indem sie *andere* Formen und Bilder von Männlichkeit vorstellbar macht." (308; Hervorh. im Original).

Literatur

ACKERMANN, IRMGARD (2002) „Mit einem Visum für das Leben. Formen weiblichen Schreibens am Beispiel dreier türkischer Autorinnen." *Migration und Interkulturalität in neueren literarischen Texten.* Hg. Aglaia Blioumi. München: Iudicium, 147-158.

AUCHTER, THOMAS/ LAURA VIVIANA STRAUSS (2003) *Kleines Wörterbuch der Psychoanalyse* [1999]. Göttingen: Vandenhoeck & Ruprecht.

BADINTER, ELISABETH (1993) *XY, die Identität des Mannes.* Übersetzt von Inge Leipold. München/ Zürich: Piper.

CARRIGAN, TIM/ R.W. CONNELL/ JOHN LEE (1985) „Toward a New Sociology of Masculinity." *Theory and Society* 5/ 1985: 551-604.

CONNELL, RAEWYN (2006) *Der gemachte Mann. Konstruktion und Krise von Männlichkeiten* [1999]. Übersetzt von Christian Stahl. Wiesbaden: Verlag für Sozialwissenschaften.

CONNELL, R.W. (2005) *Masculinities* [1995]. Cambridge: Polity Press.

ERHART, WALTER (2001) *Familienmänner. Über den literarischen Ursprung moderner Männlichkeit.* München: Fink.

ERHART, WALTER (2005) „Das zweite Geschlecht: ‚Männlichkeit', interdisziplinär. Ein Forschungsbericht." *Internationales Archiv für Sozialgeschichte der Literatur* 30, H. 2: 156-232.

GÜLAY, CEM (2010) *Türken-Sam. Eine deutsche Gangsterkarriere* [2009]. München: Deutscher Taschenbuch Verlag.

HALL, STUART (1994) „Die Frage der kulturellen Identität." *Rassismus und kulturelle Identität.* Hg. ders. Hamburg: Argument-Verlag, 180-222.

HOFSTÄTTER, P.R. (1997) „Gruppendynamik". Hg. Wilhelm Arnold/ Hans Jürgen Eysenck/ Richard Meili. *Lexikon der Psychologie. Erster Band.* Augsburg: Bechtermünz, 819-826.

KARA, YADÉ (2003) *Selam Berlin. Roman.* Zürich: Diogenes.

KARAKUŞ, MAHMUT (2009) „Differenzen in der Frauengestaltung der interkulturellen Literatur: S. Scheinhardt und E.S. Özdamar im Vergleich." *Differenzen? Interkulturelle Probleme und Möglichkeiten in Sprache, Literatur und Kultur.* Hg. Ernest W.B. Hess-Lüttich. Frankfurt/M.: Lang, 409-418.

KEUPP, HEINER/ RENATE HÖFER (1997) Hg. *Identitätsarbeit heute. Klassische und aktuelle Perspektiven der Identitätsforschung.* Frankfurt/M.: Suhrkamp.

KEUPP, HEINER (1993) Hg. *Zugänge zum Subjekt. Perspektiven einer reflexiven Sozialpsychologie.* Frankfurt/M.: Suhrkamp.

KEUPP, HEINER/ THOMAS AHBE/ WOLFGANG GMÜR/ RENATE HÖFER/ BEATE MITZSCHERLICH/ WOLFGANG KRAUS/ FLORIAN STRAUS (2008) *Identitätskonstruktionen: Das Patchwork der Identitäten in der Spätmoderne* [1999]. Reinbek: Rowohlt Taschenbuch Verlag.

MITSCHERLICH, ALEXANDER UND MARGARETE (1991) *Die Unfähigkeit zu trauern. Grundlagen kollektiven Verhaltens* [1967]. München: Piper.

ÖZDAMAR, EMINE Sevgi (1998) „Karagöz in Alamania. Schwarzauge in Deutschland" [1990]. *Mutterzunge.* Köln: Kiepenheuer & Witsch, 49-103.

SAVAŞÇI, FETHI (1983) „Bei laufenden Maschinen." *Bei laufenden Maschinen/ Makinalar Çalışırken. Erzählungen/ Öyküler.* Deutsch/ Türkçe. Übersetzt von Helga Dağyeli-Bohne/ Yıldırım Dağyeli/ Salih Sıtkı Gör/ Aziz Sar, Özgür Savaşçı. Frankfurt/M.: Dağyeli, 16-20.

SCHMIDT-MUMMENDEY, A. (1997) „Gruppenbildung". Hg. Wilhelm Arnold/ Hans Jürgen Eysenck/ Richard Meili. *Lexikon der Psychologie. Erster Band.* Augsburg: Bechtermünz, 818-819.

THOLEN, TONI (2011) „Männerbilder im Wandel? Beobachtungen zur Literatur des beginnenden 21. Jahrhunderts." *„Ich bin ein Mann! Wer ist es mehr?"*

Männlichkeitskonzepte in der deutschen Literatur vom Mittelalter bis zur Gegenwart. Hg. Barbara Hindinger/ Martin M. Langner. München: Iudicium, 282-310.

Wierschke, Annette (1996) *Schreiben als Selbstbehauptung. Kulturkonflikt und Identität in den Werken von Aysel Özakin, Alev Tekinay und Emine Sevgi Özdamar.* Frankfurt/M.: Verlag für Interkulturelle Kommunikation.

Wiese, Heike (2006) „ ‚Ich mach dich Messer'. Grammatische Produktivität in Kiez-Sprache (‚Kanak Sprak')." *Linguistische Berichte* 207/2006: 245-274.

Yeşilada, Karin (1997) „Die geschundene Suleika. Das Eigenbild der Türkin in der deutschsprachigen Literatur türkischer Autorinnen." *Interkulturelle Konfigurationen zur deutschsprachigen Erzählliteratur von Autoren nichtdeutscher Herkunft.* Hg. Mary Howard. München: Iudicium, 95-114.

Zaimoglu, Feridun (1995) *Kanak Sprak. 24 Mißtöne vom Rande der Gesellschaft.* Hamburg: Rotbuch.

Zaptcioglu, Dilek (2001) *Der Mond isst die Sterne auf.* Stuttgart: Thienemann.

Selma Erdogdu-Volmerich

„Aus dem Bauch heraus?" Reading Emine Sevgi Özdamar's *Das Leben ist eine Karawanserei* (1992) and Edwidge Danticat's *Breath, Eyes, Memory* (1994)

I Introduction

German-Turkish writer Emine Sevgi Özdamar and Haitian-American writer Edwidge Danticat have quite a bit in common. Both authors are immigrants: Özdamar initially came to Germany as a young woman and Edwidge Danticat moved from Haiti to the United States when she was twelve years old. Additionally, the first novels of both Özdamar and Danticat received an unusual amount of media attention in the context of two exceptional events.

In 1991 the Ingeborg-Bachmann-Preis was awarded to Emine Sevgi Özdamar for selected passages she had read from her novel *Das Leben ist eine Karawanserei, hat zwei Türen, aus einer kam ich rein, aus der anderen ging ich raus.* On May 22, 1998 Oprah Winfrey, host of the famous *The Oprah Winfrey Show*, announced the selection of Edwidge Danticat's debut novel *Breath, Eyes, Memory* for *Oprah's Book Club* (hereafter *OBC*). With the help of her book club Winfrey intended to promote the reading of literature to her predominantly female audience – an audience which, as Cecilia Konchar-Farr explains, „encompasses the barely middle class, the less educated, the ubiquitous audience member who hasn't ‚read a book since high school,' as well as the privileged, the college graduates, the stay-at-home soccer mom longing for intellectual stimulation" (Konchar-Farr 2004, 2).

In this article, I will explore the reception of Özdamar's and Danticat's novels in the context of these particular events. I argue that even though the two novels themselves have much in common, the processes of their reception differ substantially. The discourse surrounding the Ingeborg-Bachmann-Preis placed Özdamar and her text outside, or on the margins, of what is defined as *German* literature and in doing so established Özdamar as a female Turkish author winning an Austrian/ German prize. In contrast, *OBC*'s response to Danticat's text does not establish Danticat as a ‚foreign' author, rather it focuses on the text's potential for transcending cross-cultural boundaries.

II Emine Sevgi Özdamar and the 1991 Ingeborg-Bachmann-Preis Debate

In 1991 Emine Sevgi Özdamar became the first non-native speaker of German to win the prestigious Ingeborg-Bachmann-Preis. Emine Sevgi Özdamar was born in 1946 in Malatya, Turkey. She first came to Germany in 1965 and stayed for two years working in a factory. She then returned to Istanbul in order to train as an actress and came back to Germany in 1976. Özdamar has been working as a writer since the early 1980s. Her first novel *Das Leben ist eine Karawanserei, hat zwei Türen, aus einer kam ich rein, aus der anderen ging ich raus* is, as Kader Konuk explains, an unusual migration narrative:

> Der Roman handelt jedoch nicht von der Migration zwischen der Türkei und Deutschland, sondern von Migration innerhalb der Türkei. Die Erzählerin schildert die verschiedenen Stationen ihrer Kindheit: ihre Geburt und frühe Kindheit in Malatya, den Umzug in die Großstadt Istanbul, die Einschulung in Yenisehir und ihre Pubertät in Bursa, wo sie die Welt des Theaters entdeckt. Später zieht sie als Heranwachsende mit ihrer Familie nach Ankara und wieder zurück nach Istanbul, um von da aus nach Deutschland zu emigrieren. (Konuk 1997, 145)

At the Ingeborg-Bachmann-Preis event Özdamar had read selected passages from her then unpublished novel. The jury's decision for Özdamar's text was a very close call. The jury had been split and there was a run-off vote between Emine Sevgi Özdamar's selected passages from *Das Leben ist eine Karawanserei* and Urs Allemann's „Babyficker," the provocative nature of which initiated a debate of its own. Özdamar's identity as a German-Turkish author factored into the jury's decision and into the coverage of the event on multiple levels. This becomes evident in the explanations provided by the jury members who voted for Özdamar's text:

> Ich stimme für den Prosatext ‚Das Leben ist eine Karawanserei' von Emine Sevgi Özdamar, weil er in märchenhaft zupackender Weise Bilder aus einer fremden Welt gibt und so die neue deutsche Literatur um neue Töne und Sujets bereichert. (Volker Hage qtd. in Felsberg/ Metelko 1991, 167)

> Ich stimme für den Text von Emine Sevgi Özdamar (...), weil sie in dem Text etwas versucht und auch erreicht, was es bisher so in unserer Sprache noch nicht gab, in unserer Literatur: die Synthesis, das Zusammenbringen von zwei kulturellen Traditionen. Daraus entsteht für mich ein Blickwechsel, der mir alle Anerkennung wert scheint. (Marlis Gerhardt qtd. in Felsberg/ Metelko 1991, 167 f)

> Ich stimme für Emine Sevgi Özdamar, die in einem polyphonen Text Elemente orientalischen Erzählens mit dem Verfahren der literarischen Moderne verknüpft und ohne falschen Exorzismus Leben und Tod, Geschichte und Ausbeutung in der Türkei des frühen 20. Jahrhunderts vor unsere Augen rückt. (Peter von Matt qtd. in Felsberg/ Metelko 1991, 168)

> Ich habe Emine Sevgi Özdamar vorgeschlagen, und ich stimme für sie (...), weil ich glaube, sie hat uns wieder zu der Quelle der Erzählfähigkeit zurückgeführt, wo die Bilder so wuchernd sind, wo die Geschichte vorhanden und wo ein Respekt vor den Menschen zu empfinden ist, wo ihr ziviles Engagement zu spüren ist und wo die Metaphern, die Bilder, das Tempo und alles uns mitreißt. (Roberto Cazzola qtd. in Felsberg/ Metelko 1991, 168)

Instead of exploring the ways in which the jury and the media read Özdamar's text in a more general manner, as others have done before, I will focus on the *parameters* of criticism of Özdamar's text. What are the critics' underlying assumptions that shape their statements? To what extent has the supposed relationship between Özdamar's ‚actual' identity as a cross-cultural author and the perceived ‚othernesss' of her text affected how both the jury and the reviewers approached it? Reviewing different sources related to the 1991 Ingeborg-Bachmann-Preis debate, including both video excerpts from the jury's discussion of the text and selected media responses, I conclude that specific processes of ‚othering' have had a strong impact on the discussion of Özdamar's text. I also aim to show, however, that a close reading reveals that some of the jury members tried hard to develop a vocabulary that does justice to the cross-cultural dimension of both Özdamar's text and her aesthetics.

The jury's treatment of the selected passages from Özdamar's *Das Leben ist eine Karawanserei* and the media response both show the extent to which the critics read the text in terms of content and neglected a discussion of the literary qualities of the text. Volker Hage, for example, appreciated that the text tells stories from another world. His view is symptomatic of a general focus on the stories the text tells – and not on the more formal and aesthetic aspects of *how* it does so. Where the jurors addressed formal elements of the work, they mostly did so superficially. In the discussion of Özdamar's text, jury members compared it to both Sterne's *Tristram Shandy* (1759-1767) and Grass's *Blechtrommel* (1959), but they appear to have treated these parallels as mere coincidences and stopped short of taking into consideration Özdamar's text within the context of the literary traditions from which those two canonical texts emerged. The discussion of the formal qualities of Özdamar's text remained so vague precisely because ultimately neither the jury members nor the majority of the reviewers tried to place Özdamar's text within a *German* tradition of writing, something the following comment by jury member Peter von Matt exemplifies:

> Ich verstehe nichts von türkischen Märchen, ich kenne die Erzähltradition nicht, in der dieser Text entstanden ist. Aber er berührt mich als voll von originalen, archaisch-altertümlichen Elementen, die in einem modernen Bewusstsein aufgefangen und zusammengefügt sind. (Felsberg/ Metelko 1991, 147)

The jury's discussion of the formal characteristics of Özdamar's text remains only marginal, which is especially significant since the jury's discussion of Urs Allemann's „Babyficker," Özdamar's strongest competitor, was significantly shaped by a discussion of formal elements. Incidentally, „Babyficker" in the end received the *Preis des Landes Kärnten*.

Tellingly, however, in response to the decision to award Özdamar the Bachmann-Preis, many reviewers have questioned this choice on the basis of the text's ostensibly inferior literary quality. Karen Jankowsky succinctly claims that

> [i]n this contestation of the jury's decision, critics oppose Özdamar as a moral, but aesthetically inexperienced Oriental teller of tales to Allemann as a perverted but sophisticated provocateur who pushes past the limits of literary respectability. (Jankowsky 1997, 267)

In their responses to Özdamar's reception of the prize, many critics seem to have taken the jury's neglect of the aesthetic and formal aspects of Özdamar's text as evidence that such aspects remained in any case undeserving of discussion. I argue that the critics' readiness to perceive Özdamar as a „moral, but aesthetically inexperienced Oriental teller of tales" (ibid.) might well be related to a historical tradition that associates women with nature in opposition to what is perceived as male culture, as Renate Hof describes in *Die Grammatik der Geschlechter:* „Da der Natur in *Opposition* zur Kultur ein geringerer Status zugesprochen wird, besteht, aufgrund der postulierten Nähe von Frauen und Natur, eine implizite, oft gar nicht bewußte Abwertung von Frauen" (Hof 1995, 109). Instead of engaging with the formal elements of her text as a *cultural* product, as they did with Alleman's text, critics read Özdamar's novel for content, conceiving of her text as an authentic (natural) narrative.

The jury's focus on content at the expense of form and aesthetics manifests itself in the debate's preoccupation with the text's ‚exotic' qualities. In their response to Özdamar's text jury members and journalists predominantly focused on the text's ‚exotic' or ‚oriental' qualities. Along these lines Ulrich Baron comments:

> Der Siegertext (...) zeichnete sich vor allem dadurch aus, daß er am konsequentesten gegen die hergebrachten Erwartungen an deutsche Literatur verstieß. ‚Das Leben ist eine Karawanserei' (...) kam als Knüpfwerk märchenhaft mythischer Bilder daher wie ein fliegender Teppich aus 1001 Nacht und ließ die Juroren ihre Klagenfurter Alltagssorgen vergessen. (Baron 1991)

The strong engagement with the text's ‚exotic' characteristics is particularly remarkable considering that most of the jury members and critics were trained in German literary history as well as in ‚Western' approaches to literature and literary theory. In their attempts to situate Özdamar's text in the context of its cultural and literary ‚roots' many of the critics resorted to clichés, most prominently references to *One Thousand and One Nights*, fairy tales, and Oriental story telling.

By focusing on what are perceived to be the text's ‚Oriental' elements, critics placed Özdamar outside, or on the margins of, what is understood to be *German* literature. Although Emine Sevgi Özdamar had already lived and worked in Germany for about fifteen years at the time, and despite the fact that she wrote the text in German, both jury members and journalists depicted her as a Turkish author writing in German, or: a Turkish author winning an Austrian/ German prize.

At the time, not only the supposedly ‚Oriental' qualities of her text but also the perception of her ‚ethnic' identity contributed to an emerging notion of Özdamar as a Turkish author. Indeed, the debate on Özdamar's text displays a very strong focus on her biographical background. In his review following the publication of Özdamar's novel *Das Leben ist eine Karawanserei* Joachim Sartorius writes: „Die Erzählerin (Emine ohne Zweifel, auch wenn sie ohne Namen bleibt)" and later in the article Sartorius asserts „[e]s gelingt ihr immer wieder, diese eigene, privateste Geschichte mit der Geschichte der Türkei zu verweben (...)" (Sartorious 1992, III). Often critics drew on Özdamar's biographical background in a seemingly positive way. However, one also finds downright condescending statements, such as when Jens Jessen refers to Özdamar's text as that of a „deutsch schreibenden Türkin, der mit folkloristischen Elementen aus der Märchentradition ihrer Heimat spielt, die von den Juroren gutmütigerweise für Surrealismus gehalten wurden" (Jessen 1991, 33).

An overwhelming majority of the jury members and newspaper critics engaged with Özdamar's text in terms of its relationship *to* German literature, suggesting that the text itself was produced outside the discourses of that literature. During the jury's discussion of Özdamar's text Karl Corino stated:

> Ich postuliere indes, daß diese Literatur für den deutschen Sprachraum insgesamt in den nächsten Jahren, Jahrzehnten immer wichtiger werden wird. Diese Literatur, die sozusagen von den Rändern herkommt, – und das ist möglicherweise ein problematisches Bild –, kann der manchmal doch etwas dürren deutschen Sprache neues, frisches Blut zuführen. (Felsberg/ Metelko 1991, 149)

Significantly, Corino not only identifies cross-cultural literature as something emerging from the outside, and, in doing so, establishes a clear center-margin dichotomy, but he does so with the help of an image that he himself finds highly problematic. Corino's use of this vocabulary is by no means an exception. In the *Berliner Zeitung*, for example, Hannes Würtz proclaims: „Unsere dürre Sprache gewinnt plötzlich Laute, bei denen wir wieder hin-hören. Neues Blut tut germanischer Wortverkalkung gut" (qtd. in Konuk 1997, 154). Kader Konuk has briefly discussed this topic in her essay „Das Leben ist eine Karawanserei: Heim-at bei Emine Sevgi Özdamar", in which she draws attention to this uncommon usage of a „Vokabular faschistischer Blut-und-Boden-Ideologie" (ibid.). The use of this vocabulary in my view reflects the tension that can be traced throughout the debate about Özdamar's text: On the one hand, it mirrors a desire for something new, for the *exotic*; on the other hand it references the anxiety associated with the idea of something *other* tainting the purity of German literature.

Karen Jankowsky claims that the Bachmann prize critics resisted marginalizing ethnic texts with categories such as „guest worker literature" (Jankowsky 1997, 270). She argues, however, that Özdamar's text presented the critics with a specific challenge:

> This possibility for acknowledging the work of a writer from Turkey as German literature is a contested one, since critics welcomed the ways Özdamar enriched literature in German with her cultural experiences from Turkey, but were hard put to explain, except through orientalizing platitudes, the ways Özdamar worked with literary language. (ibid.)

Up to this point my own analysis would support this claim. Indeed, there are many examples that qualify as what Edward Said first identified as an Orientalist discourse, whereby the West establishes an image of the East as an ‚other'. In his landmark study *Orientalism* Said describes Orientalism as a „way of coming to terms with the Orient that is based on the Orient's special place in European Western experience" (Said 1979, 1). This process not only serves to develop a certain image of the East but ultimately to shape Western identity: „the Orient has helped to define Europe (or the West) as its contrasting image, idea, personality, experience" (Said 1979, 1 ff). In the 1991 Ingeborg-Bachmann-Preis Debate Orientalist discourse is at work in instances in which the jury/critics treat Özdamar's text as if it not only lacked a German but *any* literary tradition. Roberto Cazzola thus claims with regards to Özdamar's use of language: „das ist das, was wir heute brauchen, also Erfindung, Erzähllust, Fabulierlust und da lastet eben keine Tradition, da bin ich nicht meinem Goethe verpflichtet oder meinen literarischen Ahnen" (Felsberg/ Metelko 1991, 148). Cazzola's comment implies that Turkish literature, unlike German literature, lacks a historical tradition.

Notwithstanding the fact that, as Jankowsky terms it, „orientalizing platitudes" (Jankowsky 1997, 270) might have dominated the discussion of Özdamar's writing style, a close reading of some of the jury members' comments reveals that they were trying to come to terms with the specific challenge that Özdamar's text presented. Cazzola, for instance, soon after adopted an entirely different approach when he defended Özdamar's use of language on the grounds that if she makes „mistakes" (german „Fehler") she does so deliberately and has the same right to do so as anyone else. Tellingly, Cazzola began with a disclaimer:

> Es gibt aber auch ein Echo ihrer Muttersprache. Da ich ein Ausländer bin, kann ich das nicht so gut beurteilen, aber ich glaube, Emine Sevgi Özdamar kann sehr gut deutsch sprechen und schreiben. Und wenn sie manchmal Fehler macht, dann macht sie das ganz bewusst. Und wenn jemand ihr das vorwirft, dann frage ich

> mich, warum soll sich Jandl die ‚runtergekommene Sprache' leisten und warum soll sie das nicht können. Das ist eben eine kunstvolle Verfremdung ihrer Sprache und des Deutschen. (Felsberg/ Metelko 1991, 149)

This comment represents an attempt to ‚normalize' Özdamar's position and to shift the focus of the debate away from her ‚authentic' cultural/biographical identity to her role as an author of fiction. It draws attention to the complex power relationships involved in the discussion of literature. Who is entitled to judge what is allowed and for whom? Moreover, Cazzola draws attention to the literary qualities of Özdamar's text by emphasizing what she *does* with the language she uses.

In a similar manner, Marlis Gerhardt tried to develop a vocabulary that goes beyond „orientalising platitudes" (Jankowsky 1997, 270) when speaking of „[der] Synthesis, [dem] Zusammenbringen, [dem] Zusammenschauen von zwei kulturellen Traditionen" (Felsberg/ Metelko 1991, 167 f) which generates a new perspective. The vocabulary that Gerhardt chose, in particular the word „Traditionen", acknowledges that Özdamar's aesthetics is not only shaped by a timeless sense of ‚Oriental storytelling' but that it emerges from the interplay of two, equally powerful, cultural traditions.

III The Reception of Edwidge Danticat's *Breath, Eyes, Memory* in Oprah's *Book Club*

Like Emine Sevgi Özdamar, Edwidge Danticat is a female author with an immigrant's background who writes in her ‚adopted' language. There are a number of parallels between *Das Leben ist eine Karawanserei* and *Breath, Eyes, Memory*. Both are first novels published in the early/mid 1990s and both tell – albeit quite different – stories of migration. Edwidge Danticat was born in Port-au-Prince, Haiti, in 1969. Her parents left Haiti and moved to the United States when Danticat was a young child. She was raised by her aunt and uncle. When she was twelve years old, Danticat joined her family in the United States. She holds a degree in French literature from Barnard College and an MFA in creative writing from Brown University.

Danticat's novel *Breath, Eyes, Memory* was first published in 1994 and became an *Oprah's Book Club (OBC)* selection in 1998. The text is a first person narrative told from the perspective of its young female protagonist, Sophie Caco. Having grown up in Haiti under the care of her aunt, Sophie is suddenly forced to leave for New York City in order to be with her mother. This transition is extremely difficult for Sophie. She encounters problems adjusting to her new surroundings and struggles with her relationship to her mother. Sophie eventually realizes that her mother moved to the U.S. after she had been raped and had become pregnant, leaving behind Sophie – the baby daughter to whom she had given birth. As a grown-up woman, Sophie returns to Haiti with her own daughter Brigitte and tries to come to terms with her personal history.

On May 22, 1998 Oprah Winfrey announced the selection of *Breath, Eyes, Memory* for her book club. The following analysis of the transcript of the show explores how *OBC* responded to Danticat's novel. I was particularly interested in learning whether the treatment of Danticat's text was shaped by a tendency to mark her as an ‚exotic' or ‚foreign' author, as was the case with Özdamar's novel. Similar to the Ingeborg-Bachmann-Preis event, *OBC* is a highly staged media affair. However, a number of significant factors distinguish the format of the 1991 Ingeborg-Bachmann-Preis debate and its response to Emine Sevgi Özdamar's text from *OBC*'s engagement with Danticat's *Breath, Eyes, Memory*. Crucially, unlike the Bachmann prize, *OBC* does not award literary prizes, although the effect that Winfrey's selection of a book has on its sales might well exceed the economic capital that most literary prizes bestow on their recipients. Yet, the cultural capital associated with being selected by *OBC* has been notoriously low. In 2001 Winfrey chose Jonathan Franzen's *The Corrections* as a book club selection. Franzen reacted in an ambivalent fashion to this ‚honor', noting: „She's picked some good books, but she's picked enough schmaltzy, one-dimensional ones that I cringe" (Kirkpatrick 2001, 3). Franzen also stated that he did not want to have the *Oprah* logo on the book (ibid.). Franzen's comments caused Winfrey to disinvite him from the show and triggered a heated debate about the role and function of ‚low' and ‚high' culture in the United States. The Ingeborg-Bachmann-Preis event may have been criticised for the media hype it creates, but it nevertheless features well-reputed intellectuals such as Sigrid Löffler and Hellmuth Karasek and, in contrast to *The Oprah Winfrey Show*, appeals to a predominantly academic audience.

In general, *OBC* adhered to the following procedure: First, Winfrey announces during one of her shows the novel she picked as the next book club selection. She then asks the audience to send her letters describing their responses to the text. Reading questions are made available to the audience on the show's website. Finally, *The Oprah Winfrey Show* hosts a book club segment, which includes the broadcasting of the recorded book club dinner with a number of handpicked viewers, who were selected based on the letters that Winfrey received from the audience.

The Oprah's Book Club episode on *Breath, Eyes, Memory* opened with clips from earlier *Oprah* episodes, such as the following exchange which, like Danticat's novel, focuses on the role of mother-daughter relationships:

> Chanda: 'Cause my mother thinks that she knows me, but she doesn't.
> Clara: I am your mother. I know you.
> (End of excerpt)
> Oprah Winfrey: (Voiceover) Mothers who won't let go; daughters who will not forgive. (*Oprah* Transcript 1998, 1)

Mother-daughter relationships are a central theme in Danticat's novel. Yet, other themes, such as Sophie's integration into U.S. society, her continuous struggle with eating disorders and her complicated relationships with men also play a significant role in the text. Therefore, the extent to which *OBC* contextualizes the novel in terms of gender or, to be more specific, mother-daughter relationships from the very beginning is striking. *OBC* deliberately introduces Danticat's novel on terms that most of the (female) audience members will be able to relate to and that supposedly transcend cultural borders. Segments from earlier episodes function to establish a thematic connection between an issue previously discussed on the show and Danticat's novel. A little bit later, Winfrey introduces Danticat's novel to the show in the following way:

> Yes. Last day of school. Hi. Whoo! Hi, everybody. Good to see you. Have a seat. So excited. So excited, so excited, so excited. Book club day, book club day. All of you who read „Breath, Eyes, Memory" [sic!] this month, you get to meet the wonderful author Edwidge Danti—Edwidge Danticat a little later on in the show and, as you know, „Breath, Eyes, Memory" [sic!] is about mother daughter relationships, sexuality and all that other stuff – those of you who've read it. Those of you who are catching up, we're not even talking to you. So you'll get to see what happened at our book club dinner. (*Oprah* Transcript 1998, 1)

The introduction of the guest Barbara McFarland, co-author of *My Mother Was Right: Lessons Learned From Baby Boomer Women As They Make Peace With Their Mothers* (1997), further contributes to establishing the show's focus on mother-daughter relationships. Winfrey and McFarland discuss typical problems that arise in mother-daughter relationships and McFarland offers advice on how to effectively respond to these challenges. Winfrey's conversation with McFarland prefigures the way in which *OBC* establishes the novel as a therapeutic aid for coming to terms with one's own mother-daughter relationship(s). The show further reinforces this therapeutic point, at the expense of a discussion of formal and aesthetic features, by the way it engages with the viewers who were invited to take part in the show.

The viewers Winfrey invited to participate in her show play a vital role in establishing a relationship between the presentation of the book and the general audience. In the specific case of the book club segment on *Breath, Eyes, Memory,* Winfrey introduces the book by turning to her guest Dominique. Suggesting the central role that sexuality will play in the discussion to come, Winfrey introduces Dominque as a woman who „grew up in Haiti, where a daughter's virginity was sacred" (*Oprah* Transcript 1998, 16). This is followed by a short statement from Dominique describing her childhood in Haiti. After Dominique, Winfrey introduces her other guests. These introductions serve to establish a link between the sophisticated and, to some extent, ‚exotic' nature of Danticat's novel and the ‚common' viewers by way of positioning the guests as representatives of the audience. This process becomes evident when Winfrey introduces Rebecca: „Rebecca is a 40-year-old-married mother of two from New Hampshire. Just to look at her, you'd think, ‚What could she have in common with a little Haitian girl?' A lot, in fact" (ibid.). Rebecca's response emphasizes the personal connection she developed to the text and points to how her reading of the novel caused her to re-evaluate her own relationships:

> As I read the pages of Edwidge Danticat's novel, I could not help but reflect upon these important relationships of mine – the issues that I have and have had with my mother, the ones I have worked out, the ones I will work out and the ones which will never be worked out. (ibid.)

This statement is indicative of the role that the *OBC* assigns to the novel. It suggests that the primary function of Danticat's text is one of mediation and reconciliation. The text here ostensibly functions as a link between the majority of Winfrey's predominantly white, middle class, female audience and the world narrated in the text. Throughout the discussion of Danticat's novel the guests identify with the characters from Danticat's text, such as in the case of Danette:

> ...and the way that Sophie's [the novel's protagonist, S.E.-V.] grandmother says, ‚Isn't it beautiful to be able to look into Bridget's face and see your kin?' And that was really touching, because I can look into my mothers face, my grandmother's face, and I can see myself and – parts of who I am, and it's beautiful. (*Oprah* Transcript 1998, 19)

Focussing on the story the novel tells, *OBC* almost completely foregoes looking at formal characteristics. Instead, it calls for a reading on the level of content. Of the 15 *Reading Group Discussion Questions* made available on *Oprah*'s website, only one, asking about the use of color, actually encourages thinking about how the text functions as a literary text. Overall, the discussion questions encourage conceiving of the text as something that is ‚real' in itself or, at the very least, something that came into being naturally rather than a constructed literary product. This is particularly interesting as *Breath, Eyes, Memory* is – like Özdamar's novel – a very complex literary work that begs for a literary analysis of its formal and discursive aspects such as narrative perspective, the use of metaphors and intertextual references.[1]

At first sight, one might be inclined to read the way in which *OBC* tries to make the novel accessible to readers by emphasizing ‚common ground' in a positive way. Although *OBC* evidently does not appreciate the novel with regards to its literary merit, it seems to succeed in fostering cross-cultural communication. Yet, a closer reading reveals that this approach is highly problematic. Instead of acknowledging the individuality and uniqueness – and the Haitianness – of Danticat's novel, *OBC* turns the text into a vehicle for the audience's/reader's own catharsis. The way that *OBC* responded to Edwidge Danticat's *Breath, Eyes, Memory* ultimately suggests that you can understand the story without knowing, or learning, anything about Haiti, or, to borrow Oprah Winfrey's words:

> What is interesting also – and that's what – that's the beauty of books, particularly „Breath, Eyes, Memory" [sic!] – is that although it's written – it's a story of a young Haitian girl coming to this country dealing with relationships with her mother and all the other complications of sexuality and so forth *that you related to it and have not a piece of Haitian history as far as you know*. (*Oprah* Transcript 1998, 18; my emphasis)

In my discussion of the 1991 Ingeborg-Bachmann-Preis debate I have argued that through processes of *othering* Özdamar is ultimately established as a Turkish author receiving a German prize. Analyzing *OBC*'s engagement with Danticat's novel *Breath, Eyes, Memory*, I set out to explore if similar processes of *othering* might be at work here. Surprisingly, quite the opposite was the case. Instead of turning the novel into a cultural ‚other' *OBC* emphasizes ‚common ground' through its focus on the culture-transcending significance of mother-daughter relationships. In her book *Reading with Oprah: The Book Club That Changed America* the poet and literary critic Kathleen Rooney points to the way in which *OBC* might foster simplified readings of high quality literary texts:

> Winfrey's use of television encourages the imposition of competing narratives – specifically the life stories of her audience members and her own mythologyzed biography – on the narratives of the books themselves, thereby running the risk of applying texts capable of multiple interpretations and uses to a single-minded, socially controlled, and largely therapeutic end. (Rooney 2005, xiii)

OBC's tendency to simplify complex texts seems to be connected to its treatment of texts as something that came into being naturally – that is not constructed but ‚real' in and of itself. Surprisingly, this is something *OBC* shares with the responses to Özdamar's text discussed above. Both *OBC* and the jury members of the 1991 Ingeborg-Bachmann-Preis forego a discussion of the texts' formal characteristics and focus almost exclusively on the content level. The critical discourses I examined treat the passages from Özdamar's *Das Leben ist eine Karawanserei* and Danticat's *Breath, Eyes, Memory* as if they were unmediated stories – quite literally – ‚aus dem Bauch heraus erzählt,' or told, as it were, from the gut. None of the critics discussed here – not the intellectual literary critics of the Ingeborg-Bachmann-Preis or the contemporary critics covering the prize, not Oprah Winfrey, her staff, or her guests – show great awareness of the respective novels as literary texts. Rather, they treat them as if the novels were ‚authentic' and unmediated accounts of migration.

Drawing on the critics' different responses to Özdamar's text and to that of her competitor Alleman, I claimed that the critics' neglect of the formal characteristics of Özdamar's text might well be read as part of a tradition associating women with nature in opposition to men's association with culture. In the case of *OBC's* response to Danticat's novel, however, such an argument might be hard to pursue since there are multiple possible explanations. The neglect of a discussion of the formal characteristics of the novel may be related to the perception of Danticat as a female writer, but it might just as well have something to do with *OBC*'s more general approach. Yet, the extent to which *OBC* stresses the text's autobiographical dimension is striking. In this context Winfrey's „number one question" takes on particular significance: „So, the number one question that I think everybody has when they read this, knowing that you also come from Haiti, is, is it autobiographical?" (*Oprah* Transcript 1998, 17) It is thus not the novel, the constructed literary text, that generates the readers' „number one question" but the preoccupation with the text's degree of authenticity.

IV Outlook

In her essay „Walk Straight" (2010) Edwidge Danticat writes extensively about the difficult position that reading her novel *Breath, Eyes, Memory* as an ‚authentic' narrative puts her in:

> The virginity testing element of the book led to a backlash in some Haitian American circles. ‚You are a liar,' a woman wrote to me right before I left on the trip.
>
> ‚You dishonor us, making us sexual and psychological misfits.'
>
> ‚Why was she taught to read and write?' I overheard a man saying at a Haitian American fund-raising gala in New York, where I was getting an award for writing this book. ‚That is not us. The things she writes, they are not us.'
>
> Maligned as we were in the media at the time, as disaster-prone refugees and boat people and AIDS carriers, many of us had become overly sensitive and were eager to censor anyone who did not project a ‚positive image' of Haiti and Haitians.
>
> The letter writer was right, though. I was lying in that first book and all the other pieces of fiction I have written since. But isn't that what the word *fiction* or *novel* on the book jacket had implied? Isn't even the most elementary piece of fiction about a singularly exceptional fictional person, so that even if that fictional person is presented as an everyman or everywoman, he or she is bound to be the most exceptional everyman or everywoman in the lot? (Danticat 2010, 32)

Danticat's experience with some of the responses to her first novel illustrates the particularly complex position many cross-cultural writers find themselves in. Biographical readings may always be problematic as they might limit a text's potential for multiple interpretations. It seems, however, that the texts of cross-cultural authors are particularly prone to being read as emblematic representations of their ‚home' culture. Ultimately, both the inclination to read biographically and the strong focus on the level of content that I identified in the analyzed responses to the selected passages from Özdamar's *Das Leben ist eine Karawanserei* and to Danticat's *Breath, Eyes, Memory* also serve to downplay – or even ignore entirely – the authors' literary achievements and technical expertise to which their texts testify.

In this context it might be particularly interesting to explore the concerns that Jonathan Franzen expressed with regard to the selection of his novel by Winfrey for her book club in 2001 and its impact on his potential readership. During an interview with Terry Gross on *National Public Radio*, Franzen expressed his concerns that Winfrey's selection might alienate male readers (Franzen Interview, 2001). While it might be both inviting and easy to make light of Franzen's comment, his description of his experiences presenting the book illustrate that his concern may to a certain extent have been justified:

> I have heard more than one reader in signing lines now in bookstores say, ‚You know, if I hadn't heard you, I would have been put off by the fact that it is an Oprah pick. I figure those books are for women, and I never touch it.' Those are the male readers speaking. So I'm a little confused about the whole thing right now. (Franzen Interview, 2001).

In an analysis of the reception of cross-cultural women authors, discussions of the relationship between literary taste and gender are of particular significance. Such discussions intersect with an Orientalist tradition of establishing the ‚other' as naïve and culturally inexperienced, as for example the discussion of Özdamar's text has illustrated. Kader Konuk points to the particular potential that the analysis of the reception of cross-cultural literature would have in this context:

> Die Analyse der Rezensionen bezüglich nicht-deutscher AutorInnen würde interessanten Aufschluß darüber geben, inwieweit die Kombination von Herkunft und Geschlecht einer Autorin oder eines Autors die Erwartungen der LeserInnen vorstrukturiert. (Konuk 1997, 154)

A comparative analysis of the reception of cross-cultural German and American women writers might provide insight into the dynamics of cross-cultural identity negotiations from a transatlantic perspective. When considered more closely, critics' references to the author's biography often turn out to be part of an ethnocentric argument. Critics literally read texts through the lens of what they consider to be the author's ethnic background, which has at least two problematic implications: On the one hand, reading a text in purely biographical terms prevents a reader from engaging with a text's individual aesthetics. What further complicates the situation, however, is that what many critics perceive to be the author's ethnic background often proves to be a projection of their own Orientalist gaze and their own expectations. This means that their perception is a product of their own imagination, something that is always already there.

Anmerkungen

1 Compare for example: a) Harbawi 2008, b) Francis 2004, or c) Braziel 2003.

Literatur

Baron, Ulrich (1991) „Teufelskreis der Namenslosigkeit. Der 15. Ingeborg Bachmann-Wettbewerb in Klagenfurt: Ein Wettlesen der literarischen Newcomer.“ *Rheinischer Merkur/Christ und Welt*, 5 July 1991: 15.

Braziel, Jana Evans (2003) „Daffodils, Rhizomes, Migrations: Narrative Coming of Age in the Diasporic Writings of Edwidge Danticat and Jamaica Kincaid.“ *Meridians* 3, 2/2003: 110-131.

Danticat, Edwidge (1998) *Breath, Eyes, Memory* [1994]. New York: Vintage.

Danticat, Edwidge (2010) „Walk Straight.“ *Create Dangerously: The Immigrant Artist at Work*. Princeton: Princeton University Press, 21-40.

Felsbach, Heinz/ Siegbert Metelko (1991) *Klagenfurter Texte: Ingeborg-Bachmann Wettbewerb 1991*. München: Piper.

Francis, Donette A. (2004) „‚Silences Too Horrific to Disturb‘: Writing Sexual Histories in Edwidge Danticat's *Breath, Eyes, Memory*.“ *Research in African Literatures* 35, 2/2004: 75-90.

Harbawi, Semia (2008) „Against All Odds: The Experience of Trauma and the Economy of Survival in Edwidge Danticat's *Breath, Eyes, Memory*.“ *Wasafari* 23, 1/2008: 38-44.

Franzen, Jonathan. Interview by Terry Gross. *Fresh Air*, 15 October 2001. National Public Radio. Transcript.

Hof, Renate (1995) *Die Grammatik der Geschlechter: ‚Gender‘ als Analysekategorie der Literaturwissenschaft*. Frankfurt/M./ New York: Campus.

Jankowsky, Karen (1997) „‚German‘ Literature Contested: The 1991 Ingeborg-Bachmann-Prize Debate, ‚Cultural Diversity,‘ and Emine Sevgi Özdamar.“ *The German Quarterly* 70, 3/1997: 261-276.

Jessen, Jens (1991) „Lockruf der Eitelkeit: Klagenfurt wickelt sich ab: Der fünfzehnte Ingeborg-Bachmann-Wettbewerb.“ *Frankfurter Allgemeine Zeitung*, 2 July 1991: 33.

Kirkpatrick, David D. (2001) „Winfrey Rescinds Offer to Author for Guest Appearance.“ *New York Times*, 24 October 2001, late ed.: 3.

Konchar-Farr, Cecilia (2004) *Reading Oprah: How Oprah's Book Club Changed the Way America Reads*. Albany: State University of New York Press.

Konuk, Kader (1997) „Das Leben ist eine Karawanserei: Heim-at bei Emine Sevgi Özdamar.“ *Kein Land in Sicht: Heimat – weiblich?* Ed. Gisela Ecker. München: Fink, 143-157.

„Oprah's Book Club.“ *Oprah Winfrey Show*. 18 June 1998. Print. Transcript.

Özdamar, Emine Sevgi (1992) *Das Leben ist eine Karawanserei, hat zwei Türen, aus einer kam ich rein, aus der anderen ging ich raus*. Köln: Kiepenheuer & Witsch.

Rooney, Kathleen (2005) *Reading with Oprah: the book club that changed America*. Fayetteville: University of Arkansas Press.

Said, Edward (1979) *Orientalism* [1978]. New York: Vintage.

Sartorius, Joachim (1992) „Mit Bismillàhirahminarihm in seine zitternden Arme.“ *die tageszeitung*, 30 September 1992: *Literataz* III.

Margit Eckholt

„Beyond any border" – Feministische Theologie der Befreiung in Zeiten der Migration[1]

1 Einführung: „Beyond any border" oder: die Grenze zwischen Nord und Süd als neues „Zeichen der Zeit"

> Ich beweine meine geliebte Heimat,
> weil ich so fern von ihr bin.
> Meine Seele ist traurig geworden...
> Zwischen den Steinen eines toten Sees
> hört man das Schluchzen einer Stadt,
> einer weiteren Siedlung, die sich entvölkert,
> einer weiteren Familie ohne Lohn und Heim...[2]

In diesem Zitat aus einem ihrer Lieder greift die mexikanische Sängerin Lila Downs Bilder der Dichterin María Cruz auf. Das Schicksal der vielen lateinamerikanischen Migrantinnen und Migranten, der *indocumentados* und auch der *resident aliens* in den USA, ist Thema vieler Lieder von Lila Downs. Das Verlassen der Heimat, ein Ankommen in der Fremde, auf der Suche nach Arbeit, voller Sehnsüchte, Träume, Illusionen, wobei die meisten zerrinnen, ein Leben, das sich abspielt in den ‚Passagen', den ort- und zeitlosen Räumen, dem Niemandsland zwischen den Ländern, diesseits und jenseits, an und auf der Grenze. Die Grenze wird als gewaltbesetzt erfahren; es ist nicht nur die Gewalt der Trennung von der Heimat, sondern die Gewalt, die mit dem Ringen um das Leben ‚jenseits' der Grenze verbunden ist, ein Ringen oft zwischen Leben und Tod. Lila Downs und mit ihr viele andere Kulturschaffende, WissenschaftlerInnen, PhilosophInnen und TheologInnen, zumeist Migranten und Migrantinnen aus den lateinamerikanischen Ländern, thematisieren einen der großen Gründungsmythen der USA, *the ‚frontier'*.

In den Gründerjahren stand das Überwinden der Grenze für das Urbarmachen, die Besiedelung und Aufbauarbeit, den Sieg der ‚Zivilisation' über die ‚Barbarei'. Eine ganz andere Perspektive auf die Grenze entwickeln nun

Migranten und Migrantinnen aus den Ländern des Südens und fordern damit letztlich auch den US-amerikanischen Gründungsmythos heraus. Die Grenze ist in ihrer Darstellung nicht länger beweglich und durchlässig, sondern vielmehr ab- und ausgrenzend. Grenzen werden geschlossen, sie werden zum Symbol für den Graben zwischen dem reichen Norden und dem armen Süden. In Zeiten der neuen Kommunikationsmedien, des weltweiten Austausches von Kapital und Bildungs- und Kultureliten scheinen die Welten so nah, und doch sind sie so fern und einander fremd aus der Perspektive all derer, die um Lebenschancen kämpfen, die keinen Zugang zu Bildung, Arbeit und Wohlstand haben, deren Traum eines sozialen Aufstiegs mit der Überwindung der Grenze verbunden ist und deren Hoffnungen ‚auf der Grenze' scheitern.

In den letzten Jahren wird die Gruppe der Latinos und Latinas in den Vereinigten Staaten immer größer. 60% stammen aus Mexiko, weitere kommen aus Puerto Rico, Kuba, der Dominikanischen Republik und den verschiedenen mittelamerikanischen Ländern; aus Südamerika gehört die Gruppe der Ecuadorianer zu den größten Migrantengruppen (Aquino 1999, 25). Viele leben ohne Papiere meist in den grenznahen Regionen, erfahren die Gewalt der Grenze, werden abgeschoben und versuchen doch wieder ihr Glück. Von den ca. 40 Millionen Migranten und Migrantinnen leben etwa 4 Millionen illegal in den USA; viele sind aber auch ‚etabliert', haben Arbeit und teilweise auch ihre Familien aus den mittel- und südamerikanischen Ländern und der Karibik nachkommen lassen (ebd.). Die Präsenz der Latinos und Latinas führt zu einer der stärksten Veränderungen der US-amerikanischen Gesellschaft und auch der Gewichtung christlicher Kirchen und Gemeinschaften in den USA. 1999 lebten 29,3 Millionen Einwanderer aus den lateinamerikanischen Ländern in den USA, zehn Jahre später bereits ca. 40 Millionen (ebd.). Mehr als die Hälfte der lateinamerikanischen Migrantinnen und Migranten, etwa 68%, sind katholisch. Der Katholizismus wird zur stärksten christlichen Konfession in den Vereinigten Staaten. Dabei beginnt sich die Gestalt des Katholizismus, die vor allem durch die irische und italienische Migration geprägt war, zu verändern. So kommt es in der theologischen *community* der Vereinigten Staaten zu einer weiteren Differenzierung: Es hat sich eine *latino* bzw. *latina theology* ausgebildet, die sich die ‚Grenze' und die mit ihr verbundene strukturelle Gewalt in besonderer Weise zu eigen gemacht hat und im Protest gegen Armut und Ungerechtigkeit, Menschenrechtsverletzungen und Gewalt eine neue Gestalt der Befreiungstheologie ausgebildet hat, eine Theologie „beyond any border"[3].

Im Folgenden möchte ich über den Blick auf die mexikanische Theologin María Pilar Aquino einige der neuen Impulse dieser feministischen Befreiungstheologie „beyond any border" vorstellen. In besonderer Weise sind von der Gewalt der Grenze und den prekären Arbeitsbedingungen in den USA die lateinamerikanischen Frauen betroffen. María Pilar Aquino, selbst nach einem schwierigen Weg – in ihrer mexikanischen Heimat war ihr der Weg an die Universität verwehrt – in der US-amerikanischen *scientific community* angekommen, hat ihren feministisch-theologischen Ansatz in den Dienst der

Menschen – und hier vor allem der Frauen – gestellt, für die sich die Grenze tief in ihre eigenen Biografien und Körper eingeschrieben hat (vgl. Aquino 2003, 103-142).

2 „Con pasión"... Grundzüge der feministischen Befreiungstheologie

Die mexikanische Theologin María Pilar Aquino gehört zu den *resident aliens* in den USA, wo sie seit 1993 als Theologin an der *Catholic University of San Diego* arbeitet. Aquino zählt zu den lateinamerikanischen feministischen Theologinnen mit internationalem Renommee und zu den Gründerinnen einer der neuesten Entwicklungen in der US-amerikanischen Theologie, der *latino/latina theology*. Die feministisch-befreiungstheologische Perspektive und die lebensgeschichtlich begründete Erarbeitung einer interkulturellen Theologie ‚an und auf der Grenze' stellen die zwei großen Säulen ihres theologischen Arbeitens dar.

Das Thema der *frontera*, des An-der-Grenze-Lebens und des Grenzen-Überschreitens, ist in das Leben von María Pilar Aquino eingeschrieben und prägt ihre theologische Arbeit der letzten Jahre. Sie wurde am 6. März 1956 in Ixtlán del Río/Nayarit in Mexiko als Kind einer Familie von *campesinos* geboren, die aus wirtschaftlichen Gründen nach San Luis Río Colorado in Sonora, Mexiko, an der Grenze zu Arizona, zogen. Durch die kinderreiche Familie ziehen sich Geschichten der Migration; Familienmitglieder waren als Farmarbeiter tätig und in der Farmarbeiterbewegung aktiv. Mit 17 Jahren tritt María Pilar in die französische Gemeinschaft der *Soeurs auxiliaires* ein, eine Ordensgemeinschaft, die den Einsatz für die Armen an erste Stelle gesetzt hat. Die Gemeinschaft ermöglicht María Pilar von 1980 bis 1984 theologische Studien in Mexiko und Brasilien; das Lizentiat schließt sie 1984 am *Instituto Teológico de Estudios Superiores (ITES)* in Mexiko-City ab. María Pilar Aquino verlässt 1983 die Ordensgemeinschaft und bricht nach Spanien auf, sie schreibt sich in den Doktoratszyklus an der traditionsreichen und -bewussten theologischen Fakultät der Päpstlichen Universität in Salamanca ein. 1991 wird sie dort als erste Theologin promoviert; vor ihr war hier allein der großen Mystikerin des 16. Jahrhunderts, Teresa von Avila, im Jahr 1970 posthum der Doktortitel verliehen worden. María Pilar ist zudem die erste mexikanische Theologin, die überhaupt einen Doktorgrad erworben hat; bei ihren Bemühungen um eine Anstellung als Theologiedozentin in Mexiko wird sie jedoch in ihrem Land nicht gefördert. So steht eine neue Grenzüberschreitung an: der Aufbruch in die USA, den sie als zutiefst ambivalent erlebt. Auf der einen Seite bietet das ‚Jenseits' der Grenze ihr die Möglichkeit, einen Ort als Theologin und Wissenschaftlerin zu finden, von dem aus sie wirken kann. Das plurale theologische Feld in den USA lässt ‚Nischen' offen, denn Feminismus, *gender studies* und *cultural studies* sind auch an traditionsbewussten katholischen Universitäten etabliert, was in den lateinamerikanischen Ländern nicht der Fall ist. Zugleich aber erlebt Aquino ihr neues ‚Diesseits' der Grenze als zutiefst gewaltbesetzt. Das von Gewalt geprägte Schicksal der Armen, der vielen Migranten und Migrantinnen prägt sich in ihr Leben ein, die Grenze in all' ihrer Ambivalenz wird zu ihrem Lebensthema und auch dem Thema ihres theologischen Arbeitens werden. Sie ist heute als ordentliche Professorin für *Theology and Religious Studies* an der *Catholic University of San Diego* tätig. Durch das in den Vereinigten Staaten gewonnene Ansehen kann sie – eine paradoxe Folge ihrer Grenzüberschreitung in die USA – Lehraufträge an der Jesuitenhochschule *Universidad Iberoamericana* in Mexiko-City wahrnehmen. Gerade die Tätigkeit in den USA hat ihr zu internationalem Renommee verholfen. María Pilar Aquino ist Direktorin und Beraterin verschiedener theologischer Zeitschriften wie dem *Journal of Hispanic/Latino Theology*, dem *Journal of Feminist Studies in Religion* sowie dem *Journal of the American Academy of Religion*; von 1998 bis 2003 war sie Beraterin der internationalen Zeitschrift *Concilium*, von 2002 bis 2004 war sie Mitglied des Direktionskomittees der *Catholic Theological Society of America*; als erste Frau war sie Präsidentin der Vereinigung der Latino-Theologen in den USA, der *Academy of Catholic Hispanic/Latino Theologians of the United States (ACHTUS)*. Ebenso ist sie gefragte Beraterin verschiedener mit der feministischen Theologie und Erziehung verbundener Vereinigungen.

Die Grundlagen für ihr theologisches Arbeiten und ihr theologisches Profil legte María Pilar Aquino in Spanien. Unter Betreuung des spanischen Theologen Don Casiano Floristán (gest. am 1. Januar 2006), der nach Abschluss seiner Studien an den Universitäten Innsbruck und Tübingen die Pastoraltheologie in Spanien begründete und einer der großen Förderer der lateinamerikanischen Befreiungstheologie war, verfasste sie an der theologischen Fakultät der *Pontificia Universidad Católica* in Salamanca ihre Doktorarbeit, die sie 1992 unter dem Titel *Nuestro Clamor por la vida. Teología latinoamericana desde la perspectiva de la mujer* veröffentlichte. Es folgten rasch Übersetzungen ins Englische (Our cry for life. Feminist theology from Latin America, Maryknoll, New York 1993) und Portugiesische (1997). María Pilar Aquino ist es mit ihrer Studie gelungen – und sicher hat auch die Übersetzung ins Englische dazu beigetragen –, der lateinamerikanischen feministischen Theologie einen Ort in der theologischen Wissenschaft zu erschließen. Feministische Theologie wurde – und wird – in Lateinamerika meist an außeruniversitären, der Pastoral verbundenen theologischen Zentren betrieben. Von Bedeutung für die Förderung von Theologinnen war und ist die Bildung von Netzwerken; María Pilar hat bereits während ihrer Zeit in Spanien wesentlich zu dieser Vernetzung beigetragen. 1985 fand die erste lateinamerikanische Theologinnen-Tagung statt, 1993 eine zweite, größere Tagung in Rio de Janeiro, weitere Tagungen folgten, es bildeten sich Netzwerke lateinamerikanischer Theologinnen, die zusammen mit Theologinnen aus den anderen Ländern des ‚Südens' eine Sektion in der EATWOT, der Vereinigung der Theologen und Theologinnen der ‚Dritten Welt' bildeten (vgl. Aquino 1988, Tepedino/ Aquino 1998, Aquino 1994, dies., 1989). Durch diese Vernetzung wurden wichtige Impulse zur weiteren Ausgestaltung der feministischen Theologie in Lateinamerika gegeben.

In ihrer Doktorarbeit entfaltet María Pilar Aquino eine explizit feministisch und befreiungstheologisch ausgerichtete Hermeneutik. Die ‚Zeichen der Zeit' werden aus Frauenperspektive gelesen, die großen Herausforderungen von Gewalt und Armut werden aus der Alltäglichkeit des Lebens formuliert, die „Option für die Armen", die zum zentralen Leitmotiv der lateinamerikanischen Befreiungstheologie wird[4], wird aus Frauenperspektive neu buchstabiert. Die theologische Reflexion ist durch eine geschichtlich vernehmende Vernunft geprägt, sie entsteht aus diesem Kontext und will eine Antwort aus der Perspektive christlichen Glaubens auf diesen Kontext sein. Referenzpunkt ihres Urteilens ist das Evangelium Jesu Christi, ist Gottes Ja zum Menschen und zur Würde des Menschen. Von diesem Orientierungspunkt her hat das theologische Arbeiten seinen Beitrag auch als Kritik an gesellschaftlichen, wirtschaftlichen und politischen Strukturen zu formulieren, es steht im Sinne eines befreienden Denkens im Dienst einer Transformation der Gesellschaft (Aquino 1989, 176). Ungerechtigkeiten, Gewalt, Verletzung der Menschenwürde sollen aufgedeckt werden, um neue Handlungsperspektiven und neue ‚Räume der Gnade' zu entfalten. Aquinos Theologie ist eine engagierte; mit aller „Leidenschaft", der *„pasión"*, kämpft sie, wenn Menschenrechte verletzt und die Menschenwürde genommen wird. Es geht ihr um ein Leben in Fülle, wie es Gott in Jesus Christus seiner Schöpfung durch alle Sünde und Schuld hindurch zugesagt hat (ebd.). Das Entscheidende ist – und darin qualifiziert sich ein solcher Ansatz als theologischer – die „befreiende Aktivität Gottes" (Aquino 1993, 138) im Leben der Frauen. Sie gilt es zu entdecken, gerade in der befreienden Praxis, im Aufdecken aller Verletzungen der Menschenwürde, vor allem auch im Entdecken der eigenen Kräfte und in der Kritik an unfrei machenden Strukturen. Dabei werden auch die eigenen Kräfte wieder aktiviert, Leben wird ermöglicht, und genau darin wird „die befreiende Aktivität Gottes" entdeckt. So hat dann die befreiende Praxis nicht nur einen ethischen Charakter, sondern ist Teil des „theologischen Wissens" und hat „epistemologische Bedeutung" für die Theologie.[5]

Dieser Weg der „dis-covery" der Frauen und die feministisch-befreiungstheologische Methodik, wie Aquino sie in ihren Schriften erarbeitet, bedeuten einen Veränderungsprozess sowohl für die lateinamerikanische Befreiungstheologie, wie sie von Gustavo Gutiérrez, Clodovis Boff, Ronaldo Muñoz, Ignacio Ellacuría oder Jon Sobrino entwickelt worden ist, aber auch für die feministische Hermeneutik einer Elisabeth Schüssler Fiorenza oder anderer US-amerikanischer Theologinnen. Aquino kritisiert den „Rassismus" der weißen Frauen der oberen sozialen Klassen, den Rassismus gegenüber den *indígenas*, den Schwarzen, den Mestizen. Die feministische Hermeneutik muss die kulturellen, aber auch sozialen und wirtschaftlichen Differenzen unter Frauen berücksichtigen, Sozial- und Kulturanalyse gehören ganz entscheidend zu einer Analyse und Kritik des Patriarchats (Aquino 1989, 184). Unter Frauen sind in den letzten Jahren diese Differenzen immer mehr zum Thema geworden, nicht nur zwischen ‚Nord' und ‚Süd', sondern auch in den Ländern des Südens selbst. Die *postcolonial studies* verändern auch hier die *gender studies*; es gilt, den verdeckten Rassismus der Frauen der weißen Mittel- und Oberschicht aufzudecken, ein oft schwieriger

Prozess der Anerkennung der Wunden der Geschichte und auch der eigenen Schuld (Aquino 1989, 185, vgl. auch Gebara 1991, 1993 und 1995).[6]

Der befreiungstheologische Ansatz steht im Dienst des Subjektwerdens aller Frauen, vor allem der Armen, der Ausgegrenzten. Er geht aus von der „transformierenden Praxis“ und entfaltet den „intellectus fidei“ von diesem theologischen Ort aus. Diese Praxis wird von María Pilar Aquino als „formaler Ort für die Konfiguration der Theologie“ bestimmt (Aquino 1993, 138 f). Das kritische Potential dieses neuen theologischen Ansatzes liegt in der Kritik sowohl an unfrei machenden und die Menschenwürde verletzenden gesellschaftlichen Strukturen als auch an einer Kirche, die die Augen vor diesen Formen der Gewalt verschließt oder selbst – in ihren Formen der Vergemeinschaftung – Gewalt ausübt, wenn Frauen nicht in ihrer Würde und ihrer Subjekthaftigkeit als Glieder des Volkes Gottes wahr- und ernstgenommen werden. Theologie steht so im „Dienst an einer neuen Gestalt einer Kirche von Schwestern und Brüdern“ (Aquino 1998, vgl. auch dies. 1989, 177). [7]

An den theologischen Fakultäten der klassischen Ausbildungszentren in Lateinamerika trifft diese feministische Theologie, vor allem ihre Macht- und Gewaltkritik, die auch die Geschichte der Evangelisierung und den Binnenraum der Kirche in den Blick nimmt, auf wenig Zustimmung. Gerade darum war für María Pilar Aquino die Überschreitung der Grenze in die USA und die Aufnahme ihrer Lehrtätigkeit an der *Catholic University of San Diego* von entscheidender Bedeutung für die Anerkennung ihres Tuns und damit auch für die Anerkennung der lateinamerikanischen feministischen Theologie im pluralen Raum der US-amerikanischen theologischen und wissenschaftlichen Öffentlichkeit. Gleichzeitig verdichtet sich ihr befreiungstheologischer Ansatz auf eine neue Weise ‚jenseits‘ der Grenze, in den USA, im Dienst an denen, denen die Grenze vielfach das Leben nimmt.

3 „… y compasión“ – feministische Befreiungstheologie „beyond any border“

Das Jahr 1993, die Aufnahme ihrer Lehrtätigkeit in San Diego, bedeutete für María Pilar Aquino, ihre Theologie im Gespräch mit Kollegen und Kolleginnen ‚diesseits‘ und ‚jenseits‘ der Grenze weiterzuentwickeln. Gerade das Paradox dieses Ortes stellt ein Moment ihrer Kreativität dar. Dabei gehört für María Pilar Aquino zur Produktivität ihrer Tätigkeit als Professorin für Theologie, Sozialethik und Religionswissenschaften auch ihre Tätigkeit in der Pastoral. Sie ist aktiv in den Gemeinschaften der lateinamerikanischen Migranten und Migrantinnen tätig, sie setzt sich vor allem für Frauen ein und all diejenigen, für die die Grenze mit vielfältigen Erfahrungen der Gewalt verbunden ist. Gerade in Südkalifornien hat die Migration in die USA in den letzten Jahren erheblich zugenommen, die Kommunität der Lateinamerikaner wächst unaufhörlich. Das bedeutet, so weisen US-amerikanische BevölkerungswissenschaftlerInnen und

SoziologInnen, wie beispielsweise Orlando Espín, auf, für Gesellschaft und Kirchen in den USA große Veränderungsprozesse.

Dieser durch die Migration bedingte Veränderungsprozess stellt auch für die Theologie eine neue Herausforderung dar. Es ist in den letzten Jahren in den USA eine Theologie ‚auf der Grenze' entstanden; die Grenze wird zu einem neuen *locus theologicus*, einem produktiven und kreativen Ort, in dem sich die neuen Zeichen der Zeit – Globalisierung, Migration, Armut, kultureller und religiöser Pluralismus – bündeln (vgl. Deck 1989, 1992, Patrick 1998 und Aquino 1992). In der vielfach auch konservativen Gruppierung der *latinos* und *latinas* in den USA bezieht María Pilar Aquino Position und äußert Kritik an den vielfältigen Formen von Gewalt, die Migranten und Migrantinnen aus den Ländern des Südens in den USA erleiden, vor allem an der Armutsschere, die gerade über die Geschichten der Migration weiter aufklafft.

Gerade im Wahrnehmen der Grenze soll eine solche Theologie entwickelt werden, die „beyond any border"[8] ist, ohne dabei die konkreten Realitäten diesseits und jenseits der Grenze aus den Augen zu verlieren. Einen wichtigen Beitrag für die Anerkennung der neuen feministischen Befreiungstheologie ‚auf der Grenze' stellt die Publikation dar, die María Pilar Aquino zusammen mit Daisy Machado und Jeannette Rodríguez herausgegeben hat; sie versammelt Beiträge, die bewusst als *marginal theories* formuliert sind, Theorien an den ‚Rändern' – der Gesellschaften, der Kulturen, aber auch der akademischen *scientific community*: „...marginal theories because they are partially outside and partially inside the Western frame of reference. We are articulating new positions that examine the ‚in-betweenness' of Latinas who live in this country." (Aquino/ Machado/ Rodríguez 2002, XVI) So wird das ‚Dazwischensein' – die *in-betweenness* – für die *latina*-Theologinnen zu einer neuen Metapher ihrer Ortsbestimmung; Leben ist ein steter Wechsel zwischen sprachlichen, ethnischen, kulturellen, wirtschaftlichen und sozialen Orten: „We may be citizens, but we continue to have outsider status" (XVI/XVII). Auf die Vielfalt der „latina community" weist Aquino in der Einleitung des Readers hin:

> Because the Latina community in the United States of America is a culturally plural and a mestizo/a community present in all colors of the human rainbow, the articles in this reader also represent the variety of voices and realities of Chicanas (or Xicanismas), Puertorriquenas, Cubanas, Mexicanas, and Sur Americanas. Our common bond is that we live in the United States of America (our physical reality), where we have all experienced racism, sexism, devaluation and exclusion by a culture and a society that cannot seem to move beyond the white/black focus of its national discourse on race and national identity. (XV)

Leben bedeutet eine tägliche Grenzüberschreitung, es gilt die Kunst zu erlernen, es von beiden Seiten zu interpretieren.

Der feministisch-theologische Ansatz Aquinos wird durch den neuen Kontext bestärkt und vertieft, gleichzeitig aber auch verändert: Die Ambivalenz des Ortes diesseits und jenseits der Grenze wird zum Charakteristikum ihrer Theologie. Was in diesem neuen Kontext wie zuvor den roten Faden bildet, ist die „Option für die Armen", vor allem für die armen Frauen, als eine theologische Option. Der Großteil der Migrantinnen erlebt Gewalt als Fortschreibung der Rassentrennung, als Aufteilung von Macht unter den Geschlechtern, als ökologische Zerstörung, als religiöse Manipulation, als zerstörerischen und unmenschlichen Individualismus. Was Befreiung ist, was Glaube, Hoffnung und Liebe in diesen Kontexten bedeuten, muss auf neue Weise gerade von diesen Orten der Frauen erschlossen werden (Aquino 1992, 26). Aquino vertieft vor diesem Hintergrund die Analyse von Macht und Gewalt, der sozialen Beziehungen, der Asymmetrien in den Gesellschaften aufgrund von Kultur, *gender*, Klasse und Ethnie und benennt sie von ihrer Perspektive ‚diesseits' und ‚jenseits' der Grenze aus. Sie nimmt dabei mehr als zuvor ökonomische Parameter in den Blick und arbeitet ihre sozialethische Perspektive in Orientierung an den Menschen- und Frauenrechten als Kritik am gewaltproduzierenden neoliberalen kapitalistischen Wirtschaftssystem aus. Ebenso setzt sie sich mit verschiedenen Gerechtigkeitstheorien auseinander, wie sie innerhalb der US-amerikanischen Theologie vor allem die liberalen Theologien formulieren. Diese orientieren sich an den Philosophien der Moderne und ihrem Freiheitsverständnis, ohne die massiven Differenzen in den Gesellschaften im Blick zu haben (Aquino 1995, 100, 102).[9] Die *latino/a*-Theologie hinterfragt vor allem den heilig gehaltenen Freiheitsgedanken der USA, vor allem die anthropologischen Implikationen, die vermeintliche Gleichheit und seine individualistische Ausprägung (Aquino 1992, 23).[10]

In diesem Zusammenhang vertieft Aquino ihre Analyse des Verhältnisses von Kultur, Religion und Macht. An der *Catholic University of San Diego* ist ein wichtiges Zentrum für die Untersuchung der Volksreligiosität angesiedelt; zusammen mit ihrem Kollegen Orlando Espín hat María Pilar Aquino bedeutende wissenschaftliche Analysen zur religiösen Symbolik vorgelegt.[11] Ihr Zugang zur Volksreligiosität ist ein differenzierter, von ihrer befreiungstheologischen Perspektive rückt sie nicht ab, Befreiung und Kultur werden nicht – wie es gerade in den Hochzeiten der Diskussion um die Theologie der Befreiung geschah – gegeneinander ausgespielt. Die religiöse Erfahrung des Volkes und das alltägliche Leben in aller Komplexität, Fragilität, oft auch Ambiguität werden zu einem neuen privilegierten Ort, von dem aus die Gottesrede im Rahmen einer umfassenden Sozialanalyse und Macht- und Gewaltkritik erschlossen wird. In Kontexten der Migration bietet gerade die in die alltägliche Lebenspraxis eingebettete Volksreligiosität Heimat, verbindet Herkunft und Zukunft, erinnert an das, was Halt und Leben gab und lässt Kräfte wachsen, im Neuen die Hoffnungspotentiale des Lebens zu erschließen. Sie wird in Zeiten der Migration zu einem privilegierten Ort einer „interkulturellen Theologie" (Aquino 1999, 39; dies. 1994, 256; dies. 1992, 34).

Es ist bezeichnend, dass Aquino an einem anderen ‚Rand' der Welt, in Helsinki, den Ehrendoktor für ihr Werk erhalten und damit auch internationales Renommee erworben hat. Ihre Theologie an und auf der Grenze weist entscheidende Wege in die Zukunft, sie greift das als Zeichen der Zeit auf, was der ganzen Weltgemeinschaft und Weltkirche als Aufgabe in Herz und Geist geschrieben ist.

> Die Latino/a-Theologie wird in einem Kontext von Gemeinschaften erarbeitet, der geographische und intellektuelle Grenzen übersteigt. Nichtsdestotrotz geht diese Theologie immer noch von der Bedeutung der christlichen Befreiungstraditionen im Katholizismus und inmitten unserer eigenen Kulturen aus. (Aquino 1999, 40; vgl. a. dies. 1995)

Heute wird diese Theologie noch als *marginal theory* wahrgenommen, am Rand werden jedoch diejenigen kreativen und befreienden Traditionen erinnert, die in globalen und zerklüfteten Zeiten in die Zukunft weisen.

> Das Christentum steht vor der Herausforderung der Begegnung von Glauben und Kultur, die von den feministischen Theologien erwächst und die in der Erfahrung verwurzelt ist, die ein kulturell pluralistisches Christentum sucht. Als eine Kraft zur Neuschaffung der Kulturen hat das Christentum die Fähigkeit, die feministische Vision von Gerechtigkeit und Befreiung als einen dynamischen Ausdruck der Inkarnation des Evangeliums in die gegenwärtige Realität anzuerkennen. Feministische Theologien, im Dialog mit den eingeborenen kulturellen Traditionen, bieten neue Schlüssel für ein Verständnis der Christenheit des dritten Jahrtausends in einem neuen kulturellen Klima, das – zugleich verschiedenartig und plural – gemeinsame Zielstellungen teilt, um zum ganzheitlichen menschlichen Wohl von Männern und Frauen und dem Wohl der Schöpfung beizutragen. (Aquino 1998, 167)

Die Zukunft der Theologie wird in dieser interkulturellen Perspektive liegen, in der Universalität und Partikularität auf neue Weise vermittelt werden, Respekt vor den einzelnen kulturellen Traditionen und die Suche nach einem Leben in Fülle für die ganze Schöpfung.

Anmerkungen

1 Folgender Beitrag ist eine gekürzte Version des Aufsatzes von Eckholt 2010.
2 María Cruz, gesungen von Lila Downs, deutsche Übersetzung in Langenhorst (2010, 195).
3 Die Formulierung bezieht sich auf: Aquino (1992, 38, Anm. 1): „Latina, besides referring to the vast majority of mestiza women, allows for extending the arms of solidarity to the south, beyond any border." – Im Anschluss an María Pilar Aquino wird im Folgenden von *latino bzw. latina-theology* gesprochen, nicht von *hispanic theology*.
4 Vgl. Gutiérrez (1986). Zur Methodik der Befreiungstheologie vgl. z.B. Ellacuría (1975); Boff (1995) und Mendez de Almeida/ Consejo episcopal latinoamericano (1996).
5 Die Formulierung bezieht sich auf den Aufsatztitel: Aquino (1994) „The Collective ‚Dis-covery' of our own power. Latin American Feminist Theology." – Aquino weist auf das Wortspiel „des-cubrir" ebenso hin in: Teología y mujer en América Latina, 126 ff. – Vgl. in diesem Zusammenhang auch den Beitrag Aquino (1992).
6 Vgl. Ivone Gebara (1993). Ivone Gebaras Aufsätze sind gesammelt in: Gebara (1995). In Übersetzung liegt vor: Gebara (1991).
7 Vgl. z.B. Aquino (1998). Vgl. auch Aquino (1989, 177): „...recuperar el derecho a expresar esta fe desde la integridad de su ser de mujer, desde los compromisos concretos que asume con el fin de crear nuevas formas de convivencia social y eclesial en solidaridad con otros hombres y mujeres que edifican el Reinado de Dios en medio de los pobres."
8 Aquino (1992, 38, Anm. 1): „Latina, besides referring to the vast majority of mestiza women, allows for extending the arms of solidarity to the south, beyond any border". – Vgl. dazu auch: Aquino/ Goizueta (1998).
9 Aquino setzt sich von liberalen theologischen Ansätzen wie denen Michael Novaks oder Peter Bergers ab. Diese Auseinandersetzung mit der Moderne wurde auch von Befreiungstheologen geleistet: vgl. Sobrino (1981) und Tamayo-Acosta (1990).
10 Die *hispanic theology* wird auch von liberal-progressiven Theologien beeinflusst; insofern zielt Aquinos Kritik auch nach innen. – Vgl. auch: Aquino (1996, 106).
11 Vgl. z.B. Espín (1997, 36): „... theology must take into account all the aspects that comprise the life of women, in which religious expressions occupy a primary place but must be contextualized in a wider scope. It is important to underscore this aspect, because, in my opinion, within the Hispanic theological-pastoral movement it is thought that the existence of Latina women is defined almost exclusively in terms of the symbols of traditional popular religiosity. This position causes the displacement of problems; solutions to the multiple oppression of women are sought that are exclusively cultura. I believe that this supposition is reductionist and dangerous, because it limits the praxis of women to religious pragmatism. Popular religiosity is, without a doubt, a challenge that this theology must face, but it must not ignore other ares of oppression/liberation in the life of women."

Literatur

Aquino, María Pilar (1988) Hg. *Aportes para una teología desde la mujer. Colaboraciones de teólogas latinoamericanas en la Conferencia Intercontinental de mujeres teólogas del Tercer Mundo, celebradas del 1 al 6 de diciembre de 1986, en Oaxtepec, México.* Madrid: Escuela Bíblica.

Aquino, María Pilar (1989) „Qué es hacer teología desde la perspectiva de la mujer." *Iglesia y derechos humanos. IX Congreso de teología.* Hg. Centro Evangelio y Liberación. Madrid: Evangelio y Liberación, 175-189.

Aquino, María Pilar (1992) „Perspectives on a Latina's Feminist Liberation Theology." *Frontiers of Hispanic Theology in the United States.* Hg. Alan Figueroa Deck. Maryknoll, New York: Orbis Books, 23-40.

Aquino, María Pilar (1992) „Doing Theology from the Perspective of Latin American Women." *We are the people! Initiatives in Hipanic American Theology.* Hg. Roberto S. Goizueta. Minneapolis: Fortress Press, 79-106.

Aquino, María Pilar (1993) „Teología y mujer en América Latina." *Y... Dios creó a la mujer. XII Congreso de teología.* Hg. Centro Evangelio y Liberación. Madrid: Evangelio y Liberación, 125-140.

Aquino, María Pilar (1994) „The Collective Dis-covery of our own power. Latin American Feminist Theology." *Hispanic/ Latino Theology. Challenge and Promise.* Hg. Ada María Isasi-Díaz/ Fernando R. Segovia. Minneapolis: Fortress Press, 240-258.

Aquino, María Pilar (1994) *La teología, la Iglesia y la Mujer en América Latina.* Bogotá, Colombia: Indo-American Press.

Aquino, María Pilar (1995) „Hearing One Another into Speech: Latin American Women." *Women and Theology.* Hg. Mary Ann Hinsdal/ Phillis Kaminski. Maryknoll, New York: Orbis Books, 99-104.

Aquino, María Pilar (1996) „Economic Violence in Latin American Perspective." *Women resisting violence. Spirituality for Life.* Hg. Mary John Mananzan u.a. Maryknoll, New York: Orbis Books, 100-108.

Aquino, María Pilar (1998) „Christianity: In Latin America and the Carribean." *Encyclopedia of Women and World Religion, Bd. 1.* Hg. Serinity Young. New York: MacMillan, 167 f.

Aquino, María Pilar (1998) „Construyendo la misión evangelizadora de la Iglesia. Inculturación y violencia hacia las mujeres." *Entre la Indignación y la Esperanza. Teología feminista latinoamericana.* Hg. Ana María Tepedino/ María Pilar Aquino. Bogotá, Colombia: Indo American Press, 55-77.

Aquino, María Pilar (1999) „Theological Method in U.S. Latino/a Theology." *From the heart of our people. Latino/a Explorations in Catholic Systematic Theology.* Hg. Orlando O. Espin/ Miguel H. Díaz. Maryknoll, New York.: Orbis Books, 6-48.

Aquino, María Pilar/ Daisy L. Machado/ Jeanette Rodríguez (2002) *A Reader in Latina Feminist Theology.* Austin: University of Texas Press.

Aquino, María Pilar (2003) „La humanidad peregrina viviente: migración y experiencia religiosa." *Migration, Religious Experience, and Globalization.* Hg. Gioacchino Campese/ Pietro Ciallella. Staten Island NY: Center for Migration Studies, 103-142.

Boff, Clodovis (1995) „Wissenschaftstheorie und Methode der Theologie der Befreiung." *Mysterium Liberationis. Grundbegriffe der Theologie der Befreiung.* Bd. 1. Hg. Ignacio Ellacuría/ Jon Sobrino. Luzern: Edition Exodus, 63-98.

Eckholt, Margit (2010) „‚Auf den großen Flüssen des Widerstands und der Hoffnung.' María Pilar Aquino, Theologin in Mexiko und den USA." *Mit Leidenschaft leben und glauben. Zwölf starke Frauen Lateinamerikas.* Hg. Annegret Langenhorst/ Johannes Meier/ Susanne Reick. Wuppertal: Peter Hammer Verlag, 195-217.

Ellacuría, Ignacio (1975) „Hacia una fundamentación del método teológico latinoamericano." ECA (Estudios centroamericanos), 322-323 u. 409-25.

Espín, Orlando O. (1997) *The Faith of the People: Theological Reflextions on Popular Catholicism.* Maryknoll, New York: Orbis Books.

Gebara, Ivone (1991) „‚Steh auf und geh!' Vom Weg lateinamerikanischer Frauen." *Schwestern über Kontinente. Aufbruch der Frauen: Theologie der Befreiung in Lateinamerika und feministische Theologie hierzulande.* Hg. Christel Voß-Goldstein/ Horst Goldstein, Düsseldorf: Patmos, 55-80.

Gebara, Ivone (1993) „Presencia de lo femenino en el pensamiento cristiano latinoamericano." *Cambio social y pensamiento cristiano en América latina.* Hg. José Comblin/ José I. González Faus/ Jon Sobrino. Madrid: Editorial Trotta, 199-214.

Gebara, Ivone (1995) *Teología a ritmo de mujer.* Madrid: San Pablo.

Gutiérrez, Gustavo ([9]1986) *Theologie der Befreiung.* München: Kaiser.

Gutiérrez, Gustavo (1996) „Una teología de la liberación en el contexto del tercer milenio." *El futuro de la reflexión teológica en América Latina.* Hg. Consejo episcopal latinoamericano. Santafé de Bogotá, 97-165.

Langenhorst, Annegret/ Johannes Meier/ Susanne Reick (2010) Hg. *Mit Leidenschaft leben und glauben. Zwölf starke Frauen Lateinamerikas.* Wuppertal: Peter Hammer Verlag.

Noemi, Juan (1996) „Rasgos de una teología latinoamericano." *El futuro de la reflexión teológica en América Latina.* Hg. Consejo episcopal latinoamericano. Santafé de Bogotá, 29-74.

Sobrino, Jon (1981) „El conocimiento teológico en la teología europea y latinoamericana." *Resurrección de la verdadera Iglesia.* Hg. Jon Sobrino. Santander: Editorial Sal Terrae.

Tamayo-Acosta, Juan José (1990) „Recepción en Europa de la Teología de la Liberación." *Mysterium liberationis: conceptos fundamentales de la teología de la liberación, Bd. 1.* Hg. Ignacio Ellacuría/ Jon Sobrino. Madrid: Editorial Trotta, 51-77.

Tepedino, Ana María/ Aquino, María Pilar (1998) *Entre la indignación y la esperanza. Teología feminista latinoamericana.* Santafé de Bogotá, Colombia: Indo-American Press & ASETT/ EATWOT Asociación Ecuménica de Teólogos del Tercer Mundo.

Roswitha Badry

Der friedvolle *‚gender-dschihad'* muslimischer Aktivistinnen gegen patriarchalische Lesarten des Korans – ‚Islamischer Feminismus' in der Diaspora als Wegbereiter für ein globales Phänomen?

1 Was heißt ‚Islamischer Feminismus'? Zum Entstehungshintergrund eines komplexen, facettenreichen Phänomens und zur Vorreiterrolle von Migrantinnen (und Migranten)

‚Islamischer Feminismus' ist, wie bei einem Sammelbegriff nicht anders zu erwarten, ein umstrittener Terminus. Dennoch hat er sich seit den 1990er Jahren allmählich[1] in der stetig anwachsenden Literatur zum Themenkomplex ‚Frauen und Islam' durchgesetzt, und zwar zur Beschreibung eines Phänomens, das tatsächlich (mindestens) ein Jahrhundert älter ist.[2] Obgleich diese Form des Feminismus bis auf die formative Phase der organisierten Frauenbewegung in verschiedenen Ländern mit muslimischer Mehrheitsbevölkerung zurückgeht, hat sie erst in den beiden vergangenen Jahrzehnten an Attraktivität, Bedeutung, Kreativität und Vehemenz gewonnen. Ganz allgemein gesprochen bezieht sich der Oberbegriff ‚islamischer Feminismus' auf das Bestreben, Frauenrechte mit Hilfe einer Neu-Interpretation islamischer Grundlagentexte religiös zu begründen und als ‚göttliches Mandat' einzufordern, um der überkommenen patriarchalischen Lesart und Ausdeutung des Korans ein Korrektiv entgegenzustellen. Wie u.a. mehrere internationale Kongresse zum ‚islamischen Feminismus'[3], aber auch Reaktionen des religiösen Establishments andeuten, scheinen sich diese Bemühungen um Ermächtigung mit Hilfe eines religiösrechtlichen Gegendiskurses mittlerweile zu einem globalen Trend entwickelt zu haben. Die Ausbreitung des Terminus hat allerdings gleichermaßen zu seiner Verwässerung beigetragen, so dass zuweilen ganz unterschiedliche Strömungen oder Schattierungen (von säkular orientierten bis zu unter Umständen moderat wirkenden islamisch-fundamentalistischen) unter dieser Variante des Feminismus subsumiert werden (vgl. z.B. Cooke 2001, Ahmed-Ghosh 2008). Tatsächlich handelt es sich um eine heterogene Bewegung. Auch wenn Forderungen nach Geschlechter-Gleichheit und Geschlechter-Gerechtigkeit verbreitet sind und manche Aktivistinnen ihren ‚Befreiungsschlag' als friedvollen, mit ‚Zunge und Feder' geführten *‚gender-dschihad'* (so etwa Abugideiri 2001, Nomani 2005, Wadud 2006) bezeichnen – so unterscheiden sich die diversen Spielarten doch in der Ausdeutung dieser Slogans und in den Strategien ihrer Umsetzung. Sowohl individuelle als auch kollektive Bestrebungen, gut durchdachte und geschickt medial inszenierte ebenso wie spontane Aktionen stehen neben theoretisch ausgefeilten sowie populistisch-apologetisch vorgebrachten Ideen zu alternativen Lesarten. Aus demselben Grund fehlt es an einer einheitlichen Definition für den Begriff ‚islamischer Feminismus'. Alle Akteurinnen haben offenbar nur eines gemeinsam: Sie bezeichnen sich allesamt und werden (angesichts mehrfacher Anfeindungen) nicht müde, darauf wiederholt zu pochen, als gläubige Musliminnen, die nach Jahrhunderte langer Bevormundung, Marginalisierung und Ausgrenzung durch männliche Gelehrte für sich den legitimen Anspruch erheben, die islamischen Quellen, allen voran den Koran, eigenständig und aus ihrer Perspektive auszulegen und damit ihr Recht auf gleichberechtigte Teilhabe an und Mitgestaltung ihrer Gemeinden einzufordern und wahrzunehmen. Da sich verschiedene soziale und politische Gruppen vermehrt auf alternative Lesarten islamischer Texte berufen, sich aber nicht alle Akteurinnen mit dem Label ‚islamische Feministin' identifizieren wollen (ob nun aus Vorsicht oder Überzeugung), ist vorgeschlagen worden, ‚islamischen Feminismus' als diskursives Muster (oder diskursive Strategie[4]) mit unterschiedlichen lokalen, nationalen oder transnationalen Umsetzungsformen oder Praxen zu verstehen (u.a. Schneider 2009).

Die Hintergründe für diesen allerorts gesteigerten Aktivismus sind komplex und in vielschichtigen nationalen und internationalen Entwicklungen zu suchen. Ein höherer Bildungsstand unter Musliminnen (und Muslimen), Migration und Leben im Diaspora-Kontext, die Rezeption neuerer wissenschaftlicher Theorien und Ansätze, darunter der Gender Studies, eine globale Trendwende in der Frauen- und Geschlechterpolitik (u.a. UN-Frauenkonferenzen, CEDAW), neue Frauenbewegungen (auch in islamischen Ländern) oder neue Medientechnologie nsind als allgemeine Rahmenbedingungen zu nennen. Als direkte Auslöser für den islamisch-feministischen Gegendiskurs wirkten in erster Linie die Gefährdung erreichter Gleichheitsrechte durch eine verstärkte Hinwendung zum politisierten Islam seit den 1970er Jahren sowie verbreitete Stereotypen (v.a. in der Medienberichterstattung im ‚Westen') über ‚die verschleierte, passive und unterdrückte Frau im Islam'. Diese Fremddarstellung und Fremdwahrnehmung samt ihrer Zerrbilder haben bei zahlreichen Akteurinnen zu subjektiver Betroffenheit geführt und sie zu entsprechenden Gegendarstellungen, Kampagnen und Initiativen bewegt. Wenn man an die Entstehung christlicher oder jüdischer feministischer Theologie oder der Gender Studies zurückdenkt, erstaunt es vielleicht nicht, dass neben Konvertitinnen und einigen ‚progressiven Muslimen'[5] muslimische Migrantinnen aus dem Schmelztiegel Nordamerika, besonders aus den USA, als Vorreiterinnen des *‚gender-dschihads'* gelten. Alle maßgeblichen Texte, die mittlerweile als Grundlagentexte des ‚islamischen Feminismus' gehandelt werden, sind auf Englisch geschrieben worden (v.a. A. Wadud, A. Barlas) und stammen in erster Linie aus der Feder von Musliminnen in den USA, zu einem geringeren Teil von Migrantinnen in Westeuropa.

Ausschlaggebend für das Engagement der ,islamischen Feministinnen' waren folgende Faktoren: direkte oder indirekte Erfahrungen mit islamisch-fundamentalistischen Regimes (Pakistan, Iran usf.) bzw. Kräften (ultra-konservativen oder fundamentalistischen Gruppierungen in den Gemeinden vor Ort); Herausforderung durch tiefsitzende Vorurteile, Stereotypen und Feindbilder gegenüber MuslimInnen an sich, besonders nach dem 11. September 2001 (,MuslimInnen unter Generalverdacht'), sowie dadurch unter Umständen verursachte Erklärungsnöte und/oder Glaubenszweifel sowie Sinnkrisen (vgl. Manji 2003, 31 f); herrschende Geschlechterdifferenz in den Gemeinden vor Ort (Vernachlässigung frauenspezifischer Belange, Benachteiligung in Moscheen, Vertretungskörperschaften[6] usf.). Das Leben in einem säkular ausgerichteten Staat als religiöse Minderheit eröffnete zudem mehr Freiräume zu einem selbstbestimmten Glauben; die multikonfessionelle und multiethnische Beschaffenheit der islamischen Gemeinden in Diaspora-Kontexten stellte nicht allein die Pluralität des ,gelebten Muslim(a)seins' unter Beweis, sondern verdeutlichte ebenfalls die Notwendigkeit zu einem toleranten Umgang miteinander bzw. zum Bilden von neuartigen ,ökumenischen' Koalitionen im gemeinsamen Interesse. Nicht zu unterschätzen sind darüber hinaus die Rückwirkungen auf die Herkunftsländer bzw. die gegenseitige Befruchtung der Debatten in Aufnahme- und Herkunftsland im Zeichen der zeitgenössischen Globalisierung.

2 Die Akteurinnen: Unterschiede und Gemeinsamkeiten – populärer, medienwirksamer und akademisch-wissenschaftlicher *,gender-dschihad'*

Als vielschichtiges, global-lokales, postmodernes Phänomen zeigt sich der ,islamische Feminismus', wie angedeutet, auf verschiedenen Ebenen: u.a. auf der medialen Ebene (wirksame Medieninszenierungen, wie das gemeinsame, gemischtgeschlechtliche Gebet hinter einer Vorbeterin und Predigerin[7]; Reportagen, Vorträge oder Dokumentarfilme für ein breites Publikum), auf der lokalen/nationalen Ebene (Aufklärungskampagnen von Frauen-Organisationen; ,hermeneutische Frauen-Zirkel' usf.), auf der internationalen Ebene durch verschiedene transnationale Dachverbände und Netzwerke[8], auf der akademisch-wissenschaftlichen Ebene durch Forschungsprojekte, Publikationen oder andere Beiträge. Bei vielen Akteurinnen ist die mehr oder weniger enge Verzahnung zwischen Theorie und Praxis, zwischen Akademischem und Populärwissenschaftlichem, Öffentlichkeitsarbeit und Wirken an der Basis bemerkenswert.

Auch wenn im Folgenden der Fokus auf ausgewählten „*women scholar-activists*" (zu dieser bevorzugten Eigenbezeichnung siehe Webb 2000) liegen wird, so steht doch fest, dass erst spektakuläre, partiell provokante Aktionen und dadurch ausgelöste Kontroversen den wissenschaftlich-akademischen Anliegen zu mehr Beachtung verholfen haben. Stellvertretend für jene eher populäre, aktionistische Form des ,islamischen Feminismus' seien zwei Migrantinnen der jüngeren Generation genannt, die als ausgebildete Journalistinnen in erster

Linie auf die professionelle Nutzung moderner Kommunikationsmittel setzen, um ihrem Bild von einem erneuerten, friedfertigen, toleranten und gerechten Islam Nachdruck zu verleihen:

a) Irshad Manji, geb. 1968 in Uganda, stammt aus einer zwölferschiitisch-sunnitischen Familie indischen wie ägyptischen Ursprungs, die 1972 auf der Flucht vor Idi Amin nach Kanada auswanderte. Manji ist bekennende Feministin und Lesbe. Ihre Lebensgeschichte als junge Rebellin gegen Traditionen und Konventionen samt „Plädoyer für einen aufgeklärten Islam" hat sie 2003 publiziert. Die Schrift liegt mittlerweile in 30 Sprachen vor; einige Übersetzungen, die der Zensur in Iran, Pakistan oder anderen muslimischen Ländern zum Opfer fielen, sind kostenlos von ihrer Homepage herunterzuladen.

b) Asra Nomani, geb. 1965, US-amerikanische Journalistin indischer Herkunft, Wall Street Korrespondentin, Buchautorin, Feministin und Aktivistin, alleinerziehende Mutter eines Sohnes, hat ebenfalls Episoden ihres ‚Kampfes für die Seele des Islam' (Nomani 2006) niedergeschrieben und spielte u.a. in einem viel diskutierten Dokumentarfilm über ihre Heimat-Moschee in Morgantown, Virginia, eine prominente Rolle, da sie sich seit Jahren für einen gleichberechtigten Zugang von Musliminnen in den Gemeinden einsetzt (vgl. Hammer 2010, 98-100 und *passim*).

An beiden Personen scheiden sich die muslimischen Geister: Für die einen sind sie mutige Vorkämpferinnen eines ‚*gender-/queer-dschihad*', die kein Blatt vor den Mund nehmen, für die anderen ‚Erzketzerinnen' oder zu stark ‚westlich' orientiert.

Im Folgenden konzentriere ich mich deshalb, wie bemerkt, auf eine Auswahl der leiseren, akademischen Stimmen zum ‚islamischen Feminismus', deren Veröffentlichungen als Ansätze zu einer feministischen Theologie im Islam zu bewerten sind.

Trotz des unterschiedlichen Grades an Systematik und methodischer Kohärenz lassen sich gewisse Gemeinsamkeiten im epistemologischen Zugriff auf die normativen Quellen des Islam feststellen. Die Autorinnen (darunter Sonbol 2001, Ali 2003a, Barlas 2001, Mir-Hosseini 2003; vgl. Webb 2000 und Abugideiri 2007 zu weiteren Vertreterinnen) knüpfen dabei, wie andere ‚progressive' muslimische Denker (auch ‚Modernisten', ‚Reformisten', ‚Koranisten' oder ‚Kontextualisten' genannt), an Vertreter des Reform-Islam seit dem 19./20. Jahrhundert an. Darüber hinaus haben sie sich offensichtlich von jüdischen wie christlichen feministischen Theologinnen und *gender*-Theoretikerinnen inspirieren lassen.

a) Die Neuinterpretation der islamischen Glaubens- und Rechtsquellen setzt ihre Hierarchisierung und historische Kontextualisierung voraus. Der Koran genießt absolute Priorität, sein ontologischer Status als ‚Wort Gottes' wird nicht in Frage gestellt.[9] Es sei allerdings strikt zu differenzieren zwischen Text und Interpretation, zwischen Religion und religiösem Denken, Glauben (samt Werten und Prinzipien) und organisierter Religion (Institutionen, Gesetze, Praktiken) (u.a. Mir-Hosseini 2006, 632). Während das Erkennen der absoluten Wahrheit allein Gott dem Allmächtigen und Allwissenden vorbehalten ist, sei das religiöse Verständnis der Menschen *per se* fehlbar, stets subjektiv, kontextabhängig, von Vorannahmen und Vorwissen geprägt, mithin wandelbar und als permanenter Prozess zu begreifen. Sozialer Wandel resultierte, wie ein kurzer Blick in die exegetischen und rechtlichen Werke belegt, in der Pluralität von Meinungen und Verstehensweisen (Dissens, arabisch *ichtilaf*, als seit jeher anerkanntes Prinzip). Diese Tatsache impliziert für die ‚progressiven Denker' die Ablehnung jeglichen Deutungsmonopols. Die gemeinhin als zweite primäre Glaubens- und Rechtsquelle anerkannte Sunna (‚Tradition', gesammelt in den so genannten Überlieferungen, *ahadith*, Sg. *hadith*) des Propheten (bzw. der frühen islamischen Gemeinde), um ein Vielfaches umfangreicher als der Koran, habe wegen der berechtigten Zweifel an der Authentizität zahlreicher Überlieferungen als der ‚Heiligen Schrift' untergeordnete Quelle zu gelten. Stünden Überlieferungen eindeutig im Widerspruch zum Koran, so seien sie als fragwürdig zurückzuweisen (das betrifft u.a. die vom klassischen islamischen Recht vorgesehene Todesstrafe bei Ehebruch, Homosexualität oder Apostasie vom Islam). Um zudem misogyne Wirkungen mehrerer als schwach angesehener prophetischer Überlieferungen einzudämmen, die dennoch in Koranexegese und Rechtsauslegung eingeflossen sind, gründen viele ‚islamische Feministinnen' ihre Interpretation ausschließlich oder weitgehend auf den Koran. Weitere (sekundäre) Rechtsprinzipien hätten im Laufe der Geschichte die Auslegungsmöglichkeiten eingeschränkt und ein logo- (und andro-) zentrisches, zirkuläres, a-historisches Denken (u.a. aufgrund aristotelischer Tradition) befördert. Einen gewissen Anknüpfungspunkt erkennen einige Akteurinnen aber (im Anschluss an einen malikitischen Rechtsgelehrten aus dem 14. Jahrhundert, der über die zunehmende Diskrepanz zwischen Rechtstheorie und realen Gegebenheiten, Bedürfnissen und Problemen besorgt war) in den so genannten *maqasid al-scharia*, den eigentlichen Intentionen des religiösen Gesetzes, denn diese Grundsatzfrage stimmt mit ihrer Herangehensweise an den Koran (und unter Umständen der Sunna) überein.

b) Der Koran enthält widersprüchliche Aussagen, ist kein Rechtshandbuch, sondern biete vielmehr allgemeine Richtlinien für eine praktische Moral. Da der Koran weder chronologisch noch thematisch geordnet ist, sei er nicht, wie in der vormodernen Exegese üblich, Vers für Vers (atomistisch), sondern als Ganzes im (thematischen und historischen) Kontext zu lesen – unter Verwendung des hermeneutischen Prinzips, den Koran möglichst aus sich selbst heraus zu verstehen. Auf diese Weise sei der Kerngehalt der ‚heiligen Schrift' zu ermitteln, und so ließen sich die übergeordneten moralischen Zielvorstellungen der koranischen Lehren herausfiltern. An dieser ‚Mitte' der Schrift seien dann alle weiteren Texte zu messen. Die Unterscheidung zwischen universalen, zeitlosen Grundprinzipien und zeitlich begrenztem Partikularem impliziert eine Differenzierung zwischen verbindlichen und anleitenden koranischen Bestimmungen. Zu den Grundprinzipien zählten insbesondere *Tawhid* (Einheit Gottes, das monotheistische Prinzip) und *Chilafa*. Da die vollkommene Unterwerfung allein dem einen höchsten Wesen vorbehalten ist, schließt *Tawhid* jegliche Form der Anbetung falscher Götter, ob nun von Mitmenschen, Besitz, Erfolg oder dem eigenen Ich, aus. Mit *Chilafa* sei nicht die Institution des Kalifats angesprochen, vielmehr seien alle Menschen als Stellvertreter Gottes auf Erden dazu aufgefordert, individuelle Verantwortung zu übernehmen. Die biologische Differenz diene allein dem Erhalt der menschlichen Spezies; nur in bestimmten Fällen übernähmen Männer bzw. Frauen aufgrund ihrer biologischen Disposition verschiedene, kontingente Rollen und Funktionen. Daraus sei keine prinzipielle Geschlechterdifferenz abzuleiten. *Tawhid* und *chilafa* unterstreichen demnach für ‚progressive Muslime' die Gleichstellung aller Menschen vor Gott, ohne jegliche Diskriminierung, und ihre gemeinsame, reziproke Verantwortung für die Umsetzung der göttlichen Botschaft.

c) Für die De- und Rekonstruktion des vorherrschenden Diskurses hat sich zudem die Unterscheidung zwischen *Scharia* (wörtlich: ‚Weg, der zur Wasserquelle führt', also besonders in ariden Gebieten etwas Lebensnotwendiges, gemeinhin als das religiöse Gesetz verstanden, aber auch als Maßstab des Lebens) und *Fiqh* (wörtlich: ‚Verstehen' des religiösen Gesetzes durch die islamischen Gelehrten, also *ulama'* und *fuqaha'*, die islamische Jurisprudenz) als zentral erwiesen. Diese Differenzierung ist v.a. mit Blick auf die Vermischung im herkömmlichen (muslimischen wie nicht-muslimischen) Verständnis unabdingbar, zumal sie aus Koran und Sunna abgeleiteten konkreten Rechtsbestimmungen, die tatsächlich von Menschen stammen, irrtümlicherweise einen sakrosankten Charakter verleiht. Aus der historischen und zeitgenössischen Praxis ist bekannt, dass strukturelle Diskriminierungen gern mit Pauschal-Verweisen auf ‚die Scharia' gerechtfertigt werden, obwohl der Scharia-Begriff im Koran nur einmal auftaucht, nicht aber in der Bedeutung von religiösem Gesetz; in diesem Sinn war er erst nach dem 10. Jahrhundert vorherrschend. Die Rechtsgelehrten wirkten nicht in einem Vakuum, sondern waren von unterschiedlichen kulturellen und sozialen Erfahrungen beeinflusst, was auch die große Bandbreite der Rechtsmeinungen, selbst innerhalb einzelner Rechtsschulen, belegt. Bei der *Sunna* und dem *Fiqh* handelt es sich unstrittig um ein historisch gewachsenes Korpus. Die Unterteilung der Offenbarungsschrift in mekkanische und medinensische Verse und das Genre der ‚Offenbarungsanlässe' spricht ebenfalls für eine historische Kontextualisierung. Zudem war die Auslegung von Koran und Sunna über Jahrhunderte von Männern monopolisiert, die bereits von patriarchalischen (patrilinearen) Strukturen geprägt waren und deren Aufrechterhaltung und Stärkung intendierten. Gängige Geschlechtszuweisungen sind somit als soziales Konstrukt anzusehen. Darüber hinaus gelte: Da Frauen vom Gründungsdiskurs ausgeschlossen waren, der das islamische Recht, wie es bis heute weitgehend verstanden wird, etablierte, werden sie in der Regel als untergeordnetes Objekt betrachtet – ohne Handlungsvermögen (*agency*) und Subjektivität. Wenn sie heute ihr Recht auf eigenständige, vernunftgemäße Auslegung auf der Basis von Koran und Sunna (*idschtihad*) in Anspruch nehmen, sei dies als Versuch zu sehen, ihre weibliche *agency* im Rahmen der Offenbarung wiederzuerlangen und ebenso autoritative Deutungen vorzulegen; für eine zeitgemäße Auslegung und Umsetzung des Islam seien unterschiedliche Kompetenzen gefragt. Erst durch die fortgesetzte Neu-Interpretation des Korans werde der Islam seinem Universalitätsanspruch gerecht (dazu u.a. Sonbol 2001, 121).

3 Ausgewählte Beispiele für „Muslim women scholar-activists"

3.1 *Riffat Hassan und Asma Barlas: Plädoyer für eine feministische bzw. gender-sensible Hermeneutik im Umgang mit dem Koran*

Die Mehrzahl der ‚islamischen Feministinnen' hat sich bisher vorrangig oder ausschließlich der Neubetrachtung des Korans zugewandt. Aus dieser Vielzahl seien zwei Repräsentantinnen pakistanischer Herkunft herausgegriffen, deren Vita und Hauptthesen ich kurz vorstelle.

a) Riffat Hassan, geb. 1943 in Lahore (damals noch Indien) in eine privilegierte Oberschichtfamilie, gehört neben al-Hibri (1982, 2000) zu den ‚Müttern' des rezenten ‚islamischen Feminismus'. Dank der Unterstützung ihrer Mutter und des eigenen Aufbegehrens gegen ihren Vater konnte die provinzbeste Abiturientin ein Studium der englischen Literatur und Philosophie an der Universität zu Durham in England aufnehmen, das sie mit einer Dissertation zum indischen Dichter-Philosophen Muhammad Iqbal (1877-1938) abschloss. Seit 1972 lehrte sie *Religious Studies* an verschiedenen Universitäten in den USA, darunter in Harvard, seit 1976 bis zu ihrer Emeritierung an der Universität von Louisville, Kentucky. Nach zwei gescheiterten Ehen begann sie sich bereits in den 1970er Jahren mit ‚Frauen im Islam' zu beschäftigen. Als Schlüsselerlebnis für Hassans verstärktes Engagement als ‚feministische Theologin' kann ihr Besuch in Pakistan 1983/84 in der Zeit der Islamisierungsgesetze unter Zia ul-Haq (regierte 1977-88) gewertet werden. Seither hat sie mehrere Beiträge in Fachzeitschriften und Sammelbänden zur Neuinterpretation des Korans publiziert; 1994/95 war Riffat auf den UN-Konferenzen in Kairo und Peking vertreten, 1999 gründete sie *The International Network For the Rights of Female Victims of Violence in Pakistan* (INRFVVP) und konzipierte etwa zeitgleich die ‚Menschenrechte aus koranischer Perspektive' (abgedruckt in Webb 2000, 241-248), in denen u.a. das ‚Recht auf ein gutes Leben' verankert ist.

b) Asma Barlas (geb. um 1950) erwarb ihre ersten Hochschulabschlüsse in Lahore, Pakistan (1969 BA in Anglistik und Philosophie, 1971 MA in Journalismus). Nach journalistischen und diplomatischen Tätigkeiten für das pakistanische Außenministerium emigrierte sie 1983 in die USA und absolvierte in Denver ein MA- und Promotionsstudium in *International Studies* (1986/1990). Seit 1991 lehrt sie in New York. Derzeit ist sie Professorin für Politikwissenschaft und Direktorin des *Center for the Study of Culture, Race, and Ethnicity* am dortigen Ithaca College. 2002 veröffentlichte sie eine vielbeachtete und mittlerweile in mehreren Übersetzungen vorliegende Studie zur Dekonstruktion patriarchalischer Lesarten des Korans. Ihre Kernthesen hat sie seitdem mehrfach auf Kongressen und in Aufsätzen vorgetragen.

Generell bedienen sich (liberale) ‚Koranistinnen' wie Hassan und Barlas bei ihrer Exegese einer feministischen und *gender*-sensiblen Hermeneutik, um Geschlechtergleichheit nachzuweisen: Die Verse werden unter Beachtung des Kontextes, der Sprache und inneren Logik ausgelegt; der Deutungsspielraum ist durch die koranischen Grundideen vorgegeben. Die Akteurinnen betonen die Passagen, die für sie uneingeschränkte Geschlechtergleichheit implizieren, d.h. sich entweder an die gesamte Menschheit oder ausdrücklich an Männer wie Frauen gleichermaßen wenden (z.B. Koran 4:1; 9:71 f; 24:30 f; 30:21). Verse, die den Differenzdiskurs stützen und in der Regel zum Nachweis männlicher Überlegenheit dien(t)en (v.a. 2:228; 4:3; 4:34[10]), versuchen sie dagegen zu dekonstruieren und neu zu lesen.

In ihren Aufsätzen hat sich Riffat Hassan (u.a. 1991a/b, 1996a/b, 1999, 2001) vornehmlich der Schöpfungsgeschichte und ausgewählten Koranversen gewidmet; einige ihrer Thesen sind mittlerweile unter ‚Progressiven' etabliert und weiter verfeinert worden. Als Vergleichende Religionswissenschaftlerin stellt Riffat zunächst fest, dass Religionen im Allgemeinen eher zur Unterdrückung als zur Befreiung von Frauen instrumentalisiert wurden. Sie weist darauf hin, dass es in erster Linie drei theologische Annahmen waren, welche in allen drei monotheistischen Religionen die angebliche Überlegenheit des Mannes und damit die Ungleichheit der Geschlechter begründet haben: a) Die Frau ist ontologisch sekundär, da der Mann als erster, die Frau aus seiner Rippe erschaffen wurde; b) als Hauptverantwortliche für die Verbannung aus dem Paradies ist der Frau an sich mit Argwohn und Geringschätzung zu begegnen, ihre Sexualität ist zu kontrollieren; c) die Frau ist nicht nur aus dem Mann, sondern für den Mann erschaffen worden und deshalb nur von auxiliarer, nicht von fundamentaler Bedeutung.

Nun sind diese Hypothesen, wie Hassan ausführt, nicht aus dem Korantext selbst abzuleiten; vielmehr sind sie erst durch gefälschte *Hadithe*[11] unter Einbeziehung biblischen Materials in die Exegese eingeflossen: a) Der Koran spricht von der gleichzeitigen Erschaffung von Mann und Frau aus einer Quelle (*nafs*, wörtlich ‚Seele', feminin im Arabischen); b) Der Name ‚Eva' (Ar. *Hawwa'*) für Adams Frau ist ebenso wenig wie die Rippengeschichte Bestandteil des Korans; c) Laut Koran trifft beide die Schuld für die Verstoßung aus dem Paradies, Mann und Frau wurden vom Teufel verführt, von ‚Evas' Verführungskünsten, detailliert in der Exegese ausgemalt, ist im Koran keine Rede. Das Fazit von Hassan lautet: Weder aus dem Schöpfungsbericht noch aus einzelnen Versen im Koran lässt sich eine grundsätzliche Unterordnung der Frau bzw. die prinzipielle Vorrangstellung des Mannes ableiten – weder moralisch, noch rechtlich, noch rational. Den höheren Rang, der Männern nach traditioneller Auslegung der Koranverse 2:228 oder 4:34 zugeschrieben wurde, widerlegt Hassan innertextlich und kontextualistisch: Der erste Vers beziehe sich auf die ‚Warteperiode', die Frauen im Gegensatz zu den Männern nach der Scheidung einzuhalten haben;[12] der zweite Vers kopple den Vorrang des Mannes an seine finanzielle Verantwortung gegenüber Frau und Familie. Sei dies nicht der Fall oder werde dieser nicht entsprochen, so entfalle die Verpflichtung zur ‚Unterordnung'. Aus Koran 9:71 f gehe dagegen klar hervor, dass Mann und Frau vor Gott gleich sind und geschaffen wurden, um sich gegenseitig zu schützen.

Asma Barlas (2001, 2004a/b) greift zwar auch einzelne Koranverse auf, um eine alternative Lesart vorzulegen, ihr Grundanliegen geht aber weiter. Der Koran sei ohne Frage in einem ‚tribalen', patriarchalischen Kontext offenbart und ausgelegt worden, aber nicht selbst ein misogyner oder patriarchaler Text. Vielmehr sei, so Barlas, eher eine anti-patriarchale und egalitäre Lesart denkbar, denn unterschiedliche Behandlung bedeute nicht ungleiche Behandlung, und Anerkennung der Existenz des Patriarchats sei nicht identisch mit dessen Befürwortung. Eine solche anti-autoritäre und anti-patriarchale Lesart sei notwendig, um die bisher gängige Lesart zu kritisieren und herauszufordern, und weil gesellschaftliche Veränderungen in muslimischen Ländern einer koranischen Legitimität bedürfen, um zu überzeugen. Abgesehen von historisch-kritischen Argumenten bedient sich Barlas einer hermeneutischen Argumentation in drei Schritten: a) Die Mehrdeutigkeit (Polysemie) des Textes spricht gegen verkürzte Deutungen, den so genannten ‚interpretativen Reduktionismus'; b) Gleichfalls sind wegen der inneren koranischen Logik nicht alle Lesarten legitim (Ablehnung eines ‚argumentativen Relativismus'); c) Der hermeneutische Schlüssel zum Aufdecken der emanzipatorischen, befreienden Botschaft des Korans ist in der göttlichen Ontologie anzusiedeln. Gott enthülle sich im Koran in drei Wesensaspekten (Attributen): Einheit, Gerechtigkeit und Unvergleichbarkeit. In Koransure 112 heißt es u.a. (Übers. Rudi Paret): „3: Er hat weder Kinder gezeugt, noch ist er (selber) gezeugt worden. 4: Und keiner kann sich mit ihm messen" (bzw. „keiner ist ihm gleichrangig"). Zudem verdeutliche z.B. die Abraham-Legende im Koran, dass die göttliche Autorität über der väterlichen stehe: Abraham wendet sich gegen den Vater, um sich allein Gott zuzuwenden, und Gott fordert zunächst vom ‚Stammvater' die Opferung des Sohnes als Gehorsamsbeweis.

3.2 *Kecia Ali, Amira El-Azhary Sonbol, Ziba Mir-Hosseini: Hinterfragung der Geschlechterdiskurse in der islamischen Jurisprudenz* (Fiqh)

Eine kleine Zahl ‚islamischer Feministinnen' ist der Überzeugung, dass ohne Berücksichtigung der islamischen Jurisprudenz keine nachhaltige Lösung der Kernprobleme (mehrheitliches Verständnis von ‚der Scharia', besonders mit Blick auf das Personalstatut, also in der Regel Ehe-, Scheidungs- und Erbrecht, kurz ‚Familienrecht') zu erreichen sei. In einer Reihe von Veröffentlichungen haben sie Entstehung, Entwicklung und Nachwirken des vormodernen islamischen Rechts (in Theorie wie Praxis) kritisch hinterfragt, die diversen Einflüsse auf den islamisch-rechtlichen Geschlechterdiskurs aufgedeckt (vorislamisches ‚tribales', byzantinisches, persisch-sasanidisches, jüdisches, lokales Gewohnheitsrecht ebenso wie europäisches Kolonialrecht) und die Widersprüche und Inkonsequenzen im Rechtsdenken dargelegt. Gleichfalls betonen sie die Heterogenität und Flexibilität des *Fiqh*, die bei der Zentralisierung und Homogenisierung des Rechts- und Justizsystems seit dem 19. Jahrhundert ignoriert wurden.

Der Fokus der Wissenschaftlerinnen variiert je nach Ausbildung und Forschungsschwerpunkt. Kurz vorgestellt seien Kecia Ali (BA in Geschichte 1993, MA und Promotion an der Duke University, North Carolina, in Religions-/Islamwissenschaft, seit 2006 Dozentin an der Universität Boston[13]), Amira El-Azhary Sonbol (Akademikerin ägyptischer Abstammung, Professorin für islamische Geschichte, Recht und Gesellschaft am *Center for Muslim-Christian Under-*

standing an der Georgetown University, Washington, DC., Herausgeberin der Zeitschrift *Hawwa* sowie Mitherausgeberin von *Islam and Christian-Muslim Relations*) und Ziba Mir-Hosseini (BA in Soziologie, Teheran 1974, Promotion in Sozialanthropologie, Cambridge 1980; zahlreiche Forschungsstipendien und Gastprofessuren, seit 1984 im britischen Exil).

a) Ali beschäftigt sich in ihren Studien vornehmlich mit dem frühen islamischen Recht und der Sexualethik. 2006 publizierte sie eine oft zitierte Monografie dazu.[14] In ihrem Aufsatz für den Sammelband „*Progressive Muslims*" (2003a) zeigt Ali an der Aufnahme von Zusatzklauseln in den Ehevertrag zum Schutz der Rechte der Frau – eine Strategie, die von ‚islamischen Feministinnen' als Präventionsmaßnahme oft empfohlen wird (so von al-Hibri oder Mir-Hosseini) – dass dies eine unzureichende Lösung sei. Es gehe vielmehr darum, die innere Logik, die dem klassischen Recht zugrunde liegt, aufzudecken und in Frage zu stellen. Das bedeute nicht, dass *Fiqh* an sich frauenfeindlich sei; es seien vielmehr die damaligen Zeitumstände gewesen (angesichts hierarchischer sozialer Strukturen wurde Geschlechterasymmetrie als gegeben hingenommen), die diese Rechtslogik bedingt hätten. Auch wenn diese rechtlichen Bestimmungen nie hundertprozentig in die Praxis umgesetzt wurden, so hätten sie dennoch das Denken und Verhalten im Geschlechterverhältnis nachhaltig geprägt: Bis heute wirkten Kernideen über Männlichkeit/Weiblichkeit wie über Sexualität und Macht, welche die Ehe im frühjuristischen Denken strukturiert haben, nach. Koranexegese sei zwar wichtig, aber gefragt sei eine grundlegende Neuformulierung der islamischen Sexualethik, welche den veränderten sozialen Bedingungen (Berufstätigkeit der Frau, Partnerschaft in der Ehe usw.) und koranischen Grundprinzipien Rechnung trage. Derartiges sei nicht durch partielle Modifizierung des klassischen Familienrechts durchzusetzen. Solche Versuche, u.a. durch ‚islamischen Feminismus', seien zwar gut gemeint, aber letztlich würden sie eher die traditionalistische Sicht stärken als schwächen, da eine Kritik an Prämissen ausbleibe. So liege dem Ehevertrag, in erster Linie der Vereinbarung eines Brautpreises, eine ähnliche Logik zugrunde wie beim Kauf einer Sklavin, und mittelalterliche Juristen haben tatsächlich nicht davor zurückgeschreckt, einen derartigen Vergleich anzustellen.[15] Durch die Zahlung der Brautgabe, einer kommerziellen Aktion, meinte der Mann ein Besitz- und Verfügungsrecht an der Frau zu erwerben, speziell ein alleiniges Verfügungsrecht über ihre Sexualität. Im klassischen Familienrecht hätten nicht wie heute eheliche Beziehungen, Kindererziehung oder Haushaltsführung im Vordergrund gestanden, sondern eben dieses Recht auf Verfügbarkeit der Frau und damit einhergehende Kontrolle über ihre Sexualität.

b) Der Fokus der Studien von Amira Sonbol (Hg. 1996; 2001, 2003a/b, 2005, 2009; vgl. Abugideiri 2001, 93-97) liegt seit Jahren auf der Rechtspraxis an Scharia-Gerichten vor der so genannten Modernisierung des Rechts- und Justizsystems seit Anfang des 19. Jahrhunderts. Dazu hat sie das für Teile des Osmanischen Reiches (hier 17.-19. Jahrhundert, urbane Zentren im nördlichen Ägypten) reichlich vorhandene Archivmaterial, das wertvolle Einblicke in das Alltagsleben eröffnet, einer Detailanalyse unterzogen. Die Auswertung dieses bis dahin noch unzureichend ausgewerteten Materials führte Sonbol zu bemerkenswerten Ergebnissen, die weithin vertretene stereotype Annahmen über das vormoderne Justizwesen (Max Webers Paradigma einer ‚Kadi-Justiz'), über die unsichtbare, abgeschieden lebende Muslimin und über das Personalstatut im Zeichen des modernen Nationalstaates, erschüttert haben. Ihre Hauptthesen lauten wie folgt: Durch die Entstehung des modernen Nationalstaates haben sich patriarchalische Strukturen eher verstärkt als gelockert. Das moderne, vereinheitlichte Personalstatut ist eine Erfindung des modernen Staates, das auf einer Kombination aus (selektiven) *Fiqh*-Regeln, Gewohnheitsrecht[16] und Versatzstücken aus dem ‚westlichen' Geschlechterdiskurs des 19. Jahrhunderts (hier viktorianische Vorstellungen) basiert. Obwohl letztere im ‚Westen' mittlerweile abgelegt wurden, unterliegen sie weiterhin dem Familienrecht in den ehemaligen Kolonien. Das im 19. Jahrhundert etablierte Familienkonzept mit dem Vater als anerkanntem Familienoberhaupt, dessen Rechte gesetzlich verankert und von der Staatsgewalt als ‚Übervater' geschützt werden, ist ein Konstrukt, das weder von der Natur noch von Gott vorgegeben und festgelegt wurde. So findet sich die absolute Gehorsamspflicht der Ehefrau gegenüber dem Ehemann als Gegenleistung zu Versorgungs- und Unterhaltsansprüchen zwar bis ins 20. Jahrhundert im britischen Recht und zum Teil bis heute in Familiengesetzen muslimischer Staaten, nicht aber im vormodernen *Fiqh*. Die Scharia-Gerichtsakten belegen, dass Frauen (wegen des gleichberechtigten, vergleichsweise leichten Zugangs zu Gerichten) am öffentlichen Leben partizipierten und häufig bei Gericht präsent waren, um ihre Rechte (als Ehefrau, Eigentümerin, Kreditgeberin, Unternehmerin, Vormund ihrer Kinder, als Geschädigte, Erbin usw.) einzuklagen oder als Expertin bzw. Zeugin gehört zu werden. Kadis haben vor dem 19. Jahrhundert islamisches Recht flexibel, pragmatisch und oft zum Vorteil der Frauen angewandt. Sie hielten sich dabei nicht sklavisch an ihre eigene oder die offiziell geltende Rechtsschule. Im Unterschied zu ‚modernen' familienrechtlichen Bestimmungen konnten Frauen gerichtlich ihre Scheidung erlangen, ohne dazu die Erlaubnis des Mannes zu benötigen oder ohne dass ihre Gründe für eine Scheidung in Frage gestellt wurden. Zusatzklauseln im Ehevertrag (wie keine Zweitfrau, gute Behandlung), nach der Kodifizierung als ‚illegal' eingestuft, waren populär. Sonbol bestreitet nicht, dass Reformen in Staat und Gesellschaft Frauen mehr öffentliche Teilhabe eingeräumt haben (Bildung, Gesundheitsversorgung, Politik, Berufsleben), allerdings sei dies in erster Linie zu Mobilisierungszwecken erfolgt. Ebensowenig behauptet sie, die vormoderne Gesellschaft sei nicht patriarchalisch gewesen; es habe sich aber um eine andere Form des Patriarchats gehandelt. Seit dem 19. Jahrhundert habe das ‚Staatspatriarchat' eine Pseudo-Legitimation (‚Gottes Gesetz', ‚die [unabänderliche] Scharia') als Vorwand für die Verankerung von Geschlechterdifferenz benutzt, und diese gelte es zu entlarven.

c) Ziba Mir-Hosseini hat sich in ihren Veröffentlichungen (1993, 1999, 2003, 2006) vorrangig mit dem iranischen Personalstatut (vor und besonders nach der islamischen Revolution 1979) in Theorie und Praxis sowie mit dem ihm zugrundeliegenden Geschlechterdiskurs beschäftigt. Zusammen mit Kim Longinotto produzierte sie überdies zwei preisgekrönte Dokumentarfilme: *Divorce Iranian Style* (1998) zeigt wie ihr Buch *Marriage on Trial* auf, welche Wege

Frauen beschreiten, um innerhalb der vorherrschenden Strukturen das islamische Recht zu ihren Gunsten zu wenden; *Runaway* (2001) erzählt die Geschichte von fünf, ihrem Zuhause entlaufenen Mädchen, die in einem Heim in Teheran ‚resozialisiert' werden, von ihren Hoffnungen und Träumen in einer nach wie vor männlich dominierten Gesellschaft.

Als engagierte ‚islamische Feministin' und Anthropologin hat Mir-Hosseini sich in ihrem Kampf für Geschlechtergleichheit nicht allein mit der Analyse von Quellentexten oder der Darstellung realer Lebenswelten begnügt, sondern zudem die direkte argumentative Auseinandersetzung mit schiitischen Klerikern (traditionalistischer sowie neo-traditionalistischer Couleur) wie reformerischen Kräften (A. Sorush, Ex-Hojjat ol-Eslam Sa'idzadeh) gesucht (vgl. Wiedergabe der Gespräche in Mir-Hosseini 1999). Im Mittelpunkt stand dabei die Dekonstruktion der in der Islamischen Republik Iran vorherrschenden modernisierten Fassung des traditionalistischen Geschlechterdiskurses (biologisch begründetes komplementäres Rollenverständnis). Mir-Hosseini hat aufgezeigt, dass iranische Neo-Traditionalisten zwar modernere Begriffe (wie Chancengleichheit) verwenden und sich, wann immer es opportun erscheint, auf ‚westliche' Quellen (angeblich neuere naturwissenschaftliche, psychologische Erkenntnisse) beziehen, um die Ungleichheit der Geschlechter und die Diskriminierung von Frauen zu legitimieren, letztlich aber weitgehend der traditionalistischen Rechtsauslegung folgen. Sie kombinieren Versatzstücke aus dem *Fiqh* und dem Gewohnheitsrecht mit dem ‚Naturrecht', von dem sie vorgeben, es stimme vollkommen mit ‚der Scharia' bzw. dem Koran überein.

Auch wenn die Thesen und Überlegungen der Rechtsexpertinnen ebenso wenig unumstritten sind wie die der ‚Koranistinnen', so haben sie nichtsdestotrotz einen wichtigen Beitrag zur Hinterfragung und Dekonstruktion des mehrheitlichen religiös-rechtlichen Geschlechterdiskurses im Islam geleistet. Zuweilen sind sie dabei über das Ziel hinausgeschossen. Deshalb sind die Einwände Kecia Alis gegen den ‚islamisch-feministischen *Mainstream*' (2006, 153-156) ernst zu nehmen: Sie wendet sich gegen einen apologetischen Gegendiskurs sowie gegen anti-islamische Polemik, warnt vor vorschnellen Urteilen, unhaltbaren Verkürzungen oder abwegigen neuen Lesarten, simplen Losungen (‚Gleichheit', ‚Gerechtigkeit'), naivem Optimismus und vor der Gefahr der Dogmatisierung eigener Sichtweisen.

4 Wirkungen und Potential des ‚islamischen Feminismus': ein globales Phänomen?

Im Anschluss an die kritischen Bemerkungen Alis sind vorläufige Einschätzungen zu Wirkung und Potential des ‚islamischen Feminismus' angebracht. Unter dem Eindruck weltweiter Ökonomisierung und Kommerzialisierung aller Gesellschaftsbereiche (einschließlich des Bildungsbereichs oder der Religion) weisen manche Aktionen (Selbstdarstellung in Talkshows o.ä.) einen Übereifer auf, der nicht unbedingt der Sache einer islamisch-feministischen Befreiungstheologie dient. Einige Akteurinnen nutzen anscheinend das gesteigerte Interesse in ,westlichen' Kreisen an reformerischen Tendenzen im Islam, um sich selbst zu profilieren und zu inszenieren. Angesichts unzureichender Kenntnisse kommt es dabei häufig zu einer apologetischen, oberflächlichen Argumentation, die herkömmliche Autoritäten leicht demontieren können. Für ein breites Publikum formulierte Lehren (wie koranische Grundprinzipien, ,Scharia vs. *Fiqh*') erscheinen vielleicht aus praktischen Erwägungen heraus notwendig, sollten aber wohl überlegt verbreitet werden, um das eigentliche Anliegen der Dekonstruktion herkömmlicher Auslegungen nicht zu gefährden. Methodisch betrachtet ist bei einigen Aktivistinnen die Idealisierung des frühen Islam (trotz prekärer Quellenlage) ebenso problematisch wie ein inkonsequenter Umgang mit der Sunna[17] oder unnötig provokante Äußerungen. Zudem gibt es, im Vergleich zu einer Anzahl ,progressiver Denker', noch großes, ungenutztes Potential; stattdessen gewinnt man häufig den Eindruck, dass altbekannte Thesen beharrlich wiederholt, aber nicht unbedingt innovativ weiterentwickelt werden (vgl. dagegen Sonbol 2001, bes. 122 ff zur Hinterfragung überkommener Lesarten einiger schwieriger Koranverse). Auffällig ist die Ausklammerung des *kalam* – des rationalen, philosophisch beeinflussten Erbes der spekulativen Theologie (vgl. Hildebrandt 2007) – oder der Lehren islamischer Mystiker und Philosophen. Selbst mit Blick auf den Koran gehen die Bemühungen bisher nicht ,hinter den Text' zurück (vgl. dagegen z.B. Abu Zaid, gestorben 2010, mit seinem kommunikationstheoretischen Ansatz). Spätere ,Dogmen' (wie Unnachahmlichkeit der Koran-Sprache, Ungeschaffenheit des Korans, Überhöhung des Propheten und seiner Familie) gilt es ebenfalls als historisches, soziales Konstrukt zu entlarven. Des Weiteren wäre der traditionelle Fächerkanon an islamischen ,Theologischen Hochschulen', in denen Theologie im eigentlichen Sinne des *kalam* (s.a. das Missverständnis in der momentanen deutschen Debatte zur ,Imam-Ausbildung') in der Regel nicht gelehrt wird, zu hinterfragen. Nach Jahrhunderte langer Marginalisierung zugunsten des islamischen Rechts ist m.E. die Frage berechtigt, ob es nicht jetzt an der Zeit ist, das reiche Erbe spekulativer Theologie (samt Philosophie und Mystik) wiederzubeleben, im Sinne einer neuzeitlichen praktischen Ethik zusammenzuführen, zu erneuern und den *Fiqh* an den Rand zu drängen?

Bisher haben verschiedene BeobachterInnen das Potential des ,islamischen Feminismus' ebenso kontrovers beurteilt wie den Begriff selbst (vgl. Überblick in Moghadam 2002; Ahmed-Ghosh 2008). Während einige Einschätzungen optimistisch sind und (zuweilen recht naiv) nicht nur die erfolgreiche Infragestellung patriarchaler Strukturen und Denkweisen, sondern selbst deren Zerstörung voraussagen, so zweifeln andere am Potential eines primär islamisch-rechtlichen Diskurses. Wiederum andere sehen bereits den Terminus als Oxymoron an, haben dabei aber wohl eher einen ,islamisch-fundamentalistischen Feminismus' im Kopf. Diejenigen, die das Phänomen als diskursive Bewegung und Praxis betrachten, entdecken darin ein ,enormes Potential' für das Handlungsvermögen von Musliminnen im Allgemeinen und für die Entstehung neuer weiblicher Subjektivitäten im Besonderen. Das könne dann seinerseits eine Herausforderung

des oder gar einen Wandel im Geschlechterdiskurs auf lokaler bzw. nationaler Ebene bewirken (Schneider 2009).
Anzeichen dafür sind u.a. an den Reaktionen auf die Bemühungen der Aktivistinnen erkennbar (mehr Partizipations- und Repräsentationsrechte von Musliminnen in Diaspora-Kontexten, Ankündigung in mehreren arabischen Staaten, Predigerinnen oder weibliche Muftis zuzulassen). Allerdings sind solche Versuche auch als kontrollierte, verwässerte Teil-Zugeständnisse zu deuten, um Tempo und Ausmaß der Veränderungen zu verlangsamen und zu beschränken, eventuell für eigene Zwecke (Gelehrten-Profilierung) zu nutzen sowie gleichzeitig durch althergebrachte Argumentationsstrategien (‚islamischer Feminismus' als neue Variante des ‚westlichen Kulturimperialismus'[18]) abzufedern. Ob es sich bei ‚islamischem Feminismus' tatsächlich um ein ‚globales Phänomen' handelt, wie manche Aktivistinnen behaupten, lässt sich nicht abschließend klären. Bedeutsam ist sicherlich die überregionale Vernetzung, und Bestrebungen zur Ermächtigung sind in vielen islamischen Kommunen weltweit zu beobachten, dennoch stellen die Expertinnen eine Minderheit dar.

Darüber hinaus ist das Phänomen nicht losgelöst von anderen ‚globalen' Tendenzen zu sehen: Weltweit ist eine Krise bzw. Hinterfragung religiös und ideologisch geprägter Ideen, tradierter Autoritäten sowie eine Krise politischer Repräsentation (vgl. Protestbewegungen in arabischen Ländern u.a., ausgehend von Tunesien, seit Januar 2011; oder auch ‚Stuttgart 21') zu beobachten. Zudem gibt es Indizien für die zunehmende Individualisierung von Glaubensauffassungen, für gestiegenes feministisches Bewusstsein und den Drang nach verstärkter öffentlicher Teilhabe.

Oft wird betont, dass der ‚islamische Feminismus' noch im Entstehen begriffen sei, weder ausgereift sei, noch sein volles Potential ausgeschöpft habe. Zweifellos haben die angedeuteten Versuche als relativ junge Entwicklung noch nicht das Niveau einer länger etablierten feministischen Theologie erreicht – wie etwa im Christentum. Dennoch sind Ansätze einer islamisch-feministischen Theologie erkennbar. Aus demselben Grund sollte dieser Terminus, der in der Sekundärliteratur weitaus seltener verwendet wird als ‚islamischer/muslimischer Feminismus', zumindest für die akademisch-wissenschaftlichen Beiträge bevorzugt werden – auch um sich vor Vereinnahmung und Verzerrung der eigentlichen Anliegen durch ‚reaktionäre' Kräfte zu schützen. Die Bedeutung der Ausarbeitung einer islamisch-feministischen Theologie steht außer Frage, denn – so die Argumentation einiger Aktivistinnen: Solange Religion für einen Großteil der MuslimInnen Hauptbezugsquelle bzw. wichtige Quelle ihrer Identität ist, und solange sich viele MuslimInnen weiterhin auf den Koran und ‚die Scharia' beziehen, um Geschlechterdifferenz zu legitimieren, solange wird die Dekonstruktion dieser Narrative ebenso wichtig sein wie die Förderung und Verbreitung feministischer Perspektiven auf religiöse Grundlagentexte.

Anmerkungen

1 Parallel findet sich zuweilen noch die Bezeichnung ‚muslimischer Feminismus' (so z.B. bei Serrano 2009, aber auch Ali 2006), der besonders von Badran (2007) abgelehnt wird.

2 Beispielhaft erwähnt seien Bibi Chanom Astarabadi-Waziri (gest. 1921, Iran) und Nazira Zain al-Din (1908-76, Libanon). Zu beiden (verfassten Ende des 19. Jahrhunderts bzw. in den 1920er Jahren Streitschriften, um sich mit Witz und Humor gegen Frauendiskriminierung und Bevormundung durch Männer einzusetzen) siehe u.a. die rezenten Veröffentlichungen von Khosravie (2007) bzw. Cooke (2010).

3 Verwiesen sei auf die von katalanischen MuslimInnen in Barcelona (2005, 2006, 2008) und Madrid (2010) sowie die von der Friedrich-Ebert-Stiftung in Köln veranstalteten Kongresse. Über die Kongresse, Teilnehmer/innen und über ausgewählte Vorträge informieren die folgenden Internetseiten <http://feminismeislamic.org/category/texts/> mit weiteren Links zu den Kongressen in Spanien; zu den FES-Kongressen siehe <http://www.fes.de/BerlinerAkademiegespraeche/publikationen/> (beide 25.02.2011).

4 Diejenigen, die sich als gläubige Musliminnen begreifen, würden eine Bewertung ihrer Bestrebungen als (Macht-) Strategie verständlicherweise ablehnen.

5 Auch dieser Begriff wurde wiederholt kritisch hinterfragt. Einen gewissen Eindruck von der breiten Palette ‚progressiver Muslime' und ihren unterschiedlichen liberal-reformerischen Ansätzen bieten (z.T.) Amirpur/Ammann (2006), Hunter (2009) oder das von der Friedrich-Ebert-Stiftung seit 2005 veranstaltete „Berlin Forum for Progressive Muslims". Siehe dazu (neben der in Anm. 3 genannten Webadresse, zur Kurzinformation) <http://www.fes.de/BerlinerAkademiegespraeche/interkultureller-dialog/islam-gesellschaft/Berlin-Forum/>.

6 Zu solchen Initiativen im US-amerikanischen oder britischen Diaspora-Kontext vgl. z.B. die Beiträge von Abugideiri (2001, 97-99 – zu Sharifah Alkhateeb) und Jawad (2009, bes. 8 ff).

7 Gemeint ist der Auftritt von Amina Wadud, einer US-amerikanischen Konvertitin zum Islam, Professorin für Islamwissenschaft an der Virginia Commonwealth University, am Freitag, dem 18. März 2005, in New York City. Zu diesem medialen Ereignis und seiner weitreichenden Bedeutung und Wirkung siehe v.a. Hammer (2010). Zu Amina Waduds feministischer Koranexegese, an die u.a. A. Barlas anknüpft, Wadud-Muhsin (1992), zu ihrem ‚*gender-dschihad*' Wadud (2006).

8 Das erste transnationale feministische Netzwerk entstand 1984 auf Initiative von M. Hélie-Lucas, einer algerischen Universitätsdozentin für Soziologie, die 1982 nach Frankreich ausgewandert war: WLUML („Women Living Under Muslim Laws", vgl. Moghadam 2009 sowie die offizielle Website <www.wluml.org>). WLUML informiert u.a. über Menschen-/ Frauenrechtsverletzungen, über Aktivistinnen und ihr Schicksal, startet Kampagnen und Projekte (so 1992 zur Koraninterpretation durch Frauen), lanciert Petitionen und gibt eine Anzahl von Publikationen heraus. Mittlerweile existieren mehrere solcher transnationaler Netzwerke, wie *Karamah: Muslim Women Lawyers For Human Rights* <www.karamah.org>, eine von Aziza al-Hibri, einer libanesisch-amerikanischen Jura-Professorin und Aktivistin, ins Leben gerufene Organisation (*karama* bedeutet ‚Würde'), oder *Musawah* (‚Gleichheit'), die 2008 in Kuala Lumpur, Malaysia, begründet wurde <www.musawah.org>.

9 Siehe auch Roald (1998): Den Koran als göttliche Offenbarung anzuerkennen, ist für die islamische Theologie ebenso zentral wie Jesus Christus für die christliche Theologie. Hinzuzufügen ist Folgendes: Das Kernproblem des Korantextes in der heute vorliegenden Fassung geht auf den Offenbarungs- (etwa über einen Zeitraum von 22 Jahren) und Vermittlungsprozess sowie auf die Redaktion des autoritativen Textes zurück. Die Schreibweise des Arabischen war damals (nach herkömmlicher Überlieferung zur Zeit des dritten Kalifen, Mitte des 7. Jahrhunderts) defektiv (ein Buchstabe für mehrere Konsonanten, fehlende Kennzeichnung der Kurzvokale). Verschiedene Lesarten waren im Umlauf, die allmählich auf ‚sieben kanonische' reduziert wurden. Die heute gängige Kairo-Ausgabe basiert auf einer dieser ‚kanonischen Lesarten'.

10 Koran 4:34 kann als paradigmatisch für den religiös-rechtlichen Geschlechterdiskurs im Islam angesehen werden. Einen Querschnitt zu neueren Deutungen des komplizierten Verses bietet u.a. Stowasser (1998).

11 Trotz Skepsis gegenüber dem *Hadith* stimmt Hassan mit ihrem Landsmann, dem Modernisten Fazlur Rahman (gest. 1988), überein und weist nicht das gesamte *Hadith*-Korpus zurück, weil somit auch die Historizität des Korans mit einem Federstrich beseitigt werde.

12 Die ‚Warteperiode' dient zur Feststellung einer möglichen Schwangerschaft und Klärung der Vaterschaft, so das klassische islamische Recht, das noch heute partiell Anwendung findet, obgleich z.B. ein DNA-Test möglich wäre. Zu bisher ungenutzten Optionen, welche die neue Technologie bietet (hier im Falle der im klassischen *Fiqh* vorgesehenen Todesstrafe bei Ehebruch) Serrano (2009).

13 Welcher Migrationshintergrund bei Alis Familie vorliegt, konnte ich bis jetzt leider nicht eruieren. Sie ist mit Mohamad Ali verheiratet und hat drei Kinder, die allesamt islamische Namen tragen. Sie bezeichnet sich selbst als amerikanische muslimisch-feministische Wissenschaftlerin, die den Luxus habe, für sich selbst entscheiden zu können, ob und wie sie die religiösen Lehren im eigenen Leben umsetzen wolle (Ali 2006, IX, XII).

14 2010 erschien unter dem Titel *Marriage and Slavery in Early Islam* eine Art Fortsetzung dazu, die mir bisher aber nur in Auszügen online zugänglich war.

15 Solche Vergleiche spiegeln ein Wunschdenken wider; selbst in den Haushalten der Gelehrten entsprach das wohl kaum den realen Gegebenheiten.

16 Zum Gewohnheitsrecht gehören z.B. ‚Ehrenmorde', ‚Genitalverstümmelung' oder Ignorieren der im Koran verankerten Erbanteile für weibliche Verwandte.

17 Vgl. aber den (m.E. noch ausbaufähigen) Vorschlag von Ali (2003b) zur Differenzierung zwischen prophetischer Sunna als nachahmenswertem Vorbild und konkreten Überlieferungen. Problematisch ist ihre verkürzte Sicht von Hadith, denn Hadith als Genre ist nicht allein in den klassischen religiösen islamischen Wissenschaften vertreten, sondern z.B. auch in der vormodernen Geschichtsschreibung. Es sei angemerkt, dass für Hadith (im engeren Sinne) und Sunna ausgewiesene muslimische Kennerinnen noch Mangelware sind.

18 Vgl. dazu zahlreiche arabische Websites, die ich in meinem (voraussichtlich 2013) erscheinenden Beitrag „Globalization and Women's (Political) Rights: Changing Paradigms in the Recent Arab Discourse?" zu den *Proceedings of the 25th Congress of UEAI, Naples, September 2010*, ausgewertet habe.

Literatur

Ahmed-Ghosh, Huma (2008) „Dilemmas of Islamic and Secular Feminists and Feminisms." *Journal of International Women's Studies* 9/2008: 99-116.

Abugideiri, Hibba (2001) „Hagar: A Historical Model for ‚Gender Jihad'." *Daughters of Abraham: Feminist Thought in Judaism, Christianity, and Islam.* Hg. Yvonne Y. Haddad/ John L. Esposito. Gainesville: University Press of Florida, 81-107.

Abugideiri, Hibba/ Shahin Gerami/ Khadijeh Safiri/ Marcia Hermansen/ Zehra F. Kabasakal Arat (2007) „Qur'ān: Modern Interpretations." *EW&IC (=Encyclopedia of Women and Islamic Cultures)*, Bd. V. Hg. Suad Joseph. Leiden: Brill, 249-265, bes. 252-255.

Ali, Kecia (2006) *Sexual Ethics and Islam: Feminist Reflections on Qur'an, Hadith, and Jurisprudence.* Oxford: Oneworld.

Ali, Kecia (2003a) „Progressive Muslims and Islamic Jurisprudence: The Necessity for Critical Engagement with Marriage and Divorce Law." *Progressive Muslims: On Justice, Gender and Pluralism.* Hg. Omid Safi. Oxford: Oneworld, 163-189.

Ali, Kecia (2003b) „‚A Beautiful Example'? The Prophet Muhammad [PBUH] as a Model for Muslim Husbands." (*Critical Islamic Reflections Conference*, Yale University, April 2003). 20. Februar 2011 <www.yale.edu/cir/2003/alipaper.doc>.

Ali, Kecia (2011) Homepage. 20. Februar 2011 <http://www.bu.edu/religion/faculty/bios/kecia-ali/>.

Amirpur, Katajun/ Ludwig Ammann (2006) Hg. *Der Islam am Wendepunkt: liberale und konservative Reformer einer Weltreligion.* Freiburg: Herder.

Badran, Margot (2007) *Feminism beyond East and West: New Gender Talk and Practice in Global Islam.* New Delhi: Global Media Publications.

Barlas, Asma (2004a) *„Believing Women" in Islam: Unreading Patriarchal Interpretation of the Qur'an* [2002]. Austin: University of Texas Press.

Barlas, Asma (2004b) „Amina Wadud's Hermeneutics of the Qur'an: Women Rereading Sacred Texts." *Modern Muslim Intellectuals and the Qur'an.* Hg. Suha Taji-Farouki. Oxford: Oxford University Press, 97-123.

Barlas, Asma (2001) „Muslim Women & Sexual Oppression: Reading Liberation from the Quran." *Macalester International* 10/2001: Art. 15 (o.S., 25 S.). 20. Februar 2011 <http://digitalcommons.macalester.edu/macintl/vol10/iss1/15>.

Barlas, Asma (2011) Homepage. 16. März 2011 <http://www.asmabarlas.com/>.

Cooke, Miriam (2001) *Women Claim Islam: Creating Islamic Feminism through Literature.* New York: Routledge.

Cooke, Miriam (2010) *Nazira Zeineddine: A Pioneer of Islamic Feminism.* Oxford: Oneworld.

Friedrich-Ebert-Stiftung (2011) Hg. 25. Februar 2011 <http://www.fes.de/BerlinerAkademiegespraeche/publikationen/> und (Kurzinformation) <http://www.fes.de/BerlinerAkademiegespraeche/interkultureller-dialog/islam-gesellschaft/Berlin-Forum/>.

Hammer, Juliane (2010) „Performing gender justice: the 2005 woman-led prayer in New York." *Contemporary Islam* 4/2010: 91-116.

Hassan, Riffat (2001) „Challenging the Stereotypes of Fundamentalism: an Islamic Feminist Perspective." *Muslim World* 91/2001: 55-69.

Hassan, Riffat (1999) „Feminism in Islam." *Feminism and World Religions.* Hg. Arvind Sharma/ Katherine K. Young. Albany: State University of New York Press, 248-278.

Hassan, Riffat (1996a) „Rights of Women Within Islamic Communities." *Religious Human Rights in Global Perspective. I: Religious Perspectives*, Bd. I. Hg. John

Witte, Jr./ Johan D. van der Vyver. The Hague: Nijhoff, 361-386.

Hassan, Riffat (1996b) „Feminist Theology: The Challenges for Muslim Women." *Critique: Journal for Critical Studies of the Middle East* 9/1996: 53-65.

Hassan, Riffat (1991a) „‚Jihād Fī Sabīl Allāh': A Muslim Woman's Faith Journey from Struggle to Struggle to Struggle." *Women's and Men's Liberation: Testimonies of Spirit.* Hg. Leonard Grob/ Riffat Hassan/ Haim Gordon. New York: Greenwood Press, 11-30.

Hassan, Riffat (1991b) „The Issue of Woman-Man Equality in the Islamic Tradition." *Women's and Men's Liberation. Testimonies of Spirit.* Hg. Leonard Grob/ Riffat Hassan/ Haim Gordon. New York: Greenwood Press, 65-82.

Hassan, Riffat (Gründerin 1999) „INRFVVP" (1999-2000). Homepage. 25. Feb. 2011 <http://ecumene.org/INRFVVP/index.htm>.

Hibri, Azizah Y. al- (2000) „An Introduction to Muslim Women's Rights." *Windows of Faith: Muslim Women Scholar-Activists in North America.* Hg. Gisela Webb. Syracuse/NY: University Press, 51-71.

Hibri, Azizah Y. al- (1982) „A Study of Islamic Herstory: or How Did We ever Get into this Mess?" *Women's Studies International Forum* 5/1982: 207-219.

Hildebrandt, Thomas (2007) *Neo-Mu'tazilismus? Intention und Kontext im modernen arabischen Umgang mit dem rationalistischen Erbe des Islam.* Leiden: Brill.

Hunter, Shireen (2009) *Reformist Voices of Islam: Mediating Islam and Modernity.* Armonk/NY: Sharpe.

Jawad, Haifaa (2009) „Islamic Feminism: Leadership Roles and Public Representation." *Hawwa: Journal of Women of the Middle East and the Islamic World* 7/2009: 1-24.

Khosravie, Jasmin (2007) „‚Die Sünden der Männer' – Konzepte von Weiblichkeit im Spiegel der Lebenswelt von Bibi Khanum Astarabadi (st. 1921)." *Islamwissenschaft als Kulturwissenschaft. I: Historische Anthropologie. Ansätze und Möglichkeiten.* Hg. Stephan Conermann/ Syrinx von Hees. Hamburg: EB-Verlag, 235-262.

Manji, Irshad (2003) *Der Aufbruch – Plädoyer für einen aufgeklärten Islam* (Orig. *The Trouble with Islam Today* [2003]). Übersetzt aus dem Engl. von Susanne Aeckerle. Frankfurt/M.: Eichborn.

Manji, Irshad (2003-2011) Blog und offizielle Homepage. 9. März 2011 <http://www.irshadmanji.com/>.

Mir-Hosseini, Ziba (2006) „Muslim Women's Quest for Equality: Between Islamic Law and Feminism." *Critical Inquiry* 32/2006: 629-645.

Mir-Hosseini, Ziba (2003) „The Construction of Gender in Islamic Legal Thought and Strategies for Reform." *Hawwa: Journal of Women in the Middle East and the Islamic World* 1/2003: 1-28.

Mir-Hosseini, Ziba (1999): *Islam and Gender: The Religious Debate in Contemporary Iran.* Princeton, NJ: Princeton University Press.

Mir-Hosseini, Ziba (1993) *Marriage on Trial: A Study of Islamic Family Law: Iran and Morocco Compared.* London: I.B. Tauris.

Moghadam, Valentine M. (2002) „Islamic Feminism and Its Discourses: Toward a Resolution of the Debate." *Signs: Journal of Women in Culture and Society* 47/2002: 1135-1171.

Moghadam, Valentine M. (2009) „Women Living Under Muslim Laws". *The Oxford Encyclopedia of the Islamic World*, Bd. V. Hg. John L. Esposito. Oxford: Oxford University Press, 544 f.

Nomani, Asra (2007?) Homepage. 9. März 2011 <http://www.asranomani.com>.

Nomani, Asra (als Mitbegründerin, 1995-2010) 9. März 2011 <www.muslimsforpeace.org>.

Nomani, Asra (2006) *Standing Alone: An American Woman's Struggle for the*

Soul of Islam. San Francisco: Harper Collins.

NOMANI, ASRA (2005) „A Gender Jihad For Islam's Future." *Washington Post*. 6. November 2005. 9. Aug. 2007 <http://www.washingtonpost.com/wp-dyn/content/article/2005/11/04/AR2005110402306.html>.

NOMANI, ASRA u.v.a. (2009) „THE MOSQUE IN MORGANTOWN FORUM" mit Kommentaren zu ihren Dokumentarfilmen und Publikationen, 9. März 2011 <http://www.themosqueinmorgantown.com/forum/>.

RAHMAN, FAZLUR (1970) „Islamic Modernism: Its Scope, Method, and Alternatives." *International Journal of Middle Eastern Studies* 1/1970: 317-333.

ROALD, ANNE SOFIE (1998) „Feminist Reinterpretation of Islamic Sources: Muslim Feminist Theology in the Light of the Christian Tradition of Feminist Thought." *Women and Islamization: Contemporary Dimensions of Discourse on Gender Relations*. Hg. Karin Ask/ Marit Tjomsland. Oxford/ New York: Berg, 17-44.

SCHNEIDER, NADJA-CHRISTINA (2009) „Islamic feminism and Muslim women's rights activism in India: from transnational discourse to local movement – or vice versa?" *Journal of International Women's Studies* 11/2009: 56-71.

SERRANO, DELFINA (2009) „Muslim Feminists' Discourse on *zinā*: New Paradigms in Sight?" *Liebe, Sexualität, Ehe und Partnerschaft – Paradigmen im Wandel: Beiträge zur orientalistischen* Gender-*Forschung*. Hg. Roswitha Badry/ Maria Rohrer/ Karin Steiner. Freiburg: fwpf, 105-125.

SONBOL, AMIRA EL-AZHARY (2001) „Rethinking Women and Islam." *Daughters of Abraham: Feminist Thought in Judaism, Christianity, and Islam*. Hg. Yvonne Y. Haddad/ John L. Esposito. Gainesville: University Press of Florida, 108-146.

SONBOL, AMIRA EL-AZHARY (1996) Hg. *Women, the Family and Divorce Law in Islamic History*. Syracuse/NY: Syracuse University Press.

SONBOL, AMIRA EL-AZHARY (2003a) „Women in Shari'ah Courts: A Historical and Methodological Discussion." *Fordham International Law Journal* 27/2003: 225-253.

SONBOL, AMIRA EL-AZHARY (2003b) „‚The Women Follows the Nationality of Her Husband': Guardianship, Citizenship and Gender." *Hawwa Journal of Women in the Middle East and the Islamic World* 1/2003: 86-117.

SONBOL, AMIRA EL-AZHARY (2005) „History of Marriage Contracts in Egypt." *Hawwa* 3/2005: 159-196.

SONBOL, AMIRA EL-AZHARY (2009) „The Genesis of Family Law: How Shari'ah, Custom and Colonial Laws Influenced the Development of Personal Status Codes." *Wanted: Equality and Justice in the Muslim Family*. Hg. Zainah Anwar. Selangor/Malaysia: Musawah, 179-207. (Gesamtes Buch als Internet-Ressource, u.a. dieser Artikel, abrufbar) 23. Februar 2011 <http://www.musawah.org/docs/pubs/wanted/Wanted-AEAS-EN.pdf>.

SONBOL, AMIRA EL-AZHARY (2011) Homepage. 24. Februar 2011 <http://amcu.georgetown.edu/people/sonbola/>.

STOWASSER, BARBARA F. (1998) „Gender Issues and Contemporary Quran Interpretation." *Islam, Gender, and Social Change*. Hg. Yvonne Y. Haddad/ John L. Esposito. Oxford/ New York: Oxford University Press, 30-44.

WADUD-MUHSIN, AMINA (1992) *Qur'an and Woman*. Kuala Lumpur: Penerbit Fajar Baktit Sdn. Bhd.

WADUD, AMINA (2006) *Inside the Gender Jihad: Women's Reform in Islam*. Oxford: Oneworld.

WEBB, GISELA (2000) Hg. *Windows of Faith: Muslim Women Scholar-Activists in North America*. Syracuse/NY: University Press.

Wiebke Waburg/ Verena Schurt

Geschlecht, Ethnizität, Bildungsungleichheit: Ergebnisse und Potenziale interkultureller Geschlechterforschung in der Schule[1]

1 Ausgangspunkt: Zur Intersektionalität der Kategorien Geschlecht und Ethnizität

Interkulturelle Geschlechterforschung stellt zwei wesentliche Differenz- und Ungleichheitsdimensionen – Ethnizität/kulturelle Herkunft[2] und Geschlecht – in den Fokus des Interesses, allerdings mit der Prämisse, andere Kategorien in einer intersektionalen Perspektive (siehe hierzu Degele/ Winker 2010) zu berücksichtigen, sollten sie im je spezifischen Untersuchungskontext und Gegenstandsbereich relevant werden. Den Terminus ‚interkulturelle Geschlechterforschung' halten wir gerade im Rahmen der kontemporären Schulforschung für zielführend. Dies hängt mit zwei Punkten zusammen: Erstens sind, wie die Debatte um die Thesen von Thilo Sarrazin zeigt, Diskurse, die durch stereotype und gegenderte Bilder von Migrant/inn/en geprägt sind, gesamtgesellschaftlich und damit auch medial omnipräsent. Diese Stereotypen werden u.a. in folgendem Zitat deutlich:

> Es ist ein Skandal, wenn **türkische Jungen nicht auf weibliche Lehrer hören**, weil ihre Kultur so ist. (...) Ich muss niemanden anerkennen, der vom Staat lebt, diesen Staat ablehnt, für die Ausbildung seiner Kinder nicht vernünftig sorgt und ständig **neue kleine Kopftuchmädchen** produziert. (Sarrazin 2009, 199, Hervorh. W.W./ V.S.)

Der ‚Kulturkonflikt' wird – auch in deutschen Schulen – zunehmend als ‚Kampf der Geschlechter' inszeniert (Lenz 2006). Migrantinnen erscheinen als rechtlose Opfer, Migranten dagegen als Unterdrücker und potentielle Gewalttäter. Solche und ähnliche Bilder, die vor allem in Bezug auf türkisch-islamische Migrant/inn/en Relevanz besitzen, verweisen auf vermeintlich traditionelle Geschlechterverhältnisse in Einwandererfamilien. Diese werden den als modern, fortschrittlich und emanzipiert konstruierten Geschlechterarrangements der Mehrheitsgesellschaft entgegengehalten[3], die zwar scheinbar durch die fremden Verhältnisse bedroht werden (ebd.), aber durch die Gegenüberstellung von Traditionalität vs. Modernität zugleich eine Aufwertung erfahren.[4] Gerade in Bezug auf den letzten Aspekt wird die gesellschaftliche Funktionalität (die Ungleichheit und Benachteiligung als konstitutive Elemente beinhaltet) der vergeschlechtlichten Wahrnehmung von Migrant/inn/en deutlich (Castro Varela/ Dhawan 2009, Hummrich 2009).

Vor diesem Hintergrund erstaunt es – und dies ist unser zweiter Punkt –, dass im deutschsprachigen Raum die Kategorien ‚Ethnizität' und ‚Geschlecht' in der Schulforschung gegenwärtig vorrangig getrennt analysiert werden. Eine verschränkte Analyse, die Wechselwirkungen und Ungleichheiten berücksichtigt, stellt somit ein weitgehendes Forschungsdesiderat dar. Im Zusammenhang mit der Forderung nach einer entsprechend breiten Perspektive ist die (schulbezogene) Geschlechterforschung zum einen mit dem Problem konfrontiert, empirisch auf Differenzen zwischen Schülerinnen und Schülern zu blicken, deren Herstellungsmechanismen jedoch nicht hinreichend geklärt sind und die durch den Blick auf zwei Gruppen möglicherweise reifiziert werden (Breitenbach 2002). Zum anderen gilt Gleiches in Bezug auf die Reifizierung ethnischer Differenzen. Im Schnittpunkt von Geschlecht und Ethnizität besteht zudem die Gefahr, die oben beschriebenen Stereotype und Vorurteile über migrantische Geschlechterverhältnisse zu verfestigen (Gümen 1996).

Im vorliegenden Artikel wird zunächst der aktuelle Forschungsstand zum Themenbereich ‚Geschlecht, Ethnizität und Bildungsungleichheit' beleuchtet, vorrangig anhand quantitativer Ergebnisse zur schulischen Situation von Mädchen und Jungen mit und ohne (eigene) Zuwanderungserfahrung. Ziel ist, auf Grundlage der sich anschließenden kritischen Analyse bisheriger Forschungsergebnisse die Potenziale, aber auch die Hürden interkultureller Geschlechterforschung in der Schule einzukreisen und herauszuarbeiten, inwiefern die konstatierte Bildungsbenachteiligung von Schülerinnen und Schülern aus Einwandererfamilien eine besondere Problemkonstellation bedingt und auf welche Weise ihr begegnet werden kann.

2 Forschungsergebnisse: Mädchen und Jungen (mit Migrationshintergrund) im deutschen Bildungssystem

Zur Situation von Migrant/inn/en im deutschen Bildungssystem liegen so gut wie keine Daten vor, die in einer längsschnittlichen Perspektive nach Geschlecht und unterschiedlichen Herkunftsgruppen differenzieren. Stattdessen finden sich Aussagen über einzelne Gruppen oft nur in (kaum vergleichbaren) qualitativen Einzelstudien. Darüber hinaus erschwert die hohe Heterogenität der Zuwanderungsbevölkerung und ihrer Lebenslagen eine differenzierte Analyse (Herwartz-Emden/ Schurt/ Waburg 2010). Eine weitere Schwierigkeit stellt die unterschiedliche inhaltliche Bestimmung der relevanten Begriffe dar – falls eine solche überhaupt erfolgt (Gümen 1996). Gerade in quantitativ ausgerichteten Studien findet hauptsächlich der Begriff ‚Migrationshintergrund' Verwendung, während nicht nach der Ethnizität der Proband/inn/en gefragt wird. Dadurch können die

Prozesshaftigkeit sowie die situative Einbettung von Ethnizität nicht angemessen berücksichtigt werden (Khan-Svik 2010). Problematisch ist des Weiteren, dass die Kategorie ‚Migrationshintergrund' unterschiedlich operationalisiert wird: Einige Studien beziehen sich lediglich auf die Staatsangehörigkeit (z.B. Kristen/ Dollmann 2010), in anderen besitzt einen Migrationshintergrund, wer selbst eingewandert ist oder ein bzw. zwei aus dem Ausland stammende Elternteile hat (bspw. PISA 2003 und PISA 2000), in dritten findet unter anderem die Muttersprache Berücksichtigung (z.B. Herwartz-Emden/ Küffner 2006). Die differierende Operationalisierung führt dazu, dass die Personenkreise, die dem Konstrukt ‚Migrationshintergrund' zugeordnetet werden, in Abhängigkeit von den herangezogenen Kriterien erheblich in ihrem Umfang variieren. Deswegen können beträchtliche empirische Unterschiede in den inhaltlichen Aussagen und auf der Ergebnisebene auftreten – und damit übergreifende Schlussfolgerungen nur unter Vorbehalt gezogen werden (Settelmeyer/ Erbe 2010).

2.1 Allgemeine Erkenntnisse

Vergleicht man zunächst allochthone und autochthone[5] Schüler/innen, zeigt sich auf einer *allgemeinen (das Geschlecht nicht berücksichtigenden) Ebene*, dass Heranwachsende aus Einwandererfamilien das Schulsystem häufiger mit Verzögerungen durchlaufen. D.h. sie erleben seltener vorzeitige und häufiger verspätete Einschulungen und müssen während ihrer Schullaufbahn öfter als einheimisch deutsche Heranwachsende eine Klasse wiederholen (Kratzmann/ Schneider 2008, Konsortium Bildungsberichterstattung 2006, Krohne/ Meier 2004). Jugendliche Migrant/inn/en erzielen außerdem in den Bereichen Lesen, Mathematik und Naturwissenschaften schlechtere Leistungen als Heranwachsende ohne einen Migrationshintergrund (PISA-Konsortium Deutschland 2008). Des Weiteren sind sie an geringer qualifizierenden Schulformen wie der Hauptschule über- und an höher qualifizierenden wie dem Gymnasium unterrepräsentiert (Nold 2010). Daraus resultiert, dass junge Migrant/inn/en das Bildungswesen häufiger ohne einen allgemeinbildenden Schulabschluss bzw. mit einem Hauptschulabschluss verlassen und seltener mit der (Fach-)Hochschulreife. Entsprechend sind sie im Hochschulbereich deutlich unterrepräsentiert (Herwartz-Emden/ Schurt/ Waburg 2010).

Die sich beim Vergleich zwischen autochthonen und allochthonen Heranwachsenden zeigende Bildungsungleichheit ist alarmierend, soll aber nicht den Blick darauf verstellen, dass Schüler/innen mit Migrationshintergrund keine homogene Gruppe darstellen und es sehr erfolgreiche junge Migrant/inn/en gibt. Benachteiligungen sind vor allem bei türkisch- und italienischstämmigen Schüler/inne/n zu beobachten, während Jugendliche aus Familien, die aus Polen oder der ehemaligen Sowjetunion respektive deren Nachfolgestaaten zugewandert sind, bezüglich der Lesekompetenzen eher eine mittlere Position einnehmen (Stanat 2008) bzw. in PISA 2009 mit Heranwachsenden ohne Migrationshintergrund vergleichbare Leistungen erzielen (Stanat/ Rauch/ Segeritz 2010). Diese Heterogenität basiert zum einen auf Unterschieden in verschiedenen Faktoren wie der sozialen Herkunft, dem Migrationsstatus, der Aufenthaltsdauer, den Wanderungsmotiven und -geschichten sowie der Bildungsnähe. Zum anderen kommen hier sicherlich auch die Auswirkungen bestimmter Effekte, wie z.B. Stereotype Threat (vgl. ausführlicher Strasser/ Steber 2010), zum Tragen.

Unter Berücksichtigung der Kategorien *Geschlecht und Ethnizität* lässt sich allgemein konstatieren, dass Mädchen aus Einwandererfamilien verglichen mit Jungen aus Einwandererfamilien an höher qualifizierenden über- und an weniger qualifizierenden Schulen unterrepräsentiert sind (Siegert 2008). Dementsprechend erzielen sie im Durchschnitt bessere Schulabschlüsse. Allerdings zeigt sich auf dem Arbeitsmarkt und im Berufsleben trotz formaler Qualifikationen (parallel zu vielen einheimischen Frauen) eine Benachteiligung der jungen Frauen mit Migrationshintergrund.

2.2 Differenzierte Erkenntnisse: Geschlecht und Migrationshintergrund

Die im Folgenden skizzierten Forschungsergebnisse zeichnen sich dadurch aus, dass sie Geschlecht und Migrationshintergrund durchgehend einbeziehen. Wie eingangs angedeutet, finden sich nur wenige Studien mit einer derartigen Schwerpunktsetzung, zugleich weisen die vorliegenden Untersuchungen heterogene empirische Operationalisierungen des so genannten Migrationshintergrundes auf. Die Darstellung beginnt mit einer groben Differenzierung nach der Staatsangehörigkeit und wird in ihrem Verlauf immer feiner – bis hin zur Betrachtung unterschiedlicher Migrationshintergründe. Des Weiteren werden sehr unterschiedliche bildungsrelevante Merkmale analysiert, beispielsweise auf fachspezifischer Ebene die Mathematik- und Lesekompetenz, aber auch Einstellungen zur Schule, Bildungsaspirationen und -beteiligung sowie Schulabschlüsse und Ausbildungsbeteiligung.

Beim Blick auf die im Jahr 2008 erreichten *Schulabschlüsse* zeigt der nach Geschlecht differenzierte Vergleich zwischen Deutschen und Ausländer/inne/n, dass jeweils Frauen häufiger das (Fach-)Abitur erreichten als Männer (siehe Tabelle 1): Bei den Absolvent/inn/en ohne deutsche Staatsangehörigkeit war das bei 14,2% der Frauen und 10,3% der Männer der Fall, bei denen mit deutscher Staatsangehörigkeit traf es für 36,2% der Frauen und 27,9% der Männer zu. Auf der anderen Seite des Spektrums blieben 12,1% der ausländischen Frauen und 17,7% der ausländischen Männer ohne Schulabschluss. Bei den Deutschen galt dies für 4,8% Frauen und 7,5% Männer. Die Geschlechterdifferenzen waren hinsichtlich des (Fach-)Abiturs in der ausländischen Population geringer ausgeprägt als in der deutschen (3,9% vs. 8,3%), bei denjenigen Personen ohne Abschluss zeigte sich eine größere Differenz in der Gruppe ohne die deutsche Staatsangehörigkeit (5,6% vs. 2,7%).

Tabelle 1: Schulabschlüsse 2008 von Deutschen und Ausländer/inne/n differenziert nach Geschlecht (Statistisches Bundesamt 2010)

	Ausländer/innen*			Deutsche*		
Schulabschluss	Frauen	Männer	Differenz	Frauen	Männer	Differenz
(Fach-)Hochschulreife	14,2	10,3	3,9	36,2	27,9	8,3
Realschulabschluss	35,6	29,8	5,9	41,3	40,7	0,6
Hauptschulabschluss	38,1	42,2	-4,1	17,7	23,9	-6,6
ohne Abschluss	12,1	17,7	-5,6	4,8	7,5	-2,7

*Alle Angaben in %.

Die *Ausbildungsmöglichkeiten* junger Menschen aus Einwandererfamilien haben sich im vergangenen Jahrzehnt erheblich verschlechtert, der Anteil von ausländischen Jugendlichen im dualen System an allen Personen im Alter von 18 bis unter 21 Jahren mit ausländischer Staatsangehörigkeit ist gesunken: Er betrug 1994 34%, 2007 dagegen nur noch 24%, während die Beteiligungsquote deutscher Jugendlicher deutlich weniger zurückging und sich 2007 auf 58% belief. Parallel dazu liegt die Einmündungswahrscheinlichkeit in eine betriebliche oder vollzeitschulische Ausbildung bei zugewanderten Jugendlichen annähernd 20% unter der einheimischer Heranwachsender – ein Ergebnis, das auch bei einem vergleichbaren schulischen Leistungsniveau zutrifft (Beicht/ Granato 2009). Junge Ausländerinnen werden beim Übergang von der Schule in die Ausbildung noch stärker als ihre männlichen Altersgenossen aus Einwandererfamilien benachteiligt. Die Ausbildungsquoten im dualen Berufsbildungssystem betrugen 2008 bei ausländischen Frauen 29% und bei ausländischen Männern 35%, bei deutschen Frauen 58% sowie bei deutschen Männern 78%. Somit lag die Geschlechterdifferenz bei den Deutschen mit 20% deutlich über der bei den Ausländer/inne/n mit 6% (Gericke/ Uhly, 2010).

Daten der PISA-Untersuchung aus dem Jahr 2000 belegen, dass 15-Jährige mit Migrationshintergrund[6] in ihrer schulischen Laufbahn einem nahezu dreimal so großen Risiko der *Klassenwiederholung* ausgesetzt sind wie ihre gleichaltrigen Mitschüler/innen aus nicht zugewanderten Familien (Krohne/ Meier 2004). Die Geschlechterdifferenz bei den Sitzenbleiber/inne/n innerhalb der Migrant/inn/engruppe ist dabei verhältnismäßig klein. Im Vergleich mit nicht eingewanderten Schülerinnen beträgt das Risiko, während der Schulzeit eine Klasse erneut besuchen zu müssen, bei Mädchen aus Einwandererfamilien mehr als das Dreifache. Bei Jungen aus diesen Familien ist die Wahrscheinlichkeit etwas geringer, nämlich 2,4-mal so groß wie bei einheimischen Schülern (Krohne/ Meier 2004).

In ihrer Auswertung von Daten aus der nationalen Erweiterungsstichprobe der PISA-Studie 2003[7] (PISA-E 2003) differenzieren Michael Segeritz, Petra Stanat und Oliver Walter (2010) zwischen 15-jährigen Jungen und Mädchen aus unterschiedlichen Herkunftsgruppen: ehemalige UdSSR, Polen, Türkei, ohne Migrationshintergrund. In den Auswertungen finden die Variablen *Bildungsbeteiligung, elterliche Hausaufgabenunterstützung, Einstellung zur Schule, Bildungsaspirationen, Lesekompetenz und Mathematikkompetenz* Berücksichtigung. Als Mediatorvariablen werden der elterliche Sozialstatus (durch sozioökonomischen Status und Bildungsniveau operationalisiert) sowie die in der Familie gesprochene Sprache berücksichtigt.

Auf einer *deskriptiven Ebene* belegen die Analysen zur Bildungsbeteiligung (hier der besuchten Schulform), dass der prozentuale Anteil von Mädchen an Gymnasien in allen Gruppen über dem von Jungen liegt, wobei die Differenz zwischen den Mittelwerten bei den 15-Jährigen aus der ehemaligen UdSSR am größten und bei jenen ohne Migrationshintergrund am niedrigsten ausfällt. Umgekehrt sind Mädchen an Hauptschulen unter-, Jungen dagegen überrepräsentiert, was insbesondere für die polnischstämmige Gruppe gilt, in der ca. doppelt so viele männliche wie weibliche Heranwachsende eine solche Schule besuchen (vgl. 174 f).

Bei der elterlichen Hausaufgabenunterstützung zeigt sich: Mädchen mit türkischem Migrationshintergrund sowie solche, deren Familien aus der ehemaligen Sowjetunion stammen, geben an, monatlich häufiger von den Eltern unterstützt zu werden als Jungen dieser Herkunftsgruppen. Bei Jugendlichen ohne und mit polnischem Migrationshintergrund treten keine Unterschiede qua Geschlecht auf. Die Einstellungen zur Schule unterscheiden sich in allen Untersuchungsgruppen signifikant nach Geschlecht. Die deutlichsten Differenzen bestehen in der Gruppe mit türkischem Hintergrund: Bei den Mädchen sind die Einstellungen deutlich positiver ausgeprägt, sie liegen aber auch bei den Jungen noch über dem Gesamtmittelwert. Bezüglich der Bildungsaspirationen zeigen sich die größten Unterschiede zwischen Mädchen und Jungen, deren Eltern aus der ehemaligen UdSSR stammen, gefolgt von den Schüler/inne/n ohne Migrationshintergrund. Für polnisch- und türkischstämmige Jugendliche lassen sich keine signifikanten Geschlechtsunterschiede in diesem Bereich identifizieren (vgl. 174 f).

Vor allem türkischstämmige Mädchen weisen gegenüber ihren männlichen Peers in der Lesekompetenz einen deutlichen Vorsprung auf. Diese Diskrepanz ist bei den Jugendlichen deutscher Herkunft geringer – aber immer noch signifikant, dies gilt ebenfalls für die Gruppen aus der ehemaligen Sowjetunion und Polen. Umgekehrt sind männliche Jugendliche mit türkischem und ohne Migrationshintergrund gegenüber den Mädchen dieser Herkunftsgruppen in den Mathematikkompetenzen im Vorteil. Bei den polnischen Jugendlichen fällt die Differenz zwischen den Gruppen geringer aus, bei solchen aus der ehemaligen UdSSR sind sie vernachlässigbar klein. Die türkische Gruppe schneidet insgesamt in Lese- sowie Mathematikkompetenz schlechter ab als alle anderen Gruppen (vgl. Segeritz/ Stanat/ Walter 2010, 175 f).

Geprüft wurde von Segeritz, Stanat und Walter (2010) des Weiteren, ob sich die *Geschlechtsunterschiede in den Zuwanderungsgruppen von denen der Gruppe ohne Migrationshintergrund* unterscheiden. Es ergaben sich lediglich bei drei der 18 Vergleiche statistisch signifikante Differenzen: Hinsichtlich der elterlichen Unterstützungsleistungen und Einstellungen zur Schule waren die Differenzen zugunsten der Mädchen in der Gruppe der türkischen Jugendlichen signifikant stärker ausgeprägt als bei den einheimischen weiblichen Jugendlichen gegenüber den männlichen. Des Weiteren waren in der Gruppe aus der ehemaligen UdSSR die Differenzen in den Bildungsaspirationen profilierter als in der Gruppe ohne Migrationshintergrund. Dagegen traten in der Bildungsbeteiligung, Mathematik- und Leseleistung keine signifikanten Unterschiede in den Geschlechterdifferenzen auf (vgl. 176 f).

Zusammenfassend zeigen sich differenzierte und interessante, aber dennoch uneinheitliche Ergebnisse. Dass Geschlechterdifferenzen hinsichtlich bildungsrelevanter Faktoren in jugendlichen Migrationsgruppen stärker ausgeprägt sind als bei einheimischen Jugendlichen wird nicht umfassend bestätigt. Vor diesem Hintergrund sind die einleitend im Beitrag von Segeritz, Stanat und Segeritz hergestellten Bezüge auf (vermeintlich) traditionellere Geschlechterverhältnisse und Marginalisierungen für Jugendliche aus Einwandererfamilien zu hinterfragen. In Anlehnung an Cynthia Feliciano und Rubén G. Rumbaut (2005), die sich auf andere Einwanderergruppen (und Kontexte) beziehen, als sie in Deutschland zu finden sind[8], identifizieren die Autor/inn/en als erste migrationsspezifische Annahme zur Erklärung von vermuteten größeren Geschlechterdifferenzen in den berücksichtigten Migrationsgruppen, „dass traditionellere Orientierungen [der Einwandererfamilien, W.W./ V.S.] sich positiv auf den Bildungserfolg von Mädchen und negativ auf den Bildungserfolg von Jungen auswirken sollten" (Segeritz/ Stanat/ Walter 2010, 167). Als zweite migrationsspezifische Annahme wird angeführt:

> Aufgrund der stärkeren familiären Eingebundenheit von jungen Migrantinnen (Nauck 2000) und der damit einhergehenden geringeren Interaktion mit der sozialen Umwelt, würden sich Mädchen demnach der schwierigen sozialen Lage ihrer Familien weniger bewusst werden als Jungen. Männliche Migranten würden hingegen in stärkerem Maße die Marginalisierung von Zuwanderern und die relativ geringen Chancen eines sozialen Aufstiegs wahrnehmen (King 2007). Darauf würden viele von ihnen mit Resignation und Verweigerung, nicht zuletzt auch in Bezug auf die schulische Arbeit, reagieren. (167 f)

Unter Berücksichtigung der oben referierten Ergebnisse stellt sich die Frage, warum die Autor/inn/en in der Ergebnisdiskussion an der Erklärung über traditionelle Geschlechterverhältnisse festhalten und konstatieren: „Insbesondere die Analyse der Geschlechtsrollenorientierungen könnte einen wichtigen Beitrag zum besseren Verständnis von differenziell ausgeprägten geschlechtsspezifischen Mustern leisten, die in der vorliegenden Studie identifiziert worden sind" (Segeritz/ Stanat/ Walter 2010, 183). Damit diese Annahme untersucht werden kann, müssen allerdings zunächst interkulturell valide Instrumente zur Erhebung der Geschlechtsrollenorientierung entwickelt werden.[9]

2.3 Zwischenfazit und (alternative) Erklärungen

Die vorhandenen quantitativen Auswertungen erbringen uneinheitliche Ergebnisse: Mädchen aus Einwandererfamilien sind nicht per se im Vorteil gegenüber Jungen (bei Klassenwiederholungen und Ausbildungsbeteiligung sogar im Nachteil). Zu beachten ist dabei, dass es sich je nach Studie um unterschiedliche Vergleichsgruppen handelt: Mädchen mit und ohne (unterschiedlich operationalisierten) Migrationshintergrund vs. Jungen mit und ohne Migrationshintergrund, aber auch männliche und weibliche Ausländer vs. männliche und weibliche Deutsche. Insgesamt fehlt es an Forschungen über die Unterschiede zwischen Mädchen und Jungen mit und ohne Migrationshintergrund aus unterschiedlichen Zuwanderungsgruppen. Problematisch ist zudem, dass bislang keine zufriedenstellenden, migrations- und geschlechtertheoretisch begründeten Erklärungen für die vielschichtigen Differenzen existieren.

Bei den vorliegenden Hinweisen auf Vor- und Nachteile lässt sich fragen, ob es sich teilweise ‚lediglich' um bekannte Geschlechtereffekte handelt, die wir auch bei der autochthonen Population sehen. In diesem Fall wäre eine Erklärung durch traditionellere Geschlechterverhältnisse in Einwandererfamilien als geschlechtsbezogene Ethnisierung zu interpretieren. Interessant ist in diesem Zusammenhang, dass in der aktuellen Diskussion um (deutsche) Jungen als Bildungsverlierer der durchschnittlich größere Erfolg der Mädchen nicht damit erklärt wird, dass diese stärker ‚ans Haus' gebunden wären. Stattdessen wird in diesem Fall u.a. die ‚Feminisierung der Bildungseinrichtungen' als Ursache angeführt und somit ein (wenn auch fragwürdiger) Ansatz[10], der sich auf strukturelle Bedingungen im Bildungssystem stützt. Im Gegensatz dazu werden Geschlechterdifferenzen in Migrantengruppen auf traditionelle Arrangements zurückgeführt und damit den Migrant/inn/en selbst angelastet. Auf diesen Mechanismus machen beispielsweise Merle Hummrich (2009) und Vera King (2010) aufmerksam.

Einen alternativen Erklärungsansatz schlagen Manuela Westphal und Birgit Behrensen (2008) vor. Die Übernahme von Verantwortung für jüngere Geschwister, den Haushalt und die Vertretung der Familie (etwa durch Übersetzungstätigkeiten in Behörden) könnte in der Ambivalenz der Überbeanspruchung qua Geschlecht schulkarriereförderliche Effekte mit sich bringen: Mädchen würden dadurch ‚schuladäquater' sozialisiert, kontextflexibel und sozial hoch kompetent (was jedoch auch für viele Mädchen ohne Migrationshintergrund gilt). Interessant ist in diesem Erklärungsansatz insbesondere, dass er nicht defizitorientiert ist (durch die Annahme traditioneller Geschlechterarrangements), sondern auf Ressourcen von Einwandererfamilien blickt.

Ein zweiter Erklärungsansatz fokussiert die Ebene der Stereotypen: In qualitativen Studien befragte junge Migrant/inn/en berichten davon, dass sie in der Schule durch Lehrkräfte, aber auch Mitschüler/innen mit Stereotypen konfrontiert werden und Diskriminierungen erleben. Wie zu Beginn des Artikels bereits angesprochen, sind diese Stereotype häufig im Schnittpunkt von Geschlecht und Ethnizität angesiedelt. Martina Weber beschreibt das in Bezug auf Mädchen wie folgt: „Als ‚türkisch' markierte geschlechtliche Lebensstile werden auf vielfältige Weise als schwerwiegendes Bildungshindernis (...) angenommen; am Symbol des Kopftuchs werden vor allem Defizite intellektueller Offenheit konstatiert" (Weber 2009b, 221). Den Umgang mit Jungen stellen Lehrkräfte u.a. als ‚Kulturkampf' dar, der aus ‚einfachen Denkstrukturen' der Schüler resultiere. Bezug genommen wird auf das Konzept der ‚männlichen Ehre' (Weber 2009a). Dass derartige Stereotype sich negativ auf Leistungsfähigkeit und -bereitschaft auswirken, ist durch sozialpsychologische Untersuchungen zu Erwartungseffekten und zum Stereotype-Thread-Phänomen hinreichend belegt (bspw. Aronson/ Wilson/ Akert 2008). Untersucht wurden bislang primär Stereotype, die sich auf muslimisch-türkische Migrant/inn/en beziehen. Möglicherweise werden diese in der Schule als besonders ‚fremd' wahrgenommen, während für andere Gruppen (z.B. polnische) eine größere ‚kulturelle Nähe' zur Mehrheitsgesellschaft konstruiert wird.

Qualitative Untersuchungen belegen Unterschiede im Umgang mit Stereotypen. In bildungsnahen Familien kann Diskriminierung als Ansporn erlebt werden, in bildungsfernen dagegen demotivierend und desillusionierend wirken (Mansel/ Spaiser 2010). Hinsichtlich früher Ausschlusserfahrungen wurde von Anne Juhasz und Eva May (2009) ein Geschlechtereffekt rekonstruiert: Im Unterschied zu eher devianten Verhaltensweisen der Jungen am unteren Ende der sozialen Hierarchie zeigten sich Mädchen vor allem still und zurückhaltend sowie im Fall von ausbleibendem subjektiven Erfolg resignierend. Die jungen Frauen erscheinen im schulischen Kontext als angepasst, unauffällig und weithin integriert.

3 Konsequenzen: Heraus- und Anforderungen an interkulturelle Geschlechterforschung in der Schule

Wie die vorangegangenen Ausführungen zeigen, gibt es erstens nur wenige Forschungsergebnisse zu schulbezogenen Geschlechterdisparitäten unter Berücksichtigung des (konkreten) Migrationshintergrundes der Schülerinnen und Schüler. Zweitens zeigt sich, dass hauptsächlich bereits vorliegende Daten (beispielsweise aus PISA) analysiert wurden, die *nicht* im Rahmen eines Forschungsprojektes mit dem Anspruch einer intersektionalen Analyse der Kategorien ‚Geschlecht' und ‚Ethnizität' sowie der entsprechenden theoretischen Einbettung und Operationalisierung generiert worden sind. Daraus resultieren Probleme für die Interpretation und theoretische Einbettung der Ergebnisse – vor allem hinsichtlich der Reifizierung von Stereotypen im Schnittpunkt von Geschlecht und Ethnizität. Dementsprechend besteht ein großer Bedarf an Projekten, die sich genuin der interkulturellen, schulbezogenen Geschlechterforschung widmen. Für diese Studien gelten besondere Heraus- und Anforderungen, die wir kurz skizzieren wollen.

Interkulturelle (Geschlechter-)Forschung fand und findet noch immer häufig in folgender Konstellation statt: Autochthone Wissenschaftler/innen forschen über allochthone Forschungsadressat/inn/en. Das hat zur Folge, dass nicht nur die Kategorie ‚Geschlecht' im gesamten Forschungsprozess reflektiert werden muss (siehe Breitenbach 2010), sondern ebenso die Kategorie Ethnizität. Ein wesentlicher Aspekt, der dabei Beachtung finden sollte, ist die Machtasymmetrie, die im gesamten quantitativen wie qualitativen Forschungsprozess eine Rolle spielt. Werden die aus dem Machtgefälle hervorgehenden Effekte ignoriert, führt das zu verzerrten Ergebnissen (Beck-Gernsheim 2007).

Die Asymmetrie in Kommunikation und Interaktion ergibt sich aus unterschiedlichen gesellschaftlichen Positionen der am Forschungsprozess Beteiligten. Sie kann Widerstandsformen produzieren, beispielsweise verweigern bestimmte Migrant/inn/en die Teilnahme am Forschungsprozess von vornherein (ebd.). Auf Probleme, die aufgrund von Machtasymmetrien entstehen, wurde in der Vergangenheit vor allem in Bezug auf qualitative Forschung eingegangen (siehe insbesondere die Arbeiten von Leonie Herwartz-Emden 2000), sie kommen jedoch ebenfalls in quantitativen *face-to-face*-Befragungen zum Tragen. Für diese verweist Wolfgang Aschauer (2009) auf Zustimmungstendenz und soziale Erwünschtheit. Beide werden durch die Situation an sich und durch (negative) Vorerfahrungen beeinflusst. So können letztere eine Strategie der Verleugnung von Diskriminierungen oder prekären Lebensverhältnissen zur Folge haben. Zustimmende und sozial erwünschte Antworten stehen zum einen im Zusammenhang mit dem Wunsch nach sozialer Anerkennung. Zum anderen treten sie bei bedrohlichen oder heiklen Fragen auf. Hier wird alternativ auch mit dem Verweigern einer Antwort oder Meinungslosigkeit reagiert (ebd.).

Eine Möglichkeit, den Machtaspekt angemessen zu berücksichtigen, ist das Arbeiten im interkulturellen, gemischtgeschlechtlichen Team (Griese 2006). Die Konstitution eines solchen Teams impliziert die Anerkennung von Migrant/inn/en als Expert/inn/en und gleichgestellte Forschende – solange ihre Partizipation nicht auf Dolmetscher/innen/tätigkeiten reduziert wird (Gribić/ Krüger/ Novi/ Pantelić 2004). Ein interkulturelles, gemischtgeschlechtliches Team bringt Vorteile bei der Konzeption von Forschungsprojekten, der Entwicklung einer sinnvollen Fragestellung, eines Fragebogens oder Leitfadens mit sich. Die Sprachkompetenzen der einzelnen Mitglieder des Teams können für die Entwicklung von Instrumenten, beim Erheben sowie beim Auswerten genutzt werden. Als ‚Insider/innen' erhalten Forschende mit Migrationserfahrung möglicherweise leichter den Zugang zum Feld. In der Erhebungssituation kann der Machtasymmetrie entgegengewirkt und eine Vertrauensbasis durch eventuell geteilte Erfahrungen geschaffen werden. Auch können in interkulturellen Wissenschaftsteams vorschnelle ethnisierende Interpretationen während des Auswertungsprozesses vermieden werden.

Letztlich bleibt als zentrale Anforderung an interkulturelle Forschungsprojekte – für inter- und monokulturelle Teams – das permanente Reflektieren des eigenen Vorgehens und der Gefahr, Geschlecht und Ethnie zu reifizieren. Wichtig ist es, in einer intersektionellen Perspektive weitere Einflussfaktoren zu berücksichtigen, etwa soziale Herkunft und Alter. Denn auch wenn Forschende und Beforschte der gleichen Migrationsgruppe angehören, ist für die Erhebungssituation die Dimension der Fremdheit konstitutiv (King 2008), beispielsweise wenn Universitätsangestellte Angehörige bildungsferner Schichten interviewen. Leider wird eine Reflexion über Anforderungen und Probleme gegenwärtig noch in zu wenigen Publikationen vorgenommen: „Selbstreflexivität bzw. Untersuchungen zu den Objektkonstruktionen scheinen nicht angesagt" (Jobst/ Skrobanek 2008, 35).

4 Schlusspunkt: Bildungsungleichheit behindert interkulturelle Geschlechterforschung

Mit Blick auf die bislang vorliegenden uneinheitlichen Forschungsergebnisse ist die Frage, ob Mädchen aus Einwandererfamilien im Vergleich zu Jungen im Vor- oder Nachteil sind, nicht eindeutig zu beantworten. Vor allem wenn nach Herkunftsgruppen differenziert und bereichs- bzw. kontextbezogen analysiert wird, zeigt sich, dass die Wechselwirkungen zwischen Geschlecht und Ethnizität durchaus widersprüchlich und gebrochen sind, dass sich die Kategorien wechselseitig verstärken oder abschwächen können (vgl. auch Degele/ Winker 2010).

Die oben vorgeschlagene Durchführung interkultureller, schulbezogener Geschlechterforschung in einem interkulturellen Team steht vor einer zentralen Herausforderung: Wie soll bei der konstatierten Bildungsungleichheit von Mädchen und Jungen aus Einwandererfamilien und der daraus resultierenden Unterrepräsentation an Hochschulen ein Team von Wissenschaftler/inne/n gebildet werden, in dem die jeweils untersuchten Migrationsgruppen repräsentiert sind? Daraus folgt, dass die bildungsbezogene Förderung von Schülerinnen und Schülern mit Migrationshintergrund sowohl notwendig ist, um Bildungsungleichheit abzubauen, als auch um Herausforderungen und Anforderungen der interkulturellen Geschlechterforschung angemessen zu begegnen.

Damit entsprechende Fortschritte erreicht werden können, bedarf es weiterer im schulischen Feld angesiedelter Forschungsvorhaben, die unterschiedliche Migrationsgruppen in längsschnittlicher sowie konsequent komparativer Perspektive berücksichtigen. Im Zusammenspiel von Erkenntnissen aus qualitativen und quantitativen Erhebungen sollte es nicht nur gelingen, Forschungslücken zu schließen, sondern auch gegenstandsbezogen migrations- und geschlechtsbezogen angemessene Theorien zu entwickeln, die wiederum in die schulische Praxis transferiert werden können.

Anmerkungen

1 Wir bedanken uns herzlich bei Leonie Herwartz-Emden, Cornelia Braun, Verena Boppel sowie den Redakteurinnen der *Freiburger GeschlechterStudien* für äußerst fruchtbare Anmerkungen zum vorliegenden Text.

2 Die Begriffe ‚Ethnizität' und ‚Kultur' werden gegenwärtig häufig synonym und entsprechend nicht trennscharf gebraucht. Eine Klärung der Begriffe würde den Rahmen des vorliegenden Beitrages sprengen. Wir möchten aber darauf verweisen, dass sie in keinem Fall als Ausdruck einer festen, stabilen Entität und im Bezug auf nationale Gemeinschaften zu verstehen sind, sondern als Konstruktionen, die sich auf „Prozesse, Kategorien und Wissensformationen [beziehen], durch die Gemeinschaften als solche – spezifisch und in Differenz zu anderen – definiert werden" (Lutter/ Reisenleitner 2001, 111).

3 „Das Geschlechterverhältnis der ‚Anderen' ist dem Westen seit der Kolonialzeit Symbol für die Attestierung der Rückständigkeit und Barbarei der (ehemals) Kolonialisierten" (Castro Varela/ Dhawan 2009, 67).

4 Birgit Sauer (2009, 256) verweist allerdings auf die Ambivalenz dieses Umstandes: „[V]or dem Hintergrund patriarchaler Minderheitengruppen lässt sich argumentieren, dass Frauen der Mehrheitsgesellschaft bereits den Männern gleichgestellt sind und dass es keiner Gleichstellungmaßnahmen mehr bedürfe. Debatten über patriarchale Minderheiten verlagerten die Aufmerksamkeit auf Migrantinnen und negieren zugleich die Notwendigkeit von umfassender Gleichstellungspolitik".

5 Gemeint ist an dieser Stelle eine allgemeine Differenzierung zwischen der einheimischen Bevölkerung (autochthonen) und derjenigen mit einer ‚fremden' (allochthonen) Herkunft.

6 Ein Migrationshintergrund liegt in dieser Untersuchung vor, wenn die Jugendlichen selbst nicht die deutsche Staatsbürgerschaft besitzen oder wenn die Schüler/innen ein bzw. zwei ausländische Elternteile haben (Settelmeyer/ Erbe 2010).

7 Anders als in PISA 2000 wurde in der PISA-Studie 2003 nur Jugendlichen, die selbst nicht die deutsche Staatsangehörigkeit besitzen oder deren Elternteile beide Ausländer/innen sind, ein Migrationshintergrund zugewiesen. Kinder mit einem deutschen und einem ausländischen Elternteil wurden nicht zu den Personen mit Migrationshintergrund gezählt (Settelmeyer/ Erbe 2010).

8 Feliciano und Rumbaut (2005) beziehen sich in ihrer Analyse auf mexikanische, kambodschanische, philippinische und vietnamesische Migrant/inn/en, die in Kalifornien leben.

9 Die Frage nach der interkulturellen Validität ist grundlegend für kulturvergleichende Untersuchungen. Hierbei geht es um die Herausforderung, sicherzustellen, dass die gefundenen Unterschiede tatsächlich Differenzen markieren und nicht die Folge einer nicht vorhandenen Äquivalenz der Konzepte und Methoden darstellen (siehe ausführlicher Herwartz-Emden/ Mehringer 2011). Die Problematik lässt sich am Konzept der Mutterschaft erklären: Vergleiche zwischen Frauen aus der ehemaligen UdSSR, der Türkei und Deutschland zeigen, dass Mutterschaft für Arbeitsmigrantinnen und Aussiedlerinnen inhärenter Bestandteil des weiblichen Lebenskonzeptes ist und mit grundsätzlich positiven individuellen, sozialen und überwiegend statuserhöhenden Konsequenzen verbunden wird (Herwartz-Emden 1995). Es erfolgt eine vergleichsweise positive Zustimmung zum Zusammenhang zwischen Frauenleben und Mutterschaft bei Migrantin-

nen, während deutsche Frauen einem erfüllten Frauenleben durch Kinder tendenziell kritisch-distanziert gegenüberstehen. Entsprechend können die Mutterschaftskonzepte nicht als äquivalent angesehen werden und nicht mit einem kulturspezifischen Fragebogen erhoben werden. Durch den Einsatz eines für Deutschland erstellten Instrumentes käme es höchstwahrscheinlich zu einer Reproduktion von Stereotypen über moderne westliche Frauen und traditionelle Migrantinnen (ebd.).

10 Zur Analyse der Feminisierungsthese siehe Bundesjugendkuratorium 2009, Hannover/ Kessels 2011.

Literatur

Aronson, Elliot/ Timothy D. Wilson/ Robin M. Akert (2008) *Sozialpsychologie*. München/ Boston/ San Francisco: PEARSON Studium.

Aschauer, Wolfgang (2009) „Besonderheiten und Problemlagen der quantitativen Befragung bei MigrantInnen." *Umfrageforschung. Herausforderungen und Grenzen*. Hg. Martin Weichbold/ Johann Bacher/ Christof Wolf. Wiesbaden: VS Verlag, 293-315.

Beck-Gernsheim, Elisabeth (2007) *Wir und die anderen*. Frankfurt/M.: Suhrkamp.

Beicht, Ursula/ Mona Granato (2009): „Vielfalt als Chance – Junge Menschen mit Migrationshintergrund im Ausbildungssystem." *Theorie und Praxis der sozialen Arbeit* 60/2009: 190-197.

Breitenbach, Eva (2002) „Geschlecht im schulischen Kontext. Theoretische und empirische Fragen an die Koedukationsdebatte." *Geschlechterforschung als Kritik*. Hg. Eva Breitenbach/ Ilse Bürmann/ Katharina Liebsch/ Cornelia Mansfeld/ Christiane Micus-Loos. Bielefeld: Kleine Verlag, 149-163.

Breitenbach, Eva (2010) „‚Mittlerweile ist es doch egal, ob es ein Junge oder Mädchen ist ...'. Die Bedeutung der Kategorie Geschlecht in der rekonstruktiven Forschung." *Mädchen in der Schule*. Hg. Leonie Herwartz-Emden/ Verena Schurt/ Wiebke Waburg. Opladen/ Farmington Hills, MI: Barbara Budrich, 27-48.

Bundesjugendkuratorium (2009): *Schlaue Mädchen – dumme Jungen? Gegen Verkürzungen im aktuellen Geschlechterdiskurs*. 29. Mai 2011 <http://www.bundesjugendkuratorium.de/pdf/2007-2009/bjk_2009_4_stellungnahme_gender.pdf>.

Castro Varela, Maria do Mar/ Nikita Dhawan (2009) „Gendering Post/ Kolonialismus, Decolonising Gender – Feministisch-Postkoloniale Perspektiven." *Feminismus: Kritik und Intervention*. Hg. Ingrid Kurz-Scherf/ Julia Lepperhoff/ Alexandra Scheele. Münster: Westfälisches Dampfboot, 64-80.

Degele, Nina/ Gabriele Winker (2010) „Feminismen im Mainstream, in Auflösung – oder auf intersektionalen Pfaden." *Freiburger GeschlechterStudien* 24/2010: 79-93.

Feliciano, Cynthia/ Rubén G. Rumbaut (2005) „Gendered paths: Educational and occupational expectations and outcomes among adult children of immigrants." *Ethnic and Racial Studies* 28/ 2005: 1087-1118.

Gericke, Naomi/ Alexandra Uhly (2010) „Trotz steigender Ausbildungsbeteiligung ausländische Jugendliche nach wie vor unterrepräsentiert." *Berufsbildung in Zahlen* 3/2010: 4-5.

Gribić, Milenka/ Bozena Krüger/ Livia Novi/ Monika Pantelić (2004) „Interkulturalität in der Migrationsforschung." *Migrationsforschung und Interkulturelle Pädagogik*. Hg. Yasemin Karakaşoğlu/ Julian Lüddecke. Münster/ New York/ München: Waxmann, 333-347.

Griese, Hartmut M. (2006) „Kriterien und Standards interkultureller Forschung – Methodologische Reflexionen nach einem deutsch-türkischen Projekt." *Erziehungswissenschaft* 17/2006: 72-78.

Gümen, Sedef (1996) „Die sozialpolitische Konstruktion ‚kultureller Differenzen' in der bundesdeutschen Frauen- und Migrationsforschung." *Beiträge zur feministischen Theorie und Praxis* 19/ 1996: 77-89.

Hannover, Bettina/ Ursula Kessels (2011) „Sind Jungen die neuen Bildungsverlierer? Empirische Evidenz für Geschlechterdisparitäten zuungunsten von Jungen und Erklärungsansätze." *Zeitschrift für Pädagogische Psychologie* 25/2011: 89-103.

Herwartz-Emden, Leonie (1995) *Mutterschaft und weibliches Selbstkonzept*. Weinheim/ München: Juventa.

HERWARTZ-EMDEN, LEONIE (2000) „Adressatenspezifität bei Interviews und Gruppeninterviews in der interkulturellen Forschung.“ *Situationsspezifität in pädagogischen Handlungsfeldern.* Hg. Jean-Luc Patry/ Franz Riffert. Innsbruck/ Wien/ München: STUDIEN-Verlag, 55-80.

HERWARTZ-EMDEN, LEONIE/ DIETER KÜFFNER (2006) „Schulerfolg und Akkulturationsleistungen von Grundschulkindern mit Migrationshintergrund.“ *Zeitschrift für Erziehungswissenschaft* 9/2006: 240-254.

HERWARTZ-EMDEN, LEONIE/ VOLKER MEHRINGER (2011) „Probleme und Grenzen des Empirischen in der Interkulturellen Bildungsforschung.“ *Vom bildungstheoretischen Ort/ Nicht-Ort des Empirischen. Aktuelle Perspektiven und Einsatzpunkte allgemeiner Erziehungswissenschaft.* Hg. Ines M. Breinbauer/ Gabriele Weiss. Würzburg: Königshausen & Neumann. (im Druck).

HERWARTZ-EMDEN, LEONIE/ VERENA SCHURT/ WIEBKE WABURG (2010) *Aufwachsen in heterogenen Sozialisationskontexten.* Wiesbaden: VS Verlag.

HUMMRICH, MERLE (2009) „Bildung im Benachteiligungssystem. Eine einleitende Feldbeschreibung zum Kampf um Bildung und Erfolg.“ *Benachteiligung im Bildungssystem.* Hg. Merle Hummrich. Frankfurt/M./ Berlin/ Bern: Peter Lang, 13-35.

JOBST, SOLVEJG/ JAN SKROBANEK (2008) „Migration und Ungleichheit. Objektkonstruktionen im sozialwissenschaftlichen Feld.“ *Soziale Probleme* 19/2008: 34-52.

JUHASZ, ANNE/ EVA MEY (2009) „Adoleszenz zwischen sozialem Aufstieg und sozialem Ausschluss.“ *Adoleszenz – Migration – Bildung* [2006]. Hg. Vera King/ Hans-Christoph Koller. Wiesbaden: VS Verlag, 85-102.

KING, VERA (2008) „In verschiedenen Welten. ‚Objektkonstruktion‘ und ‚Reflexivität‘ bei der Erforschung sozialer Probleme am Beispiel von Migrations- und Bildungsaufstiegsbiographien.“ *Soziale Probleme* 19/2008: 13-33.

KING, VERA (2010) „Bildungskarriere, Migranten und psychosoziale Entwicklung: junge Männer aus türkischen Familien.“ *Zwischen Praxis, Politik und Wissenschaft. Die vielfältigen Referenzen Interkultureller Bildung.* Hg. Wassilios Baros/ Franz Hamburger/ Paul Mecheril. Berlin: verlag irena regener, 113-123.

KONSORTIUM BILDUNGSBERICHTERSTATTUNG (2006) Hg. *Bildung in Deutschland. Ein indikatorengestützter Bericht mit einer Analyse zu Bildung und Migration.* Bielefeld: Bertelsmann Verlag.

KRATZMANN, JENS/ THORSTEN SCHNEIDER (2008) „Soziale Ungleichheiten beim Schulstart. Empirische Untersuchungen zur Bedeutung der sozialen Herkunft und des Kindergartenbesuchs auf den Zeitpunkt der Einschulung.“ *SOEP papers on Multidisciplinary Panel Data Research.* Berlin: DIW.

KRISTEN, CORNELIA/ JÖRG DOLLMANN (2010) „Sekundäre Effekte der ethnischen Herkunft: Kinder aus türkischen Familien am ersten Bildungsübergang.“ *Vom Kindergarten bis zur Hochschule. Die Generierung von ethischen und sozialen Disparitäten in der Bildungsbiographie.* Hg. Birgit Becker/ David Reimer. Wiesbaden: VS Verlag, 117-144.

KROHNE, JULIA ANN/ ULRICH MEIER (2004) „Sitzenbleiben, Geschlecht und Migration.“ *Die Institution Schule und die Lebenswelt der Schüler.* Hg. Gundel Schümer/ Klaus-Jürgen Tillmann/ Manfred Weiß. Wiesbaden: VS Verlag, 117-147.

KHAN-SVIK, GABRIELE (2010) „Ethnizität und Bildungserfolg – begriffsgeschichtlich und empirisch beleuchtet.“ *Ethnizität, Geschlecht, Familie und Schule.* Hg. Jörg Hagedorn/ Verena Schurt/ Corinna Steber/ Wiebke Waburg. Wiesbaden: VS Verlag, 15-31.

LENZ, ILSE (2006) „Wie können wir Ethnizität und Geschlecht zusammendenken?“

Sozialmagazin. Die Zeitschrift für Soziale Arbeit 31/2006: 17-23.

Lutter, Christina/ Markus Reisenleitner (2001) *Cultural Studies. Eine Einführung.* Wien: Löcker.

Mansel, Jürgen/ Viktoria Spaiser (2010) „Hintergründe von Bildungserfolgen und -misserfolgen junger Migrant/innen." *Diskurs Kindheits- und Jugendforschung* 5/2010: 209-225.

Nold, Daniela (2010) „Sozioökonomischer Status von Schülerinnen und Schülern 2008. Ergebnisse des Mikrozensus." *Wirtschaft und Statistik* 2/2010: 138-149.

PISA-Konsortium Deutschland (2008) *PISA 2006 in Deutschland. Die Kompetenzen der Jugendlichen im dritten Ländervergleich. Zusammenfassung.* 29. Mai 2011 <http://pisa.ipn.uni-kiel.de/Zusfsg_PISA2006_national.pdf>.

Sarrazin, Thilo (2009) „Im Gespräch. Klasse statt Masse. Auszug." *Lettre International* 86/2009: 197-201.

Sauer, Birgit (2009) „Migration, Geschlecht und die Politik der Zugehörigkeit." *Feminismus: Kritik und Intervention.* Hg. Ingrid Kurz-Scherf/ Julia Lepperhoff/ Alexandra Scheele. Münster: Westfälisches Dampfboot, 246-259.

Segeritz, Michael/ Petra Stanat/ Oliver Walter (2010) „Muster des schulischen Erfolgs von Mädchen und Jungen mit Migrationshintergrund." *Zeitschrift für Pädagogik* 55, Beiheft/2010: 165-186.

Settlemeyer, Anke/ Jessica Erbe (2010) „Migrationshintergrund. Zur Operationalisierung des Begriffs in der Berufsbildungsforschung." *Wissenschaftliche Diskussionspapiere des Bundesinstituts für Berufsbildung (BIBB).* 112/2010. Bonn: BIBB.

Siegert, Manuel (2008) *Schulische Bildung von Migranten in Deutschland.* Nürnberg: BAMF.

Stanat, Petra (2008) „Heranwachsende mit Migrationshintergrund im deutschen Bildungswesen." *Das Bildungswesen der Bundesrepublik Deutschland.* Hg. Kai S. Cortina/ Jürgen Baumert/ Achim Leschinsky/ Karl Ulrich Mayer/ Luitgard Trommer. Reinbek bei Hamburg: Rowohlt Taschenbuch Verlag, 685-743.

Stanat, Petra/ Dominique Rauch/ Michael Segeritz (2010) „Schülerinnen und Schüler mit Migrationshintergrund." *PISA 2009. Bilanz nach einem Jahrzehnt.* Hg. Eckhard Klieme/ Cordula Artelt/ Johannes Hartig/ Nina Jude/ Olaf Köller/ Manfred Prenzel/ Wolfgang Schneider/ Petra Stanat. Münster/ New York/ München: Waxmann, 200-230.

Statistisches Bundesamt (2010) *Bevölkerung und Erwerbstätigkeit. Bevölkerung mit Migrationshintergrund – Ergebnisse des Mikrozensus 2008.* Wiesbaden: Statistisches Bundesamt.

Strasser, Josef/ Corinna Steber (2010) „Lehrerinnen und Lehrer mit Migrationshintergrund – Empirische Reflexion einer bildungspolitischen Forderung." *Ethnizität, Geschlecht, Familie und Schule.* Hg. Jörg Hagedorn/ Verena Schurt/ Corinna Steber/ Wiebke Waburg. Wiesbaden: VS Verlag, 97-126.

Weber, Martina (2009a) „Das Konzept ‚Intersektionalität' zur Untersuchung von Hierarchisierungsprozessen in schulischen Interaktionen." *Bildung als sozialer Prozess.* Hg. Jürgen Budde/ Katharina Willems. Weinheim/ München: Juventa, 73-91.

Weber, Martina (2009b) „Zuweisung geschlechtlicher und ethnischer Zugehörigkeiten im Schulalltag." *Adoleszenz – Migration – Bildung* [2006]. Hg. Vera King/ Hans-Christoph Koller. Wiesbaden: VS Verlag, 213-224.

Westphal, Manuela/ Birgit Behrensen (2008) *Wege zum beruflichen Erfolg bei Frauen mit Migrationshintergrund der ersten und zweiten Generation und Ursachen für die gelungene Positionierung im Erwerbsleben.* Nürnberg: BAMF.

Debora Niermann

„Ich muss die Familie ziehen, ich als Mann": Geschlechter- und Familienbeziehungen von Männern mit osteuropäischem Migrationshintergrund in Deutschland

1 Eine Leerstelle in der Familien- und Migrationsforschung: Väter mit Migrationshintergrund

Männer wurden unlängst noch als das „vernachlässigte Geschlecht der Familienforschung" (Tölke/ Hank 2005, 7) bezeichnet, doch wurde ihnen in den letzten Jahren ein steigendes Interesse in der Familienforschung[1] sowie speziell in der enger fokussierten Väterforschung (Matzner 2004/ Volz/ Zulehner 2009) entgegengebracht. Dennoch gilt ‚Familie' immer noch vorrangig als ‚Frauenthema'. Männern kommt in der Familienforschung nach wie vor eine Randexistenz zu. Begründet wird dies damit, dass der Lebenslauf von Männern weitgehend von dem Ereignis der Familiengründung unberührt sei, während es eine markante biografische Wende im Lebenslauf von Frauen einleitet. Diese Leerstelle in der Forschung verdoppelt sich, wenn man Migrationshintergründe[2] miteinbezieht. Insgesamt wurden zwar nach ersten Forschungen von Nauck (vgl. 1989; 1997; Nauck/ Kohlmann 1999) zu türkischen Familien in den 1980er und 1990er Jahren auch aufgrund eines neuen Interesses an generativem Verhalten, insbesondere in der demografisch orientierten Familienforschung, Migrationsfamilien zum Thema (z.B. Milewksi 2007), doch fokussierten auch diese Arbeiten vorrangig ‚weibliche Perspektiven' (Bundeszentrale für gesundheitliche Aufklärung [BZgA] 2009).

Mit der zunehmenden Wahrnehmung von Frauen als „signifikanten Teilnehmerinnen an internationaler Migration" (Han 2003, 61) rückten auch deren Familien verstärkt in den Blickpunkt. Dabei verdeutlichte sich vor allem die bislang lückenhafte Untersuchung der Funktion von Familie in Migrations- und Einwanderungsprozessen. Mit einer Defizithypothese belastet erschien die Einwandererfamilie klischeehaft als traditionelle, konfliktbeladene und desorganisierte Familie (vgl. Herwartz-Emden 1991). Während in den Vereinigten Staaten bereits Ende der 1970er Jahre diese pathologisierende Sicht aufgegeben wurde (vgl. Gabaccia 1991, 61), setzte in Deutschland der *6. Familienbericht* im Jahr 2000 einen ähnlichen Perspektivenwechsel in Gang. Erstmals beschäftigte sich eine Sachverständigenkommission im Rahmen vielfältiger Expertisen mit dem komplexen Thema ‚Familien ausländischer Herkunft'. Neben der Erweiterung des Gegenstandswissens lässt sich ein beachtlicher Nebeneffekt als Ertrag des Familienberichts verbuchen: Migration gilt nicht länger als Unternehmung eines losgelösten Individuums; vielmehr fand und findet jede Art von Wanderung in familiären Kontexten statt. So konstatiert Herwartz-Emden in ihrer Studie ‚Einwandererfamilien', dass die Migrationsmotivation sowohl in der Emigration als auch der Immigration im Zusammenhang mit familiären, verwandtschaftlichen Beziehungen steht. Ebenso spielen Familien und Netzwerke eine zentrale Rolle für die Struktur und Gestalt von Migrationen. Die Wanderungen Einzelner werden durch familiäre Bedürfnisse sowie Beziehungen ausgelöst und getragen (vgl. Herwatz-Emden 2003).

Doch blieb insgesamt die Schnittstelle ‚Männer und Migrationsfamilien' weitgehend leer; in der Familien- wie der Väterforschung beziehen sich aktuelle Studien (vgl. Volz/ Zulehner 2009) nahezu durchweg auf deutsche Männer ohne Migrationshintergrund. Trotz expliziter Kritik (Spohn 2002; Tunç 2006; Westphal 2003) an diesem ethnozentrischen Forschungsbias bleibt die vorhandene bevölkerungsstrukturelle Diversität weitgehend ausgeklammert. Es liegen bislang nur einige wenige qualitative Studien zu Männern bzw. Vätern mit Migrationshintergrund vor, die sich jedoch vor allem auf eng umrissene, spezifische Gruppen von Vätern beziehen. Mitte der 1990er Jahre befragte Westphal (2002) 33 Aussiedler und zehn Migranten aus der Türkei. Migrantenväter, so das Fazit, bearbeiten die Umbrüche ihrer Lebenssituation „im Rahmen des klassischen Vaterbildes, das den Mann als Vater in seiner beschützenden, behütenden und sorgetragenden Rolle zeigt" (Westphal 2000, 204). Das neue Selbstverständnis orientiert sich weniger an dem neuen bzw. haltenden Vater, sondern an einer Beteiligung an der Erziehung und Sozialisation auch der älteren Kinder. Insbesondere für die türkische Gruppe liegen Untersuchungen für Männlichkeit in der Jugend vor (vgl. King 2005; Nohl 2005) bzw. für Männlichkeit und Migration allgemein (vgl. Toprak 2007). Spohn (2002) befragte Männer der ersten Generation türkischer Migranten und konnte zeigen, dass sich ein Familienmodell herausbildet, „das durch Individualismus bei gleichzeitiger Aufrechterhaltung starker familiärer, emotionaler Beziehungen geprägt ist" (Spohn 2006, 26). Tunç (2008) legte Ergebnisse qualitativer Interviews mit Vätern mit türkischem Migrationshintergrund der zweiten Generation vor und wies auf den Wandel der Geschlechterrollen und Vaterschaftskonzepte hin sowie auf die Notwendigkeit, nach sozialen Milieus zu differenzieren.

Doch lassen die genannten Studien noch viele Fragen offen. Insbesondere fehlt es an systematischen Analysen, wie Migrations- und Familienbildungsprozesse im Lebenslauf verknüpft sind und wie das wechselseitige Bedingungsverhältnis von reproduktivem Handeln und subjektiven Deutungen von Familie und Vaterschaft zu fassen ist. Vor allem gilt es einen systematischen Rückbezug von Familien- und Vaterschaftskonzepten in ihrer Unterschiedlichkeit auf ungleiche Migrationslagen herzustellen. Eben dieser skizzierten Leerstelle widmet sich die im Folgenden vorgestellte Studie und beabsichtigt mittels einer intersektionalen Analyse eine Zusammenschau der Perspektiven aus Migrations-, Familien- und Väterforschung herzustellen.

2 ‚Männer leben – Familie und Migration im Lebenslauf von Männern mit türkischem und osteuropäischem Migrationshintergrund' – theoretische und methodische Hintergründe

Die von der *Baden-Württemberg Stiftung* finanzierte Machbarkeitsstudie ‚Männer leben – Familie und Migration im Lebenslauf von Männern mit türkischem und osteuropäischem Migrationshintergrund' wurde von Dezember 2008 bis Dezember 2009 an der *Evangelischen Hochschule Freiburg* durchgeführt. Im Rahmen dieses Beitrags erfolgt eine Begrenzung auf die Vorstellung von zentralen Ergebnissen für die osteuropäische Gruppe, zumal sich hier der Forschungsstand bislang noch defizitärer gestaltet als für die türkische Gruppe.

2.1 *Theoretische Ausgangspunkte der Studie*

Ziel der Untersuchung war es, die subjektiven, kollektiv verankerten, aber auch individuell-biografisch variierenden Konzepte von Familie, Vaterschaft und Geschlechterbeziehungen mittels einer empirischen Rekonstruktion aus qualitativen Daten herauszuarbeiten. Dabei werden die subjektiven Deutungen in Bezug zu den sozialen Migrationslagen der Befragten gesetzt. In Anlehnung an das Modell der sozialen Lage (vgl. Geißler 1987) verweist die Begrifflichkeit ‚soziale Migrationslage' auf spezifische sozialstrukturelle Verortungen von Menschen, die durch eigene Migrationserfahrung und/oder durch die ihrer Herkunftsfamilie gekennzeichnet ist. Speziell sollen hier auch die Verbindungen der jeweiligen Migrations- und Familiengeschichten berücksichtigt werden. Da für MigrantInnen mit eigener Wanderungserfahrung mit der Migration ein Wechsel der kontextuellen Rahmung für Familie, Vaterschaft, Gestaltung von Geschlechterverhältnissen u.a. mit einem Wechsel der (sozial-)staatlichen Politiken einhergeht, ist die soziale Migrationslage ein komplexes Bedingungsgefüge, das es doppelt zu bestimmen gilt: zum einen in Relation zu dem Herkunftsland (bzw. für die 2. Generation: zu den aus dem Herkunftsland migrierten Eltern), zum anderen in Relation zur Aufnahmegesellschaft. In der Bearbeitung der sozialen Migrationslage findet eine Auseinandersetzung sowohl mit den Deutungen und Konzepten des Herkunftslands als auch denjenigen des Aufnahmelands statt: Hier stellt sich u.a. die Frage, inwieweit migrationsspezifische Transformationen von Vaterschaftskonzepten zu rekonstruieren sind. Soziale Migrationslagen bringen so zum einen – Mannheim (1964) folgend – kollektive Wissensbestände hervor, zum anderen werden sie individuell-biografisch verarbeitet. Varianten der Konstruktionen von Familie und Vaterschaft bilden sich so auf kollektiver und auf individueller Ebene heraus. Sowohl die gemeinsamen Aspekte als auch die persönlich-einzigartige Dynamik im Lebenslauf haben einen Einfluss. Dabei sind die subjektiven Deutungen der Befragten nicht nur in ihrer

Unterschiedlichkeit in Bezug auf die makrostrukturell bestimmte, soziale Migrationslage bzw. die individuelle Verarbeitung der sozialen Migrationslage zu interpretieren, sondern – Giddens Dualität von Handlung und Struktur (vgl. Giddens 1988) aufgreifend – leiten sie auf der individuellen Handlungsebene das familiale Handeln an. Unter familialem Handeln wird im Kontext der Studie reproduktives Handeln sowie die Ausgestaltung von Geschlechterbeziehungen und Zusammenleben in der Familie gefasst. Reproduktives Handeln versteht sich dabei als Teil der Gestaltung des privaten Lebens und umfasst neben der Frage ‚Kinder ja oder nein und unter welchen Voraussetzungen' auch Aspekte wie Verhütung, Gestaltung der Partnerschaften, Heirat und Trennungen sowie den Umgang mit Sexualität.

Die gewählte Lebenslaufperspektive ermöglicht darüber hinaus zwei weitere grundlegende theoretische Perspektiven. Erstens wird davon ausgegangen, dass subjektive Deutungen, z.B. der eigenen Migrationsgeschichte oder der Position in der Familie als Verarbeitung von zurückliegenden Erfahrungen und von sozialisatorisch erworbenem Wissen entwickelt werden. Zweitens wird angenommen, dass auf der Basis von Deutungen Entwürfe für das zukünftige Handeln konstruiert werden. Die Veränderungen der Familien- und Vaterschaftskonzepte und die Veränderung der Familienbildung in Migrationsfamilien lassen sich empirisch nicht direkt begleiten; zumindest würde dies eine ressourcenkräftigere Langzeitstudie erfordern. In der Analyse der Konzepte und in ihrer Kontrastierung für unterschiedliche soziale Migrationslagen lassen sich jedoch als Ergebnis der Studie Thesen formulieren, unter welchen Einflüssen sich diese Konzepte herausbilden und wie sich welche Veränderungen in der Familienbildung über die Änderungen der Konzepte von Vaterschaft und Familie erklären lassen. So besteht die begründete Annahme, dass eine prekäre soziale Lage eher zu einer Aufwertung der Familien- und Geschlechterkonzepte des Herkunftslandes führt, während Bildungschancen in der Aufnahmegesellschaft eine spätere Heirat begünstigen.

2.2 Forschungsdesign und methodisches Vorgehen

Befragt wurden in der Erhebung 18-50jährige Männer, da in diesem Zeitfenster die wesentlichen Weichenstellungen der familiären Entwicklung erfolgen bzw. erfolgt sind und rückblickend erzählt werden können. Mit dieser weiten Spanne waren darüber hinaus Vergleiche zwischen älteren und jüngeren Teilnehmern und die Erfassung der Vaterschaftskonzepte von Kinderlosen ebenso wie von Vätern möglich. Die Fokussierung der Erhebungsgruppen auf Männer mit osteuropäischem und türkischem Migrationshintergrund wurde damit begründet, dass so Aussagen für die beiden größten Migrationsgruppen in Deutschland getroffen werden können (vgl. Statistisches Bundesamt 2007).[3] Für die qualitative Stichprobenziehung wurden in Anlehnung an das im Rahmen der *Grounded Theory* entwickelte ‚theoretical sampling' von Glaser und Strauss (2005, 51) Fälle bewusst nach dem Prinzip der maximalen und/oder minimalen strukturellen Variation spezifischer sozialer Merkmale der befragten Zielgruppe ausgewählt. Als Kontrastierungsdimensionen galten: die Migrationsgeschichte (z.B. Arbeitsmigration, Familienmigration, Familiennachzug, Heiratsmigration, Flucht, 1. u. 2. Generation)[4], das Alter, der Familienstand (Kinder/Partnerschaft/ verheiratet), das Qualifikationsniveau, der Erwerbsstatus sowie sozialräumliche Effekte (Stadt/Land). Es wurden Gruppendiskussionen (n = 6) (vgl. Loos/ Schäffer 2001) und teilnarrative biografische Einzelinterviews (n = 15) durchgeführt. Beide methodischen Zugänge zielen auf die Rekonstruktion subjektiven Sinns. Gruppendiskussionen ermöglichen es aufgrund des konjunktiven Erfahrungsraums (vgl. Mannheim 1964), in den Realgruppen kollektive Gruppenmeinungen zu produzieren und diese wiederum an die soziale Migrationslage zurückzubinden. Für die Durchführung der qualitativen Interviews und Gruppendiskussionen wurde aufgrund der Erfahrungen anderer Projekte im Forschungsfeld (vgl. Boos-Nünning/ Karakaşoğlu 2005; Sozialwissenschaftliches FrauenForschungs-Institut [SoFFi F.] 2007) vorab der Einsatz von methodisch geschulten bilingualen Interviewern bzw. Gruppenmoderatoren mit entsprechenden kulturellen Hintergründen festgelegt. Neben auf Deutsch geführten Einzelinterviews und Gruppendiskussionen, in denen die Männer teilweise ein hohes Sprachniveau aufwiesen, nahmen einige der Befragten das Angebot, in ihrer Muttersprache zu erzählen bzw. zu diskutieren, gerne an. Ausgewertet wurden die qualitativen Daten unter Bezugnahme auf verschiedene Analyseverfahren. Die in den Gruppendiskussionen erhobenen kollektiven Orientierungsmuster der befragten Männer wurden induktiv und mikrosprachlich anhand der Dokumentarischen Methode (vgl. Bohnsack 2003) herausgearbeitet. Das integrative texthermeneutische Verfahren kam in der Auswertung der Einzelinterviews zum Tragen.

3 Subjektive Konzepte von Familie und Vaterschaft: Männer mit osteuropäischem Migrationshintergrund

Nach einer schematischen Übersicht zu den diversen sozialen Migrationslagen der befragten Männer werden zentrale subjektive Konzepte von Vaterschaft und Männlichkeit vorgestellt.

Die sozialen Migrationslagen der osteuropäischen Gruppe:

Bürgerkriegsflüchtling aus dem ehemaligen Jugoslawien, 2. Generation, kinderlos, in keiner Partnerschaft, lebt im ländlichen Raum, kein Schul- oder Ausbildungsabschluss, derzeit arbeitslos.

Junge Aussiedler, 2. Generation, ein Befragter ist vor kurzem Vater geworden, teilweise in Partnerschaft, leben im städtischen Raum, Altersfenster: 23-26 Jahre, Ausbildung im handwerklich-technischen Bereich.

Ältere Aussiedler, 1. Generation (Migration in den letzten 5 Jahren), teilweise Väter, teilweise kinderlos, verheiratet bzw. in Partnerschaft lebend, Nichtanerkennung der in den Herkunftsländern erworbenen Abschlüsse im technischen Bereich, leben im städtischen Raum, Altersfenster: 30-47 Jahre, diskontinuierliche Beschäftigungsverhältnisse.

Student, 1. Generation, 28 Jahre, kinderlos, keine feste Partnerschaft, lebt im städtischen Raum, Hochschulzugangsberechtigung in Deutschland erworben, derzeit Studium.

Jüdischer Kontingentflüchtling, 1. Generation, Vater, verheiratet, Hochschulabsolvent in der Ukraine, in Deutschland als Informatiker tätig, lebt im städtischen Raum, 30 Jahre.

3.1 Der Vater als Ernährer

Vaterschaft wird von den befragten Männern durchgängig mit Verantwortung und Pflichten assoziiert, denen mit der Rolle des Ernährers begegnet wird. Diese ist an eine Konzeption hegemonialer Männlichkeit gebunden, in welcher der im Vergleich zur Partnerin stärkere Mann sich als Oberhaupt der Familie positioniert.

> B: ich muss die familie ziehen. ich als mAnn also ich bin der STÄRkere sozusagen also. hab ich die verantwortung was alles weitere zu machen und so das geld reinzubringen dass alles in ORDnung ist und alles alles alles.
> (B Teilnehmer GD Junge Aussiedler)[5]

Hinsichtlich der Ernährerrolle sind entsprechend weniger die intergenerationalen Zusammenhänge zwischen Vater und Kind konstitutiv als die Geschlechterbeziehungen. So wird zwar die erfolgreiche Ausbildungsbeendigung beider Partner als Voraussetzung für Elternschaft benannt. In Deutschland steigen jedoch die Partnerinnen mit dem Kind in der Regel auf unbestimmte Zeit aus der beruflichen Sphäre aus, während bei den Vätern eine stärkere berufliche Orientierung erfolgt. Entsprechend agieren die Männer als Ernährer, während ihren Partnerinnen eine ergänzende erzieherische und den Mann unterstützende Aufgabe zukommt. Die ihnen aus ihren Herkunftsfamilien bekannte Ausgestaltung der Geschlechterbeziehung setzen alle Befragten im Blick auf die übergeordnete Positionierung des Mannes in der Familie fort. Gleichzeitig findet eine Transformation zur Retraditionalisierung dahingehend statt, als nicht mehr, wie in der Sowjetunion üblich, beide Partner gleichermaßen in den beruflichen Sektor integriert sind. Daraus folgt einerseits eine Aufwertung der Männer und damit eine Statuserhöhung als Väter, fungieren diese doch in Deutschland als alleinige Familienernährer. Andererseits führt dies für die Männer der ersten Generation zu einer Verschärfung der Problematik beruflicher Dequalifizierung durch die Nichtanerkennung der im Herkunftsland erworbenen Abschlüsse. Analog betonen alle Teilnehmer die hohe Bedeutung von Arbeit sowohl in den Diskussionen als auch in den Einzelinterviews.

3.2 *Vaterschaft als Transformation von Männlichkeit*

Insbesondere von der Gruppe der jungen Aussiedler und damit für die Vertreter der zweiten Generation wird Vaterschaft als massive Zäsur in der bisherigen Lebensgestaltung konstruiert. Diese Vorstellung basiert auf der Konzeption einer zweiphasigen Männlichkeit, deren Transition die Familiengründung darstellt. Während die Jugendzeit und das junge Erwachsenenalter mit Ungebundenheit und Freiheit assoziiert werden, markiert Vaterschaft den Übergang zu einer neuen Lebensphase der erwachsenen Männlichkeit. An deren Beginn steht die Metamorphose zum verantwortungsvollen Vater und Ernährer.

> C: eija ich sag mal so er dreht sich um hundertachtzig grad um das isch dann ein GANZ andere person sag ich mal so jetzt kann man halt was weiß ich BLÖDsinn machen dess machen jenes machen und dann isch=s vorbei dann musst du dafür sorgen das in deinem leben alles richtig läuft oder versuchen das es richtig läuft keine ahnung ich wünsch mir auf jeden fall sowieso für länger ein kind ((Lachen 2sec.)) aber ich wart noch erschtmal die zukunft aufbauen ausbildung und alles n=ja weil sonst bist du verloren. (C Teilnehmer GD Junge Aussiedler)

Der Status des Vaters ist für die jungen Männer eher nachteilig besetzt; schließlich wird mit ihm das Ende der momentan gelebten positiv konnotierten jugendlichen Männlichkeit markiert. Gleichzeitig verstärkt Vaterschaft berufliche Ambitionen mit dem Ziel, die Ernährerrolle auszufüllen. So beschreibt der erst vor einem halben Jahr Vater gewordene (I) die Veränderungen der vergangenen Monate wie folgt:

> I: ich bin jetzt erwachsener geworden dann mit der zeit nicht mehr so viele parties mache [ja] ((räuspern)) auf jeden fall mehr für die familie da sein. und dann jetzt ((räuspern)) das ARbeiten öh siehsch ganz anders an wie wie dass du i muss das geld verdiener. (I Junger Aussiedler)

3.3 *Vaterschaft als Aufopferung und Bildungsermöglichung*

Insbesondere die Männer der ersten Generation, die bereits mit einer abgeschlossen Berufsausbildung und Familie nach Deutschland migriert sind, schildern ihre Vaterschaft als ein Zurückstecken der eigenen Interessen und damit als ein Opfer, das eine migrationsspezifische Begründung erfährt. Während im Zuwanderungsland die Ausgestaltung der Geschlechterbeziehungen mit einer übergeordneten Stellung von Männern zumindest bedingt realisiert werden kann, lässt sich diese Positionierung für den Vater zum Kind in der Migrationssituation nicht halten. Vielmehr überholt das Kind aufgrund seiner schnelleren Integrationsgeschwindigkeit den Vater und entwertet diesen damit implizit. Entsprechend ist auch keine Entwicklung der Vaterschaftskonzeption vom Ernährer zum Erzieher zu beobachten; dabei besteht seitens der Männer ein klarer Anspruch, als Erzieher zu fungieren.

> B: ja nun ich denke nach meiner vorstellung vater zu werden dies: bedeutet zuerst du musst die verantwortung dafür übernehmen dass du ein kind habe wirst und musst ihn erziehen du musst ihn großziehen du musst ihm helfen eine bildung zu geben um ihm das weitere leben so WIE möglich zu erleichtern so stelle ich es mir vor hier in deutschland persönlich für mich ich werde aus meiner erfahrung erzählen äm dies klappt bei mir bis jetzt nicht so gut weil ich kann es sogar erklären deshalb äm wir sind angekommen als das kind acht jahre alt war die integration des kindes ist ziemlich schnell verlaufen das heißt er hat praktisch mit neun jahren schon äm die umgangssprache völlig beherrscht im gegensatz zu uns zu den eltern die eltern äm sprechen bis heute äm ziemlich schlecht deutsch und deswegen ((aufatmet)) irgendwie klappt es nicht so gut äm an seinem schulleben teilzunehmen. (B Teilnehmer GD Ältere Aussiedler)

Der eigene normative Anspruch des Vaters, als Gebender zu agieren, kann letztlich nur über die Inkaufnahme der Zurückstellung der eigenen Interessen zugunsten derer des Kindes eingelöst werden. So beschreibt beispielsweise ein Vater im Einzelinterview, dass er versucht, dem Sohn möglichst viel zu ermöglichen, bei gemeinsamen Freizeitaktivitäten jedoch aufgrund seiner schlechten Deutschkenntnisse kaum partizipieren kann. Ziel der väterlichen Anstrengung ist die Ermöglichung des sozialen Aufstiegs der Kinder und damit deren Zukunftsvorbereitung.

Vor allem von den Männern der ersten Generation, die mit der Migration eine Dequalifizierung in der beruflichen Sphäre erlebt haben, wird die Schaffung von Zugang zu Bildung für die (zukünftigen) Kinder in Deutschland als ein zentrales Ziel benannt. Bildung für die Kinder ist dabei nicht nur an Schule, sondern insbesondere an ein Konzept der sinnvollen Beschäftigung geknüpft, das die Männer selbst in ihrem Aufwachsen in der Sowjetunion positiv erlebt haben und das einer Verwahrlosung der Heranwachsenden durch mangelnde Kontrolle vorbeugen soll. Im Gegensatz zu den in der Sowjetunion kostenfreien strukturellen Angeboten ist die Finanzierung der sinnvollen Beschäftigung der Kinder in Deutschland privat-individuell zu erbringen. Dies führt wiederum zu einer Bedeutungssteigerung des Vaters in seiner Ernährerrolle, kann dieser doch über seinen Verdienst die Bildungsförderung und Betreuung der Kinder realisieren, während ihm unmittelbare Bildungsermöglichung, wie Unterstützung bei Hausaufgaben, aufgrund seiner begrenzten sprachlichen Ressourcen nicht möglich ist. Ziel ist es:

> I: seinem kind zu geben damit er die familie fortsetzen kann und auf eine ebene leben nicht auf der ebene der sozialhifebedürftigen sondern auf der ebene eines menschens der arbeitet und fest im leben steht. (I Älterer Aussiedler)

3.4 Vaterschaft aus Sicht der bildungsprivilegierten Befragten

Bei den bildungsprivilegierten Interviewten der ersten Generation, die das Bildungskapital ihrer Herkunftsfamilien auch und gerade mit der Migration erfolgreich einlösen konnten, dominiert die Selbstdeutung der persönlichen Entwicklungsgeschichte, die von einer starken Bildungs- und Berufsorientierung zeugt. Während in der Sowjetunion der hohe Bildungsgrad der Eltern nicht mit einer verbesserten Positionierung, sondern häufig mit einer prekären sozialen Lage verknüpft war, gelingt den Befragten in Deutschland aufgrund der Bildungsambitionen, die sie im Zuwanderungsland realisieren können, der soziale Aufstieg. Vaterschaft und Familie sind einerseits in den persönlichen Reifungs- und Entwicklungsprozess eingebunden, spielen jedoch im Vergleich zum sozialen Aufstiegsprojekt eine untergeordnete Rolle.

3.5 Wege in die Partnerschaft/Ehe und reproduktives Handeln in der biografischen Dynamik

Die richtige Partnerin stellt für alle Befragten eine Grundvoraussetzung zur Familiengründung dar, die insbesondere von den bislang unverheirateten Männern thematisiert wird. Im Gegensatz zu der türkischen Gruppe konstruieren die befragten osteuropäischen Männer ihre Vaterschaftsvorstellungen nicht als konstitutives Element für Familie, sondern orientieren sich stärker an einem Konzept von Elternschaft, das mit der Vollständigkeit von Familie in Verbindung gebracht wird. Unverheiratete Männer der ersten und zweiten Generation problematisieren den von ihnen als begrenzt erlebten Heiratsmarkt im Zuwanderungsland. Aufgrund von konstatierten Mentalitätsdifferenzen, vor allem aber angesichts des eigenen Minoritätenstatus und der unzureichenden Deutschkenntnisse kommen lediglich russisch sprechende Partnerinnen für die Männer in Betracht. Entsprechend lässt sich das Dilemma nicht über binationale Ehen, beispielsweise mit deutschen Frauen, auflösen. Das Finden einer geeigneten Ehefrau ist für die osteuropäischen Männer nicht, wie bei arrangierten Ehen der türkischen Gruppe, in einen unterstützenden gesamtfamiliären Kontext eingebunden, sondern obliegt allein dem Mann. Die in der Migration erschwerten Wege in die Ehe schmälern somit die Möglichkeit, den Wunsch nach Familie einlösen zu können. So gelang lediglich zwei der Befragten das Kennenlernen einer Partnerin in Deutschland, mit der dann auch eine Familie gegründet wurde.

In Bezug auf die an die Vaterschaft geknüpften Voraussetzungen sind für die Männer der ersten Generation, die bereits in der Sowjetunion Familien gegründet haben, und für die jungen Männer der zweiten Generation, deren Familiengründungsphase meist noch vor ihnen liegt, unterschiedliche Muster rekonstruierbar. So wird von den Vätern der ersten Generation eine Parallelität von Ausbildung, Heirat und Familiengründung als Normalität versprachlicht, während bei den jungen Männern klar ein sequentielles Konzept vorherrscht, bei dem erst nach erfolgreicher Ausbildung, festem Arbeitsplatz und einer Phase der Partnerschaftskonsolidierung eine reproduktive Phase geplant ist. Dieser Entwurf der voraussetzungsvollen Vaterschaft zielt wiederum auf die Einlösung des Ernährermotivs ab und basiert auf einer traditionellen Ausgestaltung der Geschlechterbeziehungen. Gleichzeitig favorisieren beide Gruppen ein Konzept früher Elternschaft, das zwischen dem 20. und 25. Lebensjahr realisiert werden soll. Durchgängig wird Vaterschaft mit persönlichen und strukturellen Veränderungen assoziiert und geht mit einer Steigerung des beruflichen Engagements einher. Die hochqualifizierten Befragten nennen ebenfalls die Etablierung in der Arbeitssphäre als Bedingung für Reproduktion, betonen jedoch entsprechend der Deutung ihrer Biografie als persönlichen Entwicklungsprozess die notwendige Reife als Voraussetzung für Vaterschaft.

3.6 Abschließende Betrachtung der empirischen Ergebnisse und Thesen

(1) Für alle Befragten gilt die Vorstellung, dass Familie und Kinder selbstverständlicher Bestandteil der Lebenskonzeption sind und dem Vater angesichts seiner hohen Verantwortung und Verpflichtung in der Familie eine übergeordnete Position zukommt. Von allen Männern, egal ob mit oder ohne Kinder, wird Vaterschaft in der Migration als schwierig konstruiert, wobei sich insbesondere die Wege in die Ehe problematisch gestalten und infolgedessen zum Teil Familie nicht wie gewünscht gegründet werden kann.

(2) Ebenfalls wird von allen befragten Männern eine klare Differenz zwischen Osteuropa und Deutschland konstruiert. Unabhängig von der beruflichen Integration und Gestaltung der sozialen Lage grenzen sich die Männer von der deutschen Gesellschaft ab. Die Zugehörigkeit zu ihr wird von den Teilnehmern aufgrund ihres Migrationshintergrunds kaum neu verhandelt.

(3) Trotz der insgesamt eher schwierigen beruflichen Situation, insbesondere für die erste Generation, findet keine Transformation des Vaterschaftskonzepts hin zum Erzieher statt, sondern vielmehr eine Konzentration auf die Rolle des Ernährers. Eine Öffnung der Vaterrolle hin zum Erzieher ist für die Männer aufgrund der faktischen Integration ihrer Kinder und ihres eigenen eher schwierigen Einfindens in Deutschland nicht möglich.

(4) Das starke Ernährermotiv und der damit verbundene Anspruch, erst eine Zukunft aufbauen zu wollen, führt bei den Männern der zweiten Generation zu einer Sequenzierung der Lebensereignisse, die im Herkunftsland von der ersten Generation noch parallelisiert wurden. Es kommt zu einem Aufschub des Kinderwunsches und damit entweder zu einer späteren Realisierung der Elternschaft, wobei dennoch an dem Ideal der jungen Elternschaft festgehalten wird, oder zur Kinderlosigkeit.

(5) Die Ausgestaltung der Vaterschaft ist nicht in erster Linie intergenerativ bestimmt. Das gilt sowohl für den Blick auf die eigenen Väter der Befragten, die kaum im Kontext ihres eigenen subjektiven Vaterschaftskonzepts thematisiert werden, als auch in Bezug darauf, dass eine intergenerative Weitergabe an die Söhne eine sekundäre Rolle zu spielen scheint. Weniger Traditionen aus der Herkunftsfamilie als vielmehr die in der Sowjetunion zum Teil selbst erfahrene strukturelle Einbettung, beispielsweise im Konzept der sinnvollen Beschäftigung der Kinder, soll auch in Deutschland fortgesetzt werden. Ein intergeneratives Element ist jedoch bei den Männern mit eigener Wanderungserfahrung, die massive berufliche Dequalifizierung im Zuwanderungsland erlebt haben, in der Delegation des Bildungsaufstiegs an die Nachkommen feststellbar.

(6) Insbesondere die Konzeption des Vaters als Ernährer steht in einem stärkeren Zusammenhang zu den Geschlechterverhältnissen, die im Zuwanderungsland eine Transformation erfahren. Erst über die alleinige Ernährerrolle, die unabhängig von ihren Möglichkeiten der Realisierung konstruiert wird, gelingt es den Männern, ihre Stellung als Oberhaupt der Familie zu behaupten.

(7) Grundsätzlich ist gerade für die Männer der 1. Generation von einer problembeladenen Migrationsgeschichte auszugehen, da mit beruflicher Dequalifizierung eben auch die Männlichkeitsvorstellung des Ernährers erst einmal nicht eingelöst werden kann. Die Integration in die Arbeitssphäre gestaltet sich in Deutschland prinzipiell schwierig, sie muss jedoch gelingen, um die übergeordnete Stellung in der Familie herzustellen und als Bildungsermöglicher für die Kinder fungieren zu können.

4 Zurück zum ‚*male-breadwinner-model*' – gegenwärtige Entwicklungen in Russland

Diese außerordentlich hohe Bedeutung der Berufsarbeit für die Männlichkeitskonstruktionen gilt es nicht vorschnell als einen migrationsspezifischen Retraditionalisierungseffekt in der Geschlechterbeziehung zu deuten. Migration bzw. Migration in die noch immer vom *male-breadwinner-model* (vgl. Pfau-Effinger 2005) und von hohem strukturellem Familialismus geprägte Bundesrepublik führt nicht als primärer Effekt zu einem Rückgriff auf traditionale Konfigurationen. Vielmehr sind gegenwärtige Transformationen bezogen auf die Geschlechterverhältnisse in den postsozialistischen Staaten in den Blick zu nehmen. Dabei verdeutlichen sich in der vergleichenden Analyse Westdeutschlands und Russland spätestens seit den 60er Jahren des 20. Jahrhunderts gegenläufige Entwicklungen.

Im Gegensatz zum westlich geprägten Feminismus, bei dem Geschlechterverhältnisse als hierarchische zu Ungunsten der Frauen diskutierten werden, werden in der aktuellen Diskussion der Geschlechterverhältnisse in Russland entgegensetzte Positionen laut: Das Verhältnis von Männern und Frauen in

Russland wurde lange als ein Verhältnis von schwachen Männern und starken Frauen, die das Alltagsleben aufrechterhalten thematisiert. Nicht als widersprüchlich wurde dabei erlebt, dass Macht- und Führungspositionen auch in Osteuropa fast ausschließlich von Männern besetzt waren und sind (vgl. Gather/ Othmer/ Ritter 1999; Scholz/ Willms 2008). Über Quotenregelungen und Angleichungskonzepte erhielten Frauen in der UdSSR – anders als im Westen – zwar größere Chancen der Partizipation an Erwerbstätigkeit und politischer Tätigkeit; allerdings sind die geschlechtsspezifische Arbeitsteilung im Privaten und die biologistisch begründeten Zuordnungen der Geschlechter zu Tätigkeiten und Handlungsfeldern nie in Frage gestellt worden: Frauen waren die Gestalterinnen im Privaten. Die behauptete Emanzipation der Frauen betrachtet die Geschlechterforscherin Zdravomyslova als eine „tatsächliche geschlechtsspezifische Versklavungspolitik" (Zdravomyslova 1999, 28 f). Ausgestattet mit sozialen Vergünstigungen und sonstigen Privilegien wurden die Frauen als Ressource der besonderen Art behandelt, die auf zweifache Art zum Einsatz gebracht werden konnte: zur Produktion und zur Reproduktion. Freie, individuelle Wahlmöglichkeiten bestanden nicht. Sowohl Arbeit als auch Mutterschaft galten für fruchtbare Frauen als Pflicht. In dieser Phase wurde das Bild der arbeitenden Mutter in der Öffentlichkeit durch Medien, Literatur und darstellende Künste als hegemoniales Konzept von Weiblichkeit propagiert. Die sowjetische Superfrau galt gleichzeitig als „Unterstützerin und Kameradin an der Seite des sowjetischen Mannes, der als Soldat, Sportler, Ingenieur oder KPdSU-Mitglied die Verkörperung der sowjetischen Öffentlichkeit darstellte" (Zdravomyslova 1999, 27).

Während sich in Westdeutschland eine neue Frauenbewegung formierte um gesellschaftliche Mechanismen zur Aufrechterhaltung patriarchaler Strukturen zu skandalisieren, wurde im politisch bereits offeneren Russland unter Chruschtschow ebenfalls Kritik an der Geschlechterpolitik geübt – die thematisierte Krise im Geschlechterverhältnis besteht hier allerdings in der zunehmenden Vermännlichung der Frauen und der Verweiblichung der sowjetischen Männer. ‚Männlichkeitskrise' ist das Schlagwort, das die unterprivilegierte und benachteiligte Stellung des russischen Mannes hinsichtlich zweier Bezugsrahmen beschreibt: „(1.) in Bezug auf die hegemoniale sowjetische Frau, (2.) in Bezug auf den westlichen hegemonialen Mann" (vgl. Zdravomyslova 1999, 28). Die Behauptung, dass ‚wahre' Männlichkeit mit den dazugehörenden Rechten und Verantwortungen verschwunden sei, wurde vor allem so verstanden, dass insbesondere eine Schwächung des Mannes in der Rolle des alleinigen Ernährers vorlag (vgl. Klecin 1998).

Die starke Position der Frau in der Familie in Verbindung mit dem sowjetischen Versorgungssystem für arbeitende Mütter vermittelte (so die Argumentationslinie) den Männern ein starkes Gefühl von Scheitern und Erfolglosigkeit. Die anomische Situation des Zerfalls der Sowjetunion bot eine Plattform dafür, der Männlichkeit wieder zu ihrem angestammten Platz zu verhelfen: dem Platz des Ernährers und Familienoberhaupts. Mit dem Umbau zentraler Institutionen zerbrachen in den folgenden Jahren insbesondere Strukturen, die die Erwerbstätigkeit von Frauen ermöglichten; die Konstruktion der ‚arbeitenden Mutter' wurde nicht mehr politisch und institutionell gestützt. Bereits in den 1990er Jahren, der Nachreform-Ära ohne soziale und wirtschaftliche Stabilität drängten Erwerbslosigkeit, berufliche Segregation und Lohndiskriminierung Frauen zunehmend in eine marginale Position auf dem Arbeitsmarkt (vgl. Clarke 1999). Der Transformationsprozess in Russland hat die Frauen in besonderer Weise benachteiligt. Trotz durchgesetzter Erwerbstätigkeit von Frauen und einer formulierten politischen Tradition von Gleichberechtigung sind sie „stark von Arbeitslosigkeit betroffen, aus den politischen Vertretungsorganen herausgefallen und in den neuen ökonomischen Strukturen der Marktwirtschaft kaum vertreten" (Ritter 2001, 21).

Die Männer machen sich laut Oswald auf, die postsowjetische Welt in Politik, Wirtschaft und Öffentlichkeit zu erobern. Den Frauen bleibt im Rahmen des patriarchalen Leitbildes dann (überspitzt formuliert) die „Betätigung in Haushalt und Garten" (vgl. Oswald/ Chikadze 2002, 228 f). Zwar formieren sich v.a. in Russland erste Frauenverbände zur gesellschaftlichen Stärkung der Rolle von Frauen, doch handelt es sich hierbei um recht allmähliche Entwicklungen.

In der aus westeuropäischer Perspektive sehr zögerlichen Haltung gegenüber den Ansprüchen der männlichen Vormachtstellung und evidenten Benachteiligungen der Frauen gilt es dabei zu berücksichtigen, dass Verständigungsprozesse zwischen Frauen aus westlich-kapitalistischen und postsowjetischen Gesellschaften über Geschlechterfragen genauere Kenntnisse über die jeweils unterschiedlichen kulturellen und gesellschaftlichen Kontexte voraussetzen. So ist es insbesondere für westeuropäische Feministinnen schwer zu verstehen, worauf eine auch bei intellektuellen osteuropäischen Frauen anzutreffende Zurückhaltung gegenüber dem Feminismus zurückgeht. Jiřina Šiklová, eine der Gründerinnen des *Prager Zentrums für Gender-Studies*, erklärt das folgendermaßen: Osteuropäische Frauen halten Vollbeschäftigung für ein Hauptziel des Feminismus und bewerten diese Perspektive vor dem Hintergrund ihrer Erfahrungen bzw. der ihrer Mütter im real existierenden Sozialismus als nicht attraktiv. Auch von einer rechtlichen Kodifizierung ihrer Interessen versprächen sich osteuropäische Frauen nicht viel, da sie aus ihrer eigenen Erfahrung wüssten, dass dies nicht notwendigerweise zu einer verbesserten Lebenssituation führe.

Probleme wie Gewalt an Frauen oder Sexismus in den Medien, die westeuropäische Feministinnen beschäftigen, werden in Osteuropa stärker als generelle Probleme betrachtet. Und auch die derzeitige Benachteiligung von Frauen im Erwerbsleben wird sehr viel stärker unter einer psychologischen als unter einer soziologischen Perspektive diskutiert. Westlich geprägter Feminismus mit seinen historisch gewachsenen analytischen Kategorien und politischen Forderungen wird demnach von osteuropäischen Männern und Frauen vor dem Hintergrund ihrer eigenen (politischen) Erfahrungen betrachtet und bewertet, die sich von denen in westlichen Gesellschaften unterscheiden (vgl. Šiklová 1998).

5 *Bargaining for Patriarchy* – Prognose eines Geschlechterkampfes?

Festzuhalten gilt es, dass das Wiedererstarken der Männlichkeitskonstruktion des *male-breadwinners* sowohl in Russland als auch bei den in Deutschland lebenden Männern mit osteuropäischem Migrationshintergrund zu beobachten ist. Offen bleibt die Frage nach den Konsequenzen der beschriebenen Transformation in den Geschlechterbeziehungen. Prinzipiell gilt es zu beachten, dass zumindest von Seiten der Männer Vorstellungen von egalitär geprägten Partnerschaften und Lebensentwürfen wie dem des *adult-worker-models* (vgl. Lewis/Giullari 2005), das eine gleiche Beteiligung von Männern und Frauen im Berufs- und Familienleben vorsieht, keine Rolle zu spielen scheinen. Die Perspektive der in Deutschland lebenden Frauen mit osteuropäischem Migrationshintergrund und ihrer Partner lässt sich dabei aufgrund des defizitären Forschungsstandes bislang nicht zufriedenstellend beantworten. Sie ist jedoch unverzichtbar, schließlich handelt es sich um *linked lives*, um miteinander verbundene Leben, um verzahnte biografische Verläufe, in denen unter anderem Aushandlungen und Definitionen zur Ausgestaltung von Familien und Geschlechterbeziehungen mehr oder weniger explizit vorgenommen werden.

Entscheidend dafür, wer sich mit welcher Vorstellung von Geschlechterbeziehungen durchsetzen kann, ist dabei wohl auch die Frage, inwieweit es den osteuropäischen Frauen gelingen kann, sich tatsächlich im deutschen System nachzuqualifizieren, oder ob es ihnen gelingt, die ihnen relativ neue Vereinbarkeitsproblematik von Beruf und Familie trotz schwieriger struktureller Bedingungen und mangelnder politischer Unterstützung in Deutschland aufzulösen. Scheitert dies, ist eine familiäre Ausgestaltung mit Männern in der ‚*breadwinner*'- und Frauen in der ‚*housekeeping*'-*Rolle* ein sehr wahrscheinliches Modell.

Anmerkungen

1 Siehe hierzu: Maihofer/ Baumgarten/ Kassner/ Wehner 2010; Wehner 2009; Eckard/ Klein 2006; Helfferich/ Klindworth/ Kruse 2005; Helfferich/ Klindworth/ Wunderlich 2004.

2 Über einen Migrationshintergrund verfügen ausgehend von der erstmals im Mikrozensus 2005 vorgenommenen Definition alle „nach 1949 auf das heutige Gebiet der Bundesrepublik Deutschland Zugewanderten sowie alle in Deutschland geborenen Ausländer und alle in Deutschland als Deutsche Geborenen mit zumindest einem zugewanderten oder als Ausländer in Deutschland geborenen Elternteil" (vgl. Statistisches Bundesamt 2007).

3 Von Bedeutung war dies vor allem im Hinblick auf das Untersuchungsziel, die Machbarkeit einer repräsentativen Studie zu familiären Konzepten und Familienplanungsmustern einzuschätzen.

4 Als 2. Generation wurden dabei all diejenigen gefasst, die in Deutschland geboren oder vor dem 12. Lebensjahr nach Deutschland zugewandert sind.

5 Die zitierten Interview- und Diskussionsausschnitte wurden in Anlehnung an das Gesprächsanalytische Transkriptionssystem (GAT) verschriftlicht.

Literatur

Bohnsack, Ralf (2003) „Dokumentarische Methode.“ *Hauptbegriffe Qualitativer Sozialforschung*. Hg. Ralf Bohnsack/ Winfried Marotzki/ Michael Meuser. Opladen: Leske + Budrich, 40-44.

Boos-Nünning, Ursula/ Yasemin Karakaşoğlu (2005) *Viele Welten leben. Zur Lebenssituation von Mädchen und jungen Frauen mit Migrationshintergrund*. Münster: Waxmann.

Clarke, Simon (1999) *New Forms of Employment and Household Survival Strategies in Russia*. Coventry: Centre for Comparative Labour Studies.

Eckard, Jan/ Thomas Klein (2006) *Männer, Kinderwunsch und generatives Verhalten. Eine Auswertung des Familiensurvey zu Geschlechterunterschieden in der Motivation zur Elternschaft*. Wiesbaden: VS-Verlag.

Gabaccia, D. (1991) „Immigrant Women: Nowhere at Home?“ *Journal of American Ethnic History* 10. 4/1991: 61-87.

Gather, Claudia/ Regine Othmer/ Martina Ritter (1999) „Geschlechterverhältnisse in Russland. Einleitung.“ *Feministische Studien* 17. 1/1999.

Geißler, Rainer (1987) *Soziale Schichtung und Lebenschancen in der Bundesrepublik Deutschland*. Stuttgart: Enke.

Giddens, Anthony (1988) *Die Konstitution der Gesellschaft. Grundzüge einer Theorie der Strukturierung*. Frankfurt/M.: Campus.

Glaser, Barney/ Anselm Strauss (2005) *Grounded Theory. Strategien Qualitativer Forschung*. Bern: Huber Verlag.

Han, Petrus (2003) *Frauen und Migration. Strukturelle Bedingungen, Fakten und soziale Folgen der Frauenmigration*. Stuttgart: UTB-Verlag.

Helfferich, Cornelia/ Heike Klindworth/ Jan Kruse (2005) *Männer leben. Studie zu Lebensläufen und Familienplanung. Vertiefungsbericht*. Köln: BZgA.

Helfferich, Cornelia/ Heike Klindworth/ Holger Wunderlich (2005) *Männer leben. Studie zu Lebensläufen und Familienplanung. Basisbericht*. Köln: BZgA.

Helfferich, Cornelia/ Jan Kruse (2007) „Hermeneutisches Fremdverstehen als eine sensibilisierende Praxeologie für sozialarbeiterische Beratungskontexte. Oder: Vom ‚professionellen Blick‘ zum ‚hermeneutischen Ohr‘.“ *Rekonstruktion und Intervention. Interdisziplinäre Beiträge zur rekonstruktiven Sozialarbeitsforschung*. Hg. Ingrid Miethe Wolfram Fischer/ Cornelia Giebeler/ Martina Goblirsch/ Gerhard Riemann. Leverkusen: Barbara Budrich, 175-188.

Herwartz-Emden, Leonie (2003) „Einleitung: Geschlechterverhältnis, Familie und Migration.“ *Einwandererfamilien*. Hg. Leonie Herwartz-Emden. Göttingen: V&R unipress, 9- 52.

Herwartz-Emden, Leonie (1991) „Migrantinnen und ihre Familien in der Bundesrepublik Deutschland. Ein Bericht zum Forschungsstand.“ *Ethnizität und Migration* 2 7/1991: 5-29.

King, Vera (2005) „Bildungskarrieren und Männlichkeitsentwürfe bei Adoleszenten aus Migrantenfamilien.“ *Männliche Adoleszenz. Sozialisation und Bildungsprozesse zwischen Kindheit und Erwachsensein*. Hg. Vera King/ Karin Flaake. Frankfurt/M.: Campus, 57-76.

Klecin, Aleksandr (1998) „Sociologija sem'i (Familiensoziologie).“ *Sociologija v Rossii (Soziologie in Russland)*. Hg. Vladimir Jadov. Moskau, 415-435.

Lewis, Jane/ Susanna Giullari (2005) „The adult worker model family, gender equality and care: The search for new policy principles and the possibilities and problems of a capabilities approach.“ *Economy and society* 34, 1/ 2005: 76-104.

Loos, Peter/ Burkhard Schäffer (2001) *Das Gruppendiskussionsverfahren*. Opladen: VS-Verlag.

Maihofer, Andrea/ Diana Baumgarten/ Karsten Kassner/ Nina Wehner (2010)

Familiengründung und Kinderlosigkeit bei Männern. Bedingungen von Vaterschaft heute im Spannungsfeld zwischen alten und neuen Männlichkeitsnormen, ZGS Diskussionspapier. Basel: Zentrum Gender Studies.

Mannheim, Karl (1964) „Beiträge zur Theorie der Weltanschauungsinterpretation." *Wissenssoziologie.* Hg. Karl Mannheim/ Kurt Heinrich Wolff. Neuwied: Luchterhand, 91-154.

Matzner, Michael (2004) *Vaterschaft aus der Sicht von Vätern.* Wiesbaden: VS-Verlag.

Milewski, Nadja (2007) „First child of immigrant workers and their descendants in West Germany: Interrelation of events, disruption, or adaption?" *Demographic Research* 17, 29/2007: 859-896.

Nauck, Bernhard (1989) „Lebenslauf, Migration und generatives Verhalten bei türkischen Familien. Eine multivariate Analyse freudiger Ereignisdaten." *Lebenslauf und Familienentwicklung. Mikroanalyse des Wandels familialer Lebensformen.* Hg. Alouis Herlth/ Klaus Peter Strohmeier. Opladen: Leske + Budrich, 189-229.

Nauck, Bernhard (1997) „Sozialer Wandel, Migration und Familienbildung bei türkischen Frauen." *Familien in verschiedenen Kulturen.* Hg. Bernhard Nauck/ Ute Schönpflug, Stuttgart: Enke, 162-199.

Nauck, Bernhard/ Anette Kohlmann (1999) „Values of Children. Ein Forschungsprogramm zur Erklärung von generativem Verhalten und intergenerativen Beziehungen." *Aktuelle Forschungsfelder der* Familienwissenschaft. Hg. Friedrich Busch/ Bernhard Nauck/ Rosemarie Nave-Herz. Würzburg: Ergon, 53-74.

Nohl, Arnd-Michael (2005) „Bildung, Migration und die Entstehung neuer Milieus in der männlichen Adoleszenz." *Männliche Adoleszenz. Sozialisation und Bildungsprozesse zwischen Kindheit und Erwachsensein.* Hg. Vera King/ Karin Flaake. Frankfurt/M.: Campus, 77-96.

Oswald, Ingrid/ Elena Chikadze (2002) „‚Überhaupt ist alles viel, viel schneller geworden...' – Genderspezifische Zeitnutzung in Russland." *FREI-Räume und FREI-Zeiten: Raum-Nutzung und Zeit-Verwendung im Geschlechterverhältnis.* Hg. Caroline Kramer. Baden-Baden: Nomos, 217-230.

Pfau-Effinger, Birgit (2005) *Wandel der Geschlechterkultur und Familienpolitiken in konservativen Wohlfahrtsstaaten – Deutschland, Österreich und Schweiz. Tagungsbeitrag zur internationalen Tagung ‚Kulturelle Hegemonie und Geschlecht als Herausforderung im europäischen Einigungsprozess'. Freie Universität Berlin, 6.-8. Mai 2005.* Veröffentlicht auf dem Internetportal ‚gender-politik-online'. 11. Mai 2011 <www.fu-berlin.de/gpo/kulturelleHegemonie.htm>.

Scholz, Sylka/ Weertje Willms (2008) „Männlichkeiten und Geschlechterarrangements in Osteuropa nach 1989." *Zeitschrift für Frauenforschung und Geschlechterstudie,* 26/ 2008: 88-102.

Šiklová, Jiřina (1998) Why We Resist Western-Style Feminism. In: *Transitions* 5/ 1998: 30-35.

Spohn, Margret (2002) *Türkische Männer in Deutschland. Familie und Identität.* Bielefeld: Transcript.

Spohn, Margret (2006) „Türkische Männer der ersten Generation in Deutschland – alles bekannt und dennoch völlig unbekannt." *BZgA Forum* 3/2006: 22-26.

Sozialwissenschaftliches FrauenForschungsInstitut [SoFFI F.] (2007) *Zwischenbericht: Frauen Leben – Familie und Migration im Lebenslauf von Frauen mit Migrationshintergrund.* Unveröffentliches Dokument.

Statistisches Bundesamt (2007) „Bevölkerung mit Migrationshintergrund – Ergebnisse des Mikrozensus 2007." *Fachserie 1 Reihe 2.2.* Wiesbaden: Statistisches Bundesamt.

TOPRAK, AHMET (2007) „Migration und Männlichkeit. Das Selbst- und Fremdbild der türkischen Männer in Deutschland.“ *Eva ist emanzipiert, Mehmet ein Macho. Zuschreibung, Ausgrenzung, Lebensbewältigung und Handlungsansätze im Kontext von Migration und* Geschlecht. Hg. Chantal Munsch/ Marion Gemende/ Rotina Weber-Unger/ Rotino. Weinheim: Juventa, 122-136.

TÖLKE, ANGELIKA/ KARTEN HANK (2005) *Männer – das vernachlässigte Geschlecht in der Familienforschung*. Wiesbaden: VS-Verlag.

TUNÇ, MICHAEL (2008) „Positive Veränderungen wahrnehmen. Väter mit türkischem Migrationshintergrund der zweiten Generation.“ *BZgA Forum* 2/2008: 21-24.

VOLZ, RAINER/ PAUL ZULEHNER (2009) *Männer in Bewegung. Zehn Jahre Männerentwicklung in Deutschland – ein Forschungsprojekt der Gemeinschaft der Katholischen Männer Deutschlands und der Männerarbeit der Evangelischen Kirche in Deutschland*. Baden-Baden: Nomos.

WESTPHAL MANUELA (2000) „Vaterschaft und Erziehung.“ *Einwandererfamilien*. Hg. Leonie Herwartz-Emden. Göttingen: V&R unipress, 9-52.

WEHNER, NINA (2009) „Studentische Väter – Pioniere neuer Vaterschaft?“ *GENDER. Zeitschrift für Geschlecht, Kultur und Gesellschaft* 2 1/2009: 90 -106.

ZDRAVOMYSLOVA, ELENA (1999) „Die Konstruktion der ‚arbeitenden Mutter‘ und die Krise der Männlichkeit. Zur Unterscheidung von Öffentlichkeit und Privatheit im Kontext der Geschlechterkonstruktionen im spätsowjetischen Russland.“ *Feministische Studien* 17, 1/ 1999: 23-34.

Jana Häberlein

Von Ehehäfen und Ausschaffungsflügen: (Persistente) Geschlechternormen und normalisierende Regulationen im neuen Schweizer Ausländergesetz

Schweizerische Migrationspolitiken und deren Umsetzung sind aus Debatten um gegenwärtige Gesellschaftsentwürfe in den letzten Jahren nicht mehr wegzudenken. Ob die 2007 von der Schweizerischen Volkspartei (SVP) lancierte sogenannte Ausschaffungsinitiative über straffällig gewordene Ausländerinnen und Ausländer im Fokus stand – versinnbildlicht durch die weißen und schwarzen Schafe auf dem Schweizerkreuz als Staatsterritorium – die Ende November 2010 per Volksentscheid angenommen wurde oder die positiv entschiedene Minarett-Initiative des Herbsts 2009, die sich gegen den Bau weiterer Minarette in der Schweiz aussprach: Die Schweizerische Migrationspolitik macht – über die Landesgrenzen hinweg – immer wieder von sich Reden.[1,2] Auch das Asylgesetz (AsylG) und das Ausländergesetz (AuG), die beide in den 2000er Jahren einer Totalrevision unterzogen wurden, waren und sind Gegenstand heftiger Diskussionen, Aktionen und rechtlicher Auseinandersetzungen über Schweizerische Migrationspolitiken, gesellschaftliche Ein- und Ausschlüsse und homogenisierende Gesellschaftsbilder. Gemeinsam ist diesen politischen Ereignissen der vergangenen Jahre, dass sie vom sogenannten Volkswillen per Referendum entschieden wurden und sie insbesondere deshalb eine starke Medienpräsenz erreichten.

Während ein Aspekt der Verschärfung des Ausländer- und Asylgesetzes relativ breit rezipiert wurde – nämlich sogenannte ‚Scheinehen' und deren Missbrauchsbekämpfung –, trat ein anderes damit zusammenhängendes und nicht unwichtiges Detail für binationale Familien so gut wie nicht in Erscheinung: die juristische Aberkennung von Vaterschaft. Beide stehen im Zentrum der nachfolgenden Ausführungen und lassen sich, so mein Argument, in eine Lesart einordnen, die sie als Teil einer Praxis des Migrationsmanagements und der Bevölkerungssteuerung versteht. Diese funktionieren u.a. über rassifizierte Ein- und Ausschlussmechanismen und die Herstellung von Illegalisierten. Ebenso verweisen die rechtlichen Konzeptualisierungen von ‚Scheinehen' – oder trefflicher gesagt, von ‚Umgehungsehen' (vgl. Spescha 2010) – und aberkannter Vaterschaft auf Normalisierungspraktiken und Vorstellungen von gegenwärtigen Schweizer Familien sowie dem Recht eingelagerte Vorannahmen über

Geschlechterdifferenz und rassifizierte Zugehörigkeit. Der rechtliche Tatbestand einer ‚Scheinehe' bezieht sich dabei auf heterosexuelle Ehen wie auf homosexuelle eingetragene Partnerschaften. Ich gehe bei meinen Betrachtungen von den betreffenden Gesetzesartikeln im neuen Ausländergesetz sowie einzelnen, in der Folge der Ausländergesetz-Revision auch im Schweizerischen Zivilgesetzbuch (ZGB) geänderten Paragraphen und der vorangegangenen parlamentarischen Debatte aus, um sie nach ihren Vorannahmen, Normalisierungen und Ein- und Ausschlussmechanismen zu befragen. Das heißt, einige der den neuen Gesetzen zu ‚Umgehungsehen und -partnerschaften' und der Vaterschaftsaberkennung inhärenten vergeschlechtlichten bzw. sexistischen und rassistischen Normen sollen freigelegt und unter dem Einbezug von neueren Bundesgerichtsentscheiden diskutiert werden. Denn wie Priska Gisler, Sara Steinert Borella und Caroline Wiedmer in einem Aufsatz über Familienvorstellungen innerhalb des schweizerischen Sorgerechtsdiskurses schreiben: „Die Gesetze, die die Gründung und Auflösung von Familien und das Schicksal der Kinder regeln, waren stets wichtige Austragungsorte für das Herausarbeiten kultureller Werte, das Festschreiben von Geschlechterrollen und die Äußerung von Moralvorstellungen" (Gisler/ Steiner Borella/ Wiedmer 2008, 239). Die unmittelbaren, aber auch darin implizierten Folgen des imaginierten wie auch materiellen und oftmals gewaltsamen Ein- und Ausschlusses, die diese Gesetze produzieren, sollen in der Analyse deutlich werden.

Alter unter Verdacht

In einem ersten Schritt ist zunächst die behördlich-rechtliche Verhandlung der ‚Umgehungsehe' Gegenstand meiner Überlegungen. In einem zweiten Schritt erläutere ich die Implikationen, Folgen und Effekte der Vaterschaftsaberkennung *ex lege*. Heiratswillige Paare oder solche, die sich verpartnern wollen und bei denen ein Partner aus einem Drittstaat kommt, erwecken schnell den Verdacht eine ‚Umgehungsehe' schließen, d.h. nur den Verbleib des einen Partners in der Schweiz sichern zu wollen. Mit dem neuen Ausländergesetz, das seit dem 1. Januar 2008 in Kraft ist, ist für Paare ein offizielles Eheprüfungsverfahren vorgesehen, wenn der Verdacht einer ‚Umgehungsehe' als erhärtet gilt. Das, was offiziell als ‚Scheinehe' bezeichnet wird, bezieht sich auf eine rechtlich gültig geschlossene oder bevorstehende Ehe beziehungsweise Verpartnerung eines Paares, die jedoch nach Ansicht der Behörden aus den falschen Gründen geschlossen wurde.[3]

Zwar ist durch die Schweizerische Verfassung sowie die Europäische Menschenrechtskonvention (EMRK, Art. 8) das Grundrecht auf Ehe und Familienleben für jede Person unabhängig von ihrem Aufenthaltsstatus und ihrer Nationalität verbrieft; dieses Recht wurde jedoch mit der sogenannten ‚Scheinehen-Abklärung' und dem de facto Heirats- und Verpartnerungsverbot für *Sans-Papiers*[4] ernsthaft in Frage gestellt.[5] Die Scheinehen-Abklärung bietet die Grundlage dafür, Ehen oder Partnerschaften präventiv zu verbieten oder sie rückwirkend abzuerkennen. Der Staat, verkörpert durch den oder die

Standesbeamt_in, will sich bei der praktischen Abklärung, die in Form eines Gespräches stattfindet, vom ‚wahren' Wunsch und der (‚richtigen') Absicht der Heiratswilligen überzeugen. Dies bedeutet die Offenlegung und Rechtfertigung aller intimen Gründe für die Heirat vor dem oder der Zivilstandsbeamt_in in dem Wissen, dass Kraft ihres Amtes die Behördenperson weitere Untersuchungen anstellen und die Verpartnerung oder Eheschließung verweigern kann. Das Migrationsamt des Schweizer Kantons Thurgau etwa erstellte zum Zweck der Ermittlung der Heiratsabsicht einen achtzig Fragen umfassenden Katalog (siehe Spescha/ Kerland/ Bolzli 2010, 182).

Problematisch hieran ist, dass die Kriterien, wann Zivilstandsbeamt_innen von einer ‚Umgehungsehe' ausgehen können, sehr vage gehalten sind. Der *Schweizerische Verband für Zivilstandswesen* war sich offenbar dieses Problems bewusst: Innerhalb des Vernehmlassungsprozesses zum neuen Ausländergesetz und Asylgesetz im Mai 2007 hielt er in seiner Stellungnahme fest, Zivilstandsbeamtinnen und -beamte seien „absolut nicht geneigt (...) einer solchen Bestimmung in ausführender Weise gerecht zu werden. Daher lehnt der Zentralvorstand diese neue Bestimmung in der Verordnung, in der vorliegenden Ausgestaltung, auch ab" (Schweizerischer Verband für Zivilstandswesen 2007). Prinzipielle Zustimmung zu einer Neuregelung wurde von dem Verband zwar geäußert, aber zugleich vermerkt, dass „die Verantwortung für die Durchsetzung der gesetzlichen Konsequenzen nicht dem Zivilstandsamt auferlegt werden darf, sondern ganz klar bei den kantonalen Migrationsbehörden liegen muss" (ebd.). Im weiteren Verlauf der Verhandlungen haben die Zivilstandsämter die Prüfung der ‚Umgehungsehen' zwar übernommen; ihre ursprüngliche, begründete Skepsis an dem Vorgehen wird aus ihrer Stellungnahme jedoch deutlich.

Als Indizien, die die Abklärung einer ‚Umgehungsehe' verlangen, hatte 2005 der damalige Vorsteher des Justizdepartements, Christoph Blocher, in einer Weisung unter anderem einen negativen Asylentscheid des Partners aus einem Drittstaat, die Zugehörigkeit zu einer gesellschaftlichen Randgruppe des schweizerischen Partners, das bedeutend höhere Alter der Frau und eine kurze Zeit der Bekanntschaft festgelegt (*Bundesamt für Migration* (2005), Rundschreiben/Weisung vom 22. Dezember 2005). In einem Urteil des Bundesgerichts vom 15. April 2010 (BGE vom 15.4.2010, 2C_717/2009) wurden diese Indizien ein wenig modifiziert und umfassen nun unter anderem: einen signifikanten Altersunterschied, die Tatsache, dass ein Partner keinen regulären Aufenthaltstitel besitzt und die Wegweisung droht, eine kurze Zeitspanne der Bekanntschaft und der Entscheid des Paares, nicht zusammen leben zu wollen.[6] Ein derart indiziengestütztes Vorgehen fördert ein hohes Maß an Interpretationsspielraum in der behördlichen Anwendung. Die zugrunde liegenden vergeschlechtlichten, klassenbezogenen und rassifizierten Gesellschaftsbilder sind unübersehbar und kritikwürdig, wenn ein bestimmter Altersunterschied der Partner, nationale Zugehörigkeit bzw. Aufenthaltsstatus, sozialer Status oder der Entscheid für getrenntes Wohnen sie verdächtig machen. Kriterien für das Vorliegen einer ‚Umgehungsehe' sind schwierig festzulegen; aber werden hier nicht Schweizer Frauen nur in verminderter Weise als eigenständige (Rechts-)Subjekte imaginiert, wenn ihr höheres Alter verdächtig erscheint und

Anlass für staatliche Nachforschungen und einen Eingriff in ihr Privatleben liefert? Dies scheint offensichtlich der Fall zu sein, denn insbesondere ältere Frauen werden als Abweichung von der bürgerlichen Heiratsnorm konstruiert (vgl. Menschenrechtsgruppe *augenauf* 2009). Welche Rolle spielen Rassifizierungen der migrantischen Partner dabei? Dass es sich hierbei durchaus nicht um ein Gedankenspiel handelt, zeigt ein Blick in die behördliche Praxis und in Gerichtsurteile zu ,Umgehungsehen' der vergangenen Jahre:

Die Menschenrechtsgruppe *augenauf* schildert in ihrer Bulletin-Ausgabe Nr. 62 den Fall einer Baslerin, die zum Zeitpunkt ihrer geplanten Hochzeit Mitte Vierzig war, finanziell unabhängig lebte und als Angestellte des Staates arbeitete. 2008 wurde sie wegen ihres ,hohen Alters' im Vergleich zu ihrem jüngeren, mittellosen mauretanischen Lebenspartner zu einer ,Scheinehenabklärung' vorgeladen. Dabei musste sie erklären, weshalb sie „diesen Mann heiraten" wolle, darin impliziert, die Wahl könne genauso gut und beliebig auf irgendeinen anderen Mann fallen. Diese Infragestellung der Beziehung fand zudem ihren Niederschlag in der darauf folgenden Kommentierung des Heiratswunsches der Baslerin durch die zuständige Standesbeamtin: „Sie sehen doch gut aus und könnten auch einen anderen haben" (Menschenrechtsgruppe *augenauf* 2009, 2). An diesem Beispiel verdeutlicht sich der enge Zusammenhang zwischen Sexismus, Rassismus und Klassismus und der (gesellschaftlichen) Differenzierung und Hierarchisierung, der so oft bereits in feministischer Literatur beschrieben wurde (vgl. Grisard/ Maihofer, in Vorbereitung; Maihofer 2006, 72). Gerade auch der aller Wahrscheinlichkeit nach ,gut gemeinte', aber nicht minder diskriminierende Kommentar zu den_Beziehungsmöglichkeiten der weißen Schweizerin offenbart die (unbewusste) Reproduktion von Rassismus wie auch Sexismus (vgl. Castro Varela 2006, 111). Im Bericht von *augenauf* wird zudem der Versuch einer Zivilstandsbeamtin zitiert, die Rechtfertigungszwänge von Heiratswilligen und die staatlichen Eingriffe zu erklären: „Oft ist den Frauen eben selber nicht klar, dass sie in einer ,Scheinehe' leben. Sie lieben ihren Mann und fühlen sich auch geliebt – aber das Gespräch mit dem Bräutigam zeigt uns dann, dass es mit dieser Liebe nicht weit her ist." (Menschenrechtsgruppe *augenauf* 2009, 3).

Indem Zivilstandsbeamt_innen davon ausgehen, Frauen seien in der Ehe mit ihrem Freund aus einem Drittstaat getäuscht worden, offenbart sich ihre Trivialisierung des Heiratswunsches der Frauen. Darin äußert sich eine spezifische Form des Sexismus, wenn man in Anlehnung an Sara Mills Sexismus unter anderem als etwas versteht, dass das, was Frauen oder Männer tun, trivialisiert (Sara Mills 2008 in Grisard/Maihofer, in Vorbereitung). Damit eng verwoben unterstellt es Männern aus Drittstaaten nicht nur als alleinige Heiratsmotivation den Erwerb eines Aufenthaltsstatus in der Schweiz, sondern bezichtigt sie zusätzlich der Hinterlist, die so geschickt agiere, dass es ihre, vom Staat zu schützenden Frauen gar nicht merkten. Sexismus und Rassismus leuchten in diesem Beispiel als miteinander eng verwobene Techniken der Subjektivierung und Normalisierung auf. Als normal gilt, wenn eine Frau jünger oder zumindest nicht ,wesentlich' älter als ihr Partner ist und sie einen ,weißen' EU/EFTA-Angehörigen heiratet. Die Produktivität dieser Subjektivierungstechniken äußert sich darin, dass sie (schwarze) Männer aus Drittstaaten und (weiße) Schweizerinnen als spezifische Subjekte hervorbringen und ihnen jeweils spezifische gesellschaftliche Positionen zuweisen, die diese einnehmen dürfen oder die andernfalls problematisiert werden (vgl. Grisard/ Maihofer, in Vorbereitung).[7]

Die ‚Scheinehenabklärung' droht in der Folge nicht nur rechtliche und existenzielle Konsequenzen an, sondern sie bewertet auch moralisch, paternalistisch und rassistisch Differenz. Es ist kein Zufall, dass beide, die gut situierte Schweizerin und ihr jüngerer, ärmerer mauretanischer Mann als die ‚differenten Anderen' von der männlichen, weißen, bürgerlichen Norm konzeptualisiert werden. Durch die Behauptung einer fundamentalen Differenz zwischen den Geschlechtern und ‚Rassen' wird ihr Ausschluss von Staatsbürgerrechten und Grundrechten – wie jenem auf Ehe und Familie – gerechtfertigt und die Überlegenheit eines konstruierten Okzidents gegenüber einem diffusen Anderen manifestiert (Dietze 2009).

Auch in einem anderen Fall eines Ehegesuches beurteilten Behördenvertreter_innen eines Zivilstandsamts im Kanton Aargau eine Ehe als ‚Umgehungsehe', so dass der Aufenthalt des nicht-schweizerischen Ehemannes nicht mehr verlängert wurde. Dabei stützten sie ihre Argumentation der Gesuchsablehnung ebenso auf das höhere Alter der Frau und brachten alte Stereotype über Heirats- und Geschlechternormen ins Spiel, die als sexistisch bewertet werden können. Die Frau war sieben Jahre älter als ihr Ehemann:

> P. (Jhg. 1968) ist 7 Jahre jünger als die Gesuchstellerin (Jhg. 1961). Selbst wenn man sich der Argumentation des Rechtsvertreters des Gesuchstellers wohl nicht ganz verschliessen kann, dass dieser Altersunterschied nicht besonders stark ins Gewicht falle, ist doch die Tatsache ungewöhnlich, dass die Ehefrau älter ist als der Ehemann, denn die umgekehrte Konstellation ist vergleichsweise häufiger. Bedeutsam am höheren Lebensalter der Gesuchstellerin ist, dass diese noch nie verheiratet war und mit 40 Jahren relativ alt war, als sie die Ehe mit dem Gesuchsteller schloss. Dass sie natürlicherweise wegen ihres Alters nicht mehr die besten Heiratschancen hatte und dennoch einen Mann fand, sogar einen jüngeren, ist ebenfalls ungewöhnlich. Diese Tatsache lässt darauf schliessen, dass der Gesuchsteller sie nur heiratete, um in den Genuss einer Aufenthaltsbewilligung zu kommen. (...) (Verfügung der Fremdenpolizei des Kantons Aargau vom 21. März 2002, zitiert in: Eidgenössische Koordinationskommission für Familienfragen 2002, 71, Fn 58).

Dass die Verfügung bereits einige Jahre vor der Einführung der ‚Scheinehenabklärung' in dieser Weise Gegenstand von Aufenthaltsbewilligungen war, verweist auf die bereits zuvor existierenden Möglichkeiten innerhalb des bis Ende 2007 gültigen ANAG (Gesetz über Aufenthalt und Niederlassung der Ausländer), ‚Umgehungsehen' abzuerkennen. Zwar wurde diese Verfügung gegen das Paar wieder aufgehoben; sie stellt jedoch die Dringlichkeit der neuerlichen Verschärfung in Frage. Einmal mehr erweisen sich darüber hinaus die Entscheidungsbefugnis und der Ermessensspielraum der Zivilstandsbeamt_innen als unklar definiert und in der Folge als willkürlich. Die Figur der bzw. des Zivilstandsbeamt_in bedarf einer weitergehenden Untersuchung, in der die Verschränkung von Macht, Wissen und Affekten wie Sympathie/Antipathie für die Gesuchstellenden kritisch reflektiert werden.

Aus einer kritischen rechtswissenschaftlichen und Geschlechterperspektive konstituiert das Recht – sieht man die oben beispielhaft beschriebenen behördlichen Praxen hierin verankert – somit einerseits in spezifischer Weise Geschlechternormen und andere normabweichende Lebensweisen und es beteiligt sich im gleichen Zuge an der Aufrechterhaltung dieser Normen (vgl. Schmidt 2006, 75). Andererseits ist hiermit auch der Gleichheitsgrundsatz des Rechts in Frage gestellt. Denn das Recht reproduziert und stabilisiert hier Unterschiede zwischen den Geschlechtern und ethno-nationalen Zugehörigkeiten, die als diskriminierend und sexistisch bezeichnet werden können: Gegenwärtig wird gesellschaftlich nicht ernsthaft in Frage gestellt, wenn ein zwanzig Jahre älterer Mann eine jüngere Frau, unabhängig welcher Nationalität, heiraten will. Bezug nehmend auf Michel Foucault zeigt sich hierin der produktive, nicht nur repressive Charakter der dem Ausländergesetz zugrunde liegenden normativen Vorstellungen von Ehen und Partnerschaften.

Von den Idealen einer Paarbeziehung

Neben dem höheren Lebensalter hat das Bundesgericht als Indiz für eine ‚Umgehungsehe' auch den Entscheid des Paares angeführt, nicht zusammen in einem Haushalt leben zu wollen. Umstritten ist also auch die Definition einer Lebensgemeinschaft. Was beinhaltet sie und welche Normvorstellungen von Lebensgestaltung, Sexualität und Individualität sind damit verbunden? Muss ein Paar zusammen leben, um ein Ehepaar sein oder in Partnerschaft leben zu können? Welche Rolle spielt welches Maß an intimen Beziehungen? Die Antworten sollten auf der Hand liegen, doch in der Praxis zeigt sich die problematische Eingrenzung und gleichzeitige Mehrdeutigkeit der Bedeutung von Lebensgemeinschaft gerade bei binationalen Paaren.

Ein Verwaltungsgerichtsurteil des Kantons St. Gallen über eine ‚Umgehungsehe' vom 28. Januar 2010 beurteilte beispielsweise das Zusammenleben eines Paares als ein zentrales Indiz für eine Ehe (Verwaltungsgericht St. Gallen 2010); gleichzeitig bedeute es jedoch noch lange keine ‚normale Ehe', die der Staat nicht lösen dürfe, so die Vorstellung der Richterinnen und Richter, wenn das Zusammenleben erfüllt sei:

> Umgekehrt kann aus einer gewissen Zeit des Zusammenlebens und des Unterhalts intimer Beziehungen nicht ohne weiteres abgeleitet werden, es sei eine *wirkliche Lebensgemeinschaft* gewollt gewesen. Ein solches Verhalten kann zur Täuschung der Behörden auch nur vorgespiegelt sein. (ebd., Herv. J.H)

Die Rechtsprechung erlaubt sich, bei binationalen Paaren über die Validität, die Motivation und an anderer Stelle auch Häufigkeit ihrer intimen Beziehung zu urteilen. Ehe und Sexualität enthüllen sich hier als vortreffliche Institutionen, Migration zu regulieren. Zudem wird die Unabhängigkeit in der Lebensgestaltung in Frage gestellt, wenn Paaren untersagt bleibt, aus anderen als beruflichen Gründen nicht in derselben Wohnung zu leben. Was für andere Menschen mit der entsprechenden Staatsangehörigkeit respektive dem entsprechenden Aufenthaltsstatus eine Selbstverständlichkeit ist – nämlich plurale Lebens-, Wohn- und Liebesformen zu leben, die überholte, heterosexuelle, bürgerliche Normvorstellungen von Paarbeziehungen möglicherweise überwunden haben – wird hier durch die Hintertür für binationale Paare mit einem Drittstaatenangehörigen zum Lackmustest.

Zu hinterfragen wären weitere problematische Aspekte der Definition einer ‚Umgehungsehe': Was passiert beispielsweise, wenn die Motivation zu heiraten sich im Laufe der Zeit verändert, dergestalt, dass ein Paar heiratet unter anderem wegen steuerlicher Vorteile und sich erst *allmählich* eine Liebesbeziehung entwickelt? Ein anderes Paar hingegen heiratet zwar aus Liebesgründen und die Ehe ist zu Beginn nicht dadurch bestimmt, das Ausländerrecht zu umgehen; mit der Zeit jedoch, weil der eine Partner seine oder ihre Aufenthaltsbewilligung andernfalls verlieren würde, wird dieser aufenthaltsrechtliche Grund für die Aufrechterhaltung der Partnerschaft oder Ehe zentral. Bedeutet dies dann, es handele sich bei beiden um eine ‚Umgehungsehe'? Wann ja und wann nicht? Zahlreiche Entwicklungen in einer gleichgeschlechtlichen Partnerschaft oder Ehebeziehung sind leicht vorstellbar. Das Gesetz hingegen unterstützt die Idee einer statischen Motivation für eine Beziehung zwischen zwei Menschen im Kontext von binationalen Partnerschaften, als seien Ehen oder registrierte Partnerschaften nicht sich wandelnden Interpretationen und Bedeutungszuschreibungen der Paare und sich verändernden Umständen unterworfen. Paare mit einem Drittstaatenangehörigen sind gezwungen, eine solche statische Beziehung in jedem Fall zu inszenieren. Darüber hinaus sind sie der Regulierung unterworfen, dass ihre Ehe oder Partnerschaft *unbegrenzt* für ungültig erklärt werden kann, wenn ihnen eine ‚Umgehungsehe' angelastet wurde (Fankhauser/Wüscher 2008, 760).

In der Gesetzgebung und Rechtsprechung wird demnach eine entscheidende Annahme grundlegend für weitere Überlegungen: dass eine Ehe oder Verpartnerung aus dem alleinigen oder überwiegenden Grund der Liebe geschlossen bzw. vorgenommen wird. Würde dies realistisch von den Alltagserfahrungen aus betrachtet werden – dass viele verschiedene Gründe zu einer Heirat führen können und der fehlende Aufenthalt legitimer Weise ein zentraler Grund sein kann – müsste das Gesetz bzw. die Gesetzgebung sich diesem Umstand anpassen. Denn, wie Caroline Wiedmer und Kolleginnen mit Bezug auf die veränderten Sorgerechtsregelungen in der Schweiz festhalten: „[T]atsächliche, gelebte Familiensituationen [sind] nicht dasselbe (...) wie imaginierte Familiensituationen im politischen [und rechtlichen] Diskurs" (Gisler/Steiner Borella/Wiedmer 2008, 256). Diese Kluft zwischen dem Politischen und Privaten sei deshalb entscheidend, so die Autorinnen „da sich viele der öffentlichen Geschichten, die uns präsentiert werden, als Kompensationen für darunter liegende, häufig chaotische und verworrene persönliche Narrative entpuppen“ (ebd.). Wenn diese „öffentlichen Geschichten“ oder gesellschaftlichen Idealbilder zur Norm gerinnen, an der andere Lebensentwürfe gemessen und das Zusammenleben verunmöglicht wird, wird dies zum Problem. Die Revision des Ausländergesetzes und die dazugehörigen Anpassungen im Zivilgesetzbuch fungieren auch dieses Mal als „ebnende Fiktion (...), die die Unebenheiten der Gesellschaft überdecken sollen, anstatt sich der (...) Widerspenstigkeit zu stellen, die uns umgibt“ (258).

In diesem Sinne plädiere ich für eine Offenheit gegenüber vielfältigen, (auch) nicht-normativen Lebens-/Liebesentwürfen und Familienformen sowie für eine größere Gelassenheit im Umgang mit ‚Umgehungsehen‘ und ‚-partnerschaften‘. Diese einerseits auf Seiten der Behörden nachzuweisen erweist sich als äußerst heikles Unterfangen, das sehr leicht verschiedene Formen von Rassismus und Sexismus annehmen kann. Andererseits entpuppt sich das diskursiv so umfangreich verhandelte Problem aus einer quantitativen Perspektive als weitaus kleiner: 2009, also nach Inkrafttreten des neuen Ausländergesetzes, wurden lediglich 101 Strafanzeigen wegen des Tatbestands der ‚Scheinehe‘ erhoben (Bundesamt für Statistik 2010, 58; dabei wurden Daten über das Eingehen und das Vermitteln einer ‚Scheinehe‘ zusammengeführt). Dies macht bei ca. 10.000 geschlossenen binationalen Ehen pro Jahr gerade einmal 1 Prozent und bei insgesamt ca. 40.000 Ehen pro Jahr lediglich 0,25 Prozent aus. Die *Botschaft des Bundes* 2002 zitiert zudem selber lediglich rund zwanzig ‚Umgehungsehen‘ jährlich zwischen 1985 und 1991 um zu argumentieren, dass die behördliche ‚Scheinehenabklärung‘ keine personale Mehrbelastung bedeuten würde, da „die Zahl der Klagen auf nachträgliche Ungültigkeitserklärung der Ehe nach den bisherigen Erfahrungen relativ gering bleiben“ (Botschaft des Bundes 2002, 3756). Darüber hinaus besaß das Zivilgesetzbuch wie bereits angedeutet auch vor der Revision des Ausländergesetzes schon ein rechtliches Instrument, um gegen ‚Umgehungsehen‘ vorzugehen (Art. 120 ZGB; vgl. Fankhauser/Wüscher 2008, 770, Fn 7 und Botschaft des Bundes 2002, 3756, Fn 70). Bedenkt man diese Aspekte, stellt sich einmal mehr die Frage nach der Zentralität des Vergehens und der Angemessenheit der Maßnahmen, ‚Umgehungsehen‘ zu verhindern.

Vater sein auf Widerruf

Im Folgenden möchte ich noch kursorisch den Punkt der wenig beachteten Neuregulierung von Vaterschaft im Kontext der Aberkennung einer Ehe diskutieren. Die Vaterschaft eines Mannes aus einem Drittstaat ist eng an die ‚Scheinehenabklärung‘ geknüpft, denn letztere dient als Grundlage, um eine Vaterschaft juristisch für beendet zu erklären: Sind während einer Ehe, die im Nachhinein als ‚Umgehungsehe‘ nichtig erklärt wurde, Kinder zur Welt gekommen – und mag dies auch Jahre zurück liegen –, dann wird auch diese Vater-Kind-Beziehung automatisch für ungültig erklärt. Zwar deutet der Jurist Thomas Geiser die Geburt eines Kindes gerade im Gegenteil als ein Indiz gegen eine ‚Umgehungsehe' (siehe in Fankhauser/ Wüscher 2008, 765). Die sogenannte Vaterschaftsvermutung, die für jeden Ehemann ungeprüft gilt, wenn während der Ehe Kinder geboren werden, wird nun, nach der Änderung im Zivilgesetzbuch jedoch ohne jegliche Prüfung außer Kraft gesetzt.[8] Dass damit (gerade auch) biologische Vaterschaft gemeint ist, geht einmal mehr aus der oben zitierten Rechtsprechung des Bundesgerichts hervor, Ehepartner könnten durchaus intime Beziehungen miteinander leben und folglich daraus Kinder erwachsen – es handele sich aber nichtsdestotrotz um eine ‚Umgehungsehe' (vgl. ebd., 766). Das Recht kennt keine andere Situation, in der die Ungültigkeitserklärung der Ehe Auswirkungen auf die gelebte Vergangenheit hat; die einzige Ausnahme stellt die Aufhebung des Vater-Kind-Verhältnisses *ex lege* bei einer Ungültigkeitserklärung einer Ehe dar (Jahija 2009, 52). Dabei kommen hier weder mangelnde Fürsorge für das Kind, häusliche Gewalt oder sonstige Gründe, die gegen den Verbleib des Vaters bei der Familie sprechen würden, zur Geltung. Bei allen anderen Varianten einer Aufhebung begründet sich diese auf einem Einspruch.

Die Problematik dieses Gesetzesartikels zeigt sich darüber hinaus darin, dass der Dauer der Vater-Kind-Beziehung keinerlei Rechnung getragen wird. Unabhängig davon, wie lange die Familie zusammenlebte und die Vater-Kind-Beziehung bestand, ist sie hinfällig, wenn den Ehepartnern die ‚Umgehungsehe' angelastet wird (vgl. 765). Die Ungleichbehandlung verdeutlicht sich einmal mehr, da alle anderen Konstellationen, in denen die Abstammung eines Kindes von seinem Vater angezweifelt wird, durch strenge Fristen reguliert werden (vgl. 765): „Es soll nicht eine bereits gefestigte soziale Vater-Kind-Beziehung zerstört werden" (ebd.). Wer eine bestimmte Zeit mit seinem Kind zusammen gelebt hat, hat auch weiterhin das Anrecht bzw. die Pflicht, die Beziehung zu ihm aufrecht zu erhalten und zu pflegen; sie gilt als schützenswert. Das Wohl dieses Kindes steht dabei im Vordergrund – offenbar jedoch nicht das Wohl jedes Kindes gleichermaßen.

Diese gesetzliche Regulierung der Vaterschaftsaberkennung basiert auf dem politischen Ziel, einem Vater keine Aufenthaltserlaubnis zu gewähren aufgrund seiner Beziehung zum Kind. Zwar kann er nachträglich die Anerkennung des Kindes beantragen oder die Ehefrau kann eine Vaterschaftsklage einreichen; aber vor dem Hintergrund, dass die Anerkennung eines Kindes nichts an dem Urteil der ‚Umgehungsehe' ändert und der Vater somit sehr wahrscheinlich ausgewiesen wird, macht dies für ihn wenig Sinn (vgl. 769). Im Endeffekt wären finanzielle Verpflichtungen mit einer Anerkennung verbunden, ohne dass der Vater bei seinem Kind leben könnte. Für die Ehefrau bedeutet eine nachträgliche Vaterschaftsklage eine zusätzliche Belastung für den Fall, dass der Vater nicht für den Unterhalt des Kindes aufkommt (ebd.). Darüber hinaus mahnen Rechtswissenschafter_innen die Wahrung der UNO-Kinderrechtskonvention an, die dieser Regelung zuwiderläuft und nicht im Interesse des Kindes steht (Jahija 2009, 53; Fankhauser/ Wüscher 2008, 768; auch Marguerat/ Nguyen/ Zermatten 2006 35 ff).

Die Aberkennung der Vaterschaft ist indes nicht nur in der Rechtslehre umstritten, da sie sich einzig auf die vorherige Aberkennung der Heirat bezieht; auch aus einer Perspektive der kritischen Migrationsforschung muss sie einer kritischen Betrachtung unterzogen werden. In einer Lesart in Anschluss an Foucault (2004) funktioniert die Aberkennung der Vaterschaft *ex lege* nicht primär als Machttechnik der Repression, sondern sie zielt auf das Produktivmachen und Optimieren „der Lebensprozesse von Staatsbürger_innen", in die auch EU/ EFTA-Bürger_innen eingeschlossen sind (Pieper/ Atzert/ Karakayalı/ Tsianos 2011, 8). Es geht um die Biopolitik der Bevölkerung, die durch Regulierung optimiert werden soll und als eine zentrale Ressource des Staates verstanden wird (10). Zur Regulierung der Bevölkerung gehört, jene Reproduktionen und Körper auszuschließen, die als überschüssig, zu viel und fehl am Platz taxiert werden können. Der kollektive Schweizer Bevölkerungskörper soll weiterhin als ein weißer, legaler und erwünschter imaginiert werden können, und dabei ist die Kontrolle von Sexualität, Reproduktion, Betreuungsarbeit und der Institution Familie, hier am Beispiel der Aberkennung von Vaterschaft *ex lege,* ein kleines, aber zentrales Puzzleteil des Regulierungsmechanismus. Die Kehrseite des Merkmals der Biopolitik – „leben zu machen" (Foucault 1983), zu befähigen und zu ermöglichen – ist den Tod anderer in Kauf zu nehmen. Auch die Einführung der ‚Scheinehenabklärung' erscheint in dieser machtanalytischen Perspektive als ein Eingriff, der mit der Idee der Biomacht/Biopolitik gefasst werden kann, wenn auch auf einer anderen Ebene. Denn anders als die juridisch-administrative Ungültigkeiterklärung der Vaterschaft ohne Prüfung ist der Abklärung von ‚Umgehungsehen' auch ein disziplinierendes Moment eingelagert.

Auch wenn es keinesfalls neu ist, Väter ohne Aufenthaltserlaubnis von ihren Kindern zu trennen und abzuschieben, so wird hiermit doch abermals eine neue Qualität des schweizerischen Migrations- und Deportationsregimes erkennbar: Vaterschaft kann aberkannt, und die Beziehung zwischen einem Vater und seinem Kind kann ohne vorherige Prüfung (*ex lege*) als Folge der Aberkennung der Ehe für nichtig deklariert werden. Wer bis anhin anfechten wollte, dass ein in einer Ehe geborenes Kind vom Vater abstammt, musste diese Vermutung schlüssig beweisen. Nun wird die Beweispflicht für Väter aus Drittstaaten umgedreht. Die Revision des Ausländergesetzes kehrt Bestimmungen und Zielsetzungen des Zivilgesetzbuches um, damit jedwede Möglichkeit eines legalen Aufenthaltsstatus für Drittstaatenangehörige verhindert werden kann und legt damit seinen gewalthaften Charakter offen. Hier zeigt sich eine biopolitische Macht, die über die Existenz von binationalen Familien und Vätern aus Drittstaaten entscheidet und somit den Bevölkerungskörper gestaltet. Nicht schützenswerte Familien, Kinder oder Ehebeziehungen bzw. das Grundrecht auf Familienleben stehen im Mittelpunkt der rechtlichen Maßnahmen, sondern die Zielsetzung der „begrenzte[n] Zulassung aus Drittstaaten" und der „bessere[n] Missbrauchsbekämpfung" (Eidgenössisches Justiz- und Polizeidepartement 2006). An der rassifizierten und sexistisch ausgelegten Figur des Drittstaatenvaters scheint sich das Recht dabei in seiner vollen ausschließenden und gleichsam produktiven Macht zu vollziehen. Nur bei *seiner* Beziehung zum Kind wird in Kauf genommen, eine bestehende, wichtige Beziehung des Kindes zu verunmöglichen. Zudem wird impliziert, die Beziehung des Kindes zu seinem Vater aus einem Drittstaat entfremde dieses von seiner wahren ‚Familie' – der Schweizerischen Nation. Denn wie ist es zu deuten, dass die Botschaft des Bundesrates zum Ausländergesetz 2002 über die *ex lege* Aufhebung des Vater-Kind-Verhältnisses festhält, hierdurch würde „die tatsächliche biologische und soziale Abstammung des Kindes" wiederhergestellt (Botschaft des Bundes 2002, 3839; Fankhauser/ Wüscher 2008, 764)? Aus der knapp 150-seitigen Botschaft geht die genaue Bedeutung der ‚sozialen Abstammung des Kindes' nicht hervor. Die Diskussion um die Vaterschaftsaberkennung eines Vaters aus einem Drittstaat legt jedoch nahe, hier liege ein eindimensionales Gesellschaftsbild zugrunde, das nach wie vor kulturelle Pluralität als bedrohlich und entfremdend, und nicht als gesellschaftliche Tatsache und gelebte Praxis versteht.

Spätestens an dieser Stelle ist ein Verweis auf dissidente Praktiken und Formen des Widerstands gegenüber diesen regulierenden Praktiken und Diskursen der Macht angebracht, die noch eine auszufüllende Leerstelle bilden und in meinen Betrachtungen zunächst keine Berücksichtigung fanden. Hier habe ich erste Überlegungen anstellen und Normen in Bezug auf Geschlechterverhältnisse und ‚Rasse' herausarbeiten wollen, die mir grundlegend für weitere Analysen der Praktiken der betroffenen Paare zu sein scheinen. Ein Schritt in diese Richtung wäre, anzuerkennen, dass Paare durchaus strategisch die Heirat einsetzen, um den Aufenthaltsstatus einer der Beteiligten zu sichern. Indem jedoch die Möglichkeiten für Drittstaatenangehörige bzw. *Sans-Papiers* zu heiraten – die Motivationen seien dahingestellt – erschwert bzw. gekappt wurden, wurde auch einer der vormals letzten legalen Wege für (nicht hochqualifizierte) Drittstaatenangehörige und *Sans-Papiers*, einen legalen Aufenthaltsstatus in der Schweiz zu erlangen, versperrt. Somit trägt die verschärfte Gesetzgebung zur Illegalisierung weiterer Migrant_innen bei.

Es stellen sich abschließend verschiedene Fragen: Wie werden in der Anwendung dieses Rechtes die Selbstverständnisse von Partner_innen und Eltern sowie das vermeintliche Wohl des Kindes konzeptualisiert? Welche Umgangsweisen finden Paare mit der verschärften Regelung? Familien- und sonstige gesellschaftlichen Ideale bergen immer die Gefahr, an den Alltagserfahrungen der Menschen zu scheitern (vgl. Gisler/ Steiner Borella/ Wiedmer 2008). Wenn diese Vorstellungen aber erst gar nicht in Bezug auf bestimmte Gruppen – wie hier Väter, deren Ehe für ungültig erklärt wurde – gedacht werden, produzieren sie im rechtlichen wie sozialen Sinn die Figur des Außenseiters, dessen Existenz vernachlässigbar ist. Er ist überschüssig. Das Recht wirkt dabei an der Ermöglichung spezifischer Familien und der Verhinderung mehrnationaler Lebensformen mit und tritt hier also als eine produktive Instanz in Erscheinung, die die Gesellschaft nach bestimmten Vorstellungen formt und beeinflusst (vgl. 251).

In diesem Sinne lässt sich einerseits auf die symbolischen, anfänglich gezeigten Aufblähungen des Überfremdungsdiskurses verweisen und andererseits die neuen rechtlichen Bestimmungen als Strategien des schweizerischen Migrationsmanagements und der Bevölkerungspolitik fassen, deren Widersprüchlichkeiten ich aufgezeigt habe. Auf Kosten der Grundrechte und des Selbstbestimmungsrechts sowie im Rückgriff auf überkommene Vorstellungen von Geschlechterverhältnissen und auf Rassismus sollen Einwanderung und die Bevölkerung reguliert werden – anstatt gesellschaftlichen Realitäten gerecht zu werden und „pragmatische Lösungen für bestehende Probleme [zu] bieten“ (Gisler/Steiner Borella/Wiedmer 2008, 251). Denn trotz Argumenten für eine „Brüchigkeit tradierter Familienkonzepte, (...) [die] die Macht des Rechts in der heutigen Gesellschaft in Frage stell[en] (237), gilt diese Feststellung von gesellschaftlichen Veränderungsprozessen mit Wirkung auf das Recht offensichtlich nicht für alle Familien gleichermaßen. Die falsche Motivation für eine Heirat wird als Unordnung konzipiert, die weitreichende Maßnahmen zulässt, wie etwa eine Familiengründung zu verhindern oder aufzuheben.

Schlussbemerkungen

Bei meinen Überlegungen handelt es sich um eine Momentaufnahme, denn die gesetzlichen Neuregulierungen sind erst wenige Jahre bis Monate alt. Die behördliche Praxis sowie die gerichtliche Umsetzung in der Schweiz werden nun zeigen, wie konsequent die Durchsetzung sein, d.h. in welcher Art und Weise sie die Missbrauchsbekämpfung gegenüber der Wahrung bzw. Wiederherstellung der Grund- und Menschenrechte gewichten wird. Darüber hinaus werden die erlassenen Gesetze zunehmend auch am Europäischen Gerichtshof für Menschenrechte angefochten; eine Entwicklung, die positiv zu bewerten ist. In dieser Perspektive fungiert das Recht dann wieder *auch* als positiv ermächtigende Instanz.

Ein drittes Feld, welches ich hier nur im Ansatz angerissen habe, sind die Handhabungen und Praktiken der betroffenen Paare mit der neuen Gesetzgebung. Hierüber ist bisher wenig – und dies meist nur im Umfeld von Menschenrechtsorganisationen – bekannt. Nichtsdestotrotz sind ihre Strategien, Verletzlichkeiten und ihr Aufbegehren im privaten wie öffentlich-organisierten Raum zentral, denn um sie geht es. Für Inländer, Zugewanderte, Homosexuelle, Heterosexuelle, Frauen und Männer steht dabei Unterschiedliches auf dem Spiel. Potentiell können sie jedoch dem allgemeinen ‚Volkswillen‘, wie er an der Urne zum Ausdruck kommt, entscheidende differenziertere und plurale Sichtweisen und Denkhorizonte hinzufügen.

Denn dissidente Praktiken und Widerstand gehen immer auch mit der Ausübung von Macht einher und bilden daher einen wichtigen Anknüpfungspunkt an die vorliegenden Überlegungen, die weiter ausgearbeitet werden müssten. Eine methodische Verschiebung von der Analyse der neuen Gesetze und ihren eingelagerten Normalisierungspraktiken und existentiellen Ausschlüssen hin zu den beharrlichen Durchkreuzungen und Bekämpfungen verspricht andere Erkenntnisse, die zugleich transformativ-ermächtigende Kräfte der Subjekte aufzeigen können.

Anmerkungen

1 So titelte etwa der britische *Independent* am 7. September 2007 in Bezug auf die Schafskampagne für die Ausschaffungsinitiative und den zunehmenden Rechtspopulismus und Rassismus in der Schweiz: „Switzerland: Europe's New Heart of Darkness?"; *Die Zeit* betitelte am 18. November 2010 einen Artikel über das bevorstehende Referendum zur Ausschaffungsinitiative mit „Der Rückfall", und *Le Monde diplomatique* führte „Die falsche Angst" vor einer vermeintlichen Islamisierung Europas aus, in der sie die Minarett-Initiative als Ausgangspunkt nahm. Die *Süddeutsche Zeitung* befand bezüglich der politischen Auseinandersetzungen rund um das Referendum über das Ausländergesetz und das Asylgesetz im September 2006: „Ungewöhnlicher Unfriede" (22. September 2006), „Furcht vor Fremden" (25. September 2006) und „Die Debatte auf den Missbrauch konzentriert" (26. September 2006).

2 Es kursieren seit dieser ‚Offensive der Bebilderung' zahlreiche plakative Stigmatisierungen beispielsweise vom männlich-heterosexuellen ‚kriminellen Ausländer' (Frauen werden in diesem Kontext nicht als Akteurinnen abgebildet), einer Burka tragenden Muslimin vor sieben Minaretten, die wie schussbereite Raketen wirken, sowie den verballhornenden Versionen dieser Darstellungen durch Initiativen-Gegner_innen. Sie alle sind Teil des kollektiven Gedächtnisses der Schweiz geworden.

3 Es gibt Gründe, die eine Ehe oder Verpartnerung ausschließen: Wenn einer der Partner bereits verheiratet ist, die Heirat unter Verwandten stattfinden würde oder einer der Partner zum Zeitpunkt der Eheschließung nicht urteilsfähig ist.

4 Als *Sans-Papiers* werden in der Schweiz und vielen anderen Ländern Menschen bezeichnet, die sich ohne gültige Aufenthaltspapiere im Land aufhalten. Dennoch besitzen viele *Sans-Papiers* einen gültigen Pass oder Ausweis (siehe Eidgenössische Komission für Migrationsfragen 2010, 11).

5 Letzteres bezieht sich auf die sogenannte *Lex Brunner*, die seit dem 1. Januar 2011 in Kraft ist. Der SVP-Nationalrat und damalige Vize-Parteipräsident Toni Brunner reichte am 16. Dezember 2005 die parlamentarische Initiative „Scheinehen unterbinden" ein, die zur Bedingung für eine Heirat oder Verpartnerung einen gültigen Aufenthaltsstatus bzw. Visum beider Partner festlegt. Für abgewiesene Asylsuchende und *Sans-Papiers* bedeutet diese Regelung faktisch ein Heiratsverbot.

6 Diesen Hinweis auf den Bundesgerichtsentscheid verdanke ich Marc Speschas Referat „Verdammt zum Eheglück – Paarleben unter dem Damoklesschwert der Migrationsbehörden" an der Tagung „Keine Zeit für Utopien? Perspektiven der Lebensformenpolitik im Recht", 28. Januar 2011 in Basel.

7 In loser Anknüpfung sei hier Bezug auf das Modell der Politikwissenschaftlerin Ina Kerner über das Verhältnis von Rassismus und Sexismus genommen, das ihr zufolge drei verschiedene Dimensionen umfasst – die epistemische, die institutionelle und die personale Ebene (Kerner 2009, 41): Die Zivilstandsbeamtin artikuliert ihre rassistische Haltung, die Baslerin könne aufgrund ihres äußeren Erscheinungsbildes ebenso einen anderen/‚besseren', sprich weißen Ehemann finden. Sie tut dies in einem institutionellen Kontext, dem die sexistische Annahme zugrunde liegt, dass ältere Frauen, die heiraten wollen, eine beachtenswerte Abweichung von der Norm darstellen. Gleichzeitig unterstellt sie Ehemännern aus Drittstaaten Heiratsschwindelei.

8 Art. 109, Abs. 3 ZGB: „Die Vaterschaftsvermutung des Ehemannes entfällt, wenn die Ehe für ungültig erklärt worden ist, weil sie dazu diente, die Bestimmungen über Zulassung und Aufenthalt von Ausländerinnen und Ausländern zu umgehen." FN: Eingefügt durch Anhang Ziff. II 4 des Bundesgesetzes vom 16. Dezember 2005 über Ausländerinnen und Ausländer, in Kraft seit 1. Januar 2008 (SR 142.20).

Literatur

Botschaft des Bundes (2002) „Botschaft zum Bundesgesetz über die Ausländerinnen und Ausländer vom 8. März 2002." 30. Juni 2011 <www.admin.ch/ch/d/ff/2002/3709.pdf>.

Bundesamt für Migration (2008) „Bundesgesetz über die Ausländerinnen und Ausländer (AuG) – die wichtigsten Punkte." 30. Juni 2011 <http://www.ejpd.admin.ch/content/dam/data/migration/buergerrecht/auslaendergesetz/neues_aug.pdf>.

Bundesamt für Migration (2005) Rundschreiben/Weisung an die Ausländerbehörden der Kantone und schweizerischen Auslandsvertretungen zur Bekämpfung von Scheinehen. 22. Dez. 2005. 30. Juni 2011 <www.bfm.admin.ch>.

Bundesamt für Statistik (2010) „Polizeiliche Kriminalitätsstatistik, Jahresbericht 2009, Neuchâtel." 30. Juni 2011. <http://www.bfs.admin.ch/bfs/portal/de/index/themen/19/22/publ.html?publicationID=3866 >.

Buomberger, Thomas (2004) *Kampf gegen unerwünschte Fremde: Von James Schwarzenbach bis Christoph Blocher*. Zürich: Orell Füssli Verlag.

Castro Varela, María do Mar (2006) „Postkoloniale feministische Theorie und soziale Gerechtigkeit." *Die Neuverhandlung sozialer Gerechtigkeit. Feministische Analysen und Perspektiven*. Hg. Ursula Degener/ Beate Rosenzweig. Wiesbaden: VS Verlag für Sozialwissenschaft, 97-113.

Dietze, Gabriele (2009) „Okzidentalismuskritik. Möglichkeiten und Grenzen einer Forschungsperspektivierung." *Kritik des Okzidentalismus. Transdisziplinäre Beiträge zu (Neo-)Orientalismus und Geschlecht*. Hg. Gabriele Dietze/ Claudia Brunner/ Edith Wenzel. Bielefeld: Transcript, 23-54.

Eidgenössische Kommission für Migrationsfragen (2010) „Leben als Sans-Papiers in der Schweiz. Entwicklungen 2000-2010." Neuchâtel: Schweizerisches Forum für Migrations- und Bevölkerungsstudien.

Eidgenössische Koordinationskommission für Familienfragen (2002) *Familien und Migration. Beiträge zur Lage der Migrationsfamilien und Empfehlungen der Eidgenössischen Koordinationskommission für Familienfragen*. Bern.

Eidgenössisches Justiz- und Polizeidepartement (2006) Humanitäre Tradition der Schweiz wahren – Missbräuche verhindern. Medienmitteilung des EJPD 26.06.2006. 1. Mai 2011 <http://www.ejpd.admin.ch/content/ejpd/de/home/dokumentation/mi/2006/2006-06-26/2006-06-26.html>.

Fankhauser, Roland/ Kathrin Wüscher (2008) „Die neuen Eheungültigkeitsgründe nach Inkrafttreten des neuen Ausländergesetzes." *FamPra* 4/2008: 750-770.

Foucault, Michel (1983) *Der Wille zum Wissen. Sexualität und Wahrheit I.* Übers. von Ulrich Raulff und Walter Seitter. Frankfurt/M.: Suhrkamp.

Foucault, Michel (2004) *Sicherheit, Territorium, Bevölkerung. Geschichte der Gouvernementalität I. Vorlesungen am Collège de France 1977-1978.* Hg. Michael Sennelart. Übers. aus dem Französischen von Claudia Brede-Konersmann und Jürgen Schröder. Frankfurt/M.: Suhrkamp.

Gisler, Priska/ Sara Steinert Borella/ Caroline Wiedmer (2008) „Illegitime Eltern: Zur rechtlichen (Neu-)Verteilung der Geschlechterrollen in der Schweizer Familie." *Wandel der Geschlechterverhältnisse durch Recht?* Hg. Kathrin Arioli/ Michelle Cottier/ Patricia Farahmand/ Zita Küng. Zürich/ St. Gallen: Dike und Baden-Baden: Nomos, 237-259.

Grisard, Dominique/ Andrea Maihofer (in Vorbereitung) „Sexismus – Ein umstrittener Begriff. Plädoyer für eine Neuaneignung." *Sexismus im öffentlichen Raum*. Hg. Christine Scheidegger/ Doris Stump. Zürich: efef-Verlag.

HÄBERLEIN, JANA (2010) „Sturm im Ehehafen." *Stimme der Sans-Papiers*. Anlaufstelle der Sans-Papiers Basel 18/ 2010: 1-2.

JAHIJA, JULIETTE (2009) *Die rechtsmissbräuchliche Ehe im Migrationsrecht*. Grosse Masterarbeit an der Juristischen Fakultät der Universität Basel. 30. Juni 2011 <http://ius.unibas.ch/ print/forschung/masterarbeiten/ ?axvzl=335216>.

KERNER, INA (2009) „Alles intersektional? Zum Verhältnis von Rassismus und Sexismus." *Feministische Studien* 1/2009: 36-50.

MAIHOFER, ANDREA (2006) „Von der Frauen- zur Geschlechterforschung – Ein bedeutsamer Perspektivenwechsel nebst aktuellen Herausforderungen an die Geschlechterforschung." *MännerFrauenGeschlechterforschung: State of the Art*. Hg. Brigitte Aulenbacher/ Mechthild Bereswill/ Martina Löw. Münster: Westfälisches Dampfboot, 64-77.

MARGUERAT, SYLVIE/ MINH SON NGUYEN/ JEAN ZERMATTEN (2006) *Das Ausländergesetz und das revidierte Asylgesetz im Lichte des Übereinkommens über die Rechte des Kindes: Analyse der Übereinstimmung zwischen den neuen Bundesgesetzen und der internationalen Kinderrechtskonvention*. Le Mont-sur-Lausanne: Stiftung Terre des Hommes.

MENSCHENRECHTSGRUPPE AUGENAUF (2009) „Scheinehenabklärung in der Schweiz: Die neue Entmündigung von Frauen." *Bulletin*. Dies. Oktober 62/2009: 2-3.

MENSCHENRECHTSGRUPPE AUGENAUF (2010) „Vaterschaft aberkennen: Eine neue Regelung infolge der Scheinehenabklärung." *Bulletin*. Dies. September 66/2010: 6-9.

MESQUITA, SUSHILA (2009) „Alte Normen – neue Normsetzungen? Betrachtungen zum Schweizer Partnerschaftsgesetz." *Über Geschlechterdemokratie hinaus/ Beyond Gender Democracy. Zu einer systematischen Verknüpfung von Freiheit, Gleichheit und Gerechtigkeit*. Hg. Alice Pechriggl/ Brigitte Hipfl/ Utta Isop/ Kirstin Mertlitsch. Klagenfurt: Drava Verlag, 127-150.

MÜLLER, JÖRG PAUL (2009) „Grundrechtliche Probleme, die sich bei der Anwendung der neuen gesetzlichen Bestimmungen betr. Ehe ergeben." Stellungnahme zur Anfrage der Berner Beratungsstelle für Sans-Papiers. 7. September 2009.

PIEPER, MARIANNE/ THOMAS ATZERT/ SERHAT KARAKAYALI/ VASSILIS TSIANOS (2011) „Biopolitik in der Debatte – Konturen einer Analytik der Gegenwart mit und nach der biopolitischen Wende. Eine Einleitung." *Biopolitik – in der Debatte*. Hg. Marianne Pieper/ Thomas Atzert/ Serhat Karakayalı/ Vassilis Tsianos. Wiesbaden: VS Verlag für Sozialwissenschaften, 7-27.

PIEPER, MARIANNE/ EFTHIMIA PANAGIOTIDIS/ VASSILIS TSIANOS (2011) „Konjunkturen der egalitären Exklusion: Postliberaler Rassismus und verkörperte Erfahrung in der Prekarität." *Biopolitik – in der Debatte*. Hg. Marianne Pieper/ Thomas Atzert/ Serhat Karakayalı/ Vassilis Tsianos. Wiesbaden: VS Verlag für Sozialwissenschaften, 193-226.

SCHMIDT, ANJA (2006) „Grundannahmen des Rechts in feministischer Kritik." *Feministische Rechtswissenschaft: Ein Studienbuch*. Hg. Lena Foljanty/ Ulrike Lembke. Baden-Baden: Nomos, 66-77.

SCHWEIZERISCHER VERBAND FÜR ZIVILSTANDSWESEN (2007) „Vernehmlassung zu den Ausführungsbestimmungen zur Umsetzung des BG vom 16.12.2005 über die Ausländer und der Teilrevision Asylgesetz vom 16.12.2005." 10. Mai 2007. 6. März 2010 <http:// www.zivilstandswesen.ch/content-n21-sD.html>.

SKENDEROVIĆ, DAMIR/ GIANNI D'AMATO (2008) *Mit dem Fremden politisieren. Rechtspopulistische Parteien und Migrationspoli-*

tik in der Schweiz seit den 1960er Jahren. Zürich: Chronos Verlag.

Spescha, Marc/ Antonia Kerland/ Peter Bolzli (2010) *Handbuch zum Migrationsrecht*. Zürich: Orell Füssli.

Spescha, Marc (2010) „Die familienbezogene Rechtsprechung im Migrationsrecht (FZA/AuG/EMRK) ab September 2009 bis August 2010." *FamPra* 4/2010: 857-882.

Spescha, Marc (2009) „Die familienbezogene Rechtsprechung im Migrationsrecht (ANAG/AuG/FZA/EMRK) ab August 2008 bis Ende August 2009." *FamPra* 4/2009: 991-1011.

Staatspolitische Kommission des Nationalrates (2008) „Parlamentarische Initiative Scheinehen unterbinden. Bericht der Staatspolitischen Kommission des Nationalrates." 31. Januar 2008, 2467-2478. 30. Juni 2011 <www.admin.ch/ch/d/ff/2008/2467.pdf>.

Juristische Grundlagen

Bundesgericht, Urteil vom 15. April 2010 betreffend Aufenthaltsbewilligung (BGE vom 15.4.2010, 2C_717/2009). 30. Juni 2011 <http://jumpcgi.bger.ch/cgi-bin/JumpCGI?id=15.04.2010_2C_717/2009>.

Verwaltungsgericht St. Gallen, Urteil vom 28. Januar 2010 betreffend das Ausländerrecht AuG (SR 142.20). 30. Juni 2011 <http://www.gerichte.sg.ch/home/dienstleistungen/rechtsprechung/verwaltungsgericht/entscheide_2010/b_2009_161.html>.

Zivilgesetzbuch (ZGB), Art. 109, Abs. 3. Eingefügt durch Anhang Ziff. II 4 des Bundesgesetzes vom 16. Dezember 2005 über Ausländerinnen und Ausländer. 30. Juni 2011 <www.gesetze.ch>

Zeitungen

Haenni, Patrick/Samir Amghar (2010) „Die falsche Angst." *Le Monde diplomatique* 12. Februar 2010. 9113/2010: 22-23.

Killias, Martin (2010) „Der Rückfall." *Die Zeit* 18. November 2010. 47/2010: 18.

Raupp, Judith (2006) „Die Debatte auf den Missbrauch konzentriert." *Süddeutsche Zeitung* 26. September 2006, 8.

Raupp, Judith (2006) „Ungewöhnlicher Unfriede." *Süddeutsche Zeitung* 22. September 2006, 8.

Süddeutsche Zeitung (2006) „Furcht vor denFremden." 25. September 2006, 4.

Vallely, Paul (2007) „Switzerland: Europe's New Heart of Darkness?" *The Independent* (2007) „Switzerland: Europe's New Heart of Darkness?" 7. September 2007. <http://www.independent.co.uk./news/world/europe/switzerland-europes-heart-of-darkness-401619.html>.

Éric Fassin

Das Geschlecht der Immigration in Frankreich

Die Immigration hat ein Geschlecht. Neu ist an dieser Feststellung lediglich, dass es im Lauf der Zeit eine Umwandlung erfahren hat. Bis in die 70er Jahre des letzten Jahrhunderts wurde das Fremd-/Ausländische[1] als Maskulinum dekliniert: Der Araber war ein Mann. Deswegen wurde seine Sexualität zum Problem, angefangen mit dem ‚sexuellen Elend', das man den ausländischen Arbeitern zuschrieb, bis hin zu den Vergewaltigungsprozessen, die es FeministInnen ermöglicht haben, das französische Gesetz von Grund auf neu zu schreiben.[2] Seit dem Ende der 1990er Jahre ist bei den Eingewanderten die zahlenmäßige Gleichheit der Geschlechter erreicht, was zum großen Teil daran liegt, dass der Familiennachzug seit den 1970er Jahren an Bedeutung gewonnen hat, sodass die Einwanderung von Frauen heute häufiger zum Thema der öffentlichen Auseinandersetzung wird (Borrel 2006). Und wie früher geht es auch heute weiterhin um Sexualität, gleich ob über Frauen oder Männer geredet wird: Vergewaltigung, Polygamie, Genitalverstümmelungen, Zwangsheirat – die Beziehungen zwischen Gender und Sexualität sind ins Zentrum der Einwanderungs- und Integrationspolitik gerückt.

Es geht jedoch nicht nur um Frauen, denn der hier gemeinte Diskurs weist dem nichtweißen Mann die Rolle des Urhebers physischer und symbolischer Gewalt zu und macht ihn zu einer neuen emblematischen Figur der Männerherrschaft. Damit vollzieht sich ein Szenenwechsel von allein eingereisten Männern der vorherigen Generation zur Unmöglichkeit des Zusammenlebens der rassisierten Anderen; ein Zerrbild des zartfühlenden Geschlechterverkehrs, der der französischen Lebensart nachgesagt wird. Dergleichen Metamorphosen sprechen nicht nur von gewandelten Realitäten, sondern ebenso sehr von Veränderungen ihrer Konstruktion. Die Rassisierung ist Bestandteil einer politischen Logik, die sich in Frankreich durchgesetzt hat und in ganz Europa widerhallt: Die Einwanderung von Frauen steht im Zentrum einer Politik, die sich die Zurückdrängung der so genannten ‚erduldeten'[3] Einwanderung auf ihre Fahnen geschrieben hat, dies zugleich aber im Namen der Prinzipien republikanischer Integration rechtfertigen will. Aus diesem Kontext erschließt sich die Bedeutung der Aufmerksamkeit, die neuerdings im Namen der sexuellen Freiheit und der

Gleichheit der Geschlechter den eingewanderten Frauen und den Frauen mit ‚Migrationshintergrund' entgegen gebracht wird.

Nach dem PACS: eine modernisierte Rechte

Um die neuen Konzeptualisierungen des Geschlechts der Einwanderung im Zeichen ihrer Feminisierung zu verstehen, muss man sich an das Ende der 1990er Jahre zurückerinnern, als ein auf den ersten Blick ganz anderes Thema auf der Tagesordnung stand, nämlich die Homosexualitätspolitik (Borrillo/ Fassin 1999). Die 1997 gewählte Linkskoalition unter Premierminister Lionel Jospin hatte sich *nolens volens* dazu durchringen müssen, ihr Wahlversprechen einer zivilrechtlichen Verankerung auch gleichgeschlechtlicher Lebensgemeinschaften einzulösen. Die Rechtsopposition trat zunächst zum Sturm gegen das später – im Oktober 1999 tatsächlich verabschiedete – Gesetz an, und die christdemokratische Abgeordnete Christine Boutin machte sich einen Namen im Kampf gegen den PACS.[4] Aber schon auf der Sommeruniversität des RPR[5] vom August 1999 rief Nicolas Sarkozy, damals Generalsekretär der RPR, die Rechte auf, „ein offenes Ohr für alle Differenzen" zu haben. Angesichts der rapiden Entwicklung der öffentlichen Meinung drängte der zukünftige Präsident sein Lager zum Kurswechsel, um der drohenden Abstempelung als vorgestrig zu entgehen, sei es auch um den Preis einer Verpflichtung, die Homophobie zu bekämpfen. Ihm war daran gelegen, das Image der Rechten zu ‚modernisieren', ganz besonders hinsichtlich sexualmoralischer Werte. Diesem Appell war ein schneller Erfolg beschieden: Jacques Chirac, Kandidat für seine Wiederwahl im Jahr 2002, machte mit Roselyne Bachelot eine Frau zu seiner Sprecherin, die sich klar für den PACS ausgesprochen hatte, ohne die Kehrtwendung ihres Lagers abzuwarten. Für die Präsidentschaftskandidatin Christine Boutin dagegen reichte es nur zu einer symbolischen Kandidatur, die sie mit ihrer zeitweiligen politischen Marginalisierung bezahlen musste.

Während so die modernisierte Rechte versuchte, ihren Rückstand auf die Linke zu verringern, zeigte diese wenig Lust, bei diesem Thema allzu weit voranzupreschen. In der Tat ließen beide Seiten mehrere Jahre lang den Streit auf sich beruhen; so wenig sie die positive Bewertung des neuen Gesetzes in Frage stellten, so sehr waren sie sich darin einig, keine weiteren Fortschritte riskieren zu wollen, weder in Sachen Homosexuellen-Ehe noch in Sachen Adoption oder medizinisch unterstützter Fortpflanzung für gleichgeschlechtliche Paare. Da die Rechte sich im Streit um Ehe und Abstammung nicht exponieren wollte, versuchte sie, im Kampf gegen homophobe Äußerungen und Handlungen mit der Linken gleichzuziehen, um sich vom Verdacht der Homophobie zu befreien. Das hieß jedoch noch nicht, dass sie es geschafft hätte, ein eigenes Modell der sexuellen Modernität auf den Markt zu bringen. Folglich musste sie als Nächstes die Initiative ergreifen und der Linken das Thema der nächsten Runde diktieren, statt sich auf ihr Terrain locken zu lassen. Genau das geschah in den Jahren nach 2000 – und zwar zum Thema Immigration.[6] Und wieder war es Nicolas Sarkozy, der die Dinge in die Hand nahm und ein Thema in die Debatte einbrachte, das die Politik bis dahin wenig beschäftigt hatte: die Prostitution.

Eine rechte Modernität: gegen die Prostitution

Im Jahr 2001 wird die Prostitution urplötzlich Thema der politischen Auseinandersetzung in Frankreich (Fabre/ Fassin 2003). Die Kommunalwahlen bieten Gelegenheit, das Streben nach Bürgernähe mit dem Ruf nach Ordnung zu verknüpfen, der der Rechten wie von selbst von den Lippen kommt. Der damalige Innenminister Sarkozy wirft sich in die Pose des Beschützers der ‚Anwohner', in dem er die Prostitution als Störung der öffentlichen Ordnung darstellt: Selbst wenn man außer Acht lasse, dass der mit ihren Aktivitäten verbundene Lärm die Ruhe der friedlichen Bürger störe, bleibe immer noch zu fragen, ob der Anblick der Prostituierten und der physischen Hinterlassenschaften ihres Gewerbes nicht die Unschuld der Kinder gefährde? Das im Jahr 2003 auf Initiative von Nicolas Sarkozy verabschiedete Gesetz über innere Sicherheit führt den Straftatbestand der ‚passiven Anmache' – als Erweiterung seiner aktiven Variante – ins Recht ein; er verlangt von Polizisten nicht nur die für die Feststellung dieses Tatbestandes nötigen neuen Kenntnisse, sondern überträgt ihnen zugleich neue Vollmachten in der Beurteilung. Die Sache ist durchaus heikel: Sollte aus dem Umstand, dass es trotz des Namens des Gesetzes gar nicht um Fragen der ‚Sicherheit' im engeren Sinne geht (den Prostituierten wird übrigens gar nicht vorgeworfen, sie trügen zum allgemeinen Gefühl der Unsicherheit bei), geschlossen werden dürfen, dass die Rechte mit ihrem Eintreten für die Sittenpolizei zu ihrem traditionellen Diskurs zurückgekehrt sei und ihren erst jüngst proklamierten Anspruch auf sexuelle Modernität schon wieder aufgegeben habe?

An diesem Punkt wird eine entscheidende Neuformulierung vorgenommen, denn der Einwand kann dann zurückgewiesen werden, wenn unterstellt wird, die Prostitution sei ein der Immigration geschuldetes Problem. In der Tat werden nur die Prostituierten ‚ausländischer Herkunft' zur Zielscheibe der Repression; es kommt – wenn nicht im Recht, so doch in der Praxis – darauf an, die Immigrantinnen von den Französinnen oder gar die Immigrantinnen,[7] indem sie unverhohlen rassisiert werden von den ‚Urfranzösinnen' zu unterscheiden. Die Prostituierten ‚französischer Abstammung'[8] stören auch nicht wirklich, ganz im Gegenteil; sie sind akzeptierter Bestandteil der Szenerie und werden sogar ‚die Traditionellen' genannt. Sich deren Vorwürfe gegen die ausländische Konkurrenz zu eigen zu machen, die lauten, dass sie den Markt durch Dumping kaputt machen und den Französinnen die Arbeit wegnehmen, wäre indes für die Rechte problematisch gewesen. Denn sie hätte nichts damit gewinnen können, die osteuropäischen Prostituierten in die Rolle zu drängen, die wenig später in der Debatte über die europäische Verfassung dem ‚polnischen Klempner' zufallen sollte. Es wäre ein Irrtum zu glauben, dass die Rechte sich von ihrer Modernisierung zu einem Bruch mit ihren moralischen Werten verleiten lassen und den Verlockungen des sexuellen Protektionismus nachgeben würde.

Folglich wird das Problem auf den Kopf gestellt: Dass die ausländischen Prostituierten nach Frankreich eingewandert sind, ändert nichts daran, dass sie Opfer des Frauenhandels sind, der als moderne Form der Sklaverei dargestellt wird. Als wäre die Bekämpfung der Prostitution gleichbedeutend mit der Bekämpfung der Einwanderung und dem Eintreten für die Rechte der Prostituierten, entdeckt die Regierung ihre neue Aufgeschlossenheit für die Argumente der abolitionistischen FeministInnen, die sich dafür im Gegenzug seltener zur repressiven Migrationspolitik der Regierung zu Wort melden. Dabei versteht sich, dass die Darstellung dieser Frauen als Opfer kein Grund sein darf, gegen ihre Freier einzuschreiten: Sollte man etwa für die Freiheit der Prostituierten den Preis der Freiheit der Freier zahlen? Das nun doch nicht! Folglich wird sich die Rhetorik der Repression (nicht jedoch die Repression selbst) auf die internationalen, d.h. ausländischen Netzwerke konzentrieren, die diese aus Osteuropa bzw. Afrika stammenden Frauen ausbeuten. Zugleich zeigt sich, dass der Vollzug des Gesetzes in der Praxis darauf hinausläuft, die Prostituierten aus den ruhigen Vierteln hinauszudrängen, in denen sie nichts mehr zu suchen hätten; ihre Abschiebung in gefährlichere Gebiete geschehe allein in ihrem Interesse. Anstatt auf das traditionelle Vokabular von ‚Sitte und Anstand' zurückzugreifen, wird das modernere Register der Würde der Frauen gezogen, das als durch und durch demokratische Sorge um ihre Freiheit ausgegeben wird.

So macht die politische Indienstnahme der Prostitution den Weg zu den rhetorischen Figuren frei, die wenig später im Kampf gegen die ‚erlittene' Immigration zu hören sein werden. Hier wie dort werden die Netzwerke angeprangert, die den Menschenhandel mit Immigranten organisieren, bis hin zu deren Beschreibung als ‚Sklavenhändler'; so werden die Eingewanderten selbst zur Zielscheibe der Repression, und so werden sie allein in ihrem ureigenen Interesse verfolgt. Ob Prostituierte oder Immigranten – es ist die immer selbe Sorge um den Anderen, die uns zum Eingeständnis nötigt, dass wir nicht das Elend der ganzen Welt ‚in Würde' bei uns aufnehmen können.

Die Frauen der Immigration

Hier wird ein rhetorischer Transfer vorgenommen, der ohne die Feminisierung der Immigration nicht denkbar wäre. Die ersten Jahre des neuen Jahrhunderts werden Zeuge eines von der Frage der Prostitution unabhängigen Blickwechsels, der die ‚Frauen der Immigration' ins Visier nimmt (wie sie im Titel eines Berichts genannt werden, der im Jahr 2005 im Auftrag des Justizministers und der Gleichstellungsministerin angefertigt wurde, *Femmes de l'immigration* 2005). Die Ministerin Nicole Ameline zögert nicht, die ‚Frauen der Immigration' mit den Frauen aus den benachteiligten Vorstadtvierteln gleichzusetzen; sie beruft sich auf den „großen Zug, den sie organisiert haben, um die Wirklichkeit des Lebens in den Sozialkiezen anzuprangern". Ganz im Sinne des Vereins *Ni putes ni soumises*[9] – dessen Bedeutung für sein politisches Dispositiv Nicolas Sarkozy dadurch anerkannte, dass er im Jahr 2007 dessen Vorsitzende Fadela Amara zur Ministerin für Stadtpolitik[10] in der Regierung Fillon machte – wird deutlich gemacht, dass die ‚Frauen der Immigration' (gleich ob selbst eingewandert oder von ImmigrantInnen abstammend) zunächst und in erster Linie als Gewaltopfer in den Blick genommen werden. Dies entspricht einer Logik, die sich ab dem Jahr 2000 mit der medialen Aufbereitung von Gruppenvergewaltigungen durchzusetzen begann, die zum Merkmal der sexuellen Kultur der sozialen Brennpunktgebiete und der dort lebenden jungen Männer mit ‚Migrationshintergrund' ausgerufen wurde. Die Kontroverse, die im Jahr 2004 zur Verabschiedung des Gesetzes über das Verbot religiöser Symbole in staatlichen Schulen führte, gehört in denselben Kontext: Für die Befürworter dieses Gesetzes geht es nicht nur darum, die Laïzität zu verteidigen, sondern mindestens ebenso sehr darum, die Frauen vor einem ‚Schleier'[11] zu schützen, der als eine Form von Gewalt gegen Frauen – oder sogar wie in der damaligen Debatte allzu oft geschehen – als ‚Vergewaltigung' ihres Einverständnisses dargestellt wird.

Der Bericht stellt schon auf den ersten Seiten klar, in welchem Kontext er gelesen werden will:

> Drei Debatten haben ein erstes Licht auf die spezifische Situation der Frauen der Immigration geworfen: im Herbst 1989 die Kopftuchdebatte, im Jahr 1991 die Frage der Polygamie, schließlich die Denunzierung der Zwangsheiraten, in die die Medien einstimmten, als die Geschichte der von einer Zwangsheirat bedrohten jungen Fatoumata publik wurde. Dazu kommen weitere tragische Ereignisse, die die Frauen der Immigration ins Rampenlicht rücken. Der Tod der am 4. Oktober 2002 bei lebendigem Leibe verbrannten Sohane hat die ungeheuren Schwierigkeiten veranschaulicht, die dem Wunsch nach einer gewissen Unabhängigkeit in den Weg gelegt werden. Dieses Drama hat den Zug der Frauen der Kieze gegen Ghettos und für Gleichheit unter der Losung ‚*Ni putes ni soumise*' ausgelöst. Die überwältigende Solidarität, die sich plötzlich in den Medien Bahn brach, hat sie in einem anderen Licht erscheinen lassen. (*Femmes de l'immigration* 2005)

Kurz, die (selbst eingewanderten oder von ImmigrantInnen abstammenden) Frauen der Immigration haben nicht nur mit doppelten Diskriminierungen aufgrund ihres Geschlechts und ihrer Herkunft, sondern auch – und sogar vor allem – mit allen sozialen Problemen zu kämpfen, die seinerzeit die Aufmerksamkeit von Politik und Medien in Anspruch nahmen.

Exemplarische Opfer

Die Verwechslung der eingewanderten Frauen mit den Frauen aus den Vorstadtvierteln heißt indes nicht, dass diese die Aufmerksamkeit von jenen ablenken. Denn es muss Folgen für die Einwanderungspolitik haben, wenn man die Frauen ausgerechnet zu dem Zeitpunkt zu exemplarischen Opfern macht, zu dem viele – hauptsächlich in der Rechten, aber auch in der Linken – die heuchlerische Opferhaltung denunzieren, die sich z.B. in der Bereitschaft zu Reuebekundungen[12] manifestiere, um ihnen – selbst im Blick auf den Kolonialismus – einen ‚positiven' Diskurs entgegenzustellen. Hatte Nicolas Sarkozy nicht im

April 2007 als Antwort auf die Unterstützung seiner Präsidentschaftskandidatur durch Simone Veil[13] vor einem Publikum von Frauen erklärt, man müsse „die Menschenrechte weltweit in den Dienst der Rechte der Frauen stellen"?[14] So werde das Vaterland der Menschenrechte zu dem der Frauenrechte werden. Diese außenpolitische Selbstverpflichtung hatte auch einen rückwirkenden Effekt: „Jedes Mal, wenn irgendwo in der Welt eine Frau verfolgt wird, muss sie als Bürgerin Frankreichs anerkannt werden, und Frankreich wird ihr zur Seite stehen" (*Libération*, 8.4.2007).

Gewiss hatte zu einer Zeit, in der die öffentlichen Gewalten immer weniger Zweifel daran ließen, dass das Recht auf Asyl für sie kaum noch etwas anderes war als das Einfallstor, durch das die ‚erlittene' Einwanderung in die Festung strömt, hatte dieser Vorschlag kaum Chancen, umgesetzt zu werden. Wäre nicht andernfalls angesichts der weltweiten Statistiken über Gewalt gegen Frauen eine massenhafte Einwanderung mit unabsehbaren Folgen für die französische Bevölkerungsentwicklung zu erwarten, sodass wegen des daraus folgenden Ungleichgewichts der Geschlechter ein Anstieg der heute verschwindend geringen Zahl von Polygamiebefürwortern zu befürchten wäre? Am 2. Mai 2007 forderte Nicolas Sarkozy in der Fernsehdebatte vor den Präsidentschaftswahlen: „Frankreich muss ein Land bleiben, das politische Flüchtlinge aufnimmt. Ich denke an die bulgarischen Krankenschwestern, an die Tschetschenen, überhaupt an alle, die irgendwo in der Welt gequält werden". In der Formulierung lässt er offen, ob er Menschenrechte oder Frauenrechte meint; aber seine Rivalin Ségolène Royal nutzt die Chance, um ihn an die Versprechungen zu erinnern, die er Einwanderinnen gemacht hat, die Gewaltopfer geworden sind: „Sie haben vor Kurzem ein Heim für geschlagene Frauen besucht und allen geschlagenen Ausländerinnen Papiere versprochen. Gilt das für alle Einwanderinnen ohne Papiere[15] in Frankreich?" Nicolas Sarkozy will von Zweifeln nichts hören: „Ich werde meine Versprechen einlösen." Gleichwohl lehnt er jede „globale Regularisierung" ab. In der Praxis geht es ihm allein um die Frauen, die von dem Verein *Cœur de femmes*[16] betreut werden; vor allem bleibt es bei der Einzelfallentscheidung. Seine sozialistische Rivalin bezichtigt ihn zwar der „Willkür", lehnt jedoch – wie Sarkozy sofort ironisch bemerkt – das Verfahren nicht prinzipiell ab: Sie gibt zu, dass ihre Politik nicht anders aussehen würde, allerdings würde sie „das alles nach den Geboten der Menschlichkeit tun". Die Konfrontation der beiden Kandidaten gebiert einen politischen Konsens über die Kasuistik der humanitären Ausnahmeregelungen, dessen paradoxe Logik von Ségolène Royal auf den Punkt gebracht wird: „Regeln müssen sein. Also Einzelfallentscheidungen, für alle Frauen, die Gewaltopfer geworden sind" (Le débat Royal-Sarkozy 2007).

Ayaan Hirsi Ali, Französin aus Herzenswunsch

Diese von beiden Seiten verteidigte Logik wird in der politischen Praxis auf die Probe gestellt, als im Februar 2008 nicht nur die Staatssekretärin für Menschenrechte Rama Yade, sondern auch die unterlegene Präsidentschaftskandidatin Ségolène Royal, der Philosoph Bernard-Henry Lévy und etliche andere eine öffentliche Kundgebung in den Räumen der *Ecole Normale Supérieure* organisieren, um Ayaan Hirsi Ali, eine ehemalige Parlamentsabgeordnete der niederländischen Rechten somalischer Herkunft, in Paris zu begrüßen (*Le Monde*, 12.2.2008). Ayaan Hirsi Ali hatte sich vor allem mit ihrer rückhaltlosen Kritik des Islams einen Namen gemacht und in die USA flüchten müssen, um den Morddrohungen von Islamisten zu entgehen (Fassin 2010). Da die Niederlande nicht länger bereit waren, ihr Personenschutz auch im Ausland zu finanzieren und sie ein Asylangebot der dänischen Regierung ausgeschlagen hatte, hatte sie sich an Frankreich gewendet und sich dabei auf diesen Ausspruch von Nicolas Sarkozy berufen: „Allen Frauen, die irgendwo in der Welt verfolgt werden, will ich sagen, dass Frankreich ihnen seinen Schutz gewähren wird, indem es ihnen möglich macht, Französin zu werden." Und Ayaan Hirsi Ali legt auf Französisch nach: „Französin werden zu dürfen – das wäre mir eine Ehre!" Wenn man einem Zeitungsbeitrag der damaligen Staatssekretärin für Menschenrechte Rama Yade glauben will, dann hat in der Tat „*la France éternelle* Sie erhört, nämlich das Frankreich von Victor Hugo, Charles de Gaulle, Simone Veil und Ni putes ni soumises". Und sie stellt klar: „Wir sind dabei zu prüfen, wie wir Ihnen den Weg nach Frankreich, d.h. zur Naturalisierung freimachen können" (*Le Monde*, 5.2.2008). In der Tat kann es sich hier nur um eine Naturalisierung[17] handeln. Wie Bernard-Henry Lévy geltend macht, geht es darum, Nicolas Sarkozy „beim Wort zu nehmen". Der Philosoph findet, ihre „Adoptierung" gehöre sich einfach, „weil Ayaan Hirsi Ali schon Französin ist (aber ja doch!) nämlich im Herzen!" (*Libération*, 11.2.2008)

Der Präsident der Republik dagegen, der nie ein Geheimnis daraus gemacht hat, dass auch er ein fühlendes Herz hat, hält sich bedeckt und begnügt sich in einer Grußbotschaft damit, seine Entschlossenheit zu bekunden, „sich gemeinsam mit den Europäern um die Einrichtung eines Gemeinschaftsfonds für den Schutz bedrohter Menschen zu bemühen" (*Le Monde*, 12.2.2008). Später, nachdem die bei dieser Kundgebung frei gewordenen Emotionen abgekühlt sind, scheint bei den Einen wie bei den Anderen nie wieder von dieser Naturalisierung die Rede gewesen zu sein – noch nicht einmal davon, Ayaan Hirsi Ali auch nur Asyl zu gewähren. Wie ist das zu verstehen? Sollte nicht wenig später dieselbe Ermessensregelung der neuen Gattin des Präsidenten zugute kommen, ganz im Sinne dieser Logik einer *citoyenneté* des Herzens? Als am 21. Juni 2008 Carla Bruni in der Tageszeitung *Libération* erklärte, sie sei „noch nicht" naturalisiert („das Verfahren ist lang, für alle"), fügte sie gleichwohl hinzu: „Aber ich bin schon Französin". Am 10. Juli 2008 ging sie einen Schritt weiter und erklärte dem Radiosender *France-Inter* ohne Umschweife: „Ich bin naturalisierte Französin; ich warte nur noch auf meinen Pass" – und das, obwohl ein vom damaligen Innenminister Sarkozy eingebrachtes Gesetz die Frist für den Erwerb der französischen Staatsbürgerschaft durch einfache Erklärung aufgrund der Eheschließung mit einem französischen Staatsbürger gerade erst im Jahr 2006 auf vier Jahre verlängert hatte. Immerhin hatte der Präsident schon am 29. April 2008 in Tunis in Anwesenheit seines Ministers für Immigration und nationale Identität Brice Hortefeux und seiner Justizministerin Rachida Dati Wert darauf gelegt, „eine Neufranzösin namens Carla Sarkozy ganz besonders zu begrüßen", ohne sich um die ordinären rechtlichen und administrativen Erfordernisse zu scheren (Sarkozy 2008).

Die Logik der Ausnahmeregelung: Gunstbeweis oder Verdienst?

Sollte der Präsident den Naturalisierungsantrag von Ayaan Hirsi Ali vielleicht nur deswegen nicht unterstützt haben, weil er befürchtete, die Ausnahme könne zur Regel werden, oder die Naturalisierung des Flüchtlings aus den Niederlanden werde die Tore zu einer massenhaften Legalisierung von Frauen aufstoßen, die Opfer von Gewalttaten geworden seien? Die Verteidiger der Menschenrechte jedenfalls, die sich in Paris beeilt hatten, zum Schutz von Ayaan Hirsi Ali aufzurufen, haben die Chance nicht genutzt, ihr Anliegen zu verallgemeinern. Ganz im Gegenteil: Bernard-Henry Lévy, weit davon entfernt, hier nach einer Möglichkeit Ausschau zu halten, einen Musterprozess zu führen, rief dazu auf, diese Naturalisierung schlicht als Symbol zu betrachten, d.h. als eine „Botschaft der Hoffnung" an die Frauen „muslimischer Herkunft", die sich endlich von ihrer Herkunft frei machen könnten. Auch Ayaan Hirsi Ali selbst vertritt weiterhin, wie die Partei, auf deren Listen sie gewählt worden war, eine sehr restriktive Einwanderungspolitik. So erklärte sie während ihres Parisaufenthalts dem *Nouvel Observateur*: „Ein so kleines Land wie die Niederlande kann nicht das Elend der ganzen Welt bei sich aufnehmen." Folgerichtig spricht sie sich dafür aus, die Einwanderung „nach den Erfordernissen des Arbeitsmarkts" auszuwählen. Und sie leistet sich ein Späßchen mit der angeblich immer noch dominierenden Grundeinstellung: „Sie sind gefährdet oder werden verfolgt? Seien Sie bei uns willkommen!" Kurz, wer glaube, dass „in Europa die Einwanderungspolitik von den Menschenrechten diktiert wird", solle das nicht für eine gute Sache, sondern für einen Anlass zu ernster Besorgnis halten. (Hirsi Ali 2008) Diese ‚Neufranzösin' jedenfalls wird sich nicht für massenhafte Legalisierungen aussprechen; sie hätte nicht gezögert, das Tor zur Naturalisierung hinter sich zu verriegeln. In den Niederlanden hatte sie das schon getan.

Wie also soll man das Zögern des Präsidenten gegenüber einer so exemplarischen Anfrage verstehen? Setzt der Rekurs auf Ausnahmeregelungen nicht voraus, dass der Staat so weit vom Recht ausgenommen sei, dass er – um den von seinen Kritikern formulierten Vorwurf einer ebenso absurden wie inhumanen ‚staatlichen Xenophobie' auszuräumen – den Verdacht dadurch entkräftet, dass er sich je nach Lage des Einzelfalls von punktueller ökonomischer Rationalität, gelegentlich aber auch von den Geboten des Herzens leiten lassen könne? Denn ab und zu kommen anonyme *sans-papiers* unverhofft in den Genuss von Ausnahmefallentscheidungen des Präsidenten, die ganz und gar im Ermessen der öffentlichen Gewalt liegen und die Schrankenlosigkeit ihrer Souveränität ins Gedächtnis rufen. Besteht der Unterschied zu ihnen darin, dass Ayaan Hirsi Ali und ihre FürsprecherInnen behaupten, dass sie nur um eine Gunstbezeugung bitte, auf die sie einen moralischen Anspruch habe? Ist sie nicht zugleich Verfolgungsopfer und Heldin aus freiem Entschluss? Paradoxerweise wird ihre Naturalisierung gerade deswegen problematisch, weil sie als Voltaire der Gegenwart, als der sie nicht selten gepriesen wird, einen Anspruch auf Anerkennung als französische Staatsbürgerin habe und keiner Ausnahmeregelung bedürfe. Ihre ‚Adoptierung' wäre damit so unabweisbar, dass sie als Beispiel einer wahrhaft ‚gewollten' Einwanderung nicht mehr recht taugen würde.

Eine Nationalität des Herzens

Es empfiehlt sich also, das Versprechen des Kandidaten Nicolas Sarkozy zugunsten der unterdrückten Frauen erneut zu überprüfen: Ganz offensichtlich ist es nicht dazu bestimmt, ‚beim Wort' genommen zu werden, sondern im strengen Sinne symbolischer Natur. Erinnern wir uns an die emblematischen Figuren der bulgarischen Krankenschwestern, die in Libyen eingekerkert waren, bis Cecilia Sarkozy – damals noch *First Lady* der Republik – ihre Befreiung erwirkte. Zwar erklärt ihr Gatte am 24. Juli 2007 aus diesem Anlass: „Ich hatte den Franzosen im Wahlkampf gesagt und sie am Abend meiner Wahl daran erinnert, dass diese Krankenschwestern Französinnen sind", doch ergänzt er jetzt: „nicht im rechtlichen Sinne, aber in meinem Herzen." Und natürlich deswegen, „weil sie leiden mussten" (*Libération*, 24.7.2007). Die Emotionen des Präsidenten begründen eine Nationalität des Herzens, nicht des Rechts.

Dennoch wäre es falsch zu glauben, diese Beschwörung einer ‚symbolischen' *citoyenneté* habe nur symbolischen Wert. Die Emanzipation der Frauen ist alles andere als eine Wahlkampfparole, die nach der Siegesfeier vergessen werden soll. Vielmehr initiiert Nicolas Sarkozy damit einen Diskurs über Nationalität, der auch heute noch Folgen zeitigt: Er zieht eine Grenzlinie zwischen ‚ihnen' und ‚uns', die das Herzstück seines Projekts zur ‚nationalen Identität' ist. Seine Ankündigung, ein *Ministerium für Immigration und nationale Identität*[18] gründen zu wollen, hat im Präsidentschaftswahlkampf von 2007 einen Wendepunkt markiert. Es war damit zu rechnen, dass er damit jenen Teil der Wählerschaft gegen sich aufbringen würde, der – besonders auf der Linken – es angesichts dieser Namensgebung für gerechtfertigt hielt, von einer ‚Staatsxenophobie (Le Cour Grandmaison 2008) zu reden. Man weiß indes auch, dass dieser Diskurs zum Sieg des Kandidaten Sarkozy beigetragen hat, da er damit einen beträchtlichen Teil jener Wähler in sein Lager zog, die lange Zeit für den Front National gestimmt hatten. Jedoch bleibt zu fragen, warum Nicolas Sarkozy diese Öffnung zur extremen Rechten nicht mit dem Verlust von Wählerstimmen bezahlen musste, die traditionell eher für republikanische Werte als für die Lockrufe der nationalen Rechten empfänglich waren.

Genau um dies zu verhindern, weist er der Frauenfrage eine zentrale Rolle in seinem Diskurs zum Thema Immigration zu. In einem seiner Wahlkampfvideos äußert der Kandidat sich ein weiteres Mal über den Sinn seiner nationalen Identitätsrhetorik: „Darauf habe ich geantwortet: ‚Identität und Immigration'. Warum?" Er will denjenigen eine Antwort geben, die sich bei diesen Worten an das Vichy-Régime erinnert fühlen. Ihm ist das alles ganz klar: „Frankreich ist keine Rasse, Frankreich ist keine Ethnie, Frankreich ist eine Wertegemeinschaft, ein Ideal, eine Idee." Anders gesagt, in der Sicht des Kandidaten Sarkozy ist es nicht nur so, dass die nationale Identität mit den Werten der Republik vereinbar ist; vielmehr sind die letzteren das Rückgrat der ersteren. Für ihn definiert sich die nationale Identität zu allererst durch etwas, das man die Geschlechterdemokratie nennen könnte, nämlich die Freiheit der Frauen und die Gleichheit der Geschlechter. Er erklärt: „In Frankreich sind die Frauen genauso frei wie die Männer; frei zu kommen und zu gehen, frei zu heiraten und frei sich scheiden zu lassen. Das Recht abzutreiben und die Gleichheit der Männer und Frauen – alles das sind Elemente unserer Identität" (Sarkozy 2007). Diese Worte werden durch passende Bilder illustriert: das schmerzerfüllte Gesicht einer schwarzen Frau bildet den Kontrast zum Lächeln weißer Frauen. Was für ‚uns' gilt, gelte für ‚sie' noch lange nicht in gleicher Weise. Kurz, die Freiheit ‚unserer' Frauen wird hier hauptsächlich beschworen, um die Unfreiheit der Frauen der ‚Anderen' kenntlich zu machen; ganz gleich, ob sie Einwanderinnen oder Abkömmlinge von Einwanderern sind.

Damit wird die Modernität *in sexualibus* ins Zentrum des Projekts ‚nationale Identität' gerückt. Die Grenze, die sie zwischen ‚ihnen' und ‚uns' zieht, ist nicht nur symbolisch, denn sie wird auf allen Stufen der Politik des *Ministeriums für Immigration und nationale Identität* ins Spiel gebracht, von den *Contrats d'accueil et d'intégration*[19] bis hin zu den Naturalisierungsverfahren. In dem schon erwähnten Videospot verortete Nicolas Sarkozy das Ideal der Geschlechterdemokratie in den Fundamenten seiner Integrationspolitik: „Frankreich ist es wert, geliebt" zu werden, weil „es sich zu einem Ideal bekennt, das man sich entweder zu eigen machen oder ablehnen muss. Ich kann verstehen, dass manche es ablehnen, aber wenn man sich zu ihm bekennt, dann muss man Frankreich lieben" (ebd.). Man kann Frankreich lieben, weil Frankreich die Freiheit der Frauen liebt. Kurz: Entweder man liebt die französische Geschlechterdemokratie oder man lässt es sein.[20] Das heißt nicht, dass die Ausgrenzung gewalttätiger Männer notwendig zur Inklusion der Frauen führt, die ihre Opfer geworden sind. Der CESEDA[21] stellt es ins Ermessen der Präfekturen, ob sie die Aufenthaltstitel von Frauen, die von ihrem gewalttätigen Ehepartner getrennt leben, verlängern oder nicht; oft ist Letzteres der Fall (GISTI 2007, 1). Den ausländischen Frauen steht es frei, die eheliche Wohnung zu verlassen; in vielen Fällen zeigt sich, dass es Frankreich nicht minder freisteht, sie zum Verlassen des Staatsgebiets aufzufordern.

Das ändert nichts daran, dass der *Contrat d'accueil et d'intégration,* den seit dem 1. Januar 2007 alle in Frankreich lebenden Ausländer eingehen müssen, den republikanischen Werten in Sachen Gender und Sexualität überproportional viel Aufmerksamkeit widmet.[22] Er verzichtet ganz und gar darauf, die Gleichheit in ökonomischen Begriffen zu fassen oder sie mit rassischer Diskriminierung in Zusammenhang zu bringen; sie wird allein auf ihre sexuelle Dimension reduziert:

> Die Gleichheit von Mann und Frau ist ein fundamentales Prinzip der französischen Gesellschaft. Die Frauen haben dieselben Rechte und Pflichten wie die Männer. Dieses Prinzip gilt für die Ausländer genauso wie für die Franzosen. Die Frauen brauchen nicht die Erlaubnis ihres Ehemannes, ihres Vaters oder ihres Bruders, wenn sie arbeiten, ausgehen oder ein Bankkonto eröffnen wollen. Zwangsheiraten sind verboten, die Monogamie und das Recht auf Unverletzlichkeit des Körpers stehen unter dem Schutz des Gesetzes.

Der Sinn dieser Mahnung ist klar: Die Zustimmung zu den Sexualwerten der Moderne wird in den Rang einer Einwanderungsvoraussetzung erhoben, deren proklamiertes Ziel darin besteht, die Integration zu erleichtern – oder aber diejenigen fernzuhalten, die in Frankreich nicht am rechten Platz wären. Hier wird ein weiteres Mal der Gegensatz zwischen ‚ihnen' und ‚uns' konstruiert, den man auch aus den Reden kennt, die die Vertreter des Staates aus Anlass von Einbürgerungsfeierlichkeiten halten und die darauf hinauslaufen, die glücklich Erwählten ausgerechnet in dem Augenblick an ihren Ausländerstatus zu erinnern, in dem sie – der Theorie nach – ihm endlich entkommen sein sollen.

Wie sich an den Informationsmaterialien zum Thema ‚Gewalt gegen Frauen' ablesen lässt, die in den für den bürokratischen Vollzug der Einwanderungspolitik zuständigen Präfekturen überall ausliegen, soll das Eintreten für Frauenrechte heute auch dazu beitragen, unter den Einwanderungskandidaten die Spreu vom Weizen zu trennen und insbesondere diejenigen ausfindig zu machen, die nicht zur Einwanderung zugelassen werden können bzw. – falls ihnen die Einreise schon gelungen sein sollte – alsbald auszuweisen sind. Hier stößt man erneut auf den unausräumbaren Widerspruch einer Politik, die das Geschlecht der Immigration zu ihrem Fundament gemacht hat: Um die Frauen auch in ihrem Privatbereich zu schützen, zögert der Staat nicht, sich in ihre Intimsphäre einzumischen und sie – um ihre Freiheit zu garantieren – doppelter Kontrolle auszusetzen. Die ausländischen Frauen (oder die Frauen ‚ausländischer Herkunft') werden nicht nur als Opfer ihrer ausländischen Männer (oder ihrer Männer ‚mit Migrationshintergrund'), sondern auch als die Mittel dargestellt, derer diese sich bedienen, um zumindest den Geist, wenn nicht gar den Wortlaut der Einwanderungsgesetze zu unterlaufen. Denn die Frauen sind – gleich ob durch Eheschließung oder durch Familienzusammenführung – die Quelle, aus der die ‚erduldete Immigration' sprudelt, von der heute so viel die Rede ist (AutorInnenkollektiv 2010).

Darin besteht die Ambiguität der gegenwärtigen Politik in Sachen der so genannten ‚gemischten' Ehen.[23] Einerseits bekämpfen die öffentlichen Gewalten heute im Namen der Freiheit der Frauen arrangierte Heiraten, die Zwangsehen sein könnten; andererseits stellen sie binationale Paare pauschal unter den Verdacht, nur aus aufenthaltsrechtlichen Gründen geheiratet zu haben und nehmen so das Risiko in Kauf, auf diese Weise das Recht der Frauen auf freie Wahl des Ehepartners zu untergraben. In der Tat wird der Sinn des Kampfs gegen Zwangsheiraten erst vor dem Hintergrund des Kampfs gegen Scheinehen deutlich. Das im Jahr 2006 auf Initiative von Sarkozy novellierte Einwanderungsgesetz[24] und das im selben Jahr vom damaligen Justizminister Pascal Clément eingebrachte Gesetz über die Kontrolle der Gültigkeit von Eheschließungen gehören in diesen Zusammenhang. Nicolas Sarkozy legte Wert darauf zu betonen, dass „die Eheschließung der häufigste Grund der Einwanderung nach Frankreich" ist (*Le Monde*, 28.4.2006). In der Folge wird dieser ‚matrimoniale Chauvinismus' (Borrillo/ Fassin 2006) in der Politik zur Einschränkung der ‚erduldeten' Einwanderung eine Schlüsselrolle spielen.

Zwar unterstreicht der Gesetzesausschuss des Senats, „dass es ein grober Irrtum wäre, binationale Ehen und Scheinehen zu verwechseln", doch ändert das nichts daran, dass „es gleichwohl nicht völlig zufällig sein dürfte, dass dieses Phänomen Hand in Hand mit der Verschärfung der Kontrollen der Einwanderung und der vergleichsweise gestiegenen Attraktivität der binationalen Eheschließung zunimmt" (Sénat, Commission des Lois 2006). Anders gesagt: Neue Restriktionen der Einwanderung würden eine Zunahme der ‚Scheinehen' nach sich ziehen, sodass man, um die Einen zu bekämpfen, die Kontrolle der Anderen weiter verschärfen müsse. Jedenfalls erklärte Pascal Clément in einer Stellungnahme zum Internationalen Tag der Frau 2006, dies sei die Ursache des Zunehmens der binationalen Ehen. „Von 1999 bis 2003 ist die Zahl der in Frankreich geschlossenen Ehen zwischen französischen und ausländischen Staatsbürgern um 62 % gestiegen." Damit nimmt auch ihr prozentuales Gewicht zu: „Das Resultat ist, dass fast ein Drittel aller Eheschließungen binational sind." François Héran, der Direktor des INED[25] sah darin eher ein ermutigendes Zeichen: „In Europa wie in den Vereinigten Staaten gibt es eine solide soziologische Tradition, die seit langem die Zunahme der binationalen Ehen als starken Indikator für die Integration in die Aufnahmegesellschaft interpretiert" (Othily/ Buffet 2006).

Der Justizminister dagegen wollte diese Zahlen ausschließlich unter den Aspekten „Betrug" und „Umgehung des Rechts" verstanden wissen und begründete dies mit der Enthüllung, dass „nur eins von zehn Kindern ein binationales Elternpaar hat" und schloss daraus auf die Häufigkeit von Scheinehen: „Der Vergleich dieser Zahlen und das Missverhältnis, das sich aus ihnen ergibt, reichen aus, um deutlich zu machen, dass die Eheschließung zu Zwecken missbraucht wird, die mit der Schließung des Ehebündnisses und der Gründung einer Familie nichts zu tun haben." Unter Missachtung der wissenschaftlichen Analysen drängte sich die politische Interpretation wie von selbst auf: „Wie jedermann weiß, ist dies ein wichtiges Migrationsziel: Viele Ausländer wollen sich durch Heirat mit einem französischen Staatsbürger den Zugang zu Aufenthaltsberechtigung und Einbürgerung erschließen." Die Einwanderung bekämpfen heißt auch die Ehe schützen: „Es geht hier also auch darum, den Wert des Instituts der Ehe zu verteidigen." Daher die politische Entscheidung: „Auf eine Intensivierung der Kontrollen der Gültigkeit dieser Ehen kann nicht verzichtet werden."[26]

Nun stellt sich die Frage der Einwanderung weder nur für Frauen noch ausschließlich für verheiratete oder heiratswillige Paare. Daher gab das Außenministerium am 28. September 2007 einen Runderlass heraus, der ganz in diesem Sinne für Paare, die in Ländern leben, in denen nichteheliche Lebensgemeinschaften und homosexuelle Beziehungen verboten sind, den Zugang zum PACS erschwerte. In diesen Ländern konnten die Konsulate die amtliche Anerkennung eines PACS verweigern, zwar nicht für Paare, bei denen beide Partner französisch sind, sehr wohl aber für Paare, bei denen nur ein Partner französisch und der andere ausländisch ist. Es bedurfte erst eines Beschlusses des *Conseil d'État*,[27] der am 18. Dezember 2008 einem Antrag von Vereinen, die für die Rechte der Ausländer und/oder der Homosexuellen eintreten, auf einstweilige Verfügung gegen diesen ihres Erachtens diskriminierenden Text stattgab, um den damaligen Außenminister Bernard Kouchner dazu zu bewegen, am 19. Januar 2008 einen neuen Runderlass herauszugeben, der es erlaubt, „jeden PACS zu registrieren, den ein im Ausland lebender französischer Staatsbürger eingeht, und zwar unabhängig sowohl von Geschlecht oder Nationalität des Partners als auch von den Regeln der ‚nationalen öffentlichen Ordnung' im Aufenthaltsland". Das ändert nichts daran, dass es besonders im Fall des PACS andere Mittel gibt, die Einwanderung zu limitieren: Gegen „eine zu restriktive Visapolitik" müssen dieselben Vereine auch weiterhin „das Recht auf Achtung des Privat- und Familienlebens" einfordern. (*Tetu.com*, 28.1.2008).

Das Elternschaftsverhältnis unter Verdacht

Gewiss geht es in der Einwanderungspolitik nicht allein um die Frauen; jedoch ist heute an ihrer Situation deutlicher als irgendwo sonst abzulesen, wie die Logik dieser politischen Maßnahmenbündel konfiguriert ist, und wie deren verschiedenste bzw. widersprüchlichste Einzelmaßnahmen heute an der Situation der Frauen durchexerziert werden. Das liegt daran, dass die Frauen je nach Bedarf als Opfer von Gewalttaten und als Werkzeuge bzw. Urheberinnen von Betrugsdelikten in Sachen Immigration dargestellt werden können. Das gilt etwa für den Nachweis der Vaterschaft, bei dem sie eine Schlüsselrolle spielen. So kommt es dazu, dass der Verdacht gegen die so genannten *mariages blancs*[28] sich durch einen ganz ähnlichen Verdacht gegen Vaterschaften verdoppelt, von denen man sagen könnte, dass auch sie als *blancs* verdächtigt werden – wenn es nicht gerade in den meisten Fällen um nichtweiße Väter ginge.

Um sie ging es im ‚DNA-Änderungsantrag' des UMP-Abgeordneten Thierry Mariani zum Einwanderungsgesetz von 2007, der – anders als ein anderer

Änderungsantrag zum selben Gesetz, der sich mit den manchmal auch als ‚ethnisch-rassisch' bezeichneten Statistiken der ‚Diversität' beschäftigte – dank einiger weiterer Abänderungen der Zensur durch den *Conseil constitutionnel*[29] entgangen ist (Conseil constitutionnel 2007).

Wenn „ein begründeter Zweifel an der Authentizität der Geburtsurkunde" besteht, kann der Eingewanderte, der die Familienzusammenführung für seine Kinder beantragt, seinen guten Glauben unter Beweis stellen, indem er einen DNA-Test beantragt, um Zweifel am Kindschaftsverhältnis auszuräumen.[30] Hier wird erneut eine Argumentationsfigur eingesetzt, die schon in der Debatte über die Prostitution gute Dienste geleistet hatte: Wenn man die ausländischen Familien zu Gentests drängt, die man französischen AntragstellerInnen nur ausnahmsweise genehmigt, so nur deswegen, weil man ihr wohlverstandenes Interesse im Auge hat. Anders gesagt: Die Biologisierung der Ausländer – in diesem Fall der Ausländerinnen – mittels Abstammungsnachweisen geschieht nur zu ihrem Besten.

Das heißt nicht, dass die Männer weniger unter Verdacht stehen als die Frauen, denn der Gesetzgeber zeigt sich nicht weniger (wie übrigens schon in dem Gesetz aus dem Jahr 2003) über ‚Gefälligkeitsvaterschaften' besorgt. Die Antwort des Justizministers auf die Anfrage des UMP-Senators Philippe Goujon vom 20. Juli 2006 lässt keinen Raum für Zweifel. Zwar wird eingangs daran erinnert, dass „das Elternschaftsrecht die Anerkennung der Gültigkeit der Vater- oder Mutterschaft nicht vom Nachweis der biologischen Wahrheit des dergestalt festgestellten Kindschaftsverhältnisses abhängig macht", und dass folglich

> der Autor der Anerkennung sich durch diesen Akt dazu verpflichtet, alle rechtlichen Konsequenzen auf sich zu nehmen, die sich aus dem Vaterschaftsverhältnis ergeben, und dass die Anerkennung, solange sie nicht angefochten wird, auch dann ein gültiges Kindschaftsverhältnis herstellt, wenn es nicht den biologischen Tatsachen entspricht. (Ministère de la Justice 2006)

Das ist jedoch nicht alles, denn

> gleichwohl laufen betrügerische Kindschaftsanerkennungen, die von Personen ausgesprochen werden, die nicht die Absicht haben, die elterlichen Pflichten und Verantwortungen auszuüben, sondern sich Vorteile verschaffen wollen, die sich aus der Elterneigenschaft ergeben, offensichtlich der öffentlichen Ordnung und dem Kindesinteresse zuwider. (ebd.)

Anders gesagt, es liege im Interesse des Kindes – und sei zugleich der Beweis echter Vaterschaft –, dass der Vater aus seiner Elternschaft zwar ein Interesse am Wohlergehen seines Kind, aber keinerlei wie auch immer geartete Ansprüche ableiten könne. Indes rechtfertigen derartige Betrügereien „eine Ausweitung der Handlungsermächtigungen der öffentlichen Hand (…), die tätig werden kann, sobald der Verdacht aufkommt, dass die Feststellung des Kindschaftsverhältnisses auf gesetzwidrige Weise zustande gekommen sei" (ebd.).

Schließlich ist an diesem Fall abzulesen, wie der Verdacht, dem die binationalen Paare routinemäßig ausgesetzt sind, sich verdoppelt, wenn sie in den überseeischen Gebieten der Republik leben, als wären die Bedenken erregenden Merkmale ihres Ausländerstatus dort ins Vielfache gesteigert. Die Antwort des Ministeriums fährt fort:

> Darüber hinaus hat die Regierung in das Gesetz über Einwanderung und Integration eine spezifische Bestimmung für Mayotte[31] aufgenommen, die dazu bestimmt ist, betrügerische Vaterschaftserklärungen zu verhindern, indem sie der Staatsanwaltschaft die Möglichkeit gibt, den Eintrag ins Standesamtsregister aufzuschieben bzw. abzulehnen, da dieses Phänomen in der *collectivité départementale* von Mayotte besonders häufig vorzukommen scheint. (Ministère de la Justice 2006)

Ein weiteres Mal wird hier im Fall der Immigration die Elternschaft auf biologische Tatbestände reduziert – ohne den mindesten Platz für die Möglichkeit einzuräumen, dass ein Mann, sei es auch in voller Kenntnis der Umstände, die Vaterschaft eines Kindes übernehmen könne, das er nicht selbst gezeugt hat (was nicht nur im Fall der Adoption, sondern auch bei einer Insemination mit Spendersamen möglich ist). Es bleibt also dabei, dass außerhalb des metropolitanen Staatsgebiets die Elternschaft besonderem Verdacht unterliegt, was Sondergesetze für bestimmte Gebiete rechtfertigt. Im Übrigen kann die Verwaltungspraxis, auch ohne über die entsprechenden rechtlichen Möglichkeiten zu verfügen, zu einer solchen Politik beitragen. In Guadeloupe z.B. kommt es vor, dass Standesbeamte sich unter Überschreitung ihrer gesetzlichen Befugnisse weigern, bestimmte Vaterschaftsanerkennungserklärungen ins standesamtliche Register einzutragen.

Der Körper der Frauen als nationale Aufgabe

So zeichnet sich eine Figur der ‚Frauen der Immigration' ab, die zwar je nach den Umständen umdefiniert werden kann, jedoch jenseits aller Widersprüche insofern kohärent ist, als sie den unerschütterlichen politischen Willen zum Ausdruck bringt, die so genannte ‚erduldete' Immigration zu bekämpfen, wo immer dies möglich ist: wie auf dem Feld des ehelichen Lebens, so auch auf dem der Elternschaft. Gewiss geht es hier zunächst nicht so sehr um die Frauen wie um das Geschlecht, denn auch den Männern werden in diesem Dispositiv bestimmte Rollen zugewiesen. Dessen ungeachtet sind die Frauen – ganz gleich, ob sie als Gewaltopfer, als bloßes Werkzeug von Betrügern oder als selbst aktive Urheberinnen von Gesetzesbrüchen dargestellt werden – heute das bevorzugte Handlungsfeld der Immigrationspolitik: Jenseits der verschiedenen Formen von Gewalt, die meist lediglich zu dem Zweck beklagt werden, die französische Geschlechterdemokratie in ein günstiges Licht zu setzen, erweisen sich die Konflikte, die sich an Gender und Sexualität, Ehe und Paarbeziehungen, Reproduktion und Elternschaft entzünden, als fruchtbarer Grund, auf dem in

Frankreich und anderswo eine Biopolitik der Immigration ins Kraut schießt. In einer Zeit, in der in Frankreich die Kindes- und Elternbeziehungen zunehmend im Sinne des *ius sanguinis* definiert werden (Fassin 2009) wird der Körper der ausländischen Frauen – im Fall binationaler Paare auch der der Französinnen – zum Spielball im Streit um die nationale Identität gemacht.

(Übersetzt aus dem Französischen von Fritz Wittek-Kaïm. Die Anmerkungen zum Text sind vom Übersetzer; die bibliografischen Verweise dagegen vom Autor.

Dieser Text wurde in Frankreich erstmals unter dem Titel „Le sexe de l'immigration“ veröffentlicht: Autorenkollektiv *Cette France-là*, Bd. 1, Paris (La découverte) 2003, 108-117.)

Anmerkungen

1 Das Französische hat für ‚den Fremden' und ‚den Ausländer' nur ein Wort. Hier sind beide gemeint. Im Folgenden wird kontextabhängig so oder so übersetzt.

2 Das erste französische Gesetz, das den Tatbestand der Vergewaltigung nicht auf vaginale Penetration reduziert, datiert vom 23.12.1980.

3 Die Konstruktion eines Gegensatzes zwischen ‚erduldeter' (oder ‚erlittener', jedenfalls unerwünschter) und ‚gewollter' und im Grenzfall ‚erwählter' Immigration war eines der großen Themen des Innenministers und späteren Präsidentschaftskandidaten Nicolas Sarkozy, Bestandteil seiner Wahlkampfrhetorik wie seines gesetzgeberischen Programms. ‚Erduldet' ist in erster Linie die Einwanderung, die sich aus dem Recht auf Familienzusammenführung und aus dem Asylrecht ergibt.

4 *Pacte civil de solidarité* – ‚Ziviler Solidaritätspakt', eine von der sexuellen Orientierung der Partner unabhängige eheähnliche Rechtsgemeinschaft.

5 Nachfolgepartei der gaullistischen Rechten, seit 2002 mit anderen Rechtsparteien zum heutigen Regierungsbündnis UMP fusioniert.

6 Das Wort ‚Immigration' wird in Frankreich oft als eine Art Sammelbegriff verwendet, der nicht nur die Tatsache der Einwanderung selbst, sondern vor allem auch die von außerhalb der EU eingewanderte Bevölkerung umfasst (einschließlich ihrer in Frankreich geborenen Abkömmlinge).

7 Die hier gemeinten Immigrantinnen können durchaus Französinnen „mit Migrationshintergrund" sein.

8 So ließe sich der vom *Front National* in den französischen Sprachgebrauch eingeführte Ausdruck „français(e) de souche" zur Not übersetzen.

9 „Weder Huren noch unterwürfig", ein im Jahr 2003 gegründeter Verein, der großes Aufsehen in den Medien erregte, indem er Fälle von Gewalt gegen Frauen und Mädchen in den ‚*banlieues*' als Resultat eines muslimisch-fundamentalistisch gefärbten archaischen Machismus denunzierte.

10 Die *Politique de la ville* ist nicht so sehr Stadtpolitik als vielmehr ein mehr oder weniger kohärentes Bündel von Maßnahmen zur Rehabilitierung der benachteiligten Vorstädte.

11 Tatsächlich ist der ‚Schleier', um den es hier geht, nur in sehr wenigen Fällen etwas anderes als ein Kopftuch.

12 *Repentance* – ein vom Kandidaten Sarkozy gern gebrauchtes Wort, besonders in seinen Aufrufen zum ‚Schluss mit dem Selbsthass'.

13 Überlebende der Shoah, ehemalige hohe Justizbeamtin, mehrfache Ministerin, Urheberin des Gesetzes zur Legalisierung der Schwangerschaftsunterbrechung, erste Frau, die zur Präsidentin des *Europäischen Parlaments* gewählt wurde, ehemaliges Mitglied des Verfassungsrats, Mitglied der *Académie française* – Simone Veil ist eine unantastbare Ikone des französischen öffentlichen Lebens.

14 Unübersetzbares Wortspiel mit „droits de l'homme" (Menschenrechte) und „droits de la femme" (Frauenrechte). Da das Französische für Mensch und Mann dasselbe Wort benutzt, wird heute gelegentlich vorgeschlagen, statt von den „droits de l'homme" von den „droits humains" zu sprechen.

15 Der Ausdruck ‚*sans-papiers*' hat sich in Frankreich seit 1996 als Folge politischer Kämpfe der Betroffenen an Stelle der heute weitgehend als diskriminierend abgelehnten Formel ‚illegale Einwanderer' durchgesetzt. Die fehlenden Papiere sind die gültigen Aufenthaltstitel.

16 *Frauenherz*, ein lokaler Verein, gegründet 1992, der geschlagene Frauen beherbergte und unterstützte. Als Bür-

germeister von Neuilly und Innenminister hatte Nicolas Sarkozy sich für die Regularisierung des Aufenthalts einiger dieser Frauen eingesetzt. Nach internen Konflikten ist dieser Verein mittlerweile von der Bildfläche verschwunden.

17 Das französische Staatsbürgerschaftsrecht kennt mehrere Kategorien von Personen, die einen Rechtsanspruch auf ‚Einbürgerung' geltend machen können. Die ‚Naturalisierung' kommt zur Anwendung bei Personen, die keinen solchen Anspruch nachweisen können.

18 Die Existenz dieses Ministeriums, das als Herzstück der Präsidentschaft Sarkozy gedacht war, und seine *raison d'être* sind nie aus der öffentlichen Polemik herausgekommen. Nachdem die von Sarkozy gewollte und von seinem Minister Éric Besson orchestrierte „große Debatte über die nationale Identität" schwer entgleist war und eine Welle unverhohlen rassistischer und xenophober Äußerungen ausgelöst hatte, die selbst den Urhebern der Debatte peinlich war, wurde das Ministerium bei einer Regierungsumbildung im November 2010 aufgelöst. Seine Kompetenzen wurden dem Innenministerium übertragen, was jedoch an den politischen Orientierungen nichts geändert hat.

19 Der *Vertrag über Aufnahme und Integration* sieht insbesondere vor, dass die Eingewanderten sich verpflichten, die Gesetze und Werte der Republik zu achten, einen eintägigen Staatsbürgerkundekurs zu besuchen, bei dem ihnen „die französischen Institutionen und die Werte der Republik, insbesondere die Gleichheit von Mann und Frau und die Laïzität" nahe gebracht werden und, falls nötig, einen französischen Sprachlehrgang (maximal 400 Std.) zu absolvieren. Bei Nichtachtung dieser Verpflichtungen kann der Aufenthaltstitel aberkannt werden. Der Vertrag verpflichtet den französischen Staat dazu, diese Kurse kostenlos zu organisieren. Er wurde durch ein vom damaligen Innenministers Sarkozy im Jahr 2006 initiiertes Gesetz obligatorisch (und setzt insofern das Prinzip der Vertragsfreiheit punktuell außer Kraft).

20 Anspielung auf einen Slogan des *Front National* („La France, tu l'aimes ou tu la quittes – Frankreich: du liebst es oder du verlässt es!"), den Nicolas Sarkozy sich in einer Wahlkampfrede vom 30. April 2007 unter leichter Abänderung des Wortlauts zueigen machte.

21 *Code de l'entrée et du séjour des étrangers et du droit d'asile:* Nach dem Bürgerlichen Gesetzbuch und dem Strafgesetzbuch – beide napoleonischer Herkunft – hat Frankreich sich auf Initiative seines damaligen Innenministers Sarkozy im Jahr 2006 ein Gesetzbuch über die Einreise und den Aufenthalt der Ausländer und das Asylrecht gegeben, das die rechtlichen und administrativen Bestimmungen zusammenfasst und ständig erneuert wird.

22 Für eine Darstellung des *Contrat d'accueil et d'intégration* vgl.: <http://www.immigration.gouv.fr/spip.php?page=dossiers_det_int&numrubrique=323&numarticle=1339>, letzter Zugriff 15. Aug. 2011 .

23 Im Folgenden wird das auf Ehe- oder sonstige Paare bezogene Wort „mixte" (gemischt) immer mit „binational" übersetzt.

24 Im Begründungsteil der Vorlage zu diesem Gesetz hat die „immigration subie" erstmals den Weg in die Sprache des französischen Gesetzgebers gefunden. Seit dem Jahr 2003 sind fünf Gesetze zum Thema verabschiedet worden, alle auf Initiative des damaligen Innenministers und heutigen Staatspräsidenten Nicolas Sarkozy. Zum Zeitpunkt der vorliegenden Übersetzung (April 2011) wurde das fünfte noch im Parlament beraten.

25 *Institut national d'études démographiques*, das Nationale Institut für Demo-

graphische Studien. Sein Statut ist mit dem anderer großer Forschungseinrichtungen, wie z.B. dem CNRS, identisch.

26 Alle Zitate in diesem Absatz aus: Clément 2006, 18.

27 Der *Conseil d'État* (Staatsrat) hat zwei Aufgaben: Er berät die Regierung, die ihm alle Gesetzesentwürfe vorlegen muss, und er ist die höchste Verwaltungsgerichtsbarkeit Frankreichs. Seine Mitglieder sind jedoch nicht Richter oder auch nur Juristen, sondern hochrangige Berufsbeamte, von denen ein gewisser Prozentsatz vom Präsidenten der Republik ernannt wird, sowie eine begrenzte Anzahl kompetenter Persönlichkeiten, die im Ministerrat ernannt werden, wie z.B. die Soziologin Dominique Schnapper.

28 Unübersetzbares Wortspiel: *mariage blanc* – „weiße Ehe" – ist ein gängiger Ausdruck für Scheinehen.

29 Der *Conseil constitutionnel* (Verfassungsrat) wacht u.a. über die Verfassungsmäßigkeit der Gesetze. Er hat neun Mitglieder, die nicht unbedingt Juristen sein müssen und vom Präsidenten der Republik und den Präsidenten der beiden Kammern des Parlaments ernannt werden. Die ehemaligen Präsidenten der Republik gehören ihm qua Amt an.

30 Es besteht ein breiter Konsens, dass der Änderungsantrag aufgrund weiterer Änderungen unanwendbar geworden ist. Da er gleichwohl Gesetz ist, kann er als Musterbeispiel der Politik der Verdächtigung gelten.

31 Mayotte ist eine Insel des zwischen Madagaskar und dem afrikanischen Festland gelegenen Komorenarchipels. Nach einem Referendum im Jahre 2009 hat Mayotte am 31. März 2011 den Status eines überseeischen *départements* erhalten und ist daher heute nicht mehr eine *collectivité départementale*, d.h. nicht mehr eines der überseeische *territoires* Frankreichs, die zwar integraler Bestandteil des französischen Staatsgebiets sind, jedoch einem besonderen rechtlichen Status unterliegen. Das heißt jedoch nicht, dass die überseeischen und die ‚metropolitanen' *départments* denselben Rechtsstatus hätten. Die überseeischen *départements* und *territoires*, um die es hier geht, sind ausnahmsweise insulare Bestandteile des einstigen französischen Kolonialreichs.

Literatur

AutorInnenkollektiv (2010) *'Nos' familles choisies, 'leurs' familles subies.* Hg. AutorInnenkollektiv *Cette France-là*, Band 2. Paris: La Découverte, 100-115.

Borrel, Catherine (2006) „Enquêtes annuelles de recensement 2004 et 2005. Près de 5 millions d'immigrés à la mi-2004." *Insee Première N°1098 – AOÛT 2006.* 15 Aug. 2011 <http://www.insee.fr/fr/themes/document.asp?ref_id=ip1098&reg_id=0#inter3>.

Borrillo, Daniel/ Fassin, Eric (1999) Hg. *Au-delà du Pacs*, Paris: Presses Universitaires de France.

Borrillo, Daniel/ Fassin, Eric (2006) „Un chauvinisme matrimonial." *Le Monde* 16.5.2006.

Clément, Pascal (2006): „Audition de M. Pasccal Clément, garde des Sceaux, ministre de la Justice." *Journal officiel de l'Assemblée nationale* N° 2967, *Rapport relatif au contrôle de la validité des mariages*: 18. 15. Aug. 2011 <http://www.assemblee-nationale.fr/12/rapports/r2967.asp#P525_32833>.

Conseil constitutionnel (2007) „Décision du Conseil constitutionnel n° 2007-557 DC du 15.11.2007." 15. Aug. 2011 <http://www.conseil-constitutionnel.fr/conseil-constitutionnel/francais/les-decisions/acces-par-date/decisions-depuis-1959/2007/2007-557-dc/decision-n-2007-557-dc-du-15-novembre-2007.1183.html>.

Fabre, Clarisse/ Fassin, Eric (2003) *Liberté, égalité, sexualités: Actualité politique des questions sexuelles.* Paris: Editions 10/18.

Fassin, Éric (2009) „Entre famille et nation: la filiation naturalisée." *Droit & société* 72/2009: 373-382.

Fassin, Éric (2010) „National Identities and Transnational Intimacies." *Public Culture* 22, 3/2010: 507-529.

Femmes de l'immigration (2005) „Femmes de l'immigration : Assurer le plein exercice de la citoyenneté. À part entière, à parts égales. Rapport remis le 7 mars 2005 à Nicole Ameline, ministre de la Parité et de l'Égalité professionnelle et à Dominique Perben, garde des Sceaux, ministre de la Justice." Paris: La Documentation Française, 7 f. 15. Aug. 2011 <http://www.ladocumentationfrancaise.fr/rapports-publics/054000387/index.shtml>.

GISTI (2007) *Plein Droit. Cahier de jurisprudence* 75, Décembre 2007 (GISTI: Groupe d'Information et de Soutien aux Travailleurs Immigrés).

Goujon, M. Philippe (2006) „Question écrite n° 23432 de M. Philippe Goujon et Réponse du ministère de la Justice." *Journal officiel du Sénat* 20. Juli 2006: 1966.

Hirsi Ali (2008) „On m'a jetée à la poubelle." Interview mit Ayaan Hirsi Ali, *Le Nouvel Observateur* 14. Feb. 2008.

Le débat Royal-Sarkozy (2007) 2. Mai 2007. 15. Aug. 2011 <http://lci.tf1.fr/politique/2007-05/debat-royal-sarkozy-integrale-video-4887027.html>.

Le Cour Grandmaison (2008) „Une xénophobie d'Etat." *Libération* 6. März 2008.

Minstère de la Justice (2006) „Réponse du Ministère de la Justice à la Question écrite n° 23432 de M. Philippe Goujon." 20. Juli 2006. 1. Juli 2011 <http://www.senat.fr/questions/base/2006/qSEQ060623432.html>.

Othily, Georges/ François-Noël Buffet 2006) „Immigration clandestine : une réalité inacceptable, une réponse ferme, juste et humaine (rapport). Rapport de commission d'enquête n° 300 (2005-2006) de MM. Georges OTHILY et François-Noël BUFFET, fait au nom de la commission d'enquête, déposé le 6 avril 2006." 15. Aug. 2011 <http://www.senat.fr/rap/r05-300-1/r05-300-15.html>.

Sarkozy, Nicolas (2007) „L'identité nationale." 15. Aug. 2011 <http://

www.dailymotion.com/video/x1qz2d_l-identite-nationale_news>.

Sarkozy, Nicolas (2008) „Communauté française de Tunis, Allocution de M. le Président de la République française, Tunis (Tunisie) – Mardi 29 avril 2008." 15. Aug. 2011 <http://www.elysee.fr/president/les-actualites/discours/2008/communaute-francaise-de-tunis.1999.html>.

Sénat, Commission des Lois (2006) „Projet de loi relatif au contrôle de la validité des mariages, Exposé général." 27. Sep. 2006. 1. Juli 2011 <http://www.senat.fr/rap/l05-492/l05-4921.html>.

Heike Drotbohm

Die Grenzen geteilter Sorge. Arrangements zwischen Geschlechtern, Generationen und Rechtsdeutungen in transnationalen kapverdischen Familien

Der Zusammenhang Gender und Migration wird als Phänomen in der Regel mit weiblicher Migration assoziiert. Häufig ist dessen akademische Betrachtung emotional aufgeladen. Besonders deutlich fällt dies in der Literatur zu *global care chains* auf, wenn die Frage diskutiert wird, ob die grenzüberschreitende Mobilität für Frauen und ihre Angehörigen eher als Nutzen und Zugang zu Privilegien gesehen werden kann, oder ob sie mit Eindrücken der Entwurzelung, der Entfremdung und mit neuen, extremen Formen der Ausbeutung einhergeht. Beispielhaft seien hier die Arbeiten von Parreñas (2001), Anderson (2006) oder Ehrenreich und Hochschild (2003) genannt, die sich mit den Leistungen von Arbeitsmigrantinnen befassen, welche Betreuungs-, Pflege- und Haushaltstätigkeiten in den Zielländern internationaler Migration verrichten, während zugleich ihre eigenen Kinder oder andere pflegebedürftige Angehörige im Heimatland von anderen Familienangehörigen betreut werden. Die AutorInnen unterstreichen hier die Vulnerabilisierung der Migrantinnen[1], die gezwungen sind, *emotional labour*, ihre Emotionsarbeit, in den Privathaushalten nordamerikanischer oder europäischer Länder einzubringen, während ihre Herkunftsgesellschaften bzw. Herkunftshaushalte diese emotionale Nähe entbehren müssen.

Es stellt sich die Frage, ob eine Bewertung dieser globalen Verflechtungen tatsächlich so eindeutig vorgenommen werden kann. Viele Migrantinnen werden sich gegen eine derartige pauschale Viktimisierung verwehren, ohne dass sie die psychosozialen Anforderungen und die Konflikte, die sich aus undokumentierter Einreise, illegalisiertem Aufenthalt und der Erfahrung des räumlichen Getrenntseins ergeben können, negieren möchten. Diese Relativierung hat damit zu tun, dass grenzüberschreitende Mobilität und die Erfahrung des räumlichen Getrenntseins in vielen Weltregionen aus der allgemeinen Lebensgestaltung kaum wegzudenken sind.

Im Folgenden werde ich mich mit der Gestaltung, dem Erleben und Bewerten *transnationaler Mutterschaft* befassen, mit einem Phänomen also, das die schon problematisierte Polarisierung in besonderer Weise anzieht. Von 2006 bis 2008 führte ich auf zwei Inseln des westafrikanischen Staates Kap Verde eine zwölfmonatige ethnologische Feldforschung durch und lebte gemeinsam mit meiner Familie vorwiegend in São Filipe, dem bedeutendsten Ort der Insel Fogo. Die materielle Versorgungsgrundlage setzt sich hier aus der Erwerbsarbeit einzelner Haushaltsmitglieder, saisonaler Feld- und Gartenarbeit, Fischfang sowie den Geldüberweisungen und Materialsendungen zusammen, die migrierte Kapverdier zu ihren im Herkunftsland lebenden Angehörigen schicken. Von besonderem Interesse waren in dieser Forschung die transnationalen moralischen Ökonomien, die ich entlang der diskursiven Herstellung einer Normativität transnationaler Migration sowie der Verhandlungen geschlechter- und generationenspezifischer Handlungspraxen untersuchte. Meine zentralen Arbeitstechniken waren die – zeitweise teilnehmende – Beobachtung des lokalen Alltags, der Einsatz qualitativer Netzwerktechniken (Hollstein 2006) und die Durchführung halbstrukturierter und biographischer Interviews sowie Interviews mit lokalen ExpertInnen.[2] Im Anschluss an den Aufenthalt auf den Inseln besuchte ich die Angehörigen dieser Familien in Boston (USA) sowie in Lissabon (Portugal), um deren Sicht auf die schon beobachteten Sachverhalte und Familienkonventionen einzubeziehen.

Schon zu einem frühen Zeitpunkt während meines Feldaufenthalts wurde mir die Tatsache vor Augen geführt, dass sich nicht nur SozialwissenschaftlerInnen, sondern auch die AkteurInnen selbst mit der Frage auseinandersetzen, wie transnationale weibliche Migration unter welchen Umständen zu bewerten ist. Zur Veranschaulichung möchte ich mit einem zunächst unbedeutend erscheinenden Alltagsmoment einsteigen: Sonja, eine immer sehr mitteilungsfreudige etwa 25-jährige Nachbarin, überraschte mich eines Tages mit ihren ausgereiften Migrationsplänen. Bis zu diesem Zeitpunkt hatte sie mir gegenüber keinerlei Interesse an einer Migration geäußert und nun erzählte sie mir gleich zu Beginn unseres Gesprächs, dass die Zeit jetzt günstig sei, sie werde in den kommenden Wochen in die Landeshauptstadt Praia, fahren, um bei der US-amerikanischen Botschaft ihr Visum für eine Reise in die USA zu beantragen. Ich verstand nicht, warum Sonja gerade jetzt emigrieren wollte. Im Vergleich zu vielen anderen jungen KapverdierInnen hatte sie vergleichsweise gute Lebensbedingungen: Sie lebte mit ihrer Mutter, ihrer Schwester und ihrem etwa einjährigen Sohn in einem kleinen, aber recht modernen Haus, sie war Angestellte im kirchlichen Kindergarten und über verschiedene ehrenamtliche Tätigkeiten stark in das lokale Geschehen eingebunden. Warum sollte sie das alles zurücklassen und den organisatorischen, finanziellen und emotionalen Aufwand der Reise und die Mühen des Getrenntseins auf sich nehmen? Und wie kam Sonja zu ihrer Einschätzung, dass die Zeit nun günstig für die Beantragung eines Visums sei?

Meine folgende Analyse bringt hervor, dass sich Sonjas Einschätzung an mindestens drei Bezugsebenen orientiert: Erstens bezieht sich Sonja auf ein historisch tradiertes Geschlechterrollenverständnis, dem zufolge Frauen und Männer ungleiche Positionen und Pflichten in der Versorgung ihrer Angehörigen einnehmen. Zweitens führt Sonja das Abwägen ihrer eigenen Lebenspläne, ihrer individuellen Visionen und Verantwortungsbereiche mit familialen Konstellationen, Bedürfnissen und den vorhandenen Ressourcen zusammen. Ein dritter zentraler Orientierungspunkt sind die ‚inneren' Logiken der einwanderungssteuernden Nationalstaaten, die grenzüberschreitende Migration in bestimmten Lebensphasen eher ermöglichen (können) als in anderen. Entlang dieses Dreischritts werde ich den Aufbau meiner folgenden Betrachtung ausrichten, um sukzessive zu erläutern, anhand welcher Maßstäbe weibliche Migration im Allgemeinen und transnationale Mutterschaft im Besonderen aus einer kapverdischen Perspektive heraus bewertet werden.

Geschlechterbeziehungen im kolonialen und postkolonialen Kap Verde

Zunächst muss man sich vor Augen führen, dass in Kap Verde grenzüberschreitende Mobilität keinen Bruch mit einer normalerweise als sesshaft konzipierten Lebensweise darstellt. Seit der Entdeckung des bis dato unbewohnten Archipels im Jahre 1455 durch portugiesische Seefahrer und die anschließend einsetzende Besiedelung der zehn etwa 550 Kilometer vor der Küste Senegals gelegenen Kapverdischen Inseln sind soziale Beziehungen an diesem Ort von hoher räumlicher Mobilität gekennzeichnet. Die Kapverdischen Inseln fungierten während der portugiesischen Kolonialzeit als ein Drehkreuz der See- und Handelswege zwischen Afrika, Brasilien, Europa und Indien, und sie wurden vor allem als Umschlagplatz für SklavInnen genutzt, die von der Guinea-Küste verschleppt und in die ‚Neue Welt' verschifft wurden. In dieser Zeit entstand aus der Begegnung und Vermischung der portugiesischen Kolonialherren mit den afrikanischen Sklavinnen, die auf den Inseln vor allem in der Haus- und Gartenwirtschaft eingesetzt waren, eine kreolische Gesellschaft (Carreira 1982).

Der Niedergang der Sklaverei, der Mitte des 19. Jahrhunderts einsetzte, hatte in Kap Verde einschneidende ökonomische Veränderungen und einen enormen Machtverlust zur Folge. Seit diesem Zeitpunkt wurden räumliche Mobilität und globale Vernetzung, ehemals koloniales Privileg und Zugangsoption zu ökonomischer Macht, zu einer überlebenswichtigen Notwendigkeit der kapverdischen Bevölkerung. Kap Verde ist ein Wüstenstaat, dessen Landwirtschaft nur geringe Erträge liefert und im Zuge der steigenden Bevölkerungszahlen kam es ab Mitte des 18. Jahrhunderts in Dürrejahren regelmäßig zu schweren Hungersnöten, so dass sich die Migration als eine Strategie des ökonomischen Überlebens etablierte. Im Laufe der Jahrhunderte änderten sich jedoch die Rahmenbedingungen für diese Lebensweise: Die transatlantischen Händlernetzwerke wurden spätestens in der ersten Hälfte des 20. Jahrhunderts von der Arbeiterrekrutierung seitens der USA und der europäischen Länder abgelöst, Quotenregelungen führten zu einer Selektion der Wanderungsbewegungen, die politische Unabhängigkeit Kap Verdes von Portugal im Jahre 1974 erschwerte zwar die kapverdische Einwanderung in die USA, eröffnete aber für manche Gesellschaftsschichten Wege nach Europa (Batalha 2004, Carling 2002, Halter 1993).

Dieser spezifische historische Hintergrund prägt die kapverdischen Sozial- und Familienstrukturen bis heute: Zum einen ging diese koloniale Erfahrung mit einer Geschlechterordnung einher, welche die kapverdischen Alltagswelten in die der reisenden Männer und die der bleibenden, sesshafteren Frauen aufteilte und die Mutter-Kind-Dyade sowie die Geschwisterschaft als die bedeutsamen und verbindlichen sozialen Beziehungen bewertete. Zum anderen stellt grenzüberschreitende Mobilität auch heute noch die entscheidende Voraussetzung für den Zugang zu Ressourcen dar (Drotbohm 2009).

Die Erfahrung der räumlichen Trennung von einzelnen Familienangehörigen sowie der Kontakterhalt und die Beziehungspflege über große Distanzen hinweg gehören also schon seit Langem zum kapverdischen Alltag. Ab den 1970er Jahren änderten sich jedoch die geschlechterbezogenen Vorzeichen dieser Erfahrung: War die kapverdische Migration bis dahin mehrheitlich die der Männer, die entweder versuchten, ihre Angehörigen aus dem Ausland zu versorgen oder diese nachzuholen, entschieden sich ab diesem Zeitpunkt zunehmend mehr kapverdische Frauen für die Migration ins Ausland. Die Neuausrichtung des Dienstleistungssektors, die es besonders Frauen ermöglichte, als Hausangestellte in Privathaushalten zu arbeiten, führte dazu, dass kapverdische Frauen nicht nur nach Nordamerika und Portugal, die klassischen kapverdischen Migrationsdestinationen, migrierten, sondern zunehmend auch in Länder wie Italien oder Spanien.[3]

Diese ‚Feminisierung der Migration' bedeutete jedoch aufgrund des historisch tradierten Autonomieverständnisses kapverdischer Frauen keine tiefgreifende Veränderung der Geschlechterverhältnisse, wie es beispielsweise in manchen lateinamerikanischen Gesellschaften beobachtet werden kann (Hirsch 2007, Pribilsky 2004). Auch unabhängig von transnationalen Formen der Lebensgestaltung konstatieren kapverdische Frauen die ökonomische ‚Abwesenheit' ihrer Partner bzw. der Väter ihrer Kinder, welche in der Regel sexuelle Beziehungen zu mehreren Frauen pflegen und Kinder mit mehreren Frauen haben (Rodrigues 2007). Um ihre Kinder oder andere Angehörigen zu versorgen, waren und sind kapverdische Frauen mobil, wenn sie etwa die Tage im Inselinneren auf den Feldern verbringen und allenfalls an den Abenden in die Haushalte zurückkehren, oder wenn sie ihre Aufenthaltsorte für saisonale Arbeiten auf die Nachbarinseln verlegen, während ihre Kinder beispielsweise von älteren Kindern oder weiblichen Verwandten, die im selben Haushalt leben, versorgt werden. Zwar wird die Migration des Partners oder Ehemanns als eine mögliche Verbesserung der Einkommenssituation gedeutet; die meisten kapverdischen Frauen bezweifeln aber die Verlässlichkeit der daraus erwachsenden Versorgungsleistung, da ihre Erfahrung zeigte, dass viele kapverdische Männer in der Diaspora neue Beziehungen aufbauen, aus denen sich dann zusätzliche Versorgungspflichten ergeben, die in Konkurrenz zu den Bedürfnissen der auf den Inseln zurückgebliebenen Angehörigen treten.

Das Ineinandergreifen familialer und einwanderungsrechtlicher Konstellationen

Heute wird es also für kapverdische Frauen leichter, ökonomische Autonomie mittels internationaler Migration zu erlangen. Auch ihre Angehörigen erwarten von ihnen, dass sie emigrieren wenn sich die Gelegenheit ergibt, da auch sie davon profitieren. Noch mehr als an kinderlose Frauen richten sich diese Erwartungen gerade an Mütter. Wo immer möglich, sollten Mütter migrieren, da sie sich auf diese Weise in die Lage versetzen, ihren Versorgungspflichten gegenüber ihren Kindern in adäquater Weise nachzukommen und möglicherweise weiteren Angehörigen die transnationale Migration zu ermöglichen. Wenn die Migration von Frauen bzw. Müttern als unhinterfragtes Element einer weiblichen Lebensgestaltung betrachtet wird, stellt sich dennoch die Frage, welche Lebensphase dafür als geeignet angesehen wird.

An dieser Stelle möchte ich zur Veranschaulichung der Bewertungsgrundlagen auf die eingangs skizzierte Sichtweise Sonjas zurückkommen, die sich bei ihrer Einschätzung der Situation u.a. an den folgenden zwei Faktoren orientierte: Zum einen wägen kapverdische Mütter ihre familialen Konstellationen mit der Konstitution des Kindes bzw. der Kinder ab, um einen günstigen Zeitpunkt für die Migration zu finden. Sonja erläuterte beispielsweise, ihr etwa einjähriger Sohn sei gerade im richtigen Alter, nicht mehr zu klein und empfindlich, aber auch noch nicht zu alt, um die Abreise und die Trennung von seiner Mutter nicht verarbeiten zu können und eine stabile Beziehung zu seiner *mãe de criação* aufzubauen, jener Frau also, die während Sonjas Abwesenheit für das Kind verantwortlich sein würde. Eine kapverdische Mutter, die emigrieren möchte, benötigt eine verlässliche Partnerin, im Idealfall wird die eigene Mutter oder eine Schwester als solche betrachtet, die sich während ihrer Abwesenheit um das Kind oder die Kinder kümmert (Drotbohm, im Druck). Sonja bewertet diesen Zeitpunkt als günstig, da ihre sechs Jahre jüngere Schwester, die den Jungen mit aufgezogen hatte, während sie selbst im Kindergarten arbeitete, nun alt genug sei, um eine umfassendere Verantwortung für den Jungen zu übernehmen.

Darüber hinaus wird die günstige Personenkonstellation zu diesem Zeitpunkt von einer rechtlichen Sachlage ergänzt, aufgrund derer Sonja sich in dieser Lebensphase besonders gute Rahmenbedingungen für die Beantragung eines Visums einräumt. In der Beantwortung der Frage, wann und ob es sich lohnt, die teure und anstrengende Reise auf die Nachbarinsel und den Besuch der dort ansässigen US-amerikanischen Botschaft auf sich zu nehmen, orientiert sich Sonja an einer realistischen Abschätzung ihrer Chancen auf eine Bewilligung des Visums. Da sie selbst lediglich die Primarschule besuchte, ist sie sich darüber im Klaren, dass es ihr nicht gelingen wird, wie eine ihrer älteren Schwestern ein Stipendium für ein Studium an einer amerikanischen oder europäischen Universität zu erhalten. Zwar lebt ihr Vater in den USA, zu ihm hat sie jedoch kein gutes Verhältnis und sie befürchtet, dass er ihren Nachzug allenfalls mit einer Reihe von Verhaltensauflagen unterstützen würde, die sie vermeiden möchte. Ihre in den USA lebende ältere Schwester verfügt leider nach wie vor nicht über den entsprechenden Aufenthaltsstatus, um Sonjas Migration finanziell zu unterstützen. Die Heirat mit einem ebenfalls in den USA lebenden entfernten Cousin zieht Sonja seit seinem Besuch im letzten Sommer zwar in Betracht, sie ist sich aber auch darüber bewusst, dass ihr dies ein hohes Maß an emotionaler Involviertheit abverlangen würde, da die US-amerikanischen Behörden die ‚Echtheit' der Liebe schon zu einem Zeitpunkt überprüfen würden, bevor diese die Möglichkeit haben würde, sich zu entwickeln und zu stabilisieren.

Dieses Eruieren und Abwägen der diversen, zum jeweiligen Zeitpunkt geeigneten und gangbaren Wege, transnationale Migration umzusetzen, ist in Kap Verde nichts Neues. Waren es vor langer Zeit noch die Dauer und die Gefahren der Atlantiküberquerung, später die variierenden politischen Allianzen des portugiesischen Kolonialreichs und dann die ständig angepassten Einwanderungsbestimmungen nordamerikanischer und europäischer Einwanderungsländer, so ist es im 21. Jahrhundert die zunehmende Beschränkung und die restriktivere Kontrolle der einwanderungsberechtigten Personenkategorien.

Die Tatsache, dass Sonja im Jahre 2007 die Geburt ihres Sohnes als eine besonders günstige Gelegenheit zur Beantragung eines Visums ansah, gründet in einer Formulierung auf den Internetwebseiten der US-amerikanischen Einwanderungsbehörde, wo das Prozedere und die Regelungen der Antragstellung folgendermaßen erläutert wurden: „visa applicants [... demonstrate] that they have ties abroad that would compel them to leave the U.S. at the end of the temporary stay" (Bureau of Consular Affairs 2011). Solche *ties* – Bindungen – werden auf dieser Website als *strong ties* spezifiziert und folgendermaßen erläutert:

> Strong ties differ from country to country, city to city, individual to individual. Some examples of ties can be a job, a house, a family, a bank account. ‚Ties' are the various aspects of your life that bind you to your country of residence: your possessions, employment, social and family relationships. (ebd.)

Wie die meisten kapverdischen Familien ist auch die Sonjas arm: Sie verfügt über kein Bankkonto, keine größeren Besitztümer und ein Anstellungsverhältnis wie das ihre wurde schon in vielen anderen Fällen als nicht ausreichende ‚Bindung' angesehen. Ein wesentlich besseres Argument, eine bei US-Amerikanern anerkannt ‚starke Bindung' sei – das spricht sich herum – ein Kind, im Idealfall: ein kleines Kind.

Meine Gespräche mit den amerikanischen Botschaftsangestellten in Praia, der Hauptstadt Kap Verdes, bestätigte die Möglichkeit einer solchen Auslegung. Zwar werden von behördlicher Seite auch andere Bindungsformen, wie beispielsweise eine Ehe oder Kindschaft – also das Zurücklassen der eigenen Eltern – als *strong ties* gewertet. Wenn aber eine Mutter ihr noch kleines Kind zurücklässt, wird dies am ehesten als ein Impuls gesehen, nach dem Aufenthalt in den USA nach Kap Verde zurückzukehren. Diese Auslegung der US-amerikanischen Visumspolitik kann dazu beitragen, dass kapverdische Frauen gerade die zeitliche Spanne, in der ihr Kind noch klein ist, für die Beantragung eines Visums nutzen, weil sie der Ansicht sind, dass ältere Kinder nicht als *strong tie* gewertet werden. Die Tatsache, dass dann vor allem noch vergleichsweise junge Kinder von ihren migrationsorientierten Müttern im Herkunftsland zurückgelassen werden, wurde von den Botschaftsangestellten bestätigt; das sei bedauerlich, aber leider nicht zu ändern.

Bei einer genaueren Betrachtung dieser Vorannahmen – die der staatlichen AkteurInnen und die der Migrantinnen – wird deutlich, dass hier zwei Ideologien von Mutterschaft einander gegenüber stehen, die sich deutlich voneinander unterscheiden. Während, aus Perspektive der US-amerikanischen Staatsangestellten, die räumliche Trennung von Mutter und Kind einer angemessenen Realisierung von Mutterschaft widerspricht und die Mutter also in ihr Herkunftsland zurückkehren muss, um eine ‚gute' Mutter zu sein, ist es in Kap Verde genau anders herum: Um eine ‚gute' Mutter zu sein – um also das Kind versorgen zu können und ihrer Rolle gemäß zu handeln –, muss sie die Gelegenheit zur Migration ergreifen. Das Konstrukt der ‚*strong tie*', das auf die emotionale Bindung zwischen Müttern und Kindern rekurriert, erhöht also die Chancen der Frauen auf die Realisierung ihrer Emigration und trägt gleichzeitig dazu bei, dass an der räumlichen Trennung zwischen Müttern und Kindern festgehalten wird. Ziel dieser Form der weiblichen Migration ist dabei keineswegs eine möglichst rasche Rückkehr, sondern die Erwerbstätigkeit und die Versorgung ihrer im Herkunftsland lebenden Angehörigen.

Das Aufrechterhalten von Mutterschaft auf Distanz

Um Mutterschaft auf Distanz in transnationalen Feldern angemessen umzusetzen, erwartet das soziale Umfeld von migrierenden Müttern, dass sie dies auf eine spezifische Art und Weise tun. Anders als migrierende Väter, von denen gefordert wird, dass sie Verbindlichkeit und Verantwortungsbewusstsein zeigen, indem sie den Kontakt aufrecht erhalten und, wenn möglich, hin und wieder Geldbeträge senden, wird dies von migrierenden Müttern zwar auch erwartet, aber ihnen steht überdies noch ein ausgefeiltes Set an kommunikativen Praxen zur Verfügung, mittels derer sie ihre emotionale Involviertheit sichtbar machen sollten.

In Kap Verde gelten wöchentliche Telefonanrufe, das regelmäßige Zusenden von persönlichen Dingen, wie Nahrung, Kleidung, Schuhen, Schulheften, Stofftieren und wenn möglich jährliche Besuche als Zeichen emotionaler Nähe, mittels derer die abwesenden Mütter auf den Inseln ihre Abwesenheit kompensieren, eine materialisierte Präsenz herstellen und damit ihre Mutterschaft aufrechterhalten. Auch andere Studien zeigen, dass sich hohe moralische Erwartungen an migrierende Mütter richten, die mitunter in Konflikt mit traditionelleren Geschlechterrollen geraten (Erel 2002; Parreñas 2005, 103-108). In ihrer Forschung über transnationale Familien in Australien unterstreicht Loretta Baldassar die zentrale Bedeutung jener Handlungsfelder, mittels derer es gelingen kann, die Abwesenheit der migrierten Familienangehörigen zu überbrücken (Baldassar 2008).

Doch nicht nur die genannten etablierten sozialen Praxen, die Beziehung zu der Pflegeperson des Kindes ist ebenfalls für die adäquate Umsetzung transnationaler Mutterschaft entscheidend. Diese Gepflogenheit knüpft an Pflegschaftsbeziehungen an, die sowohl in Kap Verde, als auch in anderen westafrikanischen und lateinamerikanischen Gesellschaften üblich sind (Alber 2004, Fog Olwig 1999, Leinaweaver 2007, Notermans 2004, Walmsley 2008). In Kap Verde ist es im transnationalen wie auch im lokalen Kontext verbreitet, dass Kinder im Not-, Krankheits- bzw. Krisenfall in einen anderen Haushalt überwechseln und von einer anderen Frau aufgezogen werden. Die normativen Erwartungen, die von der Gesellschaft an die soziale Dynamik des Beziehungsdreiecks zwischen Pflegemutter, biologischer Mutter und Kind gerichtet werden, sind also vergleichbar: Egal ob lokale oder transnationale Pflegschaftsbeziehung, in beiden Fällen wird in Kap Verde von der *mãe de criação* (Pflegemutter) erwartet, dass sie ihre lokale und körperliche Präsenz nicht gegen die biologische Mutter, in diesem Fall die Migrantin, ausspielt, sondern dass sie die reisende, die abwesende Mutter in den Alltag des zurückgelassenen Kindes integriert. Es obliegt demnach Sonjas Schwester, ihrem *criado* (Pflegekind) zu verdeutlichen, dass seine Mutter zwar nicht da, aber doch da ist. Sie hat etwa dafür zu sorgen, dass der kleine Junge die Stimme seiner Mutter am Telefon identifiziert, dass er ihr Gesicht auf den Fotos erkennt, dass er bestimmte Objekte sowie die Tatsache, dass sich die Familie Privilegien wie seinen Schulbesuch leisten kann, mit seiner biologischen Mutter in Verbindung bringt und dass er die abwesende Mutter nicht vergisst. Da die migrierende Mutter auf die Stärkung ihrer Position durch die Pflegemutter angewiesen ist, muss sich die Beziehung zwischen den beiden Frauen auf ein besonders stabiles Vertrauensverhältnis stützen (Drotbohm, im Druck).

Die Pflegemütter sind sich ihrer zentralen und moralisch aufgewerteten Position innerhalb dieses Beziehungsdreiecks bewusst. Das Anvertrauen eines Pflegekindes empfinden daher die meisten als eine soziale Aufwertung. Mit der Annahme eines Kindes und seiner Versorgung werden sie Teil transnationaler Netzwerke und gelangen von einem Abhängigkeitsverhältnis in ein reziprokes Beziehungsverhältnis, in dem sie nicht nur die Empfänger von Versorgungsleistungen sind, sondern auch Sorge und Zuwendung – hier gegenüber dem Kind und damit gegenüber der Migrantin – geben können. In der Regel heißen Pflegemütter ein Pflegekind gerne bei sich willkommen, da Kinder, die ohnehin zwischen den Haushalten hin und her wandern, neben einer sozialen und emotionalen, ebenso als ökonomische Bereicherung verstanden werden. Zum einen können sie bei leichten Haushaltstätigkeiten oder, wenn sie älter sind, in der Feldarbeit eingesetzt werden, zum anderen wird ihr Aufenthalt als einkommensschaffende Maßnahme angesehen, denn die Geldüberweisungen einer migrierten Mutter kommen dem gesamten Haushalt, also auch den leiblichen Kindern der Pflegemutter zugute (Drotbohm, im Druck).

In der kapverdischen Öffentlichkeit werden diese funktionalen und solidarischen Aspekte des Sorge-Arrangements in transnationalen Haushalten hervorgehoben und häufig idealisiert, um die Leistungen der getrennt lebenden

Angehörigen anzuerkennen und zu honorieren. Dies kann über die Tatsache hinwegtäuschen, dass es sich dabei mitunter um konfliktträchtige Konstellationen handelt. Die Migration einzelner Familienangehöriger stützt sich üblicherweise auf das Zurückbleiben anderer, die mit der Umsetzung familialer Sorgetätigkeit beauftragt werden. Sonjas Freiheit basiert also auf der Unfreiheit ihrer Schwester, und die Akteurinnen sind sich darüber im Klaren, dass die bleibende Person dadurch in ihrer unabhängigen Lebensgestaltung, wie beispielsweise selbst zu migrieren, eingeschränkt ist.

Die Eindrücke und Bewertungen der im Herkunftsland zurückbleibenden Kinder sind nicht nur Teil individueller Lebenserfahrungen, sondern orientieren sich maßgeblich an der öffentlichen Bewertung dessen, was angemessen ist und was nicht (Verhoef and Morelli 2007). Mehrere Studien über die Ansichten dieser Kinder zeichnen ein Bild, das gleichermaßen Erfahrungen der Vulnerabilisierung und der Benachteiligung wie auch das Erleben von Selbstermächtigung und Statusverbesserungen beinhaltet (Fog Olwig 1999, Notermans 2008). In Kap Verde orientieren sich viele zurückbleibende Kinder in ihrer Bewertung der Abwesenheit ihrer leiblichen Mutter an dem normativen Alltagsdiskurs, der das harmonische Miteinander zwischen den MigrantInnen und sorgetragenden Angehörigen betont. Besonders die kleinen Kinder heben die Leistungen ihrer beiden Mütter, die sie häufig auch *co-mães* (Ko-Mütter) nennen, hervor, wenn sie äußern, dass sie von ihrer Pflegemutter „wie ein eigenes Kind" behandelt werden, und wenn sie die Aufopferungsbereitschaft der migrierenden Mutter loben, indem sie von den tollen und teuren Dingen, die sie geschickt bekommen haben, schwärmen. Auf diese Weise bestätigen sie die allgemeine kapverdische Haltung, die ich bei kritischem Nachfragen häufiger hörte: *„mãe sempre mãe"* (Mutter immer Mutter).

Die Kinder bauen intensive emotionale Bindungen zu ihren Pflegemüttern auf und freilich gibt es auch Brüche in der Bewertung der Situation, die ich jedoch erst nach längerer Zeit vor Ort und bei genauerem Hinhören aufgreifen konnte. Hinter diesen idealisierenden Darstellungen seitens der AkteurInnen findet sich häufig die Befürchtung, der abwesenden Mutter könnte es nicht gelingen, ihren Status in der Diaspora zu legalisieren, sie könnte ihren Versorgungspflichten nicht in angemessener Weise gerecht werden, sie könnte ihre Angehörigen im Herkunftsland vergessen oder verlassen, sie könnte von den emotionalen Anforderungen der Trennung überfordert sein und in der Diaspora neue, räumlich nähere emotionale Bindungen aufbauen, für die sie sich letztlich mehr engagieren wird. Ähnliche Zweifel plagen die emigrierten Mütter, die befürchten, dass die Pflegemutter diese Tätigkeit primär aus finanziellen Interessen, möglicherweise für die Versorgung der eigenen Kinder angenommen habe, oder dass sie das Pflegekind weniger gut behandeln, dass sie es emotional vernachlässigen könnte.

Die Frustrationen und Ängste wurden deutlicher formuliert, wenn ich mich mit Kindern befasste, die im Teenager-Alter waren. Besonders wenn diese sich mit einer immer wieder ändernden Informationslage auseinanderzusetzen hatten, wurde mitunter der Anspruch an eine verbale Schonung des transnationalen Sorge-Arrangements aufgegeben. Eine verbreitete schmerzliche Erfahrung stellt beispielsweise die Tatsache dar, dass die Trennung zwischen Müttern und Kindern wesentlich länger dauert als ursprünglich angenommen. Ich bin mir nicht sicher, ob die migrierenden Mütter tatsächlich annahmen, was auch Sonja am Tag ihrer Abreise tröstend verkündete, dass die Zeit ihrer Abwesenheit nur wenige Monate dauern würde, denn dies lässt sich in der Regel kaum realisieren. Vielmehr dauert es nicht selten sogar mehrere Jahre, bis die Frauen ihre finanzielle und aufenthaltsrechtliche Situation im Zielland soweit geordnet haben, dass sie tatsächlich ihre Angehörigen im Herkunftsland besuchen oder ihr Kind bzw. ihre Kinder nachholen kann. Vorausgesetzt, die materielle Versorgung der zurückgelassenen Angehörigen verläuft routiniert, wird die migrierende Frau versuchen, so lange im Ausland zu bleiben, bis sie ein regelmäßiges Einkommen hat und, im Idealfall, bis ihr Aufenthaltsstatus legalisiert ist, so dass sie ihr Kind oder ihre Kinder bzw. weitere Angehörige nachholen kann. Die sich ständig ändernden Migrationspläne, die sich auch an veränderlichen personalen und familialen Konstellationen sowie an politisch bestimmten, mithin im Prozess befindlichen Einreisebestimmungen zu orientieren haben, und die mangelnde Informationstransparenz zwischen den wartenden Angehörigen im Herkunftsland und den MigrantInnen, stellt in der Tat für viele KapverdierInnen ein Moment der Irritation und des Leidens dar.

Fazit

Die transnationalen Sorge-Arrangements zwischen migrierenden Müttern und ihren im Herkunftsland zurückgelassenen Angehörigen gestalten sich diesem kapverdischen Fallbeispiel zufolge im Abwägen von individuellen Möglichkeiten, familialen Bedürfnissen und der Wirkmächtigkeit einwanderungsrechtlicher Kategorisierungen, die manche Personen in bestimmten Lebenslagen die Migration zu erleichtern scheinen.

Dabei wurde deutlich, dass in der Bewertung transnationaler Mutterschaft zwischen einer normativen Erwartung, welche die Akteurinnen und Akteure an diese Form der Distanzbeziehung stellen, und den alltäglichen sozialen Praxen, die sich immer wieder mit Widersprüchen, Unausgesprochenem, Zweifeln und Vertrauenskrisen zu befassen haben, zu unterscheiden ist. Die Überbetonung der mütterlichen Leistungen, die ständig den Alltag durchdringenden Erzählungen über das harmonische Funktionieren dieser transnationalen Solidarität, das alltägliche Erinnern und unbeirrte Vergegenwärtigen der abwesenden Mütter sowie das Verschweigen der Sorgen, der Ängste und Frustrationen deute ich in diesem Zusammenhang als die ständige Erneuerung eines sozialen und emotionalen Bandes, das dazu dient, dieses fragile Gefüge zusammenzuhalten; als eine Praxis, die besonders die abwesenden bzw. migrierten Mütter nachdrücklich auffordert, ‚Mutterschaft zu tun', sie zu zeigen – kurz: Mütter zu bleiben.

Die Dringlichkeit dieser den kapverdischen Alltag durchziehenden Herstellung einer ‚Normalität' transnationaler Mutterschaft muss im kapverdischen

Fall historisch eingeordnet werden, denn ohne den Beitrag der Diaspora wäre ein Leben auf den kargen Inseln auch heute noch wesentlich prekärer als es sich darstellt. Die kollektive Furcht vor dem Vergessen- und vor dem Verlassenwerden wird daher schon seit Jahrhunderten im kapverdischen Liedgut besungen. Ungeachtet dieser kapverdischen Besonderheiten verweist das Beispiel jedoch auf familiale Konventionen, die an vielen Orten, die von transnationaler Lebensweise geprägt sind, zunehmend spürbar werden.

Letztlich führt nicht die Tatsache, dass Menschen, die sich als Teil einer gemeinsamen sozialen Struktur empfinden, große zeitliche und räumliche Distanzen zu überwinden haben, zu einer ambivalenten Bewertung transnationaler Familien bzw. von Mutterschaft. Vielmehr sind es die drohende Immobilität auf beiden Seiten der Grenze, die mögliche Verhinderung, Mutterschaft sowohl in einem sozialen als auch in einem materiellen Sinne adäquat umzusetzen, sowie die Unwägbarkeiten, die als ungerecht und bedrohlich empfunden werden, sowie die Tatsache, dass kaum etwas so verlässlich ist wie die Unberechenbarkeit der eigenen Zukunft.

Anmerkungen

1 Ich verwende bei Aussagen, die sich auf beide Geschlechter beziehen, das große I, um auch Frauen sprachlich sichtbar zu machen und bleibe aber in Textpassagen, die sich *mehrheitlich* mit Frauen befassen, beim kleinen i.

2 Eine genauere Beschreibung der Methodik findet sich in Drotbohm (2009).

3 Siehe Grassi (2007) zum Einsatz kapverdischer Frauen in der häuslichen Pflegewirtschaft in Italien oder Fikes (2009) zur Situation in Portugal, wo kapverdische Frauen jene Einkommensbereiche übernahmen, die ehemals kapverdischen Männern vorbehalten waren (z.B. im Fischhandel).

Literatur

ALBER, ERDMUTE (2004) „‚The real parents are the foster parents‘: social parenthood among the Baatombu in Northern Benin." *Cross-cultural approaches to adoption*. Hg. Fiona Bowie. London/ New York: Routledge, 33-47.

ANDERSON, BRIDGET (2006) *Migrantinnen und die Globalisierung der Hausarbeit*. Berlin/ Hamburg: Assoziation.

BALDASSAR, LORETTA (2008) „Missing Kin and Longing to be Together: Emotions and the Construction of Co-presence in Transnational Relationships.“ *Journal of Intercultural Studies* 3/2008: 247-267.

BATALHA, LUÍS (2004) *The Cape Verdean diaspora in Portugal. Colonial subjects in a postcolonial world*. Lanham/ Boulder/ New York: Lexington.

BUREAU OF CONSULAR AFFAIRS (2011) „Visa Denials.“ travel.state.gov. Webseite des Bureau of Consular Affairs, US Department of State. 20. Februar 2011 <http://travel.state.gov/visa/frvi/denials/denials_1361.html>.

CARLING, JORGEN (2002) „Migration in the age of involuntary immobility. Theoretical reflections and Cape Verdean experiences.“ *Journal of Ethnic and Migration Studies*. 28, 1/2002: 5-42.

CARREIRA, ANTONIO (1982) *The People of the Cape Verde Islands: Exploitation and emigration*. Übersetzt von C. Fyfe. Hamden, CT: Archon.

DROTBOHM, HEIKE (2009) „Horizons of long-distance intimacies. Reciprocity, contribution and disjuncture in Cape Verde.“ *The History of the Family. An International Quaterly*. (Special Issue: *Families, Foreigness, Migration, Now and Then.*) 14, 2/2009: 132-149.

DROTBOHM, HEIKE (im Druck) „The Promises of Co-mothering and the Perils of Detachment. A Comparison of Local and Transnational Cape Verdean Child Fostering.“ *Child Fosterage in West Africa: New Perspectives on Theories and Practices*. Hg. Erdmute Alber/ Jeannett Martin/ Catrien Notermans. Leiden: Brill.

EHRENREICH, BARBARA/ ARLIE HOCHSCHILD (2003) Hg. *Global woman: nannies, maids and sex workers in the new economy*. London: Granta Books.

EREL, UMUT (2002) „Reconceptualizing Motherhood: Experiences of Migrant Women from Turkey Living in Germany.“ *The Transnational Family. New European Frontiers and Global Networks*. Hg. Deborah Bruceson/ Ulla Vuorela: Oxford/ New York: Berg, 127-146.

FIKES, KESHA (2009) *Managing African Portugal. The Citizen-Migrant Distinction*. Durham/ London: Duke.

FOG OLWIG, KAREN (1999) „Narratives of the Children left behind: home and identity in globalised Caribbean families.“ *Journal of Ethnic and Migration Studies* 25, 2/1999: 267-284.

GOODY, ESTHER (1982) *Parenthood and Social Reproduction. Fostering and Occupational Roles in West Africa*. Cambridge: Cambridge University Press.

GRASSI, MARZIA (2007) „Cabo Verde pelo Mundo: o género na diáspora caboverdiana.“ *Género e Migraçãos Cabo-Verdianas*. Hg. Marzia Grassi/ Iolanda Évora. Lissabon: Imprensa de Ciências Sociais, 23-62.

HALTER, MARILYN (1993) *Between Race and Ethnicity. Cape Verdean American Immigrants, 1860-1965*. Champaign/IL: University of Illinois Press.

HIRSCH, JENNIFER (2007) „ ‚Love Makes a Family‘: Globalizaton, Companiate Marriage, and the Modernization of Gender Inequality.“ *Love and Globalization. Transformations of Intimacy in the Contemporary World*. Hg. Mark P. Padilla/ Jennifer S. Hirsch/ Miguel Munoz-Laboy/ Robert E. Sember/ Richard G. Parker. Nashville/TN: Vanderbilt University Press, 93-106.

HOLLSTEIN, BETINA (2006) *Qualitative Netzwerkanalyse: Konzepte, Methoden, An-*

wendungen. Wiesbaden: VS Verlag für Sozialwissenschaften.

Leinaweaver, Jessaca (2007) „On moving children. The social implications of Andean child circulation." *American Ethnologist* 34, 1/2007: 163-180.

Notermans, Catrien (2004) „Fosterage and the politics of marriage and kinship in East Cameroon." *Cross-cultural approaches to adoption*. Hg. Fiona Bowie. London/ New York: Routledge, 48-63.

Parreñas, Rhacel Salazar (2001) *Servants of globalization: women, migration and domestic work*. Stanford/CA: Stanford University Press.

Parreñas, Rhacel Salazar (2005) *Children of global migration: transnational families and gendered woes*. Stanford/ California: Stanford University Press.

Pribilsky, Jason (2004) „ ‚Aprendemoas a convivir'. Conjugal relations, co-parenting, and family life among Ecuadorian transnational migrants in New York City and the Ecuadrian Andes." *Global Networks* 4, 3/2004: 313-334.

Rodrigues, Isabel Fêo (2007) „As mães e os seus filhos dentro da plasticidade parental: reconsiderando o patriarcado na teoria e na práica." *Género e Migraçãos Cabo-Verdianas*. Hg. Marzia Grassi/ Iolanda Évora. Lissabon: Imprensa de Ciências Sociais, 123-146.

Verhoef, Heidi/ Gilda Morelli (2007) „A Child is a Child. Fostering Experiences in NorthWestern Cameroon." *Ethos* 35, 1/2007: 33-64.

Walmsley, Emily (2008) „Raised by another mother. Informal fostering and kinship ambiguities in Northwestern Ecuador." *Journal of Latin-American and Caribbean Anthropology* 13, 1/2008: 168-195.

Filmbesprechungen

Marion Mangelsdorf

Von einem schlummernden Fötus und verloschenen Lebensträumen

Mit der Spielfilmgeschichte *L'enfant endormi* (2004) thematisiert die marokkanisch-belgische Filmemacherin Yasmine Kassari Migration aus der selten beleuchteten Perspektive der Zurückgelassenen. Zurück bleiben vier Generationen von Frauen in einer kleinen Ansammlung steinerner Häuser inmitten brachliegender Ländereien der Provinz Taourirt in der nordöstlichen Region Oriental des Königreichs Marokko. Es ist die ärmste, vom Aussterben bedrohte Provinz Marokkos. Eine bergige, seit Jahrzehnten dünnbesiedelte Region, die von trocken-heißen Sommern und mitunter regenreichen Wintern gezeichnet ist. Das ehemals grüne, von Obstplantagen und Olivenhainen durchzogene Land, so berichtet die Regisseurin Kassari, die in diesem Gebiet oft als Kind ihre Ferien verbrachte, habe sich im Laufe von dreißig oder vierzig Jahren in eine Wüste verwandelt.[1] Einst bot hier das Atlasgebirge Schutz gegen die Sahara im Süden des Landes, doch von dieser Wetterscheide ist immer weniger zu spüren. Von diesen für den Getreideanbau der ansässigen Bäuerinnen und Bauern schwierigen klimatischen Veränderungen erfahren wir auch aus dem Film. Die dadurch entstandene Landflucht betrifft die Gemeinschaft, die wir näher kennenlernen.

Eine der Protagonistinnen, die Mutter von Hassan, die ihren Sohn einen Tag vor seiner Abreise nach Spanien vermählt, wirft ihm vor, dass er und die anderen Männer das Land nicht angemessen bewirtschafteten. Auf diesen Vorwurf entgegnet ihr Hassan, dass die Dürreperioden sich ausgedehnt hätten und wenn es regnete, dann so extrem, dass die Felder überschwemmt würden. Außerdem seien nicht mehr ausreichend Männer im Dorf, die – wie früher – Gräben anlegen könnten, um während der Regenzeiten die Überflutung der Ländereien zu verhindern. So haben sich die Männer dieser Gemeinschaft dazu entschieden das Land zu verlassen und über die Meerenge von Gibraltar nach Spanien überzusetzen – so wie es jedes Jahr etwa 30.000 Marokkaner unternehmen – um in Europa Arbeit zu suchen.[2]

Doch die Geschichte verfolgt nicht, wie in Kassaris früherem Film *Quand les hommes pleurent* (*Die Männer, die weinen* 2000), den Weg der Auswanderer, führt uns nicht ein in ihre zutiefst frustrierenden Erfahrungen fern der Heimat, sondern der Film fokussiert das Leben vor allem zweier junger Frauen und ihrer Beziehung zu ihren Ehemännern während ihrer Abwesenheit. Die Geschichte ermöglicht uns, einen intimen und doch äußerst behutsamen Einblick in das Leben dieser marokkanischen Familien zu gewinnen. Zeinab ist die junge, unerfahrene Braut von Hassan, die einen Tag nach der Hochzeit ihren Mann, der ihr wenig vertraut zu sein scheint, auch schon wieder verabschieden muss. Die Großmutter fasst die Verkehrung dieser Situation pointiert zusammen: „Früher verheiratete man die Kinder, damit sie weggehen. Heute macht man es, damit sie zurückkehren." „Alles", so fügt sie hinzu, „außer dem Bett" (Deutscher Untertitel Kassari 2004), außer der Hochzeitsnacht, habe sich verändert.

Die engste Vertraute von Zeinab ist die temperamentvolle und lebenserfahrene Halima. Sie hilft die Hochzeitszeremonie auszurichten. Es ist ein Fest voller Spannungen, nicht allein die vom Abschied der Männer geprägte Atmosphäre birgt Zündstoff, auch Generationen- und Geschlechterkonflikte sowie Streitereien vor allem der Männer untereinander werden ausgetragen. Konflikte, die einen differenzierten Einblick in das Leben dieser Menschen vermitteln. Zentral hierfür ist eine Szene bei einem der Hochzeitstänze. Traditionell werden diese von Männern und Frauen getrennt getanzt, wobei das Brautpaar selber nicht teilnimmt, sondern dabei zuschaut. Die gleichgeschlechtlichen Gruppen stehen sich jeweils Schulter an Schulter gegenüber und bewegen sich mit Rumpfbeugen und Kniefedern langsam rhythmisch aufeinander zu und weichen voreinander zurück.[3] In der nun beschriebenen Szene entfacht sich beim Tanz zum Schlag der Tar, einer Rahmentrommel, ein dialogischer Sprechgesang. Eröffnet wird der Disput von Amziane, dem einzigen Mann, der im Weiler zurückbleibt, um von den Erträgen seines Olivenhains zu leben. Er provoziert Halimas Mann Ahmed:

Amziane: Ich bin zu Hause und es geht mir gut. Von Spanien kann ich nichts erwarten.
Ahmed: Ich zähle nur auf meine Arme. Und durchquere alle Kontinente.
Amziane: Analphabet, überleg dir das gut, sogar die Sprachen werden dir Mühe bereiten.

(Die Kamera schwenkt auf die Frauen im Hintergrund, ein lautes, trällerndes Geschrei der Zustimmung von einer der Frauen ist zu hören.)

Ahmed: Und du Gebildeter, dein Diplom vergammelt im Schrank.
Amziane: Und du lässt dich von Zufällen treiben. Willst du wirklich auswandern, so lass dich scheiden, sie lebt besser frei.
(Deutscher Untertitel Kassari 2004)

Mit diesen Worten endet der Tanz in einem Tumult. Die beiden Männer müssen auseinander gebracht werden. Für den späteren Verlauf der Geschichte erweist sich diese Sequenz als Schlüsselszene. Mit metaphorischer Kraft, die dem Mythos vom *enfant endormi*, dem eingeschlafenen Kind, innewohnt, inszeniert der Film das Drama, das die Absenz der Männer in der Welt der Zurückgebliebenen heraufbeschwört. Die oft in rot gekleidete Halima setzt einen nicht nur ästhetischen Kontrapunkt zu ihrer in Melancholie und traumwandlerischer Sehnsucht versunkenen, kargen Umgebung. Sie agiert energisch, selbstbewusst und aufgeklärt. Sie widersetzt sich ihrem Mann während seiner Anwesenheit, möchte kein weiteres Kind in seiner Abwesenheit großziehen müssen. Sie begehrt zusehends auf. Schließlich ist sie es auch, die der Frischvermählten als sie gewahr wird, dass diese schwanger ist, abrät, das Kind in ihrem Bauch mit Hilfe eines Heilers‚einschlafen' zu lassen. Auf Halimas Frage, warum sie sich dazu von ihrer Schwiegermutter überreden lässt, antwortet Zeinab: „Das Eingeschlafene bringt Hassan zurück." Halima: „Den Wind ruft es zurück, ja! Meine Tante spinnt. Sie möchte uns alle einfrieren, bis ihr Sohn zurückkommt. Du lässt dich manipulieren. Schau mich an! Es bleibt während Jahren in deinem Bauch" (Deutscher Untertitel Kassari 2004). Es ist zu vermuten, dass Halima mit ihren Ansichten, ihrer Haltung und Rebellion sich für westliche ZuschauerInnen zu einer Identifikationsfigur herauskristallisiert. Über sie kann ein Abstand zu diesem alten, bis heute lebendigen marokkanischen Brauch hergestellt, zugleich aber überhaupt erst die Möglichkeit einer Empathie für die Handlungen der ProtagonistInnen und der sich darin ausdrückenden Hoffnungen und Ängste aufgebaut werden. Der Mythos selber besagt, dass

> eine Mutter, die die Geburt ihres Kindes verzögern will, es mittels weißer Magie für längere Zeit in ihrem Bauch ‚einschlafen' lassen kann. Die Gründe für das ‚Schlafenlassen des Fötus' (le raged) sind vielfältig. (...) Das ‚Schlafenlassen' geschieht in Kenntnis aller Betroffenen, es stellt für niemanden ein Problem dar und die Männer tragen genauso viel dazu bei wie die Frauen. (Mediendossier trigon-film 2004, 5; vgl. Bossaller 2004, 9-10)

Im Film kann Hassan nicht um sein Einverständnis gebeten werden, so wie es das Gesetz verlangt. Denn es bestehen nur ein eingeschränkter Kontakt, begrenzte Kommunikationsmöglichkeiten. Einzig kurze Videobänder, die die Männer und Frauen in Abständen von mehreren Monaten einander zusenden, ermöglichen einen auf das Allerwesentlichste reduzierten Austausch. So übernimmt Hassans Mutter und somit Zeinabs Schwiegermutter die Verantwortung für das Ungeborene, drängt die junge Frau zu dem Entschluss, es schlafen zu lassen. Sie verbindet damit die Hoffnung, dass ihr Sohn wieder zurückkommen möge, um gemeinsam mit seiner Frau das Kind zur Welt kommen zu lassen und sich um die Versorgung kümmern zu können. Die beiden Frauen fahren in die Provinzstadt Taourirt, um das Einschlafen von einem Heiler initiieren zu lassen. Auf die zögerliche Frage des Heilers, ob der Vater und Zeinab dies wirklich wollten und warum das Kind nicht zur Welt kommen solle, senkt Zeinab schweigend den Kopf, während ihre Schwiegermutter harsch und bestimmt reagiert und sagt, dass der Fötus schließlich auch *ihr* gehören würde, dass der Seher ihnen den Gefallen tun solle. Der alte Mann schreibt Worte auf ein Blatt Papier, faltet es zusammen und überreicht es der jungen Frau. Dies sei ein Talisman, den sie in ein Kupferetui einschließen solle. Wenn sie es öffnen würde, ohne die Regeln zu befolgen, dann werde das Kind niemals wieder aufwachen. Wenn sie es aber aufwecken wolle, müsse sie ein Becken mit Wasser sieben Nächte unter den freien Himmel stellen. In der siebten Nacht solle sie schließlich den Zettel entfalten und die Schrift im Becken auswaschen. Dann müsse sie sich darin baden. Wieder zu Hause angekommen, besiegeln Zeinab und Halima durch das Einschließen des Papiers in einem Kupferetui den Akt des Einschlafens.

Für die Regisseurin Kassari verkörpert die Mutter die Tradition. Dabei ist „sie (...) hart und unflexibel" (Mediendossier trigon-film 2004, 8). Zugleich verzehrt sie sich jedoch so in ihrem Kummer über die Trennung von ihrem Sohn, dass sie darüber sogar stirbt. Die Großmutter repräsentiert für Kassari hingegen „einerseits einen Teil der Tradition, ist aber vor allem Seherin" (Mediendossier trigon-film 2004, 8). An ihr, so beschreibt es Kassari, würde deutlich werden, dass sie ein glücklicheres Leben erlebt habe. Eines als die Gemeinschaft noch vital war, sie mit ihrem Mann an ihrer Seite die Kinder aufziehen, Höhen und Tiefen des Daseins zusammen durchleben konnte. Dadurch ist sie milde und nachsichtig in ihren Entscheidungen, „fortschrittlicher als die Mutter", meint Kassari, womit die Regisseurin auf ihre eigenen Erfahrungen in der Familie zurückgreift. Sie meint, „dass die Alten eine Distanz gewinnen, die sie erkennen lässt, was im Leben unnütz, was richtig und wichtig war. (...) Die Großmutter ist nicht mehr in der Macht, sondern in der Wahrheit" (ebd.).

Mit welcher Strenge und Härte sich jedoch die Macht der Elterngeneration ausdrücken kann, das wird besonders deutlich an der rigiden Strafe, die Halima erfährt, nachdem sie beobachtet wurde, wie sie am Fluss Amziane umarmte. Auf diesen flüchtigen Kontakt folgt eine harte Strafe für die junge Frau und den Mann. Ahmeds Eltern, die Schwiegereltern Halimas, lassen beide verprügeln. Mit Blessuren im Gesicht wird Halima eingesperrt, ihre beiden Kinder, ein kleines Mädchen und ein Junge, der noch im Babyalter ist, werden ihr zunächst entzogen. Doch obwohl sie sich zu Amziane durchaus hingezogen fühlt, widersteht sie seinem Werben, hält sie fest an der Liebe zu ihrem Mann in der Ferne Spaniens. Dies obwohl Ahmed sie von Beginn seiner Abreise an mit Missachtung straft für ihre widersetzliche Art ihm gegenüber während seiner Anwesenheit. Erst als sie durch ein Video erfährt, dass er sich von der Gruppe der anderen abgesetzt hat und niemand über seinen Verbleib etwas sagen kann, bricht ihre Hoffnung mit ihm eines Tages doch noch ein gemeinsames, glückliches Leben führen zu können, zusammen. Diese irrationale Hoffnung hatte sie bis dahin noch verzweifelt aufrechterhalten. Nun aber verlässt sie ihr zuhause, verabschiedet sich von Zeinab und hinterlässt bei ihr die Tochter. So zieht sie allein mit dem Sohn zurück zu ihren Eltern.

Für Kassari bilden Halima und Zeinab Vor- und Rückseite einer Medaille. „Zeinab schweigt, wo Halima schreit. Zeinab hält sich zurück, wo Halima explodiert. (...) Sie revoltiert, steht für ihre wahren Bedürfnisse ein" (ebd.). Halima will leben und etwas verändern. „Ihr Einfluss führt auch bei Zeinab zu einer Wandlung" (ebd.) Die beiden Frauen reifen während der Abwesenheit ihrer Männer. Kassari versteht ihre Entwicklung als eine Befreiung aus der Bevormundung; für sie entstünden ein gewisser Freiraum und eine Entscheidungsfähigkeit durch die Absenz der Männer. Jedoch, so räumt Kassari ein, das

Los der Männer – die mutig ihre Heimat verlassen, um in der Fremde das Brot für ihre Familien zu verdienen und dort Demütigungen und Enttäuschungen erleben müssten – sei als durchaus schwerer denn das der Frauen anzusehen. Sie würden wenigstens ihre Zugehörigkeit nicht verlieren. „Die Männer gehören nirgends mehr dazu, sie schweben im luftleeren Raum" (Mediendossier trigon-film 2004, 7).

So mag es aus Hassans Sicht durchaus verständlich sein, dass er auf die Nachricht von Zeinab, sie habe ihr gemeinsames Kind einschlafen lassen, nicht mit Akzeptanz reagiert, sondern ihr durch eine kurze schriftliche Mitteilung ausrichten lässt: „Wecke das Eingeschlafene auf! und setze nie mehr einen Fuß nach Taourirt ohne meine Erlaubnis" (Deutscher Untertitel Kassari 2004). Für Hassan scheint ein geborenes Kind mehr Sicherheit zu vermitteln und das Gefühl der Verbundenheit auszudrücken. Zeinab jedoch fühlt sich, gerade auch angesichts dessen, was sie durch Halimas Schicksal mitbekommen hat, zerrissen in ihren Gefühlen. Einmal hatte sie bereits selber den Entschluss gefasst, das Kind nach den Regeln des Heilers wieder aufzuwecken. Damals hatte ihre Großmutter sie davon abgehalten, hatte sie darauf hingewiesen, dass sie zuerst ihren Mann informieren müsse – nun am Ende der Geschichte, fasst sie ihre Entscheidung allein; ihre Schwiegermutter ist tot und Halima fort. Sie öffnet das Etui, entnimmt das Papier, entfaltet es und wirft es in einen Fluss, wo es davon treibt. Damit vollzieht sie, missachtend was ihr der Heiler aufgetragen hat, eine Handlung, nach der das Kind nie wieder erwachen wird. Verleiht sie damit ihrer Hoffnungslosigkeit auf ein besseres, ein gemeinsames Leben mit Mann und Kind in der Gemeinschaft Ausdruck? Lässt sich der Abschied von ihren Lebensträumen, ihren Vorstellungen von einem ‚normalen' Leben auch als ein persönlicher Anfang lesen? Hat sie nicht ihre Eigenständigkeit – wie sie ihr von Halima zuvor vorgelebt wurde – nun auch errungen? Ermächtigt sie sich, selbst zu entscheiden, gegen die Regeln ihrer sozialen Gemeinschaft? Es ist eine einsame Situation, abgetrennt von dem, was ihr Leben bisher ausgemacht hat. Sowohl Zeinab als auch Halima treiben in eine ungewisse Zukunft.

Ist es, so möchte ich am Ende meines Beitrags fragen, gerade diese Einsamkeit und Unverbundenheit, die uns als ZuschauerInnen westlicher Kulturen dem Leben dieser Menschen näher rücken lässt; näher, als es sich auf den ersten Blick vermuten ließe? Denn ist es nicht diese existentiell erlebte Leere, die mit der Idee eines autonomen Subjekts, das frei, selbständig und ohne Bindung an Autoritäten oder überkommene Traditionen ist, einhergeht? Ich möchte also Kassari in diesem einen Punkt widersprechen und meine, dass sich nicht nur die Männer im luftleeren Raum, sondern auch die Frauen in eben diesem Vakuum, einem Niemandsland, einer Bodenlosigkeit befinden, auch wenn sie ihre Heimat nicht verlassen haben. Das Gefühl des Abgetrenntseins drückt sich in besonders anschaulicher Weise in der Metapher des eingeschlafenen Kindes aus. Das Gemeinsame soll lieber schlummern, nicht ausgetragen werden, um nicht gewahr werden zu müssen, dass es nicht zur Verbindung beiträgt, dass es die Empfindung der Trennung nur Tag für Tag vertiefen würde. Indem Zeinab die Möglichkeit, das Gemeinsame noch einmal aufleben zu lassen, infragestellt,

stellt sie damit einhergehend die Verbindung selbst infrage. Sie trennt sich ab.

Das Eindrückliche an diesem Film ist, dass Kassari meines Erachtens gelingt, worum in postkolonialer und genderkritischer Theorie immer wieder gerungen wird: *den* Verschwiegenen und *dem* Verschwiegenen eine Sprache zu verleihen. Dabei stellt sich das Gefühl ein, dass die sonst Ungehörten selbst zur Sprache kommen und nicht, dass *über* sie (hinweg) gesprochen wird. Ein Problem, für das besonders deutlich Gayatri Chakravorty Spivak in ihrem Aufsatz *Can the Subaltern Speak?* sensibilisiert hat.[4] Denn wer gehört wird und wer für sich selbst sprechen kann, hat eine Subjektposition errungen, die den Nicht-Privilegierten, den Armen, den Frauen, den ‚Subalternen' gemeinhin abgesprochen wird. Die Sprache der ‚Subalternen' kann somit immer nur eine Sprache der Stellvertretung sein, eine Sprache, die meistens Gefahr läuft, mehr zu verstellen als deutlich hervortreten zu lassen. Dieser Film stellt hingegen die traurige, aber wichtige Frage, ob und welche Privilegien die, die ihre Subjektposition erringen, wirklich genießen, welchen Preis sie für diese Privilegien zahlen müssen.

Die Sprache, die Halima vehement, Zeinab sehr zurückhaltend und verschwiegen, dennoch nicht weniger kraftvoll entwickelt, ist eine eigenständige, aber keine privilegierte. Es ist eine Sprache, die über die Erfahrung der Bodenlosigkeit Auskunft gibt. Der Prager Philosoph Vilém Flusser hat in seiner autobiographischen Philosophie mit dem Titel *Bodenlos* (1992) diese existentielle Erfahrung als eine beschrieben, die er für sich und für die nachfolgenden Generationen des Zweiten Weltkrieges attestiert. Flusser beschreibt sein Leben als absurd, absurd in der Bodenlosigkeit: „Man hat dabei das schwindelnde Gefühl über einem Abgrund zu schweben, in dem die Begriffe ‚wahr' und ‚falsch' nicht funktionieren" (Flusser 1992, 9). Er meint, jeder kenne die Bodenlosigkeit,

> aber es gibt Menschen, für die die Bodenlosigkeit die Stimmung ist, in der sie sich sozusagen objektiv befinden. Menschen, die jeden Boden unter den Füßen verloren haben, entweder weil sie durch äußere Faktoren aus dem Schoß der sie bergenden Wirklichkeit verstoßen wurden oder weil sie bewußt diese als Trug erkannte Wirklichkeit verließen. Solche Menschen könnten als Laboratorien für andere dienen. Sie existieren sozusagen intensiver, falls man unter Existenz ein Leben in der Bodenlosigkeit verstehen will. (11)

L'enfant endormi führt uns intensive Existenzweisen aus einem Leben vor, das wir nicht teilen, die wir aber verstehen und als Laboratorien begreifen können, die uns auch über unser eigenes Dasein Auskunft geben können. Die Ethnologin Ulrike Krasberg reflektiert in einem west-östlichen Kulturvergleich ihre Erfahrungen mit Hochzeiten und Geburten in Marokko selbstkritisch entlang des Gegensatzes ‚bedauernswert frei' (als westliche Existenzweise) oder ‚geborgen unfrei' (als östliche Existenzweise).[5] Der beschriebene Film lässt sich in diesem Spannungsfeld kontrovers diskutieren, jedoch, wie ich meine, gerade in der komplizierten Transkulturalität, in der westliche ebenso wie östliche Existenzweisen einander nicht dichotom gegenüberstehen, sondern durch Globalisierungsprozesse ineinander verwoben zu betrachten sind. Die Menschen dieser Geschichte im wüsten Land Orientals sind geprägt von den Veränderungen, die die Überquerung des Meeres von einem zum anderen Kulturraum, von Ost nach West, von Orient zu Okzident mit sich bringt. – Sie schweben zwischen einer geborgenen Unfreiheit und bedauernswerter Freiheit.

Anmerkungen

1 Vgl. Mediendossier trigon-film 2004, 6.

2 „Von den 30 000 Marokkanern, die die Meerenge von Gilbraltar zu passieren versuchen, werden die Hälfe abgefangen und zurückgeschickt. Zusammengepfercht auf Motorbooten, finden viele den Tod“ (Mediendossier trigon-film 2004, 4).

3 Vgl. die Beschreibung der traditionellen marokkanischen Hochzeitstänze im Vergleich zu Hochzeitstänzen in Europa bei Krasberg (2000, 53-64). In Analogie zu Krasberg versuche ich ebenfalls mein eigenes Erleben des Films in die Filmeinführung einfließen zu lassen und in Kontrast sowie Verbindung zu meinem eigenen, westlich geprägten Erfahrungshorizont zu bringen und somit einen inter- und transkulturellen Dialog voranzutreiben.

4 Vgl. die Besprechung wie die Subalternen in Jean-Luc Godards und Jean Pierres Film *Tout va bien* (1972) zur Sprache kommen in der Einführung von Hito Steyerl zur deutschen Übersetzung unter anderem des Spivak Textes *Can the Subaltern Speak?* (Spivak 2008, 7-16).

5 Vgl. Krasberg 2000, 53-64.

Literatur

BOSSALLER, ANKE (2004) „Schlafende Schwangerschaft in islamischen Gesellschaften. Entstehung und soziale Implikationen einer weiblichen Fiktion." Mediendossier trigon-film. 26. Mai 2011 <http://www.trigon-film.org/de/movies/Enfant_endormi/documents>.

FLUSSER, VILÉM (1992) *Bodenlos. Eine philosophische Autobiographie.* Bensheim: Bollmann.

KLASBERG, ULRIKE (2000) *„,Bedauernswert frei oder ,geborgen und unfrei'. Zur Wahrnehmung weiblicher Identität im west-östlichen Kulturvergleich." Zwischen den Kulturen – zwischen den Geschlechtern.* Hg. Judith Schlehe. Münster/ New York/ München/ Berlin: Waxmann.

MEDIENDOSSIER TRIGON-FILM (2004) 26.5.2011 <http://www.trigon-film.org/de/movies/Enfant_endormi/documents>.

SPIVAK, GAYATRI CHAKRAVORTRY (2008) *Can the Subaltern Speak? Postkolonialität und subalterne Artikulation* [1988]. Wien: Turia + Kant.

Film

Quand les hommes pleurent (2000). Regie Yasmine Kassari. trigon-film.

L'enfant endormi (2004). Regie Yasmine Kassari. trigon-film.

Elke Gramespacher

Das Fremde als radikale Erfahrung – *Fremde Haut* (2005) von Angelina Maccarone und Judith Kaufmann

Fariba (Darstellerin: Jasmin Tabatabai), die Protagonistin in dem Film *Fremde Haut* (Drehbuch und Regie: Angelina Maccarone), lebt in Teheran (Iran), ist Muslima, als Dolmetscherin tätig und l-i-ebt in einer homosexuellen Liebesbeziehung mit einer verheirateten Frau. Im Iran – so erfährt der/die ZuschauerIn aus dem Film – wird Homosexualität, falls sie zu Ehebruch führt, mit Gefängnis, Folter und Todesstrafe sanktioniert. Angesichts der existentiellen Bedrohung flieht Fariba nach Deutschland, um dort Schutz zu suchen. Folgt man den Ausführungen der Psychoanalytikerin Julia Kristeva (1990), setzt Fariba mit ihrer Flucht aus dem Iran, in dem Faribas L-i-ebensstil qua Kultur und Gesetz entrechtet wird, einen kreativen Prozess in Gang, in dessen Verlauf sie sich auch mit dem Fremden in sich selbst auseinandersetzt. Diese Auseinandersetzung verläuft auf Faribas Flucht radikal.

Fariba schlüpft sukzessive in eine fremde Haut: Beim national-politischen Grenzübertritt öffnet sie ihr Haar und nach ihrer Ankunft spricht sie deutsch. Schließlich nimmt sie die gesetzliche, soziale, familienbezogene sowie die körperliche – mithin die geschlechtsbezogene – Identität ihres Landsmannes Siamak (Darsteller: Navid Akhavan) an, als Siamak den Freitod wählt und ihr eigener Asylantrag abgelehnt wird. Auf diese Weise wird das Übergangslager der Asylbewerberinnen und -bewerber für Fariba zu einer Transformationspassage der anderen Art – aus der sie in gänzlich fremder Haut hinaustritt.

Nach ihrer Transformation ist Faribas Haut von außen wie auch von innen fremd. Dieses im Film entwickelte Bild spitzt einen Gedanken von Farideh Akashe-Böhme (vgl. z.B. 1990, 104) zu: Das *Frausein* wird Fariba nicht nur gesellschaftlich und dem eigenen Körper und Bild gegenüber zum *Fremdsein*. Vielmehr wird es für Siamak alias Fariba zur Überlebensfrage, ihre Umwelt von der körper-innerlichen Seite der fremden Haut, von der Männlichkeit also, zu überzeugen. Diese Notwendigkeit verlangt Siamak alias Fariba weit mehr ab als ein einfaches Rollenspiel ‚Frau spielt Mann' – ein Motiv, das zum Beispiel William Shakespeare in seinen Komödien *Was ihr wollt* und *Wie es Euch gefällt* eingesetzt hat.

Das Fremde nimmt in der Geschichte von Fariba vielfältige Züge an: Nach ihrer Zeit im Übergangslager findet sich die Großstädterin Fariba in einer ländlichen Gegend wieder und führt dort ein einfaches Leben im Arbeitermilieu – und zwar als Mann. Faribas Suche nach Männlichkeit erfordert soziale wie auch körperliche Abstimmungsprozesse mit der männlichen Umwelt. Dass diese Gewöhnungsprozesse an eine ihr als Frau und Lesbierin eher unbekannte Männlichkeit, zumal in einem fremden Kulturkreis, problembehaftet sind, ahnt Siamak alias Fariba – und gleichwohl der/die ZuschauerIn des Filmes. Und so überrascht der rasche Erfolg: Siamak alias Fariba präsentiert männliches Auftreten so überzeugend, dass sich die heterosexuell orientierte Anne (Darstellerin: Anneke Kim Sarnau) in Siamak alias Fariba verliebt.

Annes Gefühle aber, die Siamak alias Fariba erwidert, erschweren das Leben in der fremden Haut. Insbesondere fühlt sich Uwe, der Ex-Freund von Anne (Darsteller: Hinnerk Schönemann), durch diese Gefühle provoziert und verletzt. Uwes verletzte Männlichkeit zieht alle Register, um Siamak alias Fariba abzuwerten. Dieser Konstruktionsprozess der Hierarchisierung der Männlichkeiten (vgl. Connell 2000) bringt für Siamak alias Fariba die Gefahr mit sich, entlarvt zu werden. Die Gefahr verdichtet sich bei einem so genannten *schönen Herrenabend*, der Siamak alias Fariba in ein einschlägiges Etablissement führt. Eine Prostituierte entdeckt die körper-äußere Frauengestalt von Siamak alias Fariba. In dieser Situation spitzt sich die körperlich-sexuelle Situation von Fariba zu: Die Prostituierte begehrt Siamak alias Fariba und Fariba selbst lässt ihr homosexuelles Begehren zu. Aber die soziale Situation unterbindet jedes sexuelle Begehren, und so entsteht in dieser Situation die Gefahr der Entlarvung für Siamak alias Fariba.

Trotz aller Widrigkeiten nimmt die Liebe zwischen Anne und Siamak alias Fariba ihren Lauf und bringt Fariba Momente der Entspannung, die einer Insel gleichen. Außerhalb dieser Insel jedoch herrschen Illegalität und Bedrohung, wodurch für Siamak alias Fariba wieder die Struktur entsteht, der sie eigentlich entfliehen wollte. Die durch die Liebesbeziehung entstehende Entspannung aber endet jäh, und zwar infolge einer unerwarteten politischen Wendung, die es Siamak alias Fariba ermöglicht, in den Iran zurückzukehren. Aufgrund dieser Wendung entscheidet sich Fariba, wieder ihre *eigene Haut* anzunehmen, unter anderem dadurch, dass sie sich einen neuen Pass besorgt. Sie setzt mit dieser Entscheidung einen Retransformationsprozess in Gang, der aber nicht glatt verläuft. Siamak alias Fariba benötigt für diesen Prozess die Unterstützung von Anne, muss dabei aber Anne über die fremde Haut, über ihre Geschichte aufklären – und ihre Offenbarung öffnet die Schleusen für die Liebe zwischen Fariba und Anne. Fariba hofft auf ein Ende ihrer Flucht, die jetzt auch zur Flucht vor ihrer fremden Haut wird. Allerdings ist Uwe aufgrund des Retransformationsprozesses, durch den Faribas Frausein für ihn offensichtlich wird, erneut stark in seiner Männlichkeit verletzt. Seine Reaktion hierauf wird Fariba schließlich zum Verhängnis: Fariba wird ausgewiesen und in den Iran zurückgeschickt – in ein Land, in dem sie als Fariba nicht überleben wird – wohl aber als Siamak alias Fariba. Und so flieht sie erneut – in der fremden Haut.

Literatur

Akashe-Böhme, Farideh (1993) *Frausein Fremdsein*. Frankfurt/M.: Fischer Taschenbuch Verlag.

Connell, Robert (2000) *Der gemachte Mann. Konstruktion und Krise von Männlichkeiten*. Opladen: Leske + Budrich.

Kristeva, Julia (1990) *Fremde sind wir uns selbst*. Frankfurt/M.: Suhrkamp Verlag.

Film

Fremde Haut, Drehbuch (2005). Regie Angelina Maccarone/ Judith Kaufmann. MMM Film GmbH, Zimmermann, Hamburg in Koproduktion mit Fischer Film, Wien.

Forum

René Freudenthal

„was ich vor langem an einem andern Ort begonnen habe…" –

Tagung zu den ‚Erinnerungstexten' der Autorin Erica Pedretti im Alten Wiehrebahnhof, Freiburg im Breisgau

In Anwesenheit der Autorin sprachen und diskutierten internationale Forscherinnen vom 28. bis 30. Oktober 2010 zum autofiktionalen Werk Erica Pedrettis. Anhand eines breiten Spektrums theoretischer Ansätze – etwa linguistischer, filmwissenschaftlicher oder transkultureller Methodik – näherten sich die Rednerinnen den disparaten und komplexen ‚Erinnerungstexten' Pedrettis, deren autobiografisch fundierte Narrative im Persönlichen die großen historischen Umwälzungen des 20. Jahrhunderts spiegeln. Die Autorin selbst trug mit einer Poetikvorlesung, einem Autorinnengespräch zu „Durchwanderten Texten" und einer Lesung aus der neu erschienenen Autobiografie *Fremd genug* zum Programm der Tagung bei.

Prof. Dr. Beatrice Sandberg (Bergen, Norwegen)
„Erica Pedrettis ‚Erinnerungstexte' als Autofiction? Gedanken zur Eigenart von E. Pedrettis Schreiben"

„So war es. So war es nicht": Festzuhalten sei, so Sandberg eingangs, die Ambivalenz der Dichterin gegenüber dem Blick in die eigene Vergangenheit. Diese setze sich allzu sehr aus umständehalber Geschehenem anstatt selbstgetroffenen Entscheidungen zusammen: Derart Erlebtes sei nur mühsam in eine erzählbare Ordnung zu bringen. Die Autobiografie sei gewissermaßen die fiktivste aller möglichen Formen: Permanent müsse der Autobiograf Sinnzusammenhänge in sein Material montieren, um es zum erzählbaren Narrativ zu machen. Der literarische Gewinn des Schreibens Pedrettis sei, den daraus resultierenden Selbstzweifel der Schreibenden sichtbar werden zu lassen.

Offenheit für innertextliche Revisionen bestimmten das gegenwärtige autobiografische Schreiben: Das narratologische Instrumentarium aller Autobiografen sei eng verbunden mit zeitgenössischen politischen und soziokulturellen Diskursen. Dem Leser Pedrettis würde der Nachvollzug solcher Grenzgänge ermöglicht. Pedretti inszeniere das tastende biografische Ich als „Selbstverfolger" und „Selbstspalter". Der Schock des heimatlosen Ausgesetztseins als traumatischem Schlüsselerlebnis schlage sich in ihren Texten als ein stetes Stocken und Brechen des Wortflusses nieder.

Die Verhältnisproblematik zwischen Autor und biografischem Erzähler behandele Pedretti gleichfalls: Konkurrierende „Ich-Geschichten" entstünden so, zwischen denen das Subjekt drohe, aufgerieben zu werden. Immer wieder vermerkten Pedrettis Texte den inneren Kampf gegen die Furcht vor der Undarstellbarkeit von Lebenswirklichem: „Will ich wirklich?"

Dr. Beatrice von Matt (Zürich, Schweiz)
„Das zerrissene Bewusstsein: Erica Pedretti und der Aufbruch der schreibenden Frauen"

Dezidiert aus einer Schweizer Perspektive betrachtet von Matt Leben und Schreiben Pedrettis: 1945 habe die Autorin in der Schweiz eine neue, später mit ihrem Ehemann in dessen angestammten Engadin gar eine „engste" Heimat gefunden. Inwieweit prägten nun vermeintliche Grundzüge des Schweizer Nationalcharakters ihren Sozialisierungsprozess: Also Abschottungstendenzen gegenüber Rest-Europa, konservative Grundskepsis gegenüber sozialem Wandel sowie „geistige Landesverteidigung"? Von Matt erklärt Max Frisch zum stilbildenden Exponenten der intellektuellen Atmosphäre der Schweizer Nachkriegsjahre. Frisch habe die obsessive Beschäftigung mit einer „schimmligen" Vergangenheit verachtet: Stattdessen forderte er in Architektur und Literatur „neue Formen" als Antwort auf die europäischen Bombenzerstörungen. Er gab harsche Erneuerungsbefehle aus, die auf Nostalgie und die heimatlichen Mythen keine Rücksicht nahmen.

Der Aufbruch schreibender Frauen der 1970er Jahre habe nun dementgegen die Traditionen ihres Landes wieder für sich reklamiert. Aus dem forschenden Nachgang der eigenen Wurzeln sollte sich eine Standortbestimmung in der gesellschaftlichen Gegenwart ableiten lassen. Die poetische Leistung Erica Pedrettis sei nun das „vorsichtige Aufwecken einer Sprache der Erinnerung", das Idiom ihrer biografisch angenäherten Erzählerinnen. In ihm erzählten sie von der Zerstörung einer bürgerlichen Welt, vom Heimatverlust und innerer Spaltung.

Prof. Dr. Dorota Sośnicka (Szczecin/ Stettin, Polen)
„‚Ich rechne mit emanzipierten Lesern': Zum Erzählverfahren Erica Pedrettis"

Eingehend konstatiert Sośnicka die Differenzen, die Erica Pedrettis Erzählstrategien von denen eines konventionellen Erzählhabitus unterscheiden: Mit permanentem Perspektivwechsel, dem Infragestellen von Souveränität über den Erzählstoff und einem In-der-Schwebe-Halten des Stils erzeuge die Autorin eine Beunruhigung, die einen „emanzipierten Leser" zum Rezipienten brauche. Allen Denk- und Sprachklischees stelle Pedretti somit eine radikale Sprachskepsis entgegen, die neue Auffassungsformen anregen solle.

Zum poetologischen Prinzip erhebe Pedretti, so Sośnicka, das Konzept der niemals vergessenen Kindheit. Sie werde literarisch inszeniert als Korrektiv zu den von hypostasierter Logik bestimmten Denkmustern der Erwachsenen. In *Harmloses, bitte* widme sich die Autorin einer Rekonstruktion der Vergangenheit als einem dunklen, kontrapunktischen Dort, das dem präsentischen helleren Hier gegenübergestellt wird. Dazu werde mit Bildüberblendungen gearbeitet: Szenen einer idyllischen Kindheit drifteten dann unversehens ins Entsetzliche ab.

Mit der zugeschalteten höheren Bewusstseinsschicht eines „Über"-Ich entstünde in *Engste Heimat* zudem eine synthetische zusätzliche Erzähler-Perspektive: Damit werde autobiografisches Erzählen zugleich, so Sośnicka, als Fiktion markiert.

Meike Penkwitt (Freiburg, Deutschland)
„Kontrapunktik, Räumlichkeit und Materialität der Sprache als Prinzipien der Textorganisation bei Erica Pedretti"

Penkwitt konstatiert zunächst die Irritation, die Form und Struktur von Pedrettis Texten beim Leser erzeugen könnten: Konventionelle Kohärenz- und Kontinuitätserwartungen würden hier nicht erfüllt. Die nicht-lineare, experimentelle Schreibweise der Autorin könne zu der Vermutung verleiten, ihre Texte bildeten beliebig besetzbare Assoziationsflächen, deren Struktur aus unmotivierten Sequenz-Zusammenschaltungen bestehe. Der daraus resultierende Rückschluss auf die vermeintliche Gattung der „Montage" führe oft zum fahrlässigen Unterlassen weiterer Analyseschritte.

Als alternative Kohärenzherstellungsverfahren zur Textordnung biete die Autorin nun „Kontrapunktik, Räumlichkeit und die Materialität der Sprache" an. Diese Strukturprinzipien korrespondieren mit jenen poetisch üblicheren, die ihnen jeweils gegenüberstehen: Der Kontrapunktik also das lineare Erzählen, der Räumlichkeit das chronologische Prinzip und der Materialität der Sprache die Kausalität der Handlung. Im Kontrapunktischen werde ein Grundthema vielstimmig moduliert, fände, auf mehrere „Stimmen" verteilt, in mehreren Durchläufen zu immer neuen Spiegelungen, Umkehrungen und Variationen. Ähnlich sei oftmals auch die Sprachbewegung in den Texten der Autorin organisiert.

Der Raum, lange lediglich als Hintergrundfolie einer Handlung „beschrieben" statt „erzählt", würde in den Texten Pedrettis zu einem weiteren Ordnungsprinzip erhoben: Räumlichkeit ersetzt Chronologie, mehrere gleichzeitige Erlebnisstufen würden ineinander verschränkt. Imaginationsbewegungen auf den Pfaden einer *mental map* unternähmen Pedrettis Erzählerinnen in ihren Texten. Grundsätzlich herrsche eine große Offenheit der Zuordnungen von Zeitschichten zur textuellen Konstitution von Räumen: Scheinbar Feststehendes werde wieder verunsichert und künstlerisch verwischt.

Dr. Irena Šebestová (Ostrava/ Ostrau, Tschechische Republik)
„Entfremdung und Entwurzelung als Themen in den literarischen Texten Erica Pedrettis"

Ausgehend von Bronfens Bestimmung der Zwangsausweisung als Strafakt, der das Individuum vorsätzlich von seinen soziokulturellen Wurzeln abschneide, schildert Šebestová eingangs die jüngeren Bemühungen der Gebiete der einstigen deutschen „Ostkolonisation", eine friedliche, ideologiefreie Sicht auf den tragischen Komplex zu gewinnen. Pedrettis traumatisch bedingte Schreibmotivation resultiere im Versinken ihrer Ich-Erzählerinnen in ihren Erinnerungen, auf deren Urgrund sie zu gelangen versuchten. Die Autorin wird von Šebestová ausführlich biografisch kontextualisiert: Weltgeschichte manifestiere sich im Individuum als „tiefe Verletzung". Pedrettis zwei große Erinnerungsreisen (1975/ 1990) werden in ihren mnemotechnischen Verflechtungen erörtert.

Die Sensibilität der Autorin gegenüber allem Unzugehörigen und Fremdverbliebenem, so Šebestová, zeichne ihr Schreiben aus; die Unmöglichkeit, erlebte Geschichte adäquat ins Wort zu fassen, durchdränge es. Die Kontinuität der „grausamen Systeme", die einander ablösten, bilde das Wissensfundament von Pedrettis Erzählen. Trotz Pedrettis Beharren auf der Unerzählbarkeit der historischen Tragödie blicke man, so schließt Šebestová abschließend, inzwischen auf eine Werkreihe zurück, die prozessual das Angedeutete zunehmend zu enthüllen verstehe und so zum Verständnis privater und nationaler Konfliktgeflechte beitrage.

Prof. Dr. Vesna Kondrič Horvat (Maribor/Marburg an der Drau, Slowenien)
„Transkulturelle Aspekte in Erica Pedrettis Roman *Engste Heimat*"

Auf die Bedeutung von Reisebewegungen und Grenzübergängen im Werk Pedrettis weist Horvat eingangs hin: Fortwährend sei das „Hinübergehen in neue Räume" symbolisch aufgeladen. Pedretti verstehe sich auf das Veranschaulichen transgressiven Verhaltens: Früh schon antizipierten ihre Texte eine globalisierte Welt, in der beschleunigte Kommunikations- und Transportmittel die Mobilität des Einzelnen erhöhen. Damit einhergehend sei die veränderte Raumauffassung, die auch eine stärkere Sensibilität für den „eigenen" Raum zeitige. Zugleich schärfe sich das literarische Bewusstsein für Räumlichkeit als Metaphernfeld für innere Bewegungen.

Pedretti schildere transgressive Kulturbegegnungen als Träger von Konfliktpotential: Hohe Mobilität könne das Bewusstsein polarer Unterschiede verstärken. Horvat plädiert deshalb mit Bhabha für eine tolerante kulturelle Hybridität, die Differenzen anerkennt, ohne Hierarchisierungen vorzunehmen. So sei es in *Engste Heimat* die „Stilisierung zerfallender Kulturfragmente", die der Rezipient wahrnehmen solle: Transkulturalität als Leitgedanke des Romans rahme Annas Auseinandersetzung mit ihrer verlorenen tschechischen Kindheit. Pedretti thematisiere privilegiert die kulturelle Pluralität historischer Lebenswelten, wie sie gerade Europa nachhaltig präge. Die daraus resultierenden Krisen im kulturellen Selbstverständnis und das Infragestellen tradierter Deutungsmuster – das leisteten Pedrettis Erzählerinnen als Vermittlerinnen eines kulturellen Pluralismus.

Prof. Dr. Sabine Haupt (Fribourg/ Freiburg, Schweiz)
„Die Texte Erica Pedrettis vor dem Hintergrund des Diskurses um eine ‚Schweizer Literatur'"

Eingangs erörtert Haupt Erica Pedretti als typischen Grenzfall im Diskurs um eine Schweizer „Nationalliteratur": An ihr zeige sich, was derlei Kategorien taugen würden. Schließlich sei Pedretti als schreibende Migrantin zu verstehen, deren zentrale literarische Themen Fremdheitserfahrung, Identitätssuche in wechselnder Umwelt und Sprachzweifel seien.

Die Standortbestimmung Pedrettis innerhalb einer „Schweizer Literatur" fuße auf der Vorgeschichte dieses Begriffs, der lang nur unreflektiert „spezifische" Eigenheiten der Nationalliteratur katalogisieren wollte. Diese gewollte Abgrenzung weiche mittlerweile im Zuge von Europäisierung und Globalisierung einem differenzierterem Diskursverständnis. Als Alternativen zum national orientierten Literaturenverständnis benennt Haupt Regionalismus und Internationalismus: So sei, beziehe man sich auf „in der Schweiz" entstandene Literatur, eine mindestens viersprachige Produktion zu vermerken. Dagegen sei eine Sondersortierung der deutschsprachigen Schweizer Literatur kaum sinnig, da ihr der multilinguale Nationalcharakter entgegenstünde. So wären das Fremdwerden im Vertrauten, der Heimatverlust mitten im eigenen Ursprung die eigentlichen Themen der neueren Schweizer Literatur – damit besäße sie in Pedretti eine ideale Repräsentantin.

Seit dem kategorialen Wandel in den 1970er Jahren scheine eine „Schweizer Literatur" nun besonders staats- und gesellschaftskritische Texte zusammenzufassen, die eine spezifische Fremdheit mit diesem Land konstatierten. Der literarische Blick fiele also zunehmend auf das Abseitige, Ausgegrenzte und Abgedrängte dieser Gesellschaft. Pedretti besetze somit eine besondere Planstelle im Autorenkanon: Diejenige der „Edlen Wilden", die ein vielsprachiges, humanes und weltoffenes Land sowie eine „transkulturelle Literatur aus der Schweiz" repräsentiere.

Prof. Dr. Helga Kotthoff (Freiburg, Deutschland)
„Grammatische Besonderheiten als Stilmittel in den Texten von Erica Pedretti"

„Und wenn jetzt meine Sätze zu schön werden, dann mach ich sie wieder kaputt": Kotthoff betont eingangs die gelebte Mehrsprachigkeit Pedrettis, aus der sich die Nähe ihrer literarischen Sprache zu jener des Alltags ableite – die Mündlichkeit des Sprachcodewechsels werde hier zum poetischen Prinzip. Zudem durchzögen Spuren zusätzlicher Textbearbeitung ihre Bücher: Reparaturen und Interjektionen verwiesen auf die Unsicherheiten im Erinnerten. Daraus schließt Kotthoff auf ihren Leitbegriff einer „konzeptionellen Mündlichkeit“ als stilistischem Prinzip Pedrettis. Diese sei an bestimmte mündliche Kommunikationsbedingungen gebunden: Privatheit, Vertrauen in den Dialogpartner, Spontaneität der Rede.

Oft seien die Sprecher in Pedrettis Texten nicht klar zu identifizieren: Hier arbeite Pedretti mit einer „Typen-Zitation“, die Eindeutigkeiten zerstreue und Stimmen in „Evokationen“ transformiere. Eine Evokation fungiere im Text als „selektive Repräsentation“ und „metonymische Seitwärtsbewegung“. Ihr ästhetischer Effekt sei es, konkrete Beschreibungen im Text durch subtile Merkzeichen wie Tonfall und implizierte „Lautstärke“ zu ersetzen. Die „syntaktischen Diskontinuitäten“ der Dialoge Pedrettis hielten sich ein erhebliches mündliches Potential offen. Zudem „reparierten“ Pedrettis Figuren ihre unvollständigen Aussagen wieder und erzeugten so den „Zoom-Effekt“ konzeptioneller Mündlichkeit. Programmatisch sei ihr „Verzicht auf Ganzheitsfiktionen“: Stattdessen lade Erica Pedretti ihre Leser ein, gewissermaßen „live“ bei der Verfertigung von – unfertigen, unsicheren – Erinnerungen teilzuhaben.

Dr. Tina-Karen Pusse (Galway, Irland)
„Erica Pedrettis antidokumentarische Erforschung der Oberfläche“

Für ihren Zugang zum Werk Erica Pedrettis orientiert sich Pusse am Konzept der „Filmsprachlichkeit“: So geschähen in *Valerie oder Das unerzogene Auge* regelrechte Kameraperspektivwechsel, Fragmentierungen des Zooms wechselten ab mit dem „extremen Fokus“, den sowohl die Fotografien Franz' wie auch die Röntgenstrahlen auf Valerie richten würden. Anstatt der unreflektierten Wiedergabe „perfekter Oberflächen“ inszeniere Pedretti in ihrem Text also „Allegorien der Blickherrschaft“.

Verbunden im Widerstand gegen das erzählerische „Beruhigen“ der irritierenden Details und dunklen Partikel eines Narrativs sieht Pusse nun Erica Pedretti mit dem sowjetischen Regisseur Andrei Tarkowski. Der Blick auf das widerständige Teilstück, das verstörende Fragment löse die Fixierung auf den Erhalt eines „Gesamtnarrativs“ ab. Beide schüfen in ihren Werken „kontemplative Freiräume“ für die Imaginationskraft des Rezipienten. Gegenschnitte und „*Whiteshield*-Effekt“ fänden sich auch in den Texten der Schweizerin: Vorrangig sei bei der Wahl der ästhetischen Mittel das entschiedene Vorgehen gegen die „Verschwörung der Oberfläche gegen das Erinnern“.

Am Beispiel von Tarkowskis *Stalker* erörtert Pusse die Technik der Zeitsuspension, die in Pedrettis *Valerie* vergleichbar angewendet würde: Der Regisseur habe „Zeitskulpturen“, *sculpting in time*, geschaffen. Pedretti verstehe es, so Pusse abschließend, die Antizipation des Alptraumhaften ebenso wirkmächtig ins Bild zu setzen wie das tatsächliche Erleben dessen.

Prof. Dr. Rosmarie Zeller (Basel, Schweiz)
„Erzogene und unerzogene Augen. Erica Pedrettis Umgang mit Bildern"

Es bestünde, so Zeller, eine lange Tradition der feministischen Literaturwissenschaft, Pedrettis *Valerie* unter dem Aspekt der Objektwerdung der Protagonistin durch den Blick ihres Malers zu interpretieren. Das verweise auf die Selbstreferentialität der Kunst, wie sie Pedretti gern ins Bild der Blickbeziehungen setze. Im Kontext ihrer Vorliebe für Bildende Künstler als literarische Figuren verstehe die Autorin das „Maler-Sein" denn auch als Eigenschaft einer individuellen Persönlichkeit, nicht als künstlerisches „Handwerk". Dabei bewege sich die Tätigkeit ihrer Malerfiguren im Spannungsfeld zwischen dem Auftrag, das Vergangene zu bewahren, und der unabwendbaren Unvollständigkeit des künstlerischen Produkts. Letzteres suggeriere im vollendeten Zustand den Anspruch der Kunst, die Welt zu erschaffen: Nur das, was durch sie konserviert wird, sei im Rückschluss überhaupt „geschehen".

„Ideologisierenden Lektüren" verweigerten sich Pedrettis Texte analog zu den Bildwerken, die in ihnen geschildert würden. Die Erörterungen in *Valerie* bezüglich Bildender Kunst seien also als Selbstgespräch des Textes über die eigene Beschaffenheit zu verstehen. Pedretti suche eine direkte Form von Wirklichkeitsrepräsentation im Text. Damit erzählte Weltwirklichkeit indes nicht zum fixen ‚Gemälde' erstarre, würde Pedretti auf visuelle Schilderungen erwähnter Bildwerke verzichten: Das Bild als autonomes Medium von Realitätsvermittlung solle im Text kein Konkurrenzverhältnis zur Deutungshoheit des Wortes darstellen.

Prof. Dr. Henriette Herwig (Düsseldorf, Deutschland)
„Heimatverlust, Altern und Erinnerung in Erica Pedrettis Spätwerk"

Anhand von *Engste Heimat* und *Kuckuckskind* möchte Herwig auf die Suche nach dem, was Kohärenz in solch disparaten Texten stiftet, gehen. Als ihre zentrale These gibt sie aus, die Texte Pedrettis hätten nicht die Lebenswelt der Schweiz, sondern primär die Geschichte Ostmitteleuropas zum Sujet. So sei *Kuckuckskind* keineswegs vorrangig ein Pflegeheimsroman, sondern erneut ein Beitrag zum Diskurs der Zwangsmigration. Herwig wiederspricht dem Vorwurf eines literarischen Revisionismus und verweist auf die „historische Ungerechtigkeit" als Lebensthema Pedrettis. So demonstriere sie etwa in *Engste Heimat* die historische Unfähigkeit, Schuldige von Unschuldigen zu unterscheiden. Verbrechen und Unrecht zirkulierten und kämen in neuen Formen immer wieder auf: Bücher- und Bilderverbrennungen etwa geschähen im NS-Sudetenland wie in der späteren CSSR.

In *Kuckuckskind* nun porträtiere Pedretti die Migrantin Sophie Morlang: Inzwischen im Pflegeheim, sei sie vertrieben, vergewaltigt, besitzlos zurückgelassen worden – und habe all das schließlich als „Befreiung" hingenommen. Der Erinnerungsmonolog, mit dem Sophie ihrer Pflegetochter Trude einzigartiges Gedächtnismaterial vermachen wolle, trage indes einen „Wackelkontakt" in sich. Trude, die mit ihrer Pflegetante eine fatale Abhängigkeit in Hassliebe verbände, zeichnet Herwig als eine „*displaced person*“: Sie sei das sprichwörtliche „Kuckuckskind“. Die Dynamik der Konstellation mit Sophie sei weniger familienpsychologisch denn politisch-historisch aufzufassen: Hier träfen zwei disparate Haltungen zum Vertriebenenschicksal aufeinander, die sowohl generationenbedingt als auch mentalitätsspezifisch generiert seien. Sophie reklamiere für sich das Recht, das „Menschenrecht der Erinnerung“ gegen die Normen der Geschichtsschreibung zu verteidigen.

Dr. Justyna Kłopotowska (Poznań/ Posen, Polen)
„Mnemonik des Widerstandes im Werk Erica Pedrettis“

Im Umgang mit Erinnerungsmaterial sei es entscheidend, so Kłopotowska eingangs, nicht starren Regelkatalogen zu folgen, sondern vielmehr mit innovativer Mnemonik die Literatur neu zu beleben. In der Tradition Benjamins und Prousts arbeite Pedretti in ihrem Werk mit der Kategorie des aktiven Widerstands gegen das Vergessen. Im gewandelten gedanklichen Klima der Schweiz seit 1968 seien die sprachlichen Experimente in ihrem *Heiligen Sebastian* erst möglich geworden: Antisyntaktische Methodik und typologische Variationen hätten Pedretti in diesem Text neue Sprachfelder erschlossen.

In intertextueller Relation ließen sich die Texte Erica Pedrettis auch als eine Art „Gedächtnis der Literatur“ verstehen, da Intertextualität immer zugleich Erinnerungsakte an Referenztexte mit produziere. Die „Kontinuität des Grauens“, die Pedretti schildere, ließe sich nurmehr symbolisch verschlüsselt, quasi „metaphorisch“, ausdrücken. Als wichtige Mnemotechnik in Pedrettis Texten hebt Kłopotowska die „unwillkürliche Erinnerung“ durch ein reizauslösendes Objekt nach Proust hervor.

Statt einer Bewältigung inszeniere Pedretti also die Überwältigung ihrer Protagonistinnen durch deren Erinnerungsmaterial. Zwischen Traum und Realität, so schließt Kłopotowska, sei die Mnemonik im Kontext der neueren Schweizer Literatur und des Wissens vom kulturellen und kollektiven Gedächtnis verortet.

Dr. Marion Mangelsdorf (Vogelbach bei Freiburg, Deutschland)
„Schrift. Bild. Figur im künstlerischen Schaffen Erica Pedrettis“

Eingangs bestimmt Mangelsdorf Vergleichswerte zwischen Bildender Kunst und Literatur: So hätten Texte ebenfalls eine spezifische Morphologie. Sie könnten etwa opake Marmoroberflächen ausbilden oder aber ihrem Leser als fragile Drahtfiguren erscheinen. Ersteres wisse Pedretti als Autorin wie als Bildende Künstlerin zu verhindern: Weder ihre Texte noch ihre gestalterischen Werke schienen je opak. Stattdessen spiele sie virtuos mit der „Präsenz von Zeichen auf unberührtem Terrain“.

In den 1970er Jahren, so eröffnet Mangelsdorf ihre Werkschau, sei Pedretti als Bildende Künstlerin mit ihren „Flügelwesen“ bekannt geworden. In den 1980er Jahren gestalte sie dann geometrische Formen mit Körpern zwischen Abgeschlossenheit und Transparenz. Als letzten Werkzyklus bespricht Mangelsdorf das Überschreibungsprojekt, in dem die Künstlerin Zeitungsartikel mit halbtransparenter weißer Farbe übermale und durch Einarbeiten von Fotos und daraufgesetzten Handschriften zur Montage gestalte, die zugleich als eine raffinierte „Schichtung“ von Zeichensystemen wirke.

Die Parallelexistenzen Pedrettis als Schriftstellerin und Bildende Künstlerin ließen sich an dem Punkt zusammenführen, an dem man ihre Sprache als bildhaft und ihre Bildwerke in ihrer sprachlichen Dimension denke. Statt strikten medialen Überführungen handele es sich jeweils um bereits offene, fragile Gewebe, die Pedretti gestalte – der Betrachtende wie der Leser seien angehalten, das Kunstwerk „fortzuschreiben“.

Rezensionen zum Thema
‚Migration – Mobilität – Geschlecht'

Gisela Wolf

AkteurInnenperspektiven ägyptischer Frauen in ihrer Auseinandersetzung mit dem „Westen" und der ägyptischen Gesellschaft

Mona Hanafi El Siofi (2009) Der Westen – ein Sodom und Gomorrah? Westliche Frauen und Männer im Fokus ägyptischer Musliminnen. Sulzbach/Taunus: Ulrike Helmer Verlag (212 S., 22 Euro).

In ihrer Studie *Der Westen – ein Sodom und Gomorrah* untersucht die Sozialwissenschaftlerin Mona Hanafi El Siofi Konstruktionen des Westens aus den Perspektiven urbaner muslimischer Frauen und Lesben aus der Mittel- und Oberschicht Kairos. Sie macht darin verschiedene Bedeutungshorizonte muslimischer Frauen und Lesben sichtbar. Deren Lebensweisen sind in Deutschland Inhalt zahlreicher politisch instrumenteller, projektiver und mit Genderzuschreibungen gespickter Diskurse geworden. So werden beispielsweise im Interesse der Selbststilisierung westlicher Frauen und Männern als „fortschrittlich" muslimische religiöse Frauen in der sogenannten Kopftuchdebatte pauschal als „unterdrückt" konstruiert. In der Sozialforschung werden muslimische Frauen bislang aber immer noch viel zu selten als Subjekte respektiert und befragt. Umso wichtiger sind Studien, die die Akteurinnenperspektiven muslimischer Frauen unterschiedlicher Schichten, soziosexueller Identitäten und Hintergründe herausarbeiten.

Die Studie stützt sich auf Interviews mit 31 muslimischen Frauen und Lesben. Die Interviewdaten werden durch zahlreiche Feldbeobachtungen ergänzt. Als ägyptisch-deutsch sozialisierte Forscherin verbindet Mona Hanafi El Siofi emische mit etischen Forschungsstandpunkten, die sie auch beispielhaft offen legt. Die Untersuchung gewinnt dadurch an Validität und Aussagekraft.

In der Arbeit werden insbesondere die Geschlechterbeziehungen in den Blick genommen. Mona Hanafi El Siofi arbeitet u.a. heraus, wie die befragten Frauen und Lesben sich Handlungsspielräume eröffnen, wie sie muslimische Religiosität auch zur diskursiven Stützung von Forderungen nach Gleichberechtigung nutzen können, welche Rolle Naturalisierung und Theologisierung von Geschlechterdifferenzen und Heterozentrismus spielen und wie sich Gewalt gegen Frauen im Wissen der Interviewten dokumentiert und ihr Handeln in der Öffentlichkeit beeinflusst. Der ‚Westen' dient dabei vielfach als Abgrenzungshorizont und Projektionsfläche. Die Schilderungen der Interviewten eröffnen jedoch auch spannende Perspektiven auf die ägyptische Gesellschaft, die von der Autorin vor dem Hintergrund der Geschichte ägyptischer Frauenbewegungen und weiterer politischer Entwicklungen in Ägypten erörtert werden. Die Re-Islamisierung wird hierbei als Prozess betrachtet, der keineswegs als anachronistisch zu konstruieren ist, sondern vielmehr einen Ausdruck heterogener Modernisierungsprozesse im Rahmen der Globalisierung darstellt.

Kritisch zu betrachten ist die – den Verlagsvorgaben geschuldete – späte Offenlegung der qualitativen Forschungsmethodik erst im letzten Teil des Textes. So werden die Interviewpartnerinnen bereits zitiert, bevor Informationen über die Erhebung der Daten eingebracht werden. Solche Informationen wären aber wichtig, um die Diskurse auch in ihren Entstehungsbedingungen verorten zu können.

Insgesamt handelt es sich gerade vor dem Hintergrund aktueller Debatten um ‚Islamisierung' um ein sehr wichtiges Buch, welches Pauschalisierungen und unilateralem Denken mit einer fundierten Analyse entgegentritt.

Mona Hanafi El Siofi

Gino, Gina oder einfach Gig'?

Marco Atlas (2010) Die Femminielli von Neapel. Zur kulturellen Konstruktion von Transgender. Frankfurt/M./ New York: Campus Verlag (212 S., 27,90 Euro).

Im weltweit dominanten Alltagsverständnis sind Mann und Frau die beiden Konzepte, aus denen sich die Kategorie Geschlecht zusammensetzt. Diese als biologisch-natürlich vorausgesetzte, binäre Opposition wird mittlerweile jedoch zum Beispiel in den Sozialwissenschaften grundlegend als soziale Konstruktion, als soziale Praxis aufgefasst. Gerade ethnologische Studien zeigen zum einen, dass sich die Kategorie Geschlecht in der Zuschreibung weiblicher und männlicher Dispositionen und Obliegenheiten kulturspezifisch unterscheidet. Zum anderen dokumentieren sie, dass es in einigen Kulturen Geschlechterkonzepte gibt, die die Grenzen der sonst eher starren Festlegungen von ‚Mann- und Frausein' durchkreuzen, soziale Akzeptanz erfahren und besondere gesellschaftliche Funktionen erfüllen wie etwa im Bereich des Sakralen: Transgender. Der Ethnologe Marco Atlas hat für seine Dissertation ein solches, quasi drittes Geschlechterkonzept untersucht, nämlich die Femminielli des Spanischen Viertels im italienischen Neapel.

Sekundärliteratur

In seiner Publikation wertet Atlas zunächst sämtliche auffindbaren historischen und zeitgenössischen Repräsentationen der Femminielli verschiedener Genres (Wissenschaft, Belletristik, touristische Stadtbeschreibungen, einzelnes Fotomaterial, vgl. 35) aus, wobei er der Meinung ist, dass diese „die sozialen Bedeutungen der Kategorie (...) auf je bestimmte Art und Weise mit herstellen und konstruieren" (18). Anscheinend werden Femminielli, übersetzt: ‚männliche

Mädchen', zum ersten Mal in dem wissenschaftlichen Text eines neapolitanischen Kriminalanthropologen im Jahr 1901 abgehandelt, der sie in den sozial randständigen Bereich der Prostitution und Kleinkriminalität verortet. Es ist unklar, wie weit genau die Existenzgeschichte der Femminielli zurückreicht. Aber es ist zu vermuten, dass ihre Entstehung eng verknüpft ist mit den touristischen Reisen reicher Nordwesteuropäer_innen des 19. Jahrhunderts in das aufgrund seiner antiken Kunstschätze beliebte, wesentlich ärmere Süditalien und dem damit verbundenen Aufblühen des Prostitutionsgewerbes vor Ort. Atlas' Analyse legt offen, dass die Darstellung von Femminielli in der Literatur variiert, widerstreitet oder sich stellenweise überlagert. Im europäischen, national-italienischen und offiziell-bürgerlichen neapolitanischen Kontext gelten Femminielli meist als männliche, homosexuelle Transvestiten, als Transsexuelle oder gelegentlich als Intersexuelle, die Neapels Besuchern inzwischen sogar als Lokal-Attraktion angepriesen werden. Je näher sich die von Atlas untersuchten Autor_innen mit dem Umfeld der Femminielli beschäftigen, desto eher werden diese als physisch männlich definiert und mit mehr oder weniger Empathie sozial als weiblich und heterosexuell akzeptiert. Eine öffentliche Hochzeitszeremonie mit Spektakelcharakter und die (ehemals) neun Monate später stattfindende *figliata*, eine symbolische Mutterschaftswerdung nach der Heirat, sind Indizien jener Akzeptanz, „um die Femminielli in den sozialen Räumen ihres Milieus ringen und die ihnen innerhalb ihrer Stadtviertel entgegengebracht werden" (17). Generell hängt die Auf- oder Abwertung der Femminielli vom sozialen Sachverhalt ab, in dem sie besprochen werden: Ihre Betätigung als Prostituierte oder im kleinkriminellen Bereich wird in der Regel verunglimpft; bei den Beschreibungen eines lokal sehr beliebten Tombola-Spiels nur für Frauen, bei dem Femminielli eine wichtige Rolle innehaben, sowie in Verbindung mit religiösen Wallfahrten, an denen sie sich entweder beteiligen oder die sie für sich und andere organisieren, werden Femminielli als integriert und respektiert geschildert. Für die positive Wahrnehmung in letzteren Kontexten machen einzelne Autor_innen die geschlechtliche Ambivalenz der Femminielli verantwortlich, aufgrund derer man ihnen in ihrer lokalen sozialen Umgebung als Nachklang vorchristlicher bzw. aus der Antike stammenden Überzeugungen Kontakte zum Übernatürlichen und Heiligen nachsage.

Ethnografie

Da zu beklagen war, „dass bisher viel zu wenig direkt an Femminielli herangetreten wurde, um das Phänomen aus ihrer Sicht zu verstehen" (83), unternahm Atlas zwischen April 2001 und Dezember 2002 eine insgesamt siebenmonatige Studie vorwiegend im Spanischen Viertel Neapels, wo er sechs Femminielli näher kennen lernte und teilnehmend beobachtete. Es ist wohl seiner ethnopsychoanalytischen Methode zu verdanken, dass der Autor die „Ergebnisse der Feldforschung" (Kapitelüberschrift) über den Alltag der Femminielli als sehr persönlichen Erlebnisbericht vorlegt und nur mit wenigen theorieorientierten Kommentaren zum *‚doing (trans)gender'* versehen hat. Fragt man sich hin und wieder, welche thematische Relevanz einigen detailreichen Erzählungen zukommt – etwa Personen betreffend, die der Autor in seinen jeweiligen Unterkünften während der drei Aufenthalte kennen gelernt hat – ist insgesamt jedoch das in dieser Ausführlichkeit einmalige ethnografische Material aufgrund seiner hohen Anschaulichkeit mit Genuss zu lesen. Man kann so äußerst lebhaft an dem Forschungsprozess partizipieren, der in der Publikation in verschiedene Themenkomplexe geordnet ist, zum Beispiel Identität und Geschlechtskonstruktion, Einkommensquellen oder den *bassi* (winzigen Behausungen bzw. Arbeitsstätten) der Femminielli als multifunktionalem Frauenraum. Im wenige Seiten umfassenden „Resümee" wird schließlich die Essenz der Feldforschungsergebnisse zusammengetragen und in Bezug auf die Sekundärliteratur aufgearbeitet.

Changierendes Geschlechterkonzept ‚Femminielli'

In der von Atlas untersuchten Literatur werden Femminielli definiert als Homosexuelle, Intersexuelle (Menschen mit ‚uneindeutigem' Geschlecht), Transvestiten (Menschen, die ‚gegengeschlechtliche' Kleidung tragen) oder/und Transsexuelle (Menschen mit qua Geburt ‚eindeutiger' Geschlechtsidentität, doch ‚gegengeschlechtlicher' Identität, die in jeglicher Hinsicht eine möglichst vollkommene Anpassung an das Gegengeschlecht anstreben, also i.d.R. auch operativ) (vgl. 200 f). Atlas bezeichnet solche Zuordnungen als Schubladen „in den Grenzziehungsprozessen der dominanten Geschlechterordnung" (200) und hält es „für falsch, ein Phänomen mit Konzepten, die es nicht hervorbrachten, verstehen zu wollen" (ebd.). Aus den Interviewaussagen seiner Feldforschung ergeben sich Belege, dass Femminielli als ‚eindeutige' Jungen geboren und aufgewachsen sind, sich dann ab der Pubertät über ‚weibliche' Kleidung und Frisur, Verhaltensweisen, Tätigkeiten im Alltag und Namensgebung feminisieren, und das auch über Körpermodellierung, heute vor allem anhand von Hormonen und jeder Menge Silikon. Eine operative Geschlechtsumwandlung ersehnen die Femminielli aber nicht bzw. lassen sie nicht vornehmen. Im Alltag ‚sind' sie überwiegend Frau, grenzen sich von Schwulen ab und führen langfristige Partnerschaften mit sich als heterosexuell verstehenden Männern, die ihrerseits diese Partner_innen als ‚Frauen' betrachten. Die ‚Maskulinität' der Femminielli tritt sozial besonders in Konflikten oder bei Diskriminierungen zutage (Stimmlage, Handgreiflichkeiten) und physisch im Umgang mit homosexuellen Kunden bei der Arbeit als Prostituierte. Außerdem verwendet nicht nur das direkte Umfeld variabel das männliche oder weibliche grammatische Geschlecht, ihren männlichen oder weiblichen Vornamen bzw. eine ‚geschlechtslose' Koseform für sie, sondern auch die Femminielli für sich selbst und untereinander. Das wird beispielsweise bei Atlas' Hauptgesprächspartner_in mit dem männlichen Taufnamen Luigi kenntlich, der/die mal als Gino (Kurzform von Luigi), mal beim selbst gewählten Frauennamen Gina, zumeist aber als Gigi bzw. Gig' (Koseform ohne Geschlechtssuffix) gerufen wird oder sich selbst dementsprechend bezeichnet (vgl. 109 f). So gesehen offenbart sich das Geschlechterkonzept der Femminielli als ein changierendes. „Femminielli wechseln situativ ... zwischen maskulin und feminin und können je nach Sichtweise entweder beides oder weder noch sein. Sie legen sich nicht fest“ (201).

Zu kurz gekommen ist in der vorliegenden Ethnografie die Frage einer konkreten Verbindung der Femminielli zum Übernatürlichen *aus Sicht ihres gesellschaftlichen Milieus*, die sie möglicherweise für die Organisation von Frauen-Tombolas und von Wallfahrten prädestiniert. Es findet sich zwar u.a. die Darstellung persönlicher Religiosität und Teilhabe der Femminielli an der örtlichen Glaubensgemeinschaft und außerdem die Beschreibung zweier „frivole(r) Wallfahrten“ (180) mit anschließendem Festmahl, bei denen der Autor dabei war; ansonsten jedoch übernimmt Atlas Rückschlüsse aus der gesichteten Literatur, um die Bedeutung der Femminielli im Sakralen für ihre soziale Umgebung zu manifestieren. Deutlich geht indessen aus dieser lesenswerten Forschung hervor, wie sehr das „Funktionieren[] von Geschlechtskonstruktionen ... an einen bestimmten sozialen Raum“ (204) gebunden ist

Mona Hanafi El Siofi

Muslimische Migrant_innen kommen zu Wort...

Ahmet Toprak (2010) Integrationsunwillige Muslime? Ein Milieubericht. Freiburg: Lambertus Verlag (180 S., 20,90 Euro).

Angesichts der heißen öffentlichen Debatten um Integration bzw. Integrationsunwilligkeit von in Deutschland lebenden Muslim_innen möchte der Diplom-Pädagoge, Männer- und Gewaltforscher Ahmet Toprak eben diejenigen „persönlich zu Wort kommen“ (12) lassen, um die es dabei geht, die aber bislang nur randständig in die Auseinandersetzungen miteinbezogen wurden. Für seine qualitativ orientierte Forschung interviewte der Autor in München, Dortmund und Berlin 71 Männer und 53 Frauen im Alter von 15 bis 74 Jahren, von denen 95 einen türkischen, die übrigen 29 einen arabischen Hintergrund haben. Fast drei Viertel der Personen stammen aus der Arbeiterschicht und haben einen niedrigen Bildungsstandard, mindestens ein Viertel des Samples besitzt ein höheres Bildungsniveau (15 ff). In den Einzel- und Gruppeninterviews kamen folgende Themen zur Sprache: Kopftuch, Ehre/ Ehrenmorde, Zwangsehe, Gewalt/ Homophobie, Gleichberechtigung, Teilnahme am Schwimm-, Sport- und Sexualkundeunterricht sowie Klassenfahrten, die Rolle der Kultur- und Moscheevereine, Einfluss der Medien, Islamismus/ Terrorismus, Diskriminierung und schließlich die Frage der Integration (vgl. 14). In der Publikation sind diesen Inhalten jeweils eigene Kapitel gewidmet. Zur Untermauerung oder Diskussion seiner Analyseergebnisse bezieht sich der Autor auf einschlägige Fachliteratur und Studien.

Die meisten Kapitel der Publikation vermitteln einen guten Einblick in die bearbeitete Fragestellung. Eine entsprechende Plastizität wird durch die zahlreichen Fallbeispiele und Interviewausschnitte gewährleistet. So wird etwa beim Thema Zwangsehe der Unterschied zu den – oft favorisierten – arrangierten Ehen exzellent verdeutlicht. Letztere kommen zwar durch die Vermittlung zweier Familien zustande, aber beide Brautleute willigten in das Ehebündnis ein oder konnten es bereits im Vorfeld, ohne die Gefahr einer Sanktionierung, ablehnen. Der Zwangsehe indessen liegen überwiegend wirtschaftliche Interessen zugrunde, wie z.B. Angehörigen den Zuzug nach Deutschland zu ermöglichen. Hervorzuheben ist auch die ausführliche Erläuterung des komplexen türkischen Ehrbegriffs. Im Anschluss daran wird überzeugend aufgezeigt, dass die meisten ‚Ehrenmorde' gar keine sind, sondern u.a. aus Eifersucht begangen bzw. in Auftrag gegeben werden. Bei einer Publikation mit wissenschaftlichem Anspruch, wo man sich quasi auf die Richtigkeit oder Umsichtigkeit von Expert_innenaussagen verlässt, ist es jedoch ärgerlich, wenn die Ausdrucksweise hin und wieder so ungenau gerät, dass sie irreführt oder gut vorinformierte Leser_innen wenigstens irritiert: „Zur ehrenhaften und sauberen Frau gehört auch, dass die Achsel- und Beinhaare rasiert werden; dies gilt auch für die Männer" (46). In dem Beispiel wird der Eindruck erweckt, als sollten sich Männer die Beine rasieren, was unglaubhaft erscheint. Zumindest im arabischen Raum ist das bei Männern mit Sicherheit nicht der Fall, sondern betrifft, wenn überhaupt, nur ihre Achsel- und außerdem die Schamhaarentfernung (wobei letztere desgleichen für Frauen relevant ist). Während für Männer Körperbehaarung als Zeichen ihrer Virilität durchaus eine Rolle spielt, wird bei Frauen deutlich mehr Wert auf Enthaarung als Ausdruck ihrer ‚Sauberkeit' bzw. Femininität gelegt. Um noch ein weiteres Beispiel zu nennen: „Nach der Hochzeit, die auch einen neuen sozialen Status der Frau bedeutet, darf ein ‚Pony' aus dem Kopftuch herausschauen" (45). Das als eine allgemeingültige Regel des Kopftuchtragens zu formulieren, ist schlicht unzutreffend; der Autor müsste diesen Umstand etwa als für den traditionellen türkischen Kontext gültigen explizit machen – denn immerhin gibt es innerhalb des Islam genauso viele unterschiedliche Ausprägungen wie im Christentum, und das klingt ebenfalls in der vorliegenden Studie an, wenn alevitische und sunnitische Haltungen voneinander abgesetzt werden.

Es könnte an dem Versuch liegen, die vielen Themenfelder in einer Veröffentlichung unterzubringen – hinsichtlich der Materie Kopftuch sowie Gleichberechtigung ist Topraks Bearbeitung eher unbefriedigend ‚dünn', wirken die Ausführungen nicht ganz ausgereift. Beispielsweise mag für viele Leser_innen besonders erstaunlich sein, dass hier befragte Musliminnen, und zwar auch solche, die sich bewusst für das Kopftuchtragen entschieden haben, eine Vorbildrolle in deutschen Frauen sehen, die „sich erfolgreich gegen die Dominanz der Männer durchgesetzt" hätten (105, aus der Zitation einer Interviewten). Es ist sehr schade, dass eben diesem Sachverhalt nicht mehr Gewicht verliehen wird, da er doch einigen ‚Sprengstoff' enthält: Gerade kopftuchtragenden Frauen wird in der Regel ja ihre Integrations- und Emanzipationsfähigkeit aberkannt. Toprak behauptet, „das Selbstverständnis und die Selbstverortung der Frauen widersprechen dieser These [im Koran seien Frauen und Männer nicht gleichgestellt, M.H.] eindeutig, denn in der Alltagspraxis achten die Frauen nicht darauf, was im Koran steht oder nicht" (105). Ein Bezug auf den Koran mag tatsächlich keine besondere Relevanz für muslimische Frauen mit niedrigem Bildungsniveau haben, da sie sich meist unhinterfragt an Traditionen orientieren. Allerdings bleibt hier etwa das wissenswerte Faktum ausgespart, dass Musliminnen höherer Bildung sich nicht nur in muslimischen Ländern, sondern auch in Deutschland mit der Re-Interpretation religiöser Texte zu ihren Gunsten auseinandersetzen – entgegen den Auslegungen mit einem sie benachteiligenden traditionalistischen bzw. männlichen *bias*. Immerhin jedoch hielt der Autor an anderer Stelle fest, dass „[d]as Tragen eines Kopftuchs ... nicht nur als Selbstbewusstsein gedeutet [werden kann, M.H.], sondern als ein Signal für reflexive Religion, *die anschlussfähig ist an die säkulare Mehrheitsgesellschaft*" (25, Hervorh. durch M.H.).

Hinsichtlich des Titels der Publikation gehört zu den interessanten Ergebnissen der Studie, dass die Muslim_innen sich selbst überwiegend positiv in der Gesellschaft verorten, sich „für gut oder angemessen integriert" (163) halten und daher mit Überraschung auf die Debatte um ihre Integrationsunwilligkeit reagieren – oder mit Ärger. Der Begriff ‚Integration' bedeutet für sie in erster Linie eine strukturelle, sprich: wirtschaftliche Partizipation, soziale Aufstiegsmöglichkeiten und Bildungschancen. Eine gelungene strukturelle Integration wird mehrheitlich als die *Voraussetzung für eine soziale Integration* betrachtet. Ärger resultiert dementsprechend aus den Diskriminierungserfahrungen wie z.B. bei der Arbeitsplatz- oder Wohnungssuche. Eine identifikatorische Integration wird von einigen der Befragten „mit dem Verlust oder der Aufgabe der eigenen Werte und Normen, der Religion und Sprache in Verbindung gebracht" (166) und als assimilatorisch abgelehnt; für die Mehrheit ist es allerdings kein Widerspruch, „sich mit zwei Ländern zu identifizieren" (163). Menschen mit muslimischem Migrationshintergund ziehen sich vor allem dann ins eigene Milieu zurück, wenn sie länger andauernd Misserfolge oder Benachteiligungen im Zuge der negativen Rezeption des Islam in Politik und Öffentlichkeit erleben. Um die scheinbar festgefahrene Situation zwischen der so genannten Mehrheitsgesellschaft und muslimischen Migrant_innen zu lösen, mahnt der Autor in seinem „Fazit" u.a. deren Einbeziehung auf kommunaler Ebene an und appelliert gleichzeitig an die Betroffenen, ihre wenig konstruktive Opferhaltung aufzugeben.

Auf eine gänzlich neue Ebene der Integrationsdebatte führt Topraks Abhandlung nicht. Doch sie erlaubt den Schluss, dass nicht die Religionszugehörigkeit an sich für soziale Probleme muslimischer Migrant_innen verantwortlich zu machen ist, sondern unreflektierte patriarchalische Traditionen, mangelnde Bildung, fehlende Informiertheit oder misslungene strukturelle Integration und damit im Zusammenhang: Diskriminierungserfahrungen durch die Mehrheitsgesellschaft. Trotz der erwähnten Abstriche kann die Publikation empfohlen werden, um sich einen schnellen und bislang wohl einmaligen Überblick über die Bandbreite der eingangs erwähnten Themen aus der ‚Innensicht', dabei vornehmlich des muslimischen Arbeitermilieus in Deutschland, zu verschaffen.

Annegret Erbes

Geschlechterarrangements im Kontext von Migration, Bildung und Generation: Ergebnisse einer Intersektionalitätsanalyse

Schahrzad Farrokhzad/ Markus Ottersbach/ Michael Tunç/ Anne Meuer-Willuweit (2011) Verschieden – Gleich – Anders? Geschlechterarrangements im intergenerativen und interkulturellen Vergleich. Wiesbaden: VS-Verlag (272 S., 24,95 Euro).

Welches Verständnis haben jüngere und ältere Menschen mit und ohne Migrationsgeschichte von Geschlechterrollen und wie setzen sie dieses um? Wovon und wie werden ihre Vorstellungen beeinflusst? Gibt es einen Zusammenhang zwischen Geschlechterarrangements und Integration? Dies sind Grundfragen der Untersuchung von Schahrzad Farrokhzad, Markus Ottersbach, Michael Tunç und Anne Meuer-Willuweit. Hierzu wurden 34 intergenerative Interviews mit 70 Personen in Eltern-Kind-Tandems durchgeführt, jeweils Mütter oder Väter zusammen mit ihren Töchtern oder Söhnen. Bei den Befragten handelt es sich um Menschen mit Zuwanderungsgeschichte aus der Türkei und der ehemaligen Sowjetunion sowie um Menschen ohne Migrationshintergrund.

Zunächst werden Begrifflichkeiten geklärt und in ihrem theoretischen Kontext erläutert. Schwerpunkte hier sind Geschlechterarrangements und Integration sowie das Konzept der Intersektionalitätsanalyse, einer neueren Forschungsperspektive im Umgang mit sozialen Differenzlinien, „die nicht einer Dimension – wie beispielsweise der Ethnizität – grundsätzlich den Vorrang gegenüber anderen Strukturkategorien wie Geschlecht oder Klasse einräumt" (25), sondern Überschneidungen und Zusammenwirken mehrerer Strukturkategorien gleichzeitig in den Blick nimmt. Bei Farrokhzad, Ottersbach, Tunç und Meuer-Willuweit sind dies die Überschneidungen von Geschlecht, Generation, Herkunftsgruppe und Bildungsniveau.

Zur inhaltlichen Rahmung werden Ergebnisse aus der Frauen- und Männerforschung und aus den momentan insbesondere in der Migrationsforschung breit rezipierten SINUS-Studien gebündelt und resümiert. Ein zentrales Ergebnis der SINUS-Studien, nämlich dass Milieu, Bildungsstand und Geschlechtszugehörigkeit häufig stärker auf die Lebenslage und Einstellungen von Menschen mit und ohne Migrationsgeschichte wirken als die Herkunftsgruppe, hat dabei besondere Relevanz, da die Ergebnisse der vorliegenden Untersuchung hier anschließen bzw. weitere vorliegende Ergebnisse auch ergänzen.

Die Vielfalt der Geschlechterarrangements, die in der Studie gefunden wurden, werden letztlich in ‚konservative', ‚bedingt egalitäre' und ‚egalitäre' eingeteilt. Von den älteren befragten Personen lebt fast die Hälfte konservativ geprägte Arbeits- und Aufgabenteilungsmodelle. Von den jüngeren Befragten leben knapp zwei Drittel bedingt egalitäre und ein Drittel egalitäre Aufgaben- und Arbeitsverteilungen. Bildungsstand und egalitäre Geschlechterarrangements stehen in enger Beziehung zueinander (106 f), und natürlich ist auch die Generationszugehörigkeit bedeutsam. Für viele der Jüngeren unter den Befragten ist „geschlechterübergreifend der Einfluss der Herkunft auf ihr Geschlechterleitbild kein als besonders relevant gekennzeichnetes Thema“ (140). Die Interviewten fühlen sich insgesamt eher von Personen, Kontakten und Erfahrungen beeinflusst als von ihrer ‚Kultur‘.

Bei den befragten Eltern unterscheiden sich die Vorstellungen von Erziehung und Erziehungszielen unabhängig von Geschlecht und Bildungsniveau der Befragten aus den verschiedenen Herkunftsgruppen kaum. Betont werden hier beispielsweise Selbständigkeit und Selbstbewusstsein, Hilfsbereitschaft, Ehrlichkeit und Verantwortungsbewusstsein. Die jüngeren Befragten haben „insgesamt oft weniger klare Vorstellungen von einer guten Erziehung“ (157). Ebenfalls wünschen sich die Interviewten aller Gruppen eine gute Bildung und Ausbildung für ihre Kinder, wobei dieser Aspekt bei den Befragten mit Migrationsgeschichte, und hier bei den türkischen Befragten mehr als bei der Gruppe aus der ehemaligen Sowjetunion, besonderes Gewicht hat. Weitere wichtige Ergebnisse sind, dass bei den Befragten mit türkischem Migrationshintergrund Religion im Zusammenhang mit Erziehung praktisch kein Thema ist sowie dass die Befragten mit Migrationshintergrund ihr Umfeld in Deutschland als „beeinflussend“ erleben und sich mit ihm stark auseinandersetzen. Hierzu gehört auch die Differenzierung zwischen „spezifische[n] Elemente[n] ihrer Herkunftskultur“ und „transkulturelle[n] Werte[n]“, die von allen Befragten als basal für die Erziehung eingestuft werden (170 ff). In allen Herkunftsgruppen werden geschlechtsspezifische Unterschiede in der Erziehung von Jungen und Mädchen überwiegend abgelehnt (236). Die Ergebnisse zeigen, dass die Gemeinsamkeiten zwischen allen Befragten, sowohl bezogen auf die Vorstellungen von Erziehung als auch von Geschlechterarrangements, die Unterschiede überwiegen, und dass Bildung und Generation prägenderen Einfluss haben als die Herkunft (237 f).

Bezogen auf einen Zusammenhang zwischen Geschlechterarrangements, Integration und Zugehörigkeit zeigen die Ergebnisse, dass die Beziehungen zwischen den Geschlechtern ebenso differenziert sind und gelebt werden, wie die Integrationsbestrebungen der Befragten und ihre Vorstellungen von Zugehörigkeit.

> Klare Linien oder Parallelen, bei denen man von einem bestimmten Geschlechterarrangement auf eine spezifische Art und Weise der Integrationsbereitschaft bzw. der Integriertheit schließen könnte, gibt es nicht. (220)

Aus den Untersuchungsergebnissen werden schließlich Schlussfolgerungen für Politik und Praxis sowie weitere Forschungsfragen abgeleitet. Wenn – und dies legen die anschlussfähigen Ergebnisse dieser Studie nahe – die lebensweltlichen Konsequenzen von Migrationshintergründen überschätzt werden bzw. nicht isoliert betrachtet werden können, so hat dies u.a. weitreichende Folgen für die Ausrichtung von politischen Programmen und Projekten zu Gleichstellung und Integration von Menschen mit Migrationshintergrund, da beispielsweise die Zielgruppen exakter definiert werden könnten und müssten.

Die Auffächerung der entsprechenden Konsequenzen ist besonders lesenswert, da diese die Relevanz der Ergebnisse verdeutlicht.

Die Studie sucht nicht nach Unterschieden zwischen Menschen mit und ohne Migrationshintergrund, unterschiedlicher Geschlechts- und Generationszugehörigkeit oder unterschiedlichen Bildungsstands, sondern verweist insbesondere auf Gemeinsamkeiten und zeigt Zusammenhänge neu auf. Dies macht den Band in Verbindung mit der strukturierten Darstellung, der Verständlichkeit und der theoretischen Rahmung uneingeschränkt lesenswert.

Elke Gramespacher

In die Fremde ziehen und ankommen

Jasmin Tabatabai (2010) Rosenjahre. Meine Familie zwischen Persien und Deutschland. Berlin: Ullstein Buchverlage (287 S., 19,95 Euro).

Jasmin Tabatabai beschreibt in der autofiktionalen Erzählung *Rosenjahre* in vier Stationen die Geschichte ihrer Eltern Rosemarie Tabatabai (geborene Otterbach) und Taba Tabatabai: Wie die beiden sich in *München* (Teil I) kennen lernen und wie Rosemarie *Neuland* (Teil II) betritt, indem sie gemeinsam mit ihrem Mann Taba in Persien eine Familie gründet. Teil III beschreibt die Zeit der Familie in *Teheran* und Teil IV berichtet über das *Ende der Rosenjahre*, das einhergeht mit der Gründung der Islamischen Republik Iran. Die Autorin gewährt mit ihrem Werk einen Blick in die Großfamilie Tabatabai, die westlich orientiert ist und modern lebt. Da die Autorin auf die Geschichte ihrer deutschen Mutter Rosemarie (kurz: Rose) fokussiert, gibt sie mit ihrem Werk zugleich eine Beschreibung darüber, was es in den 1950er bis 1970er Jahren bedeutet haben kann, als deutsche Frau nach Persien auszuwandern.

Teil I: Die Eltern von Jasmin Tabatabai – Rose und Taba – begegnen sich 1956 auf dem Oktoberfest in *München*. Rose beobachtet anhin das Verhalten der persischen Familie, Freundinnen und Freunde von Taba. Insbesondere fragt sie nach dem Leben der Frauen in Persien, das weit weniger fremdbestimmt zu sein scheint, als Rose vorab angenommen hatte. Roses Neugier auf die ihr noch fremde Kultur wächst. Um sich der Kultur anzunähern, lernt sie Persisch. Damit bereitet sie ihre Entscheidung vor, Taba in seiner Heimat zu besuchen – und *Neuland* zu betreten.

Teil II: Die Liebe zwischen Rose und Taba führt Rose von München nach Teheran. Hier macht sich Rose Schritt für Schritt mit der Kultur des Persiens der 1950er Jahre vertraut – sie möchte „das Fremde einfangen" (69). Aber: Je körpernäher das Fremde ist, desto problembehafteter erlebt Rose das Fremde in ihrem Integrationsprozess. So gelingt es Rose zum Beispiel nicht, sich in die persische Badekultur einzufinden. Zudem kann Rose Umgangs- und Verhaltenskonventionen – auch die zwischen den Geschlechtern –, zum Teil nur schwer erkennen, zumal sie kaum expliziert werden. Trotz dieser Probleme hat Rose das Gefühl, im Neuland zu Hause anzukommen – insbesondere auf Schodja-Abad, dem ländlichen Gut der Familie Tabatabai, das in der nord-östlich gelegenen Provinz Gorgan liegt, nahe der Turkmenensteppe.

Die Autorin beschreibt einfühlsam, dass Roses Leben in Persien durchweg geprägt ist von der Gratwanderung zwischen Anpassung an die hiesige Kultur und Beibehaltung ihrer in Deutschland sozialisierten Gepflogenheiten – insbesondere der körperbezogenen. Die Familie Tabatabai unterstützt sie bei dieser Gratwanderung. Die Möglichkeit, Rose in diesem Prozess erfolgreich zu unterstützen, fußt auf der westlichen Orientierung der Familie Tabatabai, die sich speziell auf ein positives Verhältnis zu Deutschland bezieht und auf einer modernen und weltoffenen Lebenseinstellung – vor allem die Rolle der Frau betreffend. Gerade Taba ist gegenüber den Bedürfnissen, die seine Frau Rose vor allem auf der körperlichen Ebene hat, aufgeschlossen und sensibel. Die familiale Unterstützung ist allerdings zugleich kulturell bedingt begrenzt, vor allem in Bezug auf das soziale Leben. Beispielsweise begeht ein jung vermähltes Paar die Hochzeitsreise in Persien gewöhnlich mit einer großen Gesellschaft, während deutsche Paare ihre Flitterwochen in trauter Zweisamkeit verbringen: Rose und Taba heiraten im Iran – und in Bezug auf die Hochzeitsreise setzt Taba seine sozial-kulturellen Vorstellungen durch.

Teil III: Nicht zuletzt aufgrund eines Bedürfnisses nach einer guten medizinischen Versorgung entscheiden Rose und Taba, nach einigen Jahren mit ihren ältesten Kindern aus der Provinz Gorgan nach *Teheran* zu ziehen. So sind die Jahre, in denen ihr jüngstes Kind – Jasmin Tabatabai – geboren wurde, vom großstädtischen Leben geprägt. Die Autorin berichtet die Geschichte ab Teil III meistenteils aus ihrer eigenen Perspektive, und so rücken jetzt die vier Kinder von Rose und Taba ins Zentrum der Erzählung: Sie wachsen zweisprachig auf, besuchen die Deutsche Schule, leben zeitweise in Deutschland – und Rose besorgt ihnen einen deutschen Pass. Die doppelte Staatsbürgerschaft der Kinder ist überlebensnotwendig, als 1978 in Persien das Kriegsrecht ausgerufen wird und Ayatollah Chomeini die Macht ergreift. Diese Ereignisse markieren den Beginn der politischen Entwicklung in Richtung Islamische Republik Iran – und für die Familie Tabatabai bedeutet dies das *Ende der Rosenjahre*.

Teil IV: Die politische Lage ist für das westlich orientierte, modern lebende Paar Rose und Taba Tabatabai unerträglich und bedrohlich. Diese Situation führt dazu, dass Rose mit ihren vier Kindern nach München umsiedelt. Die Integration in München verläuft dank der Zweisprachigkeit der Kinder und deren Kenntnis der deutschen Gepflogenheiten relativ reibungslos – außer für Taba, der nicht auf Dauer in München leben will, sondern zurück in seine Heimat geht. Was der Familie am Ende bleibt, ist die Sehnsucht nach einem friedvollen und politisch offen gestalteten Iran.

Die Autorin Jasmin Tabatabai beschreibt in *Rosenjahre* nicht nur individuelle Immigrationserfahrungen ihrer Mutter. Vielmehr zeigt sie, dass Frauen, die in den Iran einwandern und aus Deutschland stammen, in Persien beziehungsweise im Iran politische und familiale Strukturen vorfinden, die ihre Gestaltungsspielräume eher einschränken. Dies überrascht vielleicht weit weniger als eine weitere Einsicht, die die Erzählung *Rosenjahre* vermittelt: Sofern die politische Ordnung in Persien beziehungsweise im Iran Gelegenheitsstrukturen bietet, die es Männern erlauben, eingewanderte (christlich orientierte) Frauen mit Blick auf ihre Eigenständigkeit zu unterstützen und solche, die es Frauen gestatten, selbstbestimmt zu leben, können Frauen auch im Persien der 1950er bis 1970er Jahre emanzipiert leben. Die Erzählung *Rosenjahre* vermittelt dabei trotzdem nicht den Eindruck, Frauen wären im Persien der 1950er bis 1970er Jahre prinzipiell gleichberechtigt gewesen. Vielmehr beschreibt Jasmin Tabatabai ihre Mutter Rose als bemerkenswert durchsetzungsfähig, was auch die moderne und westlich orientierte Großfamilie Tabatabai stark irritiert.

Mit der Erzählung *Rosenjahre* gibt Jasmin Tabatabai ein Zeugnis davon, dass die Gender-Verhältnisse in ein und derselben Gesellschaft beziehungsweise Kultur unsicher bleiben, und dass sie von familialen und politischen Bedingungen abhängen. Dieses Thema bearbeitete die Autorin Jasmin Tabatabai bereits 2005 in dem Film *Fremde Haut*, an dessen Drehbuch sie mitgewirkt hat und in dem sie die Hauptrolle spielt (Filmbesprechung: vgl. Gramespacher, in diesem Band). Beide Botschaften – die des Filmes *Fremde Haut* und die der Erzählung *Rosenjahre* – deuten darauf hin, dass Frauen im Iran heute weniger gleichberechtigt leben, als es Mitte des 20. Jahrhunderts in Persien möglich war. Darüber hinaus machen beide Werke darauf aufmerksam, dass migrierende Frauen nicht nur von den politischen Verhältnissen des Aufnahmelandes abhängen, sondern auch davon, welche Vorstellung über patriarchale Verhältnisse die Männer haben, denen Frauen im Migrationsprozess begegnen.

Kerstin Botsch

Welchen Unterschied macht der Unterschied?

Helma Lutz/ Maria Teresa Herrera Vivar/ Linda Supik (2010) Hg. Fokus Intersektionalität. Bewegungen und Verortungen eines vielschichtigen Konzeptes. Wiesbaden: VS Verlag für Sozialwissenschaften, 1. Auflage (259 S., 24,95 Euro).

Der Sammelband *Fokus Intersektionalität* ist das Resultat der Tagung *Celebrating Intersectionality? Debates on a Multi-Faceted Concept in Gender Studies*, die Ende Januar 2009 an der Frankfurter Johann-Wolfgang-Goethe-Universität stattfand. In dem Sammelband setzen sich die Herausgeberinnen zum Ziel, „die angestoßenen Kontroversen und Übereinstimmungen aufzunehmen und neben einer Bestandsaufnahme auch zukünftige Entwicklungslinien aufzuzeigen“ (9). Dies gelingt ihnen, indem sie die Artikel in drei Blöcke aufteilen: Am Beginn stehen grundlegende (und bekannte) Aufsätze zur Konzeptverortung, -entwicklung und -transformation der Intersektionalitätsdebatten (Kimberlé W. Crenshaw, Kathy Davis, Myra Marx Ferree). Im zweiten Block liegt der Fokus auf neuen Forschungsfeldern für Intersektionalität (Mechthild Bereswill und Anke Neuber, Jeff Hearn, Dubravka Zarkov, Kira Kosnick, Ann Phoenix), gefolgt vom dritten Teil, in dem Fragen zur Weiterentwicklung von Intersektionalität zentral sind (Nira Yuval-Davis, Paula-Irene Villa, Gudrun-Axeli Knapp, Katharina Walgenbach).

Die Aufteilung des Sammelbandes legt den Fokus auf die chronologische Entwicklung von Intersektionalität, in der sich die einzelnen Zeitabschnitte einer Epoche zuorden lassen. Zum Zweck der Buchbesprechung trägt diese zeitliche Gliederung nicht unbedingt zum besseren Verständnis von Intersektionalität bei, weil sie inhaltlich zusammengehörige Artikel voneinander trennt. Deshalb ziehe ich für diese Rezension eine inhaltlich-kategoriale Betrachtung einer äußerlich-zeitlichen Betrachtung von Intersektionalität vor.

Doch vorerst zum Titel des Sammelbands: *Fokus Intersektionalität* – lässt sich Intersektionalität überhaupt fokussieren? Diese Frage scheint berechtigt vor dem Hintergrund der differenzierenden und differenzierten Begriffsdefinitionen und der unterschiedlichen Theorietraditionen von Intersektionalität. So unterscheiden sich nicht nur die metaphorischen Bilder von Intersektionalität als „Straßenkreuzung“ (Crenshaw, 38), als „interdependente Kategorien“ (Walgenbach, 248), als klassische Trias (*race*, *gender* und *class*) und als „*interlocking system of oppression*“ (Collins nach Lutz/ Herrera Vivar/ Supik, 11) voneinander, sondern es wird auch danach gefragt, ob Intersektionalität eine Theorie, ein heuristisches Instrument oder eine Interpretationsstrategie sei (Davis, 55). Auch ist unter den AutorInnen die Diskussion über die Vergleichbarkeit von angloamerikanischer und europäischer Intersektionalitätsforschung aufgekommen (Ferree, 77f.; Lutz/ Herrera Vivar/ Supik, 15), die gerade in Bezug auf die Kategorienkombinationen *race*/Ethnizität und Klasse/Schichtung deutlich kontinentale Gewichtungen aufzuzeigen scheint. Darüber hinaus haben sich Fragen nach der Anzahl der Kategorien (190) und auch danach, ob „alle Identitäten intersektionell sind, oder ob nur gegenseitig marginalisierte Subjekte eine intersektionelle Identität haben“ (ebd.), längst nicht erschöpft.

Ein gemeinsamer Nenner von Intersektionalität lässt sich mit Katharina Walgenbach als gemeinsamer „Orientierungsrahmen“ (254) beschreiben, der „ganz unterschiedliche Fragen, theoretische Ansätze, Analyseebenen und soziale Kategorien miteinander verbindet“ (ebd.). Warum das überhaupt so funktionieren kann, liegt offenbar gerade in der begrifflichen Unschärfe und Ambiguität des Konzepts Intersektionalität begründet. Zumindest kann der Erfolg von Intersektionalität durch eine wissenschaftssoziologische Perspektive (Davis) und die Paradigmadefinition nach Thomas Kuhn erklärt werden (Walgenbach).

Die Artikel von Gudrun-Axeli Knapp, Kira Kosnick und Dubravka Zarkov zeigen Formen von (Un-)Sichtbarkeit auf. Es geht um migrantische Ethnizitäten, schwule Türken und um scheinbar Oxymoronisches, wenn die Türkei mit „vormoderner homophober Repression in Verbindung gebracht wird" (Kosnick, 150). Männlichkeit, Ethnizität und Heteronormativität werden durch die Gegenüberstellung von (medialisierter) sexueller Gewalt gegenüber Männern im ehemaligen Jugoslawien und dem Gefängnis Abu Ghraib in Bagdad als zwei Extreme von (Un-)Sichtbarkeit analysiert (Zarkov). Knapp erweitert das Verständnis von „*intersectional invisibility*" durch einen gesellschaftstheoretisch orientierten Blick auf naturalisierte Strukturzusammenhänge bzw. deren Unsichtbarwerden.

Andere AutorInnen legen ihren intersektionellen Schwerpunkt auf die Diskriminierungsdimension *race* und *gender* im US-amerikanischen juridischen System (Crenshaw), auf Rassialisierung bzw. Rassifizierung und die Gefahr der Dethematisierung der Kategorie durch den Begriff ‚Ethnizität' in Deutschland (Lutz/ Herrera Vivar/ Supik) und auf Kindheitserfahrungen von Erwachsenen aus ethnisch sichtbar differenten Haushalten (Phoenix). Die theoretischen Gewichtungen von *race*/Ethnizität auf der amerikanischen und Klasse/Schichtung auf der deutschen Seite führt Myra Marx Ferree auf die unterschiedlichen soziohistorischen Prozesse des „*framing*" zurück (73).

Auf die Versäumnisse der Männerforschung, die Intersektionen Alter/n, Behinderung, gelebte Verkörperung, Virtualität und Transnationalität stärker einzubeziehen, weist Jeff Hearn hin. Den alternden, virtuellen, transnationalen Mann setzt Hearn als „machtlose Antithese" (120) zu hegemonialen Männern und in der Anaylse der veränderlichen Formen der sozialen Kategorie „Männer" sieht er den möglichen Beitrag, ‚Männer' „als maßgebliche soziale Machtkategorie abzuschaffen" (ebd.). Bereswill und Neuber erörtern Devianz, Marginalisierung und Geschlecht am Beispiel einer empirischen Studie männlicher Gefängnisinsassen unter Berücksichtigung zentraler Theorien der Männlichkeitsforschung. Paula-Irene Villa denkt Intersektionalität ausgehend von der somatischen Seite der Subjektwerdung mit Rückgriff auf Butler und Foucault – am Beispiel des Tango Argentino – und schlägt programmatisch das Scheitern als Struktur vor. Damit ist der Prozess der Butler'schen Subjektivierung gemeint, an dem Personen bei dem Versuch scheitern, Subjekte zu sein. Nira Yuval-Davis plädiert mit Nancy Frasers Begrifflichkeiten dafür, die Politik der Anerkennung bzw. Umverteilung in eine „Politik der Intersektionalität" (186) aufgehen zu lassen und damit Intersektionalität als den „relevantesten Beitrag der soziologischen Theorie zum Thema Klasse/Schichtung anzuerkennen" (ebd.). Der intersektionelle Ansatz ermöglicht das, weil er „Untersuchungen von Einzelfällen und Variablen kombiniert" und dabei „sensibel für situierte Kontexte" ist, gleichzeitig aber nicht in „die Falle eines Relativismus" gerät (198).

Zweifelsohne ließe sich der Sammelband, der die Entwicklung und Transformation von Intersektionalität fokussiert, auch anders gliedern, z.B. in Bezug auf Männlichkeiten, in Bezug auf *race*/*othering*, in Bezug auf methodische Prämissen oder in Bezug auf Heteronormativität. Der Vorteil einer solchen alternativen Gliederung wäre eine inhaltliche – besser: kategoriale – Gruppierung mit der Chance auf einen thematisch zusammenhängenden Aufbau gewesen. Die tatsächliche Einteilung erscheint bisweilen arbiträr, beispielsweise die getroffene

Unterscheidung zwischen *neuen Forschungsfeldern* und der *Weiterentwicklung* von Intersektionalität.

Aufgrund der breiten Ausrichtung und des hohen Anspruchs des Sammelbandes, der die Entstehung, die verschiedenen Themenfelder und die Weiterentwicklungen des Intersektionalitätskonzeptes in einem einzigen Buch unterbringen möchte, muss wohl jede Art der Gliederung unvollkommen bleiben. Nichtsdestotrotz liegt der Vorteil der vorliegenden Aufteilung gerade in seiner breiten Ausrichtung mit einer gelungenen Mischung aus Klassikern (Crenshaw, Davis) und neuen Texten, die so gesehen den Fokus auf die eigene Genese des Intersektionalitätskonzeptes und seine Weiterentwicklung legt. Als gemeinsamer „Orientierungsrahmen" (254) für die (feministische) Intersektionalitätsforschung bleibt resümierend die bereits zur Selbstverständlichkeit gewordene Erkenntnis festzuhalten, dass „die Lebensrealität von Frauen nicht allein durch das Geschlecht, sondern durch andere soziale Platzanweiser geprägt" (17) wird.

Den Herausgeberinnen und den AutorInnen des Sammelbandes gelingt es, einen Querschnitt der Intersektionalitätsforschung, angefangen bei Sojourner Truths *„Ain't I am a Woman?"*, der Diskriminierung von Geschlecht und *race* (Crenshaw) bis zur multiplen Positioniertheit aller Menschen (Phoenix) darzustellen, die „gleichzeitig Gültigkeit beanspruchen" (18). Die versammelten Beiträge zeigen sowohl Metamorphosen als auch Ausdifferenzierungen bei dem Versuch, das Zusammenspiel und das Wechselwirken von Unterschieden zu verstehen.

Rezensionen zum Thema ‚Dimensionen von Gender Studies'

Irmtraud Hnilica

Antikapitalismus, Antisemitismus, Frauenfeindlichkeit: Franziska Schößlers Studie zur Ökonomie in der Literatur um 1900

Franziska Schößler (2009) Börsenfieber und Kaufrausch. Ökonomie, Judentum und Weiblichkeit bei Theodor Fontane, Heinrich Mann, Thomas Mann, Arthur Schnitzler und Émile Zola. Bielefeld: Aisthesis (345 S., 38 Euro).

Wer sich mit Fragen der Geschlechterforschung befasst, dem kann Franziska Schößler keine Unbekannte sein: Ihre *Einführung in die Gender Studies* ist seit dem Erscheinen 2008 im Akademie Verlag zum Standardwerk geworden. Jetzt hat die Trierer Literaturwissenschaftlerin eine Monografie vorgelegt, die das Interesse an Geschlechterfragen in einen größeren Kontext stellt. *Börsenfieber und Kaufrausch* befasst sich mit, so der Untertitel, „Ökonomie, Judentum und Weiblichkeit bei Theodor Fontane, Heinrich Mann, Thomas Mann, Arthur Schnitzler und Émile Zola". Im Fokus der kulturwissenschaftlichen Studie liegen die Schnittstellen von Ökonomie und Literatur; zusätzlich motiviert wird das Interesse an dem damit verbundenen Themenkomplex von der jüngsten Wirtschaftskrise, wie die Verfasserin in der Einleitung des Bandes ausführt.

Wer andere Arbeiten der Autorin bereits kennt, wird schnell bemerken, dass diese Studie methodisch umsetzt, was Franziska Schößler in *Literaturwissenschaft als Kulturwissenschaft* und der genannten *Einführung Gender Studies* theoretisch reflektiert. Auch *Börsenfieber und Kaufrausch* enthält ein Methodenkapitel, das entscheidende Anregungen aus den Feldern Kulturpoetik, Wissenspoetologie, Economic Criticism und Antisemitismusforschung bezieht. Trotz aller Unterschiede zwischen Diskursanalyse und New Historicism findet Schößler einen gemeinsamen Nenner, der zugleich den Ausgangspunkt ihrer Studie darstellt:

> Gemeinsam ist beiden Positionen, dass ästhetische Artefakte in einem interdisziplinären Zugriff auf außerliterarische Aussagen bezogen werden, also davon ausgegangen wird, dass die isolierten Systeme interagieren, indem sie den gleichen Diskursregeln des Wissens folgen oder aber Tauschbeziehungen unterhalten. (27)

Vor diesem Hintergrund geht es also um eine Kontextualisierung literarischer und nicht-literarischer Texte. Herangezogen werden dabei – über die im Untertitel genannten kanonischen Autoren hinaus – auch weitere, zum Teil weniger bekannte; darunter Adolf Dessauer, Ludwig Jacobowski, der sich um die Verbreitung von Literatur durch „Zehnpfennig-Hefte" bemühte, E. Werner, hinter deren Pseudonym sich Elisabeth Bürstenbinder verbirgt und Wilhelmine von Hillern. Eine solche Kombination von Höhenkamm- mit Unterhaltungsliteratur stellt eine eigene Herausforderung dar. Franziska Schößler meistert sie, ohne den Texten gegenüber je in die Arroganz jener Edelgermanistik zu verfallen, die glaubt, sich durch die Wahl ihrer Gegenstände adeln und Texte jenseits des Kanons pauschal verwerfen zu müssen. So bietet bereits Schößlers unbefangene Herangehensweise Anlass zur Freude, ganz unabhängig vom inhaltlichen Ertrag der Lektüren. Der Plural ist hier angebracht: Schößler setzt für den einzelnen Text je neu an, obwohl es ihr um die „Semantik einer kollektiven Wahrnehmung" geht, die „die fiktionalen Texte kontextualisiert und auf nationalökonomische wie politische Äußerungen der Zeit" bezieht (22). Das birgt ein gewisses Risiko, Unterschiede zwischen den literarischen Texten zugunsten einer vorab ausgemachten Programmatik zu nivellieren. Man mag darin einen Verlust an Stringenz sehen, doch führt dieses Vorgehen vor allen Dingen zum präzisen Blick auf den einzelnen Text. Gerade hier, in den Einzellektüren, die immer wieder so genau hinschauen, dass man es im Grunde mit *close readings* zu tun hat, zeigt sich die Virtuosität von Schößlers Lektürekunst; etwa bei der Untersuchung der Luftmetaphorik in Heinrich Manns *Schlaraffenland.* Die Verknüpfung von Börse, Kredit und Kaufhaus mit Judentum und Weiblichkeit ist zwar im Diskurs der Zeit mehr oder weniger fix, doch wird sie immer wieder neu verhandelt, daran lässt Schößlers Untersuchung keinen Zweifel. So zeigt sich die Verfasserin mit Recht skeptisch gegenüber der Frage nach den ‚Judenbildern', wie sie ein, die narrative Dynamik literarischer Texte nicht genug berücksichtigendes, imagologisches Verfahren mit sich bringt, und beharrt darauf: „Auch antijüdische Topoi partizipieren an der (de-)konstruktivistischen Prozessualität von Texten, ihren Verstellungen, Verdichtungen und Verzerrungen" (34).

Immer wieder und mit besonderem Gewinn reflektiert Schößler die poetologische Dimension ihres Themas. Ökonomie, so führt die Verfasserin aus, lasse sich „in ihrer spekulativen Variante (...) der Kunst analogisieren, denn auch diese entspringt phantasmatischen Operationen, spekuliert mit der Zukunft und entwirft fulminante Luftschlösser (wie der sich bald reich wähnende Spekulant)" (13). Und weiter: „Die Börse, der Kredit und das Kaufhaus stehen mithin für diejenigen Aspekte der Moderne, die sich im ästhetischen Feld als Selbstreferenz und Fiktionalitätsbewusstsein beschreiben lassen" (14).

Börse wie Kredit schöpfen Wert aus der Spekulation mit Zeit, daher haftet ihnen an, was Schößler den „Verdacht der Fiktionalität" (15) nennt. Diese fiktionale Qualität ökonomischer Prozesse kommt um 1900 zur Blüte, „[d]enn die neuen subjektiven Werttheorien profilieren das Kontraktuelle wie Temporäre von Werten und lösen diese von substanziellen Größen wie Arbeit und Materialität ab" (16). Hier kann sich Franziska Schößler auf eine Reihe neuerer Studien zum Thema aus dem Umfeld des New Economic Criticism beziehen, die zeigen, dass ein literarischer Text immer schon einer über Ökonomie ist, „weil er auf arbiträren Symbolisierungen basiert und des Kredits (der Leser) bedarf" (29). Literarische Texte, so die Argumentation, sind also *per se* ökonomisch. Von dieser Entwicklung bleiben, *vice versa,* auch die Wirtschaftswissenschaften selbst nicht unbeeinflusst: Die Forschung interessiert sich in einer „anti-essentialistischen Wende für die Rhetorik des Ökonomischen und weist einschlägige Erklärungsmuster als kulturelle Konstruktionen aus" (29).

Mit den modernen Wirtschaftsprozessen verknüpft sind geschlechtliche Semantisierungen, auf deren Spur sich Schößler begibt. So sind die konsumierenden

Massen zumeist weiblich semantisiert, der Spekulant dagegen kann sich durch männlich-rationales Agieren als *homo oeconomicus* profilieren. Die literarischen Texte, die Schößler heranzieht, verhandeln dies und verknüpfen dabei meist Weiblichkeit mit Judentum. An Fontanes *L'Adultera* lässt sich die Unmöglichkeit der Assimilation des jüdischen Börsianers aufzeigen. Tut der Jude, was man von ihm verlangt und assimiliert sich, so provoziert dies erneut „die Sehnsucht nach Differenz“ (58). Pointiert formuliert Franziska Schößler, dass Anpassung „das fremde ‚Wesen‘ erst produziert und ausdifferenziert“ (63). Die Komplexität dieser Argumentation, die Sorgfalt des Gedankenganges, der Sinn für Aporien und die Verweigerung gegenüber Simplifizierung, die sich hier zeigen, sind exemplarisch für die gesamte Monografie. Dass die Leserin, der Leser am Ende nicht auf *eine* Formel bringen kann, wie sich der Konnex von Ökonomie, Judentum und Weiblichkeit um 1900 denn nun gestalte, spricht für, nicht gegen Schößlers Studie.

Eva Kästle

Körper, Klasse und Geschlecht. Die Soziologie des Körpers nach Pierre Bourdieu

Benjamin Moldenhauer (2010) Die Einverleibung der Gesellschaft. Der Körper in der Soziologie Pierre Bourdieus. Köln: PapyRossa (109 S., 12,00 Euro).

In der Veröffentlichung seiner Magisterarbeit beschäftigt sich Benjamin Moldenhauer mit der Soziologie des Körpers nach Pierre Bourdieu. Anhand von Bourdieus Soziologie zeichnet er nach, wie sich die Gesellschaft in Körper einschreibt und umgekehrt der Körper des Menschen dazu beiträgt, die bestehende Gesellschaftsordnung aufrechtzuerhalten. Die Wirkung gesellschaftlicher Herrschaftsverhältnisse auf Körperwahrnehmung und -praktiken wird in zwei Dimensionen dargestellt: zum einen in der Dimension Geschlecht, zum anderen in der Dimension Klasse.

Der Habitus – einer der zentralen Begriffe in der Soziologie Bourdieus – ist als „Aufbewahrungsort von erlebter Geschichte und Erfahrung“ (12) zu verstehen, aus dem sich bestimmte Vorlieben, Geschmäcker, Denk- und Handlungsweisen ergeben. Der menschliche Körper selbst ist ein Aspekt des Habitus: „Am Körper vollziehen sich die Vorgänge der Inkorporierung des Sozialen“ (13). Damit hält Moldenhauer fest, dass der Mensch und damit sein Körper nicht ohne ihre gesellschaftliche Prägung gedacht werden können. Körperliche Praktiken lassen soziale Vorgänge als natürlich erscheinen; sie sind als eine wesentliche Funktion des Habitus zu verstehen. Habituelle Körperhandlungen sind eng mit der sozialen Lage der gesellschaftlichen Akteure verknüpft. So werden Macht- und Herrschaftsverhältnisse ebenfalls einverleibt – und dadurch als selbstverständlich wahrgenommen.

In einem nächsten Schritt arbeitet Moldenhauer die Bedeutung von Machtstrukturen für die Konstruktion des Körpers heraus. Die Anerkennung hierarchischer Gesellschaftsverhältnisse geschieht durch symbolische Gewalt, die ein Hinnehmen und gleichzeitig eine Verschleierung der Unterdrückung beinhaltet. Mit diesem Machtbegriff können auch inkorporierte Gesellschaftsverhältnisse als Beitrag zur Reproduktion von geschlechtshierarchischen Strukturen verstanden werden. Die Anerkennung von männlicher Herrschaft wird mit dem Habitus erlernt und schreibt sich somit auch in den Körper ein:

> Die Codierung nahezu jeder Körperpraxis und Körpertechnik als männlich oder weiblich hat Folgen, die über den Bereich des Symbolischen hinausreichen und bis in die Struktur des Begehrens und sogar bis in den Bereich der motorischen Fähigkeiten reichen. (51)

Dabei grenzt Moldenhauer Bourdieus Ansatz von aktuellen, poststrukturalistischen feministischen Ansätzen ab. Die Stärke von Bourdieus Soziologie des Körpers – so Moldenhauer – liegt darin, dass tatsächliche körperliche Affekte in den Blick genommen werden, was Theorien, die den Körper als sprachliche Konstruktion begreifen, nicht erfassen können. Gleichzeitig wird nicht von natürlichen leiblichen Empfindungen ausgegangen.

Daran anschließend beschreibt Moldenhauer die Einverleibung der Klassenstrukturen nach Bourdieu. Die Ausbildung des Habitus beruht auf den (Handlungs-)Möglichkeiten, die den Akteuren in ihrer gesellschaftlichen Position zur Verfügung stehen. Auf diese Weise formieren sich verschiedene Gesellschaftsklassen, deren Angehörige sich in ihrem Handeln, ihrer Wahrnehmung und ihren Erfahrungen unterscheiden. Jede Klasse besitzt unterschiedliche Dispositionen und Vorlieben, die nicht nur auf kognitiver Ebene existieren, sondern sich auch in die Körper eingeschrieben haben. Anhand der Darstellung der unterschiedlichen Essgewohnheiten verschiedener Klassen zeigt Moldenhauer nicht nur, dass Geschmack eine soziale, von Akteuren inkorporierte Konstruktion ist, sondern auch, wie der Körper als Mittel der Distinktion eingesetzt wird. Allerdings berücksichtigt Moldenhauer kaum, dass Bourdieus Beschreibung der klassenspezifischen Lebensstile und Geschmäcker seit der Veröffentlichung von *La distinction* im Jahr 1979 an Aktualität eingebüßt hat. Zwar geht er kurz auf neuere Entwicklungen innerhalb des Kleinbürgertums ein, dennoch fehlt eine Einbeziehung der Veränderungen der Klassenstrukturen seit Bourdieus Analyse.

Das Buch schließt mit einer kurzen empirischen Untersuchung. Anhand des Dokumentarfilms *Rhythm Is It* (2004), der ein Tanzprojekt einer Gruppe von Hauptschüler_innen und einer Gruppe von Gymnasiast_innen zeigt, wird der Frage nachgegangen, inwiefern Akteure mittels des Erlernens neuer Körperpraktiken verinnerlichte Klassenstrukturen ablegen können. Moldenhauer zeichnet die verschiedenen Techniken der beiden Gruppen im Ungang mit ihrem Körper nach und stellt dabei klassenspezifische Unterschiede fest. Während die

Schüler_innengruppe aus den oberen Klassen den Anweisungen der Choreographen diszipiniert Folge leistet, sind die Schüler_innen aus den benachteiligten Klassen unkonzentriert und nachlässig. Dies interpretiert Moldenhauer als Ausdruck ihres klassenspezifischen Habitus. Die Gymnasiast_innen sind davon überzeugt, die gestellten Aufgaben bewältigen zu können, und gebrauchen ihren Körper mit dem entsprechenden Selbstbewusstsein. Auch das Körperverhalten der Hauptschüler_innen reflektiert ihre soziale Lage: Für sie gibt es keinen Grund sich anzustrengen, ihr Scheitern in der Gesellschaft ist schon vorprogrammiert.

In einem weiteren Schritt prüft Moldenhauer das Potential des Tanzprojekts, Körpertechniken zu verändern, und stellt dabei dessen Grenzen fest. Zwar war das Projekt darauf ausgerichtet, die benachteiligten Schüler_innen zu fördern, scheiterte aber, da es in einem institutionellen Rahmen stattfand, das Klassengrenzen reproduziert. Moldenhauer kritisiert das Tanzprojekt und die filmische Umsetzung dafür, die universelle Möglichkeit des gesellschaftlichen Aufstiegs zu proklamieren, dabei allerdings ungleichheitsschaffende Gesellschaftsstrukturen zu ignorieren. Stattdessen plädiert er im Sinne Bourdieus für ein Bewusstwerden der auf den Körper wirkenden Machtverhältnisse, um die Verinnerlichung der Klassenstrukturen zu überwinden.

Allerdings nimmt die Filmanalyse nur einen sehr kleinen Teil des Buches ein. Wer eine ausführliche Untersuchung mit den Bourdieu'schen Begrifflichkeiten erwartet, wird daher enttäuscht. Dahingegen gibt der schmale, leicht zu lesende Band eine hervorragende Einführung in die Soziologie Bourdieus. So werden den Ausführungen über die Körpersoziologie Erläuterungen über Bourdieus Begriffe des Habitus, der Macht, des Kapitals und der Klasse vorangestellt. An manchen Stellen bleiben die Erklärungen etwas oberflächlich, was der geringen Seitenzahl und dem Aufbau als Abschlussarbeit geschuldet ist. Das mag auch der Grund sein, warum die Einführung in Bourdieus Werk stark im Vordergrund steht; Fragen zum Körper werden hingegen nicht immer ausführlich genug behandelt. Für Bourdieu-Einsteiger_innen ist das Buch allerdings wunderbar geeignet.

Anja Gregor

Doing Intersex. Heteronormative Medizinpraktiken und Widerstand der Beherrschten

Kathrin Zehnder (2010) Zwitter beim Namen nennen. Intersexualität zwischen Pathologie, Selbstbestimmung und leiblicher Erfahrung. Bielefeld: transcript (445 S., 33,80 Euro).

Die medizinische, operative und medikamentöse Gestaltung weiblicher, seltener männlicher Körper – ‚*doing sex*' – ist bis heute vorherrschende Praxis, wenn ein Mensch als intersexuell diagnostiziert wird. Erst allmählich findet eine Untersuchung dieses normierenden, von intersexuellen Personen als gewaltvoll bewerteten Umgangs in den Sozialwissenschaften statt. Kathrin Zehnder präsentiert in ihrer Dissertation die erste umfangreiche interpretative Untersuchung von Narrationen jener intersexuellen Personen, die sich kritisch gegen die seit den 1950er Jahren gängige Behandlungspraxis durch die Medizin äußern. Sie macht es sich zur Aufgabe, den „Anliegen [der Aktivist_innen, A.G.] eine Stimme zugeben" (17), einen Weg zu finden, um die intersexuellen Belange angemessen zu präsentieren und jenseits pathologisierender Praxen Intersexualität als soziales Phänomen herauszustellen.

Die Systematisierung des Datenmaterials, das frei zugänglichen Internetforen, Web-Logs und Internetseiten entnommen ist, steht im Mittelpunkt der Untersuchung. Zehnder betont bereits in der Einleitung, dass eine Betrachtung des Feldes nicht ohne eine Auseinandersetzung mit dem medizinischen Diskurs auskommt, der das Phänomen Intersexualität erst als solches benennt (außerdem regelmäßig medizinisch ‚behandelt') und so Personen erst pathologisiert. Aus diesem Grunde stellt sie der umfangreichen Auswertung der Internet-Daten eine Analyse des medizinischen Diskurses voran und zeigt am Material, dass die eindeutige geschlechtliche Zuordnung und ein heterosexuelles Begehren bis heute eine ‚erfolgreiche Behandlung' strukturieren. Die abschließende Konklusion bringt die Erkenntnisse beider Teile der Arbeit zusammen, legt ihren Schwerpunkt jedoch auf ein Fazit zu den Äußerungen intersexueller Sprecher_innen: „Eine ethische, juristische und erkenntniskritische Überprüfung der gängigen Praxis wäre dringend angebracht" (399).

Die oben angedeutete Abhängigkeit des Feldes von der medizinischen Praxis, ihrem Vokabular und deren diskursive Vergegenständlichungen in Medikamenten und/oder Bilddokumentationen zeigen sich sowohl in den Schilderungen intersexueller Personen, als auch in den sozialwissenschaftlichen Intersexualitätsforschungen. Zehnder bringt diese Abhängigkeit mit einer ausführlichen Reflexion der eigenen Position, ihrer Sprache und Wortwahl auf Distanz (vgl. 16-20). Hier erläutert sie unter anderem den Einsatz des auch in dieser Rezension zur Anwendung kommenden *gender gaps*, das in der Schriftsprache einen Raum für jene Geschlechtsrealitäten, die sich jenseits oder zwischen den Polen ‚männlich' und ‚weiblich' verorten oder verortet werden, schafft. Anhand der

Daten zeigt sie, dass die Erfahrungen einer medizinischen Intervention identitätsstiftend wirken: Der medizinischen Intervention kann nur mit Bezug auf den medizinischen Diskurs begegnet werden. Die lebenslange Einnahme von Hormonen wird zwar mit Hilfe der Aneignung eines „Co-Expert_innenstatus" eigenmächtig modifiziert, eine vollständige Emanzipation von der Medikamenteneinnahme ist jedoch unmöglich. Auch werden das medizinische Vokabular und die Diagnosestellungen im eigenen Sprechen und Verhandeln von Identitätskonstruktionen übernommen.

Zehnder unterstreicht, dass gerade durch die Vernetzung intersexueller Personen im Internet ein eigener Diskurs entstehe, der eine Selbstermächtigung ermögliche und Protest markiere (299) – etwa über die Modifizierung von Hormondosen. Sie erläutert seine diskursive Praxis (185) und identifiziert seine Grenzen unter Bezugnahme auf die Abgrenzung des Feldes zu Transgender (267). Die Definition der Autorin aber sollte kritisch betrachtet werden: Wenn sich hier ein eigener Diskurs entwickelt hat, inwiefern strukturiert er Wirklichkeit? Die Identifikation erster Ermächtigungsprozesse als Diskurs findet zu einem recht frühen Zeitpunkt statt: Die Praxen des Feldes weisen bisher kaum wirklichkeitsstrukturierenden Charakter auf. Zehnder selbst bemerkt an anderer Stelle, dass Intersexuelle sich mithilfe des Internets oft zum ersten Mal in eine Öffentlichkeit wagen, die ihre Belange nachvollziehen kann ohne zu stigmatisieren. Mit dieser Prämisse erscheint Zehnders Schlussfolgerung problematisch, der Prozess der Gruppenfindung im Netz (vgl. 366) sei als diskursive Praxis zu betrachten. Es zeigt sich hier vielmehr eine allmähliche Selbstermächtigung intersexueller Personen, die, wie oben bereits erläutert, durch Vokabular und Medikation noch in Abhängigkeit vom hegemonialen Diskurs stattfindet – und stattfinden muss.

Die von der Autorin angekündigte Diskursanalyse medizinischer Publikationen zum Thema steht hinter der Beschaffenheit der Datenanalyse zurück, dies ist nicht verwunderlich, wenn die Stoßrichtung der Studie ins Gedächtnis gerufen wird, Intersexuellen eine Stimme zu geben (s.o.). eine kurze Verortung der untersuchten Texte und eine kurze Erläuterung ihres Einflusses auf den medizinischen Diskurs um Intersexualität wären dennoch zweckdienlich gewesen.

Zehnder legt mit ihrer Analyse die Eigenlogik der medizinischen ‚Behandlung' intersexueller Körper frei. Die heterosexuelle, heteronormative ‚Verwertbarkeit' eines Körpers nach der medizinischen Intervention und der Ansatz der Herstellung der Kombinationslogik im intersexuellen Körper, also der Übereinstimmung der verschiedenen Dimensionen des körperlichen Geschlechts, werden als Maßgabe der Behandlung herausgestellt. Die unbestimmte Auswahl der Daten weckt Bedenken, ob aus der Analyse eine charakteristische Beschreibung des Feldes hervorgehen kann.

Insgesamt liefert die Arbeit einen gelungenen Beitrag zur Erforschung des *doing sex* (341) von Geschlechtlichkeit im medizinischen Diskurs und den Kritiken an dieser Praxis. Zehnder präsentiert eine vielseitige und vielschichtige

Analyse intersexueller Lebensrealitäten. Die Darstellung des Materials bietet sowohl grundsätzliche als auch detaillierte Einblicke in medizinkritische Diskussionen ebenso wie in den Umgang mit jenen Emotionen und Gedanken, die durch medizinische und gesellschaftliche Normen erst verursacht werden. Der Einbezug der unterschiedlichen Dimensionen des Geschlechtskörpers und ihrer Eigenlogik im Feld der Konstruktion und Repräsentation von Geschlecht gelingt Zehnder auch unter Rückbindung der eigenen Erkenntnisse an biologiekritische Arbeiten, die sich diesem weitgehend vernachlässigten Aspekt der Konstruktion von Geschlecht widmen (bspw. Schmitz, Ebeling), und der Erweiterung von Butlers Theorem um die verschiedenen Ebenen von *doing sex*. Zehnder arbeitet überdies heraus, dass die Ansicht darüber, was ein Körper ist und wie mit ihm umzugehen sei, in der Medizin und im medizinkritischen Feld stark divergiert. Sie bietet anschließend mit der transdisziplinären Forschung einen Ansatz an, der eine Verständigung beider Felder ermöglichen könnte und formuliert aus einer sozialpädagogischen Perspektive denkbare praktische Ansätze eines anerkennenden und angemessenen gesellschaftlichen Umgangs mit Intersexualität.

Caroline Günther

Auf Spurensuche – zur genealogischen Verschränkung von *gender* und Intersexualität

Ulrike Klöppel (2010) XX0XY ungelöst. Hermaphroditismus, Sex und Gender in der deutschen Medizin. Eine historische Studie zur Intersexualität. Bielefeld: transkript Verlag (698 S., 39,80 Euro).

Während Intersexualität alltagsweltlich heute immer noch relativ unbekannt ist, die meisten Menschen also nicht wissen, was sich hinter dem Begriff verbirgt, ist der Begriff *gender* mittlerweile in aller Munde. In den Massenmedien wird *gender* häufig synonym mit ‚Geschlecht' verwendet, wohingegen der Begriff in wissenschaftlichen Auseinandersetzungen einen differenzierteren und kritischeren Einsatz findet. So bezeichnet *gender* in sozialkonstruktivistischer Manier die Geschlechtsidentität im Gegensatz zu *sex*, der manifest körperlichen Ebene von ‚Geschlecht'. Gehandelt wird *gender* als Errungenschaft der Zweiten Frauenbewegung, als sich Feministinnen durch die Differenzierung von ‚Geschlecht' in *sex* und *gender* die Möglichkeit eröffneten, die Diskriminierung von Frauen als Produkt gesellschaftlich konstruierter Differenzen zu konzeptualisieren und nicht mehr länger als natürliche, in den unterschiedlichen (Geschlechts-)Körpern liegende Tatsache zu betrachten. Durch Judith Butlers Kritik an der *sex-gender*-Differenzierung, welche, anstatt die Natürlichkeit von ‚Geschlecht' zu unterlaufen, diese gerade durch die Differenzierung stabilisiere und fortschreibe, erhielten die in erster Linie in feministischen und *gender*-theoretischen Auseinandersetzungen geführten Diskussionen neue Impulse. Alles

in allem lassen sich diese jedoch lediglich innerhalb sozial- und geisteswissenschaftlicher akademischer Diskurse lokalisieren und situieren.
Intersexualität hingegen, verstanden als ,nicht eindeutig geschlechtlich definierbarer Körper', wird der Medizin zugeordnet. Naturwissenschaftliche respektive medizinisch-biologische Diskurse entwickelten sich in der frühen Neuzeit zu hegemonialen Diskursen bezüglich der Normierung menschlicher Körper. Ihnen obliegt seither die Macht, Krankheit und Gesundheit, Norm und Abweichung zu definieren. Auch die Bestimmung der Geschlechtlichkeit des Menschen innerhalb eines Zweigeschlechtersystems unterliegt in erster Linie medizinisch-biologischen Wissensproduktionen (vgl. 49-51).

Auf den ersten Blick scheinen die Begriffe *gender* und Intersexualität also aus unterschiedlichen Wissenschaftsecken zu kommen und auch unterschiedliche Aspekte von ,Geschlecht' zu thematisieren: *gender* als gesellschaftlich konstruierte Geschlechtsidentität und Intersexualität als dem Bereich des Körpergeschlechts (*sex*) zugehörig. Dass die beiden Begriffe jedoch eng zusammenhängen, ist den wenigsten bekannt. Während Intersexualität in den letzten Jahren vermehrt in den Fokus *gender*- und *queer*-wissenschaftlicher Analysen rückte, steht vor allem eine Untersuchung der Herkunft des *gender*-Konzepts, als einer der zentralen Kategorien der akademischen Gender Studies, noch immer aus. Dieses Desiderates nimmt sich Ulrike Klöppel mit ihrer Dissertationsschrift *XX0XY ungelöst* an. Indem sie der Entstehung des *gender*-Konzepts im Kontext medizinischer Normierungen intersexueller Menschen nachgeht, begibt sie sich auf Spurensuche der genealogischen Verschränkung von *gender* und Intersexualität.

Wer sich mit Intersexualität beschäftigt, stößt schnell auf den Namen John Money, Psychologe am *Johns Hopkins* Hospital in Baltimore. Gemeinsam mit seinem Team spezialisierte er sich auf die Untersuchung von Intersexualität und entwickelte während der 1950er Jahre ein bis heute nachwirkendes Behandlungsprogramm, in dessen Zentrum eine chirurgische und hormonelle Angleichung an eines der beiden als natürlich deklarierten Geschlechter ,Mann' oder ,Frau' innerhalb der ersten beiden Lebensjahre steht. Dieses Behandlungsprogramm generierte er auf der Grundlage psychologischer Studien über die psychosexuelle Entwicklung von Intersexuellen, deren Ergebnis lautete, dass Geschlechtsrolle und Geschlechtsidentität nicht durch biologische Geschlechtsanlagen, „sondern durch die Geschlechtszuweisung, die Erziehung und das Körperbild geprägt würden" (13). *Gender* als Beschreibungs- und Analysekategorie der gesellschaftlichen Konstruiertheit von ,Geschlecht' geht also nicht *per se* auf den Feminismus der 1970er Jahre zurück, sondern verweist maßgeblich auf ein psychologisches Konzept, das sich im Laufe weniger Jahre zu einer psychischen Entität entwickelte, „der als Grundbestimmung anhaftet, dass sie sozial geprägt wird und daher manipulierbar ist" (15).

Profilieren konnte sich Moneys Konzept, weil es der Überwindung eines jahrelang anhaltenden Problems diente. Seit Mitte des 19. Jahrhunderts konstatieren Mediziner_innen eine Kluft zwischen Theorie und Praxis in Bezug auf Hermaphroditismus/Intersexualität, die sich darin äußert, dass sich alles theoretische Wissen über die Konstitution von ‚Geschlecht' (epistemologische Problematisierungsweise) nicht vereinbaren lässt mit der Selbstempfindung sowie der Eigenvorstellung von als intersexuell diagnostizierten Menschen (sozialregulative Problematisierungsweise). Money gelang es durch die Einführung von *gender* dieses Problem zu überwinden und den wissenschaftlichen Erkenntnisgewinn sowie die Behandlungsoptimierung in ein experimentelles Dispositiv zu integrieren.

Die Herausarbeitung dieser beiden den Diskurs um Intersexualität strukturierenden Problematisierungsweisen gelingt Klöppel mit Rekurs auf Foucault, in dessen Werk verteilt sich immer wieder Beschäftigungen mit der Frage finden, „wie und warum bestimmte Dinge (Verhalten, Erscheinungen, Prozesse) zum Problem wurden" (Foucault (1996) *Diskurs und Wahrheit. Die Problematisierung der Parrhesia*, 178). Den Fokus auf die Kontextabhängigkeit von Problemen zu richten, also „den prekären Prozess der Etablierung von Macht-Wissensformationen zu rekonstruieren, d.h. ausgehend von der Beweglichkeit der lokalen Machtspiele, die Blockaden und ihre Überwindungen, die strategischen Verbindungen und Stabilisierungen und somit die heterogenen und kontextbedingten Formierungs- und Transformationslinien eines Problems zu rekonstruieren" (73), korrespondiert mit Perspektiven aus den Gender und Queer Studies sowie Science Studies und der Wissenschaftsgeschichte, welche den theoretischen Hintergrund von Klöppels Arbeit bilden. Im Zentrum stehen Praktiken der Konstruktion geschlechtlicher und sexueller Differenzen sowie des Normalen und Anormalen sowie die Konzeptualisierung von Wissenschaft als kontextgebundene, heterogene und materielle Praxis. Vor diesem Hintergrund und gepaart mit einer historisch-diskursanalytischen Ausrichtung können bezüglich der thematischen Schwerpunktsetzung der Arbeit Klöppels Medizin und Psychologie als „flexible[ ] Macht-Wissensgefüge" (17) konzeptualisiert werden, die die Macht besitzen, Vorstellungen bzw. Wissen von ‚Geschlecht' und ‚Sexualität' zu (trans-)formieren. Theoretisch birgt diese Konzeption von Wissenschaft und wissenschaftlichen Wissensproduktionen also die Möglichkeit, Zweigeschlechtlichkeit aufzubrechen, anstatt sie zu re-/produzieren, naturalisieren und damit repressiv festzuschreiben.

Das Nachspüren und Aufzeigen von Trans-/Formationen im Spannungsverhältnis der epistemologischen und sozialregulativen Problematisierungsweise uneindeutigen Geschlechts gelingt Klöppel in ihrer fast 700 Seiten umfassenden Dissertationsschrift anhand der Analyse von medizinischen und psychologischen Fachpublikationen der zweiten Hälfte des 20. Jahrhunderts – mit dem Fokus auf Publikationen von MedizinerInnen des deutschen Sprachraums wohlgemerkt – sowie deren historischer Einbettung. Besonders in Verbindung zu Schriften der Baltimorer Gruppe mit ihrer nachhaltigen Idee der manipulativen Steuerung der psychosexuellen Geschlechtsentwicklung bergen Publikationen des deutschen Sprachraums eine spannende Komponente. Denn die Erkenntnisse Moneys wurden nicht kritiklos aufgenommen. Vielmehr bedurfte es einer zehnjährigen Auseinandersetzung, bis die anfängliche Ignoranz und Ablehnung einer Anerkennung und praktischen Umsetzung wich (vgl. 590 ff). Diese Trans-/ Formation zeichnet Klöppel nach anhand der Analyse zahlreicher Publikationen unterschiedlicher Typen, z.B. Fallberichte, Forschungsberichte oder Übersichtsdarstellungen, die in Monographien, Zeitschriften- und Sammelwerkbeiträgen oder in publizierten Vorträgen veröffentlicht sind (vgl. 475-545).

Abgesehen vom Wissen über Intersexualität, das von Klöppel dezidiert (re-)konstruiert wird, zeichnet sich ihre Arbeit vor allem durch die genealogische Aufarbeitung des *gender*-Konzepts aus. Gerade für solch kritische und vor allem auch selbstkritische Wissenschaftsbereiche wie die Gender und Queer Studies, die einen großen Wert auf Situierung und Kontextualisierung von Wissensbeständen legen, ist es wichtig zu wissen, woher die Kategorien, mit denen sie arbeiten, stammen. Das unreflektierte Hantieren mit einer Kategorie wie *gender*, mit deren Einführung in den 1950er Jahren genau das Gegenteil von dem bezweckt wurde, wofür spätere feministische, *gender*- und *queer*-theoretische Studien eintreten, nämlich anhand der gesellschaftlichen Gestaltungsmacht von ‚Geschlecht' die Natürlichkeit der Zweigeschlechterordnung als Zweikörperordnung zu stärken, stößt dann schnell bitter auf. Metaphorisch gesprochen klebt am in den akademischen Gender und Queer Studies sowie feministischen Studien oft allzu leichtfertig und selbstverständlich gebrauchten Begriff *gender* das Blut derer, die gerade durch die Verwendung desselben ‚befreit' werden sollen (die Konstruktion von ‚Geschlecht' vollzieht sich nämlich nicht ausschließlich diskursiv, sondern ganz entscheidend schmerzhaft materiell über nicht-diskursive Praktiken wie Penisamputationen und Bougieren).

Die Überwindung der epistemologischen und der sozialregulativen Problematisierungsweise scheint mir auf der Grundlage der Lektüre von *XX0XY ungelöst* nur innerhalb medizinisch-psychologischer Diskurse in der Lage gewesen zu sein, Probleme im Umgang mit Intersexualität zu lösen. Für die Betroffenen führte diese ‚Lösung' meiner Meinung nach eher in eine weitere Runde: Während bereits medizinischer Konsens darüber bestand, dass sie entweder Frauen oder Männer sind, wenn auch versteckt, unvollkommen oder degeneriert, so wurde ihnen von nun an bereits als Säugling ihre von Mediziner_innen auferlegte und an den jeweils gültigen Geschlechtskonzeptionen sowie medizinischen Machbarkeiten orientierte Existenzweise in die Körper unauslöschlich eingeschrieben. Zu kämpfen gilt es aus Sicht vieler Betroffener nun (neben anderen Kämpfen wie beispielsweise dem Kampf um juristische Anerkennung) um körperliche Integrität und Selbstbestimmung (vgl. 28 ff). Problematisierungsweisen gibt es also nach wie vor, und vor allem mehr als zwei. Entscheidend im Sinne von handlungsweisend sollten meiner Meinung nach die der Betroffenen sein, und dabei handelt es sich nicht (oder nur geringfügig) um epistemologische oder sozialregulative, sondern am ehesten wohl um existenzielle.

Christa Binswanger/ Andrea Zimmermann

Widerspenstigkeiten im Dialog

Christa Binswanger/ Margaret Bridges/ Brigitte Schnegg/ Doris Wastl-Walter (2009) Hg. Gender Scripts: Widerspenstige Aneignungen von Geschlechternormen. Frankfurt/M./ New York: Campus Verlag (280 S., 29,90 Euro).

Anne Brüske/ Isabel Miko Iso/ Aglaia Wespe/ Kathrin Zehnder/ Andrea Zimmermann (2011) Hg. Szenen von Widerspenstigkeit. Geschlecht zwischen Affirmation, Subversion und Verweigerung. Frankfurt/M./ New York: Campus Verlag (310 S., 34,90 Euro).

Als Mitherausgeberinnen zweier Publikationen, die im Rahmen des *Netzwerks der Graduiertenkollegien Gender Studies Schweiz* entstanden sind, treten wir hier in einen für Rezensionen unkonventionellen Dialog über die beiden im Campus Verlag erschienen Bücher *Szenen von Widerspenstigkeit. Geschlecht zwischen Affirmation, Subversion und Verweigerung* und *Gender Scripts. Widerspenstige Aneignungen von Geschlechternormen.* Diese Gesprächsform soll es ermöglichen, beide Bücher sowohl in ihrer Eigenständigkeit vorzustellen als auch das gemeinsame Erkenntnisinteresse bezüglich Widerspenstigkeit und Geschlecht zu beleuchten. Dazu stellen wir die zwei Publikationen in einen gemeinsamen inhaltlichen und theoretischen Diskussionszusammenhang, bieten jedoch auch einen Außenblick, indem jede von uns den Band des jeweils anderen Kollegs bespricht.

Beide Sammelbände sind im Rahmen der zweiten Laufzeit der Kollegien (2005-2008) entstanden. Während *Gender Scripts* ein Ergebnis des Berner Kollegs „Gender: Scripts and Prescripts" ist, entstammen die *Szenen von Widerspenstigkeit* dem Basler Kolleg „Gender in Motion. Wandel und Persistenz in den Geschlechterverhältnissen". Trotz unterschiedlicher thematischer Ausrichtung der Kollegien wird die gemeinsame Beschäftigung mit der paradoxen Gleichzeitigkeit von Prozessen der Subversion und Affirmation der hegemonialen Geschlechterverhältnisse deutlich: Beide Bände versuchen diese Prozesse auf je eigene Weise theoretisch zu fassen und fokussieren dabei auf den Begriff der ‚Widerspenstigkeit'.

Neben der verbindenden thematischen Klammer finden sich aber auch wesentliche Unterschiede. In der inhaltlichen Gewichtung bestimmter Konzepte wie auch in Struktur und Auswahl der Beiträge wird die Eigenständigkeit der beiden Bände deutlich: So hat *Szenen von Widerspenstigkeit* den Kreis der Beitragenden für Gender Forscher_innen aus dem gesamten deutschsprachigen Raum geöffnet und analysiert einzelne Szenen der Reproduktion von Geschlechternormen mit Hilfe der theoretischen Konzepte Performativität, Mimesis und Mimikry. *Gender Scripts* hingegen versammelt Beiträge von Promovierenden, Mitgliedern der akademischen Trägerschaft und Gastdozent_innen des Kollegs „Gender: Scripts and Prescripts" und fokussiert auf den Begriff des ‚Scripts' und die Metapher des Palimpsests, um Wandel und Persistenz in den Geschlechterverhältnissen zu fassen.

Andrea Zimmermann zu *Gender Scripts*

Gender Scripts arbeitet anhand des ‚Script-Begriffs' die dialektischen Beziehungen zwischen sozialen bzw. kulturellen Geschlechternormen und deren komplexen Aneignungsprozessen im alltäglichen Handeln heraus. Mit den Metaphern des Schreibens, der Verschriftlichung und der Umschrift wird das Spannungsfeld zwischen normativen Zuweisungen durch eine Geschlechterordnung einerseits und individuellen Aktualisierungen von Geschlecht andererseits beleuchtet. Beiträge aus der Geschichte, der Sozialanthropologie, der Soziologie, der Geographie und den Literaturwissenschaften machen deutlich, dass es sich bei den einzelnen Deutungen der strukturellen Vorgaben nie nur um Reproduktionen oder Transformationen handelt, sondern gerade die komplexe Dynamik des Aneignungsprozesses herausgearbeitet werden muss, um ein tiefergehendes Verständnis aktueller Prozesse zu gewinnen. Der Begriff des ‚Scripts' ist gerade in dieser Hinsicht ein vielversprechendes theoretisches Werkzeug, da er sowohl die proaktiven und handlungsleitenden als auch die reaktiven und handlungsdeutenden Dimensionen dieser Prozesse anzusprechen vermag.
Der gesamte Band gliedert sich in drei thematische Sektionen:

Den Auftakt machen unter der Überschrift „Wechselwirkungen im intersektionalen Raum" die Beiträge von Gudrun-Axeli Knapp, Bettina Büchler, Isabel Miko Iso/ Bernhard C. Schär und Katharina Thurnheer. Die Eröffnung des Bandes mit der Reflexion spannungsreicher Aneignungsprozesse von Normen entlang unterschiedlicher Achsen der Differenz ist programmatisch. Für alle Beiträge der *Gender Scripts* ist diese Berücksichtigung der intersektionalen Verwobenheit der Kategorie ‚Geschlecht' selbstverständlicher theoretischer Ausgangspunkt. Damit verbunden sind Forderungen nach Kontextualisierung der Analysen, Beachtung der Relationalität einzelner Analysekategorien und die Problematik des Benennens und Nicht-Benennens solcher Kategorien; ein wesentliches Moment, das die hohe Qualität des gesamten Bandes ausmacht. Besonders erwähnenswert in diesem Zusammenhang ist Büchlers überzeugendes Konzept des ‚TatOrts', das für eine Verräumlichung der intersektionalen Analyse plädiert.

Mit „Hegemoniale Männlichkeit(en): Normative Setzungen und widerspenstige Aneignungen" beschäftigt sich der zweite Teil des Bandes. Während Mechthild Bereswill Männlichkeit als „Konfliktdynamik" in den Blick nimmt und die Bedeutung verdeckter Kategorien für Konzepte der Maskulinität herausarbeitet, kommen bei Andrea Hungerbühler mit dem Beruf des Bergführers und bei Denis Hänzi mit dem Beruf des Regisseurs zwei Berufsfelder in den Blick, die als männlich geprägt gelten. Was bei Hungerbühler als Herausforderung für die empirische Forschung formuliert wird, nämlich die Verhandlung des Konzepts ‚hegemonialer Männlichkeit' nach Connell auch als Relationalität zwischen Maskulinität und Femininität umzusetzen, wird im vierten Beitrag dieser Sektion von Serena Dankwa überzeugend angewendet: Sie arbeitet mit dem Konzept Maskulinität situationsbedingt, kontextbezogen und als relational hergestellt und untersucht Grenzen und Möglichkeiten von „female masculinity" in intimen Frauenbeziehungen im urbanen Süden Ghanas.

Der dritte Teil des Bandes schließlich versammelt Beiträge zu „Konstruktionen und narrative[n] Um-Schreibungen von Geschlecht" (183). Fokussiert wird hier auf die Interaktion zwischen Texten und vergeschlechtlichten Subjekten in Narrativen: Wie wird Geschlecht – hier vor allem: Weiblichkeit – in Erzählungen konstruiert und mit biographischen Erfahrungen in Beziehung gesetzt? Christa Binswanger verbindet in ihrer überzeugenden Analyse von Verena Stefans *Häutungen*, einem Klassiker feministischer Literatur, sozialwissenschaftliche, sexualwissenschaftliche und erzähltheoretische Ansätze. Gerade in der Zusammenführung dieser verschiedenen Zugänge lässt sich die Vielschichtigkeit der sexuellen Scripts, mit denen Stefan arbeitet, begreifen. Während sich Susanne Balmer vorwiegend mit der Strukturierung literarischer Texte durch Narrative der weiblichen Entwicklung auseinandersetzt, hebt Nathalie Peyer auf die Frage der Formulierbarkeit und Aussprechbarkeit von Erfahrungen ab. Sara Landolt zeigt in ihrem Beitrag zum Alkoholkonsum junger Menschen schließlich die Konstruktion von Weiblichkeit als komplexe Gratwanderung, die sich immer an der Grenze zu abwertenden und gefährdenden Diskursen bewegt.

Der Band schließt mit „Postscript: Ein Palimpsest" (265). Mit diesem Abschnitt gelingt es den Herausgeberinnen, eine weitere inhaltliche Klammer aller Beiträge herauszuarbeiten. Das Palimpsest ist ein „Manuskript, dessen ursprüngliche Beschriftung von einem mit höherem Wert besetzten Text überschrieben wird" (266). Mehrere übereinandergelagerte Textschichten gehen so eine untrennbare Verbindung miteinander ein und können nur gemeinsam oder vielmehr die eine durch die andere hindurch entziffert werden. Der Vorschlag, die Arbeit mit der Metapher des Palimpsests theoretisch und praktisch weiterzuverfolgen, ist aus mehreren Gründen überzeugend: Mit ihr wird nicht nur die Reflexion der Intersektionalität von Geschlecht als Wechselspiel vieler Dominanzverhältnisse, sondern auch die vielschichtige Relation zwischen Geschlechternormen und individuellen Aktualisierungen benennbar und theoretisierbar.

Christa Binswanger zu *Szenen von Widerspenstigkeit*

Das Konzept des Bandes *Szenen von Widerspenstigkeit* lässt sich leiten von der Frage, was der Begriff der Widerspenstigkeit in Bezug auf Geschlecht leisten kann. Wie auch *Gender Scripts* geht diese Publikation von der Frage nach der paradoxen Gleichzeitigkeit von Persistenz und Wandel und nach vielschichtigen Dynamiken dieser Paradoxie aus, fokussiert aber stärker auf Irritationen und Unbehagen von Geschlechterordnungen und betont mit Erving Goffmans Begriff der ‚Szene' den performativen Aspekt der Herstellung von Geschlecht. Drei analytischen Konzepten wird hier besondere Aufmerksamkeit gezollt: Performativität, Mimesis und Mimikry. Dabei wird auch angesprochen, dass sich die Konzepte mitunter überlagern oder in unterschiedlichen theoretischen Kontexten verschieden aufgeladen sind – besonders deutlich etwa im Fall des Begriffs der ‚Mimikry'.

Szenen von Widerspenstigkeit ist mit Beiträgen aus den Disziplinen Soziologie, Psychologie, Literatur, Geschichte, Pädagogik, Theologie und Kulturwissenschaft bestückt, die mit Gender Studies und Queer Studies produktiv verwoben werden. Um die unterschiedlichen Perspektiven und die für sie spezifischen Fragestellungen miteinander zu verknüpfen, ist im zweiten Teil des Buches innerhalb der thematischen Unterkapitel jeweils ein Dialog zwischen den Beitragenden eingefügt. Die Form hierfür haben die Beteiligten selber gewählt, sei es eine Briefform oder gemeinsam formulierte Reflexion. Dies ist eine echte Bereicherung, weil so eine Möglichkeit geboten wird, das Gelesene aus einer weiteren Perspektive zu beleuchten, oder auch Grenzen und Durchlässigkeit disziplinärer Lesarten expliziter zu reflektieren – ein nach wie vor zentrales Thema innerhalb der Geschlechterforschung. Auffällig in *Szenen von Widerspenstigkeit* ist etwa, dass vor allem Mikro-Prozesse beschrieben werden. So arbeitet Melanie Plößer in ihrem Artikel zu Judith Butlers Begriff der ‚Performativität' beispielsweise mit einer kleinen, im jugendpädagogischen Bereich erlebten Szene, die zur Illustrierung einer umfangreichen theoretischen Debatte herangezogen wird.

Ebenfalls stark gewichtet sind emotionale Aufladungen von ‚Szenen'. Dies zeigt sich etwa in den Lektürebewegungen Ruth Hess' zu zwei Texten von Joseph Ratzinger wie auch in Anne Brüskes Analyse von Houellebecqs *Les Particules élémentaires*: Ihre pointierten Lektüren ‚gegen den Strich' im Sinne einer Intervention gegen bestimmte, herkömmliche Lesarten lassen die emotionale Aufladung auch der Analyseleistung sichtbar werden. Wenn auch gegenüber sehr unterschiedlichen Institutionen – einerseits der *Katholischen Kirche*, andererseits dem konventionellen Literaturbetrieb – erweisen sich die Verfasserinnen als widerspenstige Interpretinnen. So tragen sie der Bemerkung in der Einleitung Rechnung, dass die Geschlechterforschung selbst bisweilen widerspenstig erscheint. Da beide Beiträge theoretisch fundiert argumentieren, ist ihre Interpretation und ‚widerspenstige Aneignung' von Texten eine wahre Freude!

Eine weitere zentrale Denkfigur in *Szenen von Widerspenstigkeit* ist Widerspenstigkeit als eine Bewegung zwischen Affirmation, Subversion und Verweigerung, die *nie stillzustellen* ist. Hat *Gender Scripts* stärker auf den Aspekt der Schrift, Vor-Schrift, Um-Schrift und deren zeitweilige Festschreibungen fokussiert, führt das Augenmerk auf die ‚Szenen' dazu, dass Prozesse der Herstellung von Geschlecht als nie zu beruhigende Bewegung gedacht werden. Dies wird beispielsweise in der Analyse des zeitgenössischen Theatertextes *Nordwärts* von Langenegger durch Andrea Zimmermann oder auch in der Analyse von Intersex-Chat-Foren durch Kathrin Zehnder besonders greifbar, da die Darstellungsmedien selbst sehr viel Dynamik aufweisen. Im Beitrag von Julia Riegler, der in drei Fallbeispielen dem von Frauen geschilderten Schmerz beim Koitus nachgeht, stimmt hingegen die Persistenz des Schmerzes und die meist lang anhaltende Schwierigkeit seiner Überwindung als zumindest sehr ambivalente Form von Subversion eher nachdenklich.

Insgesamt wird eine breite Palette von Beiträgen vereint – die zwar unterschiedlich stark theorieorientiert argumentieren, die sich aber alle produktiv mit Geschlecht und Widerspenstigkeit auseinander setzen.

Dialogisches Fazit

Was die beiden Publikationen *Szenen von Widerspenstigkeit* und *Gender Scripts* verbindet, ist die Annahme, dass sich Affirmation und Subversion nie als einfache Kontrastierung fassen lassen. Was in den *Szenen von Widerspenstigkeit* in der Figur der nie stillzustellenden Widerspenstigkeit zum Ausdruck kommt fasst *Gender Scripts* in der Metapher des Palimpsests, bei dessen Deutung nie von vornherein klar sein kann, welches Script sich durchsetzt und größere Wirkmächtigkeit erlangt. Die Metapher des Palimpsests bietet somit eine Möglichkeit, Kontingenz sowie plötzliche, manchmal unvorhersehbare Kippmomente von Machtgeometrien in den Geschlechterordnungen und -verhältnissen theoretisch zu fassen. Beide Publikationen betonen die Notwendigkeit historischer und geographischer Kontextualisierung, um Fragen von Persistenz und Wandel in den Geschlechterverhältnissen nachzugehen. Insofern nehmen *Szenen von Widerspenstigkeit* vieles auf, was in *Gender Scripts* bereits präsent ist. Sie schreiben aber auch vieles neu – als ein in der theoretischen Auseinandersetzung mit Geschlecht nie stillzustellender Prozess der produktiven und kreativen Auseinandersetzung mit Scripts – seien sie theoretischer, empirischer oder fiktionaler Art.

Rezensionen zum Thema
‚Feminismen – Bewegungen und Theorien'

Nina Allweier

Von Olympe de Gouges zu Donna Harraway: Ein Streifzug durch die Entwicklung des Feminismus anhand programmatischer Schriften.

Gudrun Ankele (2010) Hg. absolute Feminismus. Freiburg: orange-press (224 S., 18,00 Euro).

Wenn man heute Frauen und Männer befragen würde, welche Person sie spontan mit dem Begriff ‚Feminismus' assoziieren, so würde die Antwort mit hoher Wahrscheinlichkeit Alice Schwarzer lauten. Sie hat wie keine andere der deutschen feministischen Bewegung ein Gesicht gegeben, als Verlegerin, Chefredakteurin und Journalistin, als überzeugte Feministin der zweiten Generation, jüngst als Berichterstatterin des Kachelmann-Prozesses. Sie ist diejenige, die als Talkgast geladen wird, geht es mal wieder um Themen wie ‚Frauen und Beruf' oder ‚Kopftuch – ja oder nein?' Ob im Fernsehen, im Radio oder bei Podiumsdiskussionen: Alice Schwarzer steht für *den* Feminismus, ob als Identifikationsfigur oder Schreckgespenst.

Dass dieser *eine* Feminismus jedoch gar nicht existiert, dass es vielmehr verschiedene Strömungen, ja Feminismen gibt, deren Akteur_innen (die Schreibweise erfolgt in Anlehnung an das hier rezensierte Buch, 22) so heterogen waren, wie ihre Ziele und ihre Kritiker_innen, will der von Gudrun Ankele herausgegebenen Band *absolute Feminismus* zeigen. Demnach ist Alice Schwarzer nur *eine* Figur der feministischen Bewegung. Die Entwicklung des Feminismus setzt nicht erst in den 1970er Jahren ein, sondern seine Wurzeln liegen bereits im 19. Jahrhundert. Ferner war die Entfaltung dieses Feminismus durchaus kein linearer Prozess, sondern ist von Brüchen gekennzeichnet. Das bei dem Freiburger Verlag orange-press erschienene Buch zählt zu der von Klaus Theweleit betreuten *absolute*-Reihe, die Schlüsseldiskurse der Gegenwart anhand von kommentierten Originaltexten auf jeweils 224 Seiten vorstellen möchte.

Mit dem Thema ‚Feminismus' betritt Ankele kein neues Parkett. Viel ist bereits ge- und beschrieben worden, häufig jedoch mit den Scheuklappen der jeweiligen fachlichen Forschungsparadigmen. *Absolute Feminismus* streift verschiedenste Aspekte mit interdisziplinärem Blick, wobei es allerdings bei einem ‚Streifzug' bleibt. Denn im Zentrum des Bandes stehen programmatische Schriften und Manifeste, die teils von konstitutiver Bedeutung für feministische Bewegungen waren, teils abseits des klassischen feministischen Kanons verfasst wurden. Die Bandbreite dieser partiell erstmals übersetzten Originaltexte deckt dabei philosophische, politische, aber auch künstlerische Konzeptionen von 1405 (Christine de Pizan) bis heute ab.

Anders als erwartet sind die Texte nicht chronologisch, sondern thematisch gegliedert, was einen rascheren Einblick in Kontinuitäten und Brüche innerhalb feministischer Diskurse teils über Jahrhunderte hinweg ermöglicht. In vier sogenannten „Moves" arbeitet Ankele „entscheidende Etappen in der Geschichte des Feminismus“ (155) auf und liefert jeweils in einer mehrseitigen Hinführung knappe gesellschaftspolitische und mentalitätsgeschichtliche Hintergründe sowie Problematisierungen feministischen Ideenguts, die der Kontextualisierung der folgenden Texte dienen.

Eingeleitet wird der Band durch ein mehrseitiges Gespräch von „diestandard.at“ mit drei Frauen aus Politik, Journalismus und Philosophie sowie Gudrun Ankele zum Thema „Feminismus heute?“ (6-17). Bereits hierin werden die unterschiedlichen Positionen feministisch interessierter und aktiver Frauen deutlich: Während Ankele beispielsweise die mediale Inszenierung von Charlotte Roche als Feministin durchaus als begründet ausweist, weil Roche eben ein ganz individuelles feministisches Verständnis offenbare, disqualifiziert Elfriede Hammerl Roches Buch *Feuchtgebiete* als wenig feministisch; zu groß sei die Bereitschaft der Protagonistin „zur Selbstverstümmelung und zum Leiden“ (10). So zeigt sich schon im Auftakt des Bandes: Eine homogene feministische Bewegung gibt es nicht.

„Move I“ (20-67) thematisiert die Subjektivierung und Kollektivierung von Frauen. Er umfasst Texte von Olympe de Gouges, die als erste Frau die Bürgerrechte als ‚Männerrechte‘ entlarvte und diesen die *Déclaration des droits de la femme et de la citoyenne* entgegenstellte, der afro-amerikanischen Bürgerrechtlerin und Feministin Sojourner Truth, der Anarchistin Emma Goldman, der Malerin Mina Loy, deren *Feministisches Manifest* eine Frau ohne Verpflichtungen und Abhängigkeiten skizziert, der Künstlerin Valie Export sowie Pauline Boudry und Renate Lorenz.

Der folgende Abschnitt „Move II“ (68-109) beschäftigt sich mit den teils utopischen Konzepten und Zielvorstellungen, mit Räumen und Welten für Frauen anhand der Schriften von Christine de Pizan, der Philosophin Helene Druskowitz, die eine Separierung der Geschlechter fordert, sowie Valerie Solanas. Auch Monique Wittig, deren Ansatz eines ‚lesbischen Schreibens‘ den Phallozentrismus sprachlich zu bezwingen versucht und gleichzeitig die Basis für die in den 1970er Jahren insbesondere durch Hélène Cixous geprägten Überlegungen zu einer *écriture féminine* darstellt, ist durch ihren Text *Die Verschwörung der Balkis* vertreten. Der Teil endet mit Betrachtungen der künstlerischen Arbeit der *Guerrilla Girls*, einer anonym operierenden Künstlerinnenvereinigung, und Kathleen Hannahs von der amerikanischen Band *Bikini Kill*, die sich nun an Mädchen wenden und zu mehr Selbstvertrauen auffordern.

Körper und Sexualität stehen im Zentrum des „Move III“ (110-147). Die Auswahl der Texte zu diesem Kapitel reicht von Valentine de Saint-Point, die in ihrem *Futuristischen Manifest* die Frau zu einer Besinnung auf ihre Instinkte und Triebe aufruft, über Audre Lorde bis zu Virginie Despentes, deren *King Kong Girl* als Korrektur ihres männlichen Pendants, Symbolfigur eines die weiblichen Bedürfnisse negierenden patriarchalischen Begehrens, zu verstehen ist. Des Weiteren werden Texte und Arbeiten von Anni Sprinkle/Elizabeth M. Stephens, deren Aktivität für eine Verbesserung der Arbeitsbedingungen von Pornodarstellerinnen den so genannten ‚Post Porn Politics‘ Vorschub leisten, und Texte des *queer*-Performers Tim Stüttgen analysiert.

Abgeschlossen wird der Band (148-213) durch den Komplex „Auflösbarkeit von Identität als Ausgangspunkt für den Entwurf neuer Gemeinschaften" (155) und die Schriften von Claude Cahun, Pseudonym der Künstlerin Lucy Schwob, welche die Pejoration von Gendergrenzen in Form von Maskerade fotografisch inszenierte, und schließlich der Psychoanalytikerin Joan Riviere, Donna Haraway, deren *Manifest für Cyborgs* die Schnittstellen von Mensch und Maschine diskutiert, der *queer*-feministischen Philosophin Beatriz Preciado, Judith Butlers und der österreichischen Band *Gustav* alias Eva Jantschitsch.

Obgleich das Buch durch seine thematische Bündelung der Originaltexte und die jeweiligen kontextualisierenden Einleitungen der Autorin die Leserin und den Leser bei der Hand nimmt, erschließen sich mir die Auswahlkriterien der Schriften nicht: Es wurden Texte berücksichtigt, die fernab eines feministischen Kanons entstanden (*Guerrilla Girls*, Mina Loy) oder aber zu Unrecht in Vergessenheit geraten sind (Helene Druskowitz) genauso wie solche, die Eingang in universitäre Lehrpläne gefunden haben (Christine de Pizan, Olympe de Gouges, Judith Butler). Der Anspruch radikale feministische Manifeste zu versammeln wird zudem durch Texte gebrochen, deren Brisanz sich eher aus epochenspezifischen Normativen ergibt (Valentine de Saint-Point, bei der sich gleichzeitig die Frage stellt, inwiefern diese feministisch agierte) oder durch solche, die wenig radikal erscheinen (*Gustav*). Die einordnenden und kommentierenden Vorbemerkungen Ankeles sind infolge der getroffenen Auswahl größtenteils darum bemüht, die partiell zeitlich weit auseinander liegenden Schriften in eine Entwicklungslinie zu stellen. Dieses Unterfangen bleibt aufgrund der Vielzahl an Texten und der großen Zeitspanne, in der sie entstanden, rudimentär: Begriffliche Unschärfe und historische Lückenhaftigkeit (insbesondere bezüglich der Beschreibungen der ersten bürgerlichen Frauenbewegung; 23-25) sind die großen Minuspunkte dieses Buches. Für all diejenigen, die sich lediglich einen Überblick über die verschiedenen Feminismen und die sie prägenden Originaltexte verschaffen wollen, ohne dabei in definitorische Tiefe vorzustoßen, für thematische Einsteigerinnen und Einsteiger oder solche, die auf Übersetzungen feministischer Manifeste gewartet haben, ist *absolute Feminismus* ein Zugewinn.

Jenny Warnecke

„Da steht es in gräßlicher Wahrheit." (237) Leiden und Hoffen der großen Frauenrechtlerin Louise Otto

Irina Hundt (2010) Forschungen zur Schriftstellerin, Journalistin, Publizistin und Frauenpolitikerin Louise Otto-Peters (1819-1895). Louise Otto-Peters Jahrbuch III/2009. Hg. Johanna Ludwig/ Susanne Schötz/ Hannelore Rothenburg. Louise Otto-Peters Gesellschaft e.V. Leipzig. Beucha/ Markkleeberg: Sax Verlag (328 S., 19,80 Euro).

„Von allen Seiten nur Quälendes, Sorgenvolles, nur immer wieder die Zerstörung einer Hoffnung oder Aussicht" notiert Louise Otto am 3. Februar 1854 in ihrem Tagebuch (164) und zwei Wochen später: „Ich kann nicht arbeiten vor Kälte u. Sorgen" (17. Februar 1854, 166). So wird man unvermittelt mit den existenziellen Nöten des Alltags der berühmten Frauenrechtlerin Louise Otto konfrontiert. Neben der Geldnot, dem Frieren und der von Eifersucht zerfressenen Liebesgeschichte muss die unermüdliche Schriftstellerin eine ungeliebte Tante ertragen, die in ihrer Stube sitzt und sie vom Schreiben abhält; „wann werd' ich da einmal Erlösung finden?" (13. Februar 1854, 165). Das ist ein authentisches und überraschendes Moment in dieser voluminösen Edition.

Irina Hundt hat die Handschriften von Louise Ottos Tagebüchern aus den Jahren 1849-1857 transkribiert und unter dem Titel *Im Streben ‚nach Einfluß aufs Ganze‘* herausgegeben, die heute im *Archiv des Deutschen Staatsbürgerinnen-Verbandes e.V.* in Berlin liegen. Hundt führt in einem umfangreichen Vorwort thematisch in das Leben und Wirken der Frauenrechtlerin ein. Das Tagebuch ist mit einem ausführlichen Personenregister versehen, über das man die Netzwerke Louise Ottos gezielt verfolgen kann. Das Ortsregister ermöglicht die Rekonstruktion ihrer Mobilität. Neben einer fundierten Bibliografie enthält das Buch 22 Abbildungen. Das Faksimile einer eng beschriebenen Tagebuchseite von Louise Otto (107) lässt den Umfang der Arbeit erahnen.

Louise Otto-Peters ist die Ikone der ersten Frauenbewegung. Als Autorin zahlreicher Romane, z.B. *Schloß und Fabrik* (1846), war sie Sprachrohr der beginnenden Frauenrechtsbewegung im 19. Jh. und Gründerin des ersten *Deutschen Frauenvereins*. Louise Otto war bekannt für die Klarheit ihres Sendungsbewusstseins, mit der sie die „Gleichberechtigung u. Selbständigkeit" für Frauen bereits 1843 einforderte. Als junge Frau stand sie im Zentrum der Diskussion für die Beteiligung von Frauen am politischen Leben, in einer Zeit, in der ein Wahlrecht für Frauen im Deutschen Bund selbst für die liberalsten Demokraten noch kein Thema war. Mit visionärem Selbstbewusstsein vertraute sie damals 23-jährig ihrem Tagebuch an: „Noch ahnt niemand, daß ich bei all meinem Thun die Erhebung meines Geschlechts im Auge habe". Diesem Thema widmete sie sich in Tageszeitungen, in ihrer eigenen *Frauen-Zeitung* mit dem Motto „Dem Reich der Freiheit werb‘ ich Bürgerinnen" und in ihren Romanen. Louise Otto hatte in der geschlechterspezifisch demokratisch organisierten Deutschkatholischen Gemeinde viele Freunde, wie eine umfangreiche Korrespondenz belegt. Vor diesem Hintergrund erwartet man eine selbstbewusste Kämpferin. Gerade deswegen frappiert die Innensicht auf das Leiden, das nun zu Tage tritt. Louise Otto hat ihr Tagebuch nicht für die Öffentlichkeit bestimmt, wie andere Chronisten der Revolution oder ironische Biografen wie Ludwig Börne. Für Louise Otto ist das Tagebuch der protestantische Beichtstuhl, der Ort, dem die selbstdisziplinierte Publizistin ihre Alltagssorgen anvertraut. Ottos Tagebuch liefert eine Gegenerzählung zum Bild der Bürgerlichkeit einer erfolgreichen Schriftstellerin.

Als eine der ersten bürgerlichen Frauen verdiente sie selbständig ihren Unterhalt mit Schreiben und lebte in den Anfangsjahren am Rande des Existenzminimums. Das Warten auf Honorare und die Klagen über nicht oder schlecht bezahlte Texte ziehen sich wie ein roter Faden durch ihre Aufzeichnungen. Sie erweist sich als zäh, wenn sie trotz Arbeitsunfähigkeit durch Liebeskummer und Kälte notiert: „[A]ber der Roman soll noch im Winter fertig werden“ (17. Februar 1854, 166).

Das Tagebuch dokumentiert ihre schmerzhafte Sehnsucht nach ihrem Geliebten August Peters, der als Freischärler in Dresden und Chemnitz gekämpft hat. Nach der Verteidigung von Rastatt im letzten Kampf der Reichsverfassungskampagne 1849 verbrachte der demokratisch gesinnte Peters sieben Jahre im Kerker, um ihn als gebrochener Mann wieder zu verlassen. Während Otto bereit war, nach dem Vorbild der Johanna von Orleans ihre revolutionäre Mission mit sexueller Askese zu verbinden, hatte August ein Liebesverhältnis mit einer verlobten Frau. Nachdem Louise und August sich zum ersten Mal begegnet waren, verwarf Louise ihre asketischen Grundsätze und ein zermürbender Kampf um die alleinige Liebe von August begann. „So kann er mich doch nicht ganz verstoßen u. ich lasse ihn nicht wenn er nicht gewaltsam mich wegschleudert! O Du der Du so uns zusammen geführt, heile ihn von dieser Versuchung, laß die Treue siegen u. die Tugend!“ (4. Oktober 1857, 247). Ihr Warten auf Briefe quält sie: „Mir ist immer noch so wüst wie neulich. Wenn nur endlich ein Brief des Geliebten käme!“, notiert sie am 15. Mai 1855 (202) in ihr Tagebuch. Einen Gefängnis-Besuch dokumentiert sie: „wie drückte u. küsst er meine Finger durch das Gitter, wie leuchteten seine Blicke von süßer Liebe“ (2. Juli 1854, 179).

Verzweifelte Eintragungen im Tagebuch („Von allen Seiten im Stich gelassen“, 6. Februar 1857, 235) – oft kombiniert mit inbrünstigen Stoßgebeten („O gütiger Himmel! Bestrafe mich nicht“, ebd.) – wechseln mit hastigen und knappen Zeilen über ihre illegale Unterstützung von politischen Häftlingen und sonstige demokratische Aktivitäten. Ihre Verpflichtung zu bedingungsloser politischer Selbstaufopferung mutet sie auch anderen zu. Wer nicht im Kerker war, kann ihrer Auffassung nach kein aufrechter Demokrat gewesen sein – schwach ist in ihren Augen, wer das Exil dem Kerker vorzieht. Das impliziert eine gnadenlos anmutende Härte auch gegenüber anderen Ehefrauen, die ihre im Kerker sitzenden Männer herbeisehnen. Statt der demokratischen Sache zu entsagen, um dem Kerker zu entkommen, rät Louise Otto zu aufrichtender Lektüre eines politischen Märtyrers, „das wird (...) sie vielleicht wieder würdiger denken lehren" (26. Oktober 1850).

Die zweite quälende Beziehung unterhält Louise Otto zu ihrer Freundin Auguste Scheibe.

> Zwischen Auguste u. mir sind wieder einmal alle Dämonen los. – ich glaubte Vorwürfe in ihren [sic!] vorletzten Brief in den „Geständnissen" zu finden u. antwortete in Verzweiflung – u. heute antwortet sie mit Eiseskälte – ich weiß nicht wie ich das wieder gut machen soll! (28. November 1850, 87)

Wegen aufkommender politischer Differenzen muss Louise Otto harte Kritik von ihrer geliebten Freundin einstecken. Nach dem großen Streit kommt es zu einer Annäherung, bei der Louise jedoch auf die „früheren Zärtlichkeiten" „verzichten" (April 1852, 126) muss, und es nach langen Annäherungsversuchen zum Bruch kommt: „Es ist schade um sie – aber es muß enden! –" (16. August 1854, 183). Im Buch gibt es zahlreiche Andeutungen auf eine leidenschaftliche Frauenliebe, auf die im Vorwort nicht eingegangen wird.

Louise Otto vertritt klare Standpunkte und bezieht damit auch Stellung gegen Frauen, die ihrer Meinung nach der Frauenbewegung schaden. Ihre Lieblingsfeindin ist Louise Aston, die sie herzlich verachtet und froh ist, sie bei ihren gemeinsamen Bekannten, den Verlegern Wellers nicht zu treffen (das bereits von Germaine Goetzinger veröffentlichte Zitat kann nun aus dieser Quelle zitiert werden).

Ein durch August Peters' „zaubersüße(...)" (233) Briefe immer wieder genährter Optimismus und die Unterstützung durch Freunde, die ihr den Rücken stärken, führen Louise Otto aus dem Tal der Sorgen:

> Noch ist der Geliebte im Gefängniß – noch hab ich für dies Jahr keine Aussicht auf hinreichenden Verdienst – aber ich habe auch nicht viel Schulden u. will die Hoffnung auf Verbesserungen nicht aufgeben, da sich ja immer Alles wieder zum Guten gestaltet hat. (25. März 1854, 170)

Ihre Liebe verleitet sie zur Selbstaufgabe und zur Unterwerfung.

> Ich bin besser, milder u. weiblicher geworden. Es fehlt mir noch Viel Ihn werth zu sein – aber ich ringe danach es zu werden. Und so befehl ich mich Dir meinem Gott mit diesem Herzen u. streben. Ich danke Dir für Deine Führung – u. will in die Kirche gehen Dir dort zu danken! –

schrieb die begeisterte Revolutionärin Louise Otto am 31. Dezember 1853 (161) demütig in ihren Jahresrückblick. Ein Spagat, den man aus heutiger Sicht nur schwer nachvollziehen kann und der Clara Zetkin und Teile der Louise Otto-Rezeption im 20. Jh. dazu verleitet hat, Louise Ottos Radikalität zu unterschätzen. Die Edition der Tagebücher ist eine Fundgrube für die weitere Louise Otto-Forschung. Der schwer zu bewältigende Alltag, die finanzielle Not und die

(Liebes-)Sorgen, die wie „ein krächzender Unglücksvogel“ (236) über ihr kreisen, werden sichtbar und zeigen, was sie mit ihrer ungeheuren Produktivität und einem breiten UnterstützerInnen-Netzwerk bewältigt. Diese Perspektive stand der Forschung bisher nicht zur Verfügung.

Claudia Seeling

Marie von Ebner-Eschenbach – Einladung zum (Wieder-)Lesen!

Marianne Henn (2010) Marie von Ebner-Eschenbach. Erlangen: Wehrhahn-Verlag (139 S., 14,80 Euro).

In der von Alexander Košenina (Universität Hannover), Nikola Rossbach (Universität Darmstadt) und Franziska Schößler (Universität Trier) herausgegebenen, *Meteore* genannten Biografie-Reihe, ist als Band 3 der Titel *Marie von Ebner-Eschenbach* von Marianne Henn erschienen. Neben Wolfgang Hilbig (Birgit Dahlke), Johann Karl Wezel (Jutta Heinz) oder Hedwig Dohm (Gaby Pailer) und Hilde Domin (Vera Viehöver) stellt Marie von Ebner-Eschenbach einen der ‚Meteore‘ des 17. bis 21. Jahrhunderts dar, denen sich die Reihe widmet. Acht Bände sind bereits erschienen. Das auf Goethe zurückgehende Verdikt über den Dichter Jakob Michael Reinhold Lenz, er sei nur ein vorübergehender Meteor, haben die drei HerausgeberInnen zum Motto der Reihe gewählt, um Persönlichkeiten zu porträtieren, die literaturgeschichtlich zwar präsent waren, aber in noch keiner Beschreibung eingehend gewürdigt werden. Die einzelnen Bände verbinden Lebensgeschichte mit Werkdarstellungen und -analysen auf der Grundlage des aktuellen wissenschaftlichen Kenntnisstandes. Knappheit und Präzision zeichnen alle AutorInnenbücher aus, die sich an Studierende, Lehrende sowie die interessierte Öffentlichkeit richten und eine solide erste Orientierung über eine Schriftstellerin bzw. einen Schriftsteller bieten.

Jeder Band beschreibt Leben und Werk einer im Prozess der Kanonisierung nicht ausreichend gewürdigten Persönlichkeit. Marianne Henn, die im Rahmen der historisch-kritischen Ebner-Eschenbach-Ausgabe für die Dramentexte verantwortlich war, widmet sich der österreichischen Schriftstellerin. Marie von Ebner-Eschenbach (1830–1916) gilt zwar als eine der bedeutendsten Autorinnen des 19. Jahrhunderts, ihre Texte werden aber als verstaubt und traditionell bezeichnet, zum großen Teil sind sie auch in Vergessenheit geraten. In ihrer Werkbiografie stellt Henn heraus, dass Ebner-Eschenbach mehr war als nur die konventionelle Erzählerin, als die sie gerne bezeichnet wird, und dass ihre Texte mehr zu bieten haben als einen sozialkritischen Impetus. Dabei geht Henn strikt chronologisch vor und orientiert sich am Werdegang der Autorin und der Entwicklung ihres Werks. Jedem Kapitel, beginnend mit „Kindheit und Jugend einer Baronesse“ (Kapitel 1) über „Die dramatische Dichterin“ (Kapitel 3) und

„Die große Erzählerin" (Kapitel 6) bis zu „Die letzten Werke – Rom – Ehrungen" (Kapitel 9), ist ein Aphorismus Ebner-Eschenbachs vorangestellt.

Die aus einem alten Adelsgeschlecht stammende und in „fast fünfzigjähriger Ehe" (103) mit ihrem Vetter Moritz von Ebner-Eschenbach (1815–1898) verheiratete Autorin kam als Marie Freiin Dubsky auf Schloss Zdislawitz bei Kremsier in Mähren, heute Tschechien, zur Welt. Dort hat „sie in der Kindheit einen Großteil des Jahres verbracht" (8) und an diesen Ort zog es Ebner-Eschenbach zeitlebens hin zurück. In Anlehnung an die Autobiografie *Meine Kinderjahre* schildert Henn Begabung und Wissensdrang des Kindes und der Jugendlichen, die darin von der zweiten Stiefmutter Gräfin Xaverine Kolowrat-Krakowsky unterstützt wurde, mit der ein „progressiver, kunstbegeisterter Geist in das Haus Dubsky" (12) zog. Nicht nur das Wiener Burgtheater, auch die eigene Lektüre klassischer Werke von Schiller, Goethe, Kleist oder Shakespeare beeindruckten das junge Mädchen.

Dichterische Versuche hat Ebner-Eschenbach bereits früh unternommen. Ihre Stiefmutter sandte einige davon an Franz Grillparzer, der darin unverkennbare Spuren von Talent entdeckte und neben Betty Paoli und Louise von François zu Ebner-Eschenbachs Ratgebern zu zählen ist. Als Ebner-Eschenbach ihrem Mann berufsbedingt nach Klosterbruck in Mähren folgte, entstand dort ihr Erstlingswerk *Aus Franzensbad*, „das 1858 ohne Verfassernamen veröffentlicht und von der Kritik nicht beachtet wurde" (21).

Schon zu dieser frühen Zeit begann sich Ebner-Eschenbach mit dem historischen Drama auseinanderzusetzen. In der Phase ihres „dramatischen Schaffens verfasste sie neben ihren historischen Jambentragödien auch zwei Künstler- und zwei Gesellschaftsdramen sowie sieben Lustspiele" (31). Misserfolge und negative Erfahrungen mit den Kritikern führten dazu, dass sich Ebner-Eschenbach vom Drama ab- und der Prosa zuwandte.

Henn zeigt anschaulich, wie sich das Unverständnis der unmittelbaren Umgebung auf die schriftstellerische Tätigkeit der Adeligen auswirkte, wie sie das Schreiben, das für sie eine „Lebensnotwendigkeit" (45) war, verleugnen musste und wie sie von Selbstzweifeln und physischen Leiden geplagt wurde. Trotz den von Henn treffend geschilderten, Ebner-Eschenbachs Stand und ihrem Geschlecht geschuldeten Widerständen, hat sich die Autorin zu Lebzeiten nahezu gar nicht dezidiert zur Frauenfrage geäußert.

Mit 42 Jahren „veröffentlichte Ebner-Eschenbach (...) das erste unter eigenem Namen erschienene Prosawerk" (49), das Märchen *Die Prinzessin von Banalien*. Wenig später erschien der erste Band mit Erzählungen und 1876 *Božena*. Den „ersten großen und bleibenden Erfolg" (55) erzielte die Autorin allerdings erst 1880 mit ihrer Erzählung „Lotti, die Uhrmacherin", was eine fruchtbare Zusammenarbeit mit der von Julius Rodenberg herausgegebenen *Deutschen Rundschau* nach sich zog. Anfang der 1880er Jahre etablierte sich Ebner-Eschenbach im Literaturbetrieb mit den *Neuen Erzählungen*, gefolgt von den *Dorf- und Schloßgeschichten*. In dieser Phase erschienen ihre berühmt gewordenen Erzählungen wie „Krambambuli" und „Das Gemeindekind".

Im Kontext all dieser Veröffentlichungen leistete der FreundInnen- und Bekanntenkreis Ebner-Eschenbachs wertvolle Dienste als RatgeberInnen und erste KritikerInnen, darunter Ida von Fleischl-Marxow, Betty Paoli und Louise von François ebenso wie Ferdinand von Saar, Paul Heyse und Hieronymus Lorm, um nur einige zu nennen.

Henn schildert Ebner-Eschenbachs weitere literarische Erfolge wie auch Misserfolge, die die 1880er und 1890er Jahre neben persönlichem Leid prägten, da einige Personen aus ihrem näheren Umfeld aus dem Leben schieden. So auch ihr Mann Moritz im Januar 1898, der nicht mehr miterlebte, wie Ebner-Eschenbach als erste Frau mit der Verleihung des Ehrendoktorats der *Universität Wien* ausgezeichnet wurde.

Erst im letzten Kapitel allerdings kommt Henn dezidiert auf historische Ereignisse zu sprechen, wenn sie schildert, wie Ebner-Eschenbach nach dem Attentat von Sarajewo und dem Beginn des Ersten Weltkriegs „ängstlich die Ereignisse“ verfolgte (117). Sie, die „das Ende des Ersten Weltkriegs und der Monarchie nicht mehr“ mitbekam (119), zeigt sich in ihren Tagebüchern, Aphorismen und besonders in ihrem poetischen Werk als aufmerksame Beobachterin ihrer Zeit. Diesem Aspekt hätte der Band, der ein ereignisreiches Leben und vielfältiges Werk sowie die biografischen und historischen Zusammenhänge vor dem Hintergrund der Donaumonarchie präsentieren möchte, durchaus mehr Platz einräumen dürfen.

Die literarischen Texte Ebner-Eschenbachs werden von Henn in aller Komplexität und Mannigfaltigkeit, sowohl Gattung als auch Stil betreffend, vorgestellt und analytisch auf einem wissenschaftlich hohen Niveau kommentiert, speziell dann, wenn auf besondere Kennzeichen der Texte wie beispielsweise Ironie aufmerksam gemacht wird. So wird Henn einem bisher unterschätzten Merkmal, der literarästhetischen Qualität der Arbeiten Ebner-Eschenbachs, in besonderer Weise gerecht. Gerade dadurch zeigt Henn, dass dieses Werk auch heutigen LeserInnen etwas zu sagen hat.

Henns *Meteore*-Band leistet einen bemerkenswerten Beitrag dazu, sowohl professionelle als auch nicht-professionelle LeserInnen an die Lektüre heranzuführen und bestenfalls auch eine erneute wissenschaftliche Auseinandersetzung mit den Texten Marie von Ebner-Eschenbachs anzuregen und somit die Loslösung vom traditionellen Bild über die Autorin voranzutreiben. Wertvoll dabei ist nicht nur die von Henn besonders hervorgehobene Gattungs- und Themenvielfalt dieser Autorin sowie die ergänzenden Werkanalysen sowohl bekannter als auch weniger bekannter Texte, sondern ebenfalls die angefügte Bibliografie der gängigsten Forschungsliteratur, die auch einen ersten Einstieg in die wissenschaftliche Auseinandersetzung erleichtert.

Wenn Henn aufführt, wie in den Texten Ebner-Eschenbachs „schärfste Sozialkritik“ (67) formuliert wird, wie die Autorin „mit Leitmotiven und Symbolen“ (72) arbeitet und dass sie noch 1903 in einem Einakter „das für sie ungewöhnliche und heikle Thema der sexuellen Gewalt“ thematisiert (90), zeigt sie, dass diese Autorin eben kein vorübergehender Meteor war.

Ursula Degener

Geschlechterkampf im Privaten? Feministische Selbstreflexionen in der schwedischen Kernfamilie des 21. Jahrhunderts

Maria Sveland (2009) Bitterfotze. Übersetzt aus dem Schwedischen von Regine Elsässer. Köln: Kiepenheuer & Witsch (272 S., 8,95 Euro).

„Wie sollen wir jemals eine gleichgestellte Gesellschaft zustande bringen, wenn wir nicht einmal mit denen, die wir lieben, auf gleicher Basis zusammen leben?" In der schwedischen Originalausgabe von Maria Svelands Roman, zuerst veröffentlicht im Jahr 2007, ziert dieses Zitat den Einband. Das Buch der Fernseh- und Radiopublizistin berichtet über die Unzufriedenheit einer jungen, feministisch geprägten Mutter mit ihrem Leben zwischen den unvereinbar scheinenden Bedürfnissen nach partnerschaftlicher Liebe, glücklicher und verantwortungsvoller Mutterschaft, beruflicher Anerkennung und erfüllter Freizeit. Für eine Woche reist sie allein nach Teneriffa, um endlich einmal auszuschlafen und für sich herauszufinden, wie neue Ungleichheiten in ihre Beziehung kamen und wie sie die beginnende und erschreckende Verbitterung darüber bekämpfen kann. Autorin Maria Sveland begründet die Wahl des Titels *Bitterfotze* mit einer Art Flucht nach vorn: Um nicht nach dem Erscheinen des Buches „verbittert" und „Fotze" genannt zu werden, habe sie sich gleich selbst so bezeichnet. Eine „Bitterfotze" sei nicht Opfer, sondern eine Frau, die ihrem Ärger Luft mache.

Die junge Protagonistin Sara, erfolgreiche Journalistin, ist verheiratet mit einem Mann, der ihre feministische Haltung unterstützt, und sie hat einen 2-jährigen Sohn, den sie über alles liebt. Aber sie ringt mit den Erwartungen an ihre Mutterrolle, die mit Schuld- und Pflichtgefühlen belastet ist, und beobachtet, dass ihr Mann, der von ähnlichen Skrupeln frei ist, seinem Beruf vor den Familienpflichten Priorität einräumt – und auch von ihr Rücksicht darauf verlangt. Die autobiografische Erzählung über Saras Leben als junge Mutter, als Berufstätige und als Partnerin sowie die Rückblenden auf Kindheit und Jugend werden immer wieder vor dem Hintergrund gesellschaftspolitischer Beobachtungen und Fakten reflektiert und feministisch-theoretisch analysiert. Es handelt sich bei dem Buch um eine Stil-Collage aus fiktivem Roman im Stil der „Neuen Subjektivität" der 1970er Jahre (vgl. den Essay von Michael Rutschky, „Erfahrungshunger", 1980), Autobiografie, Sachbuch und Reportage. Interessant sind auch die das Buch durchziehenden Zitate der feministischen Autorinnen Erica Jong und Suzanne Brøgger, deren Leidenschaft im Kampf um Selbstbestimmung die Protagonistin bewundert, auch wenn Jongs Plädoyer für sexuelle Befreiung Sara zunächst nicht weiterzuhelfen scheint und ihre Reaktion auf Brøggers späte Hinwendung zu Ehe und Kleinfamilie zwiespältig ist.

Schweden – gelobtes Land des Feminismus?

Sara, Bürgerin des Landes, das sich in Sachen Gleichstellung für eines der fortschrittlichsten der Welt hält, macht sich Gedanken über das Patriarchat im eigenen Denken sowie im Denken der Menschen in ihrer unmittelbaren Umgebung. In der Tat belegt Schweden in Sachen Beschäftigungsquoten, gleicher Bezahlung und politischer Teilhabe von Frauen weltweit nach wie vor die vorderen Ränge. Gender-Pädagogik schon im Vorschulalter, Gender Mainstreaming-Ansätze und Anreize für Vaterschaftsurlaub haben international Nachahmung und Bewunderung gefunden.

Warum wird ein Buch wie Svelands dort zum Bestseller, warum blieb es in Deutschland eher ein Fall für die Feuilletons? Wie hierzulande provozieren auch dort konservativ-feministische Erziehungsexpertinnen die Bevölkerung, wenn sie Kindertagesstätten als patriarchalen Auswuchs und „Kindesmisshandlung" bezeichnen (Anna Wahlgren, *Aftonbladet* 17. November 2005). Aber mit explizit feministischen Positionen wird in Schweden eine breitere Öffentlichkeit erreicht: Dem Beispiel des Premierministers Göran Persson, der sich mehrfach öffentlich als „Feminist" bezeichnete, folgten Politiker vieler anderer, auch liberaler Parteien – auch wenn dies politisch kaum Folgen hatte. Die Partei *Feministische Initiative* verfehlte bei den Wahlen 2006 nur knapp einen eigenen Sitz im Reichstag. Auch wenn die Entgeltungleichheit in Schweden im Vergleich zu anderen Ländern der Welt sehr niedrig ist, gibt es darüber regelmäßig lebhafte Diskussionen. Die Vertreter der derzeitigen bürgerlichen Regierung mögen sich zwar heute nicht mehr als feministisch bezeichnen – das Thema habe in Zeiten ökonomischer Krisen ohnehin nicht Hochkonjunktur, berichtet Terri Herrera in der Zeitung *Expressen* (18. April 2009) – die Ungleichverteilung unbezahlter Arbeit zwischen Männern und Frauen in privaten Haushalten beispielsweise wird jedoch weiterhin immer wieder durch Zeitbudgeterhebungen öffentlich thematisiert, ebenso wie die auffällig starke Segregation des Arbeitsmarktes.

„Was ist verdammte Struktur, was ist private Angst?" (48)

So wurde auch *Bitterfotze* zum Bestseller mit der Klage darüber, wie Gleichheitsansprüche im Privaten und die Praxis der Arbeitsteilung in Beziehungen auseinanderklaffen – eine Diskrepanz, die möglicherweise im schwedischen Wohlfahrtsstaat allzu oft durch die Erfolge von Gleichstellungspolitiken in Institutionen und Öffentlichkeit verdeckt wird. Wie im Fall von Sara sind es meist die Mütter, die den Großteil der Erziehungszeit nehmen und ihre Arbeitszeit reduzieren. Mütter mit Kindern unter 6 Jahren haben im Jahr 2000/2001 ca. zwei Drittel der unbezahlten Hausarbeit geleistet (vgl. www.scb.se). Nach außen, so Sveland, stellen Frauen den Verzicht auf beruflichen Erfolg als „freiwillige Entscheidung" dar, auch wenn Verhandlungen darüber häufig nicht oder kaum stattfinden. Konflikte dieser Art würden hinter den „lächelnden Symbiosen" der Beziehungen von jungen Eltern kaschiert, als „Liebeslügen", erzählt die Protagonistin.

Sara beschreibt die paradoxe Situation, in der sich ihr Wissen über strukturelle Ungleichheitsverhältnisse der Geschlechter im Geflecht ihrer Liebesbeziehung, ihrer Mutterrolle und ihrer Berufs- und Freizeitinteressen verheddert hat. Die LeserInnen begleiten sie dabei, ihre Gedanken, Enttäuschungen und Erwartungen zu entwirren und zu ordnen – mit Erfolg: Sie sieht schließlich „eine Reihe von Möglichkeiten, neu anzufangen" (263). Sie kommt zurück mit einer Entscheidung für ihre Beziehung, aber auch mit klareren Vorstellungen, was sie für sich erkämpfen will – zunächst im Privaten: „Ich werde nie wieder um Entschuldigung bitten, weil ich meine Seele besitzen will und mein Leben" (ebd.). Dabei erscheint sie jedoch weder politisch noch persönlich anspruchslos: Aus dem schwedischen Kontext heraus wird verständlich, dass nach Jahrzehnten politischer Verhandlungen über Geschlechterverhältnisse in der Öffentlichkeit gerade im Privaten wieder mehr Engagement verlangt wird – im Rahmen eines öffentlichen Diskurses, versteht sich. Es ist kein revolutionäres Buch, und der Kampf, den Sara vor Augen hat, ist nicht mehr der große, leidenschaftliche und politische Kampf der Frauenbewegung der 70er Jahre – aber ein Kampf ist es allemal, den sie hier ausficht – mit sich selbst und ihrer Familie. Zur revolutionären Haltung, die manche KritikerInnen am Buch vermissen, gehörte vielleicht auch eine gewisse Blauäugigkeit im Hinblick auf die rationale Veränderbarkeit von emotionalen Bedürfnissen und Erwartungen in Beziehungen, die Feministinnen des 21. Jahrhunderts mit poststrukturalistischem und dekonstruktivistischem Hintergrund nicht mehr zu Gebote steht. Das Ende ist demnach bescheiden und realistisch: ein „klassisches heteronormatives 21. Jahrhundert-Ende" (263), das sich der strukturellen Grenzen individuellen Handelns bewusst ist.

Ankündigungen

Freiburger Zeitschrift für GeschlechterStudien

Freiburg, im Juli 2011

Kontakt
Albert-Ludwigs-Universität Freiburg
Zentrum für Anthropologie und Gender Studies (ZAG)
Freiburger Zeitschrift für GeschlechterStudien
Belfortstraße 20
D - 79098 Freiburg
Geschäftsführende Herausgeberinnen der *Freiburger Zeitschrift für GeschlechterStudien*:
Prof. Dr. Nina Degele nina.degele@soziologie.uni-freiburg.de
Dr. Elke Gramespacher elke.gramespacher@sport.uni-freiburg.de

Die bisherige Schriftenreihe *Freiburger GeschlechterStudien* und nun die *Freiburger Zeitschrift für GeschlechterStudien* bietet seit 1995 ein wissenschaftliches Forum für die Diskussion geschlechterbezogener Fragen. Sie ist gekennzeichnet durch ihre interdisziplinäre Ausrichtung, die nicht nur den Brückenschlag zwischen geistes-, sozial- und kulturwissenschaftlichen Disziplinen, Paradigmen und Verortungen, sondern darüber hinaus auch mit Technik-, Naturwissenschaften und Medizin sowie einer wissenschaftstheoretischen Reflexion dieses Verhältnisses sucht. Die *Freiburger Zeitschrift für GeschlechterStudien* ist ein deutschsprachiges Publikationsorgan für eine ambitionierte Geschlechterforschung, die sich mit wissenschaftlich anspruchsvollen wie auch mit gesellschaftlich brisanten Themen auseinandersetzt.

Mit der Neuausrichtung verfolgen wir das Ziel, die Qualität und die Sichtbarkeit der bisherigen Schriftenreihe als zweimal jährlich erscheinende interdisziplinäre Fachzeitschrift für Geschlechterforschung zu steigern und mittelfristig in den internationalen Zitationsindex aufgenommen zu werden. Dazu können bei den derzeitigen geschäftsführenden Herausgeberinnen der *Freiburger Zeitschrift für GeschlechterStudien* jederzeit frauen-, männer-, gender- oder auch queertheoretisch fundierte wissenschaftliche Beiträge eingereicht werden, die künftig in einem zweistufig einzuführenden double-blind-peer-review-Verfahren begutachtet werden: In der ersten Stufe des Verfahrens (im Jahrgang 2012) werden die eingereichten Beiträge durch die HerausgeberInnenschaft der Zeitschrift begutachtet, in der zweiten Stufe (geplant: ab dem Jahrgang 2013) erfolgt ein double-blind-peer-review-Verfahren. Darüber hinaus werden weiterhin regelmäßig Hefte mit Schwerpunktthemen erscheinen. Für den nächsten Jahrgang der *Freiburger Zeitschrift für GeschlechterStudien* (2012) ist dabei der thematische Zusammenhang von *Geschlecht und Musik* geplant.

Call for Papers *Musik & Gender*

Männer und die Konstruktion von Männlichkeit rücken derzeit stark ins Blickfeld. Sind die Fragen, die vor gut 50 Jahren unter dem Titel ‚Frau und Musik' am Anfang einer genderorientierten Musikwissenschaft standen, inzwischen beantwortet? Keinesfalls. Nach wie vor gilt es, den Anteil von Frauen an Musik und Musikgeschichte aufzuarbeiten und ihre Hinterlassenschaften zu sichern, heute allerdings mit einem erweiterten Forschungsansatz. So sind etwa unterschiedliche Handlungsspielräume von Frauen und Männern in den Blick gerückt. Konstruktionen von ‚Weiblichkeit' und ‚Männlichkeit' sind ebenso hinterfragt wie deren bipolare Verengung. In der notierten europäischen Musik hat das Spiel mit Geschlechterrollen eine weit zurückreichende Tradition. Diverse Geschlechterregelungen und Musikverbote (religiöse, ständische, ethnische, biologisch legitimierte) haben dazu herausgefordert, sie zu hintergehen. Hohe Stimmen können außer als ‚weiblich' auch mit ‚engelhaft', ‚göttlich' oder hochherrschaftlich ‚rein' konnotiert sein, unabhängig davon, wer sie ausführt. Keusch lebende ‚heilige' Frauen und Männer wurden im monastischen Kontext lange geschlechtlich von profanen unterschieden, ebenso wie Kastraten, die bis ins 18. Jahrhundert hinein als gesondertes Geschlecht gelten. Die sichtbare und vorgetäuschte Camouflage spielt von Beginn an auch im Musiktheater eine zentrale Rolle. Mit der Kolonialisierung und der Globalisierung konnten auch ganz andere Konzepte des Musizierens entdeckt werden. In elektronischer Musik, in der Töne synthetisch erzeugt und die Ton produzierenden menschlichen Körper durch Maschinen ersetzt werden, oder in sogenannter „Netzmusik" ist indessen der Geschlechterdiskurs nicht aufgehoben, wie anfänglich vermutet worden war. Vielmehr hat sich das Spielfeld durch die digitalen Medien und das Internet entschieden verbreitert, nicht zuletzt in Bezug auf die Selbstinszenierung von Stimme und Körper. Es bleiben grundsätzliche Fragen offen. Gibt es eine geschlechtsneutrale Musik? Welche Bedeutung haben erweiterte Geschlechterkonzepte in der gegenwärtigen Musiktheorie und Musikpraxis? Wird Musik geschlechterspezifisch vermittelt?

Das mögliche Themenspektrum umfasst systematische wie historische Ansätze:

- Konstruktionen von ‚Weiblichkeit' und ‚Männlichkeit' in Musik
- Stimme, Körper, Instrument und deren Vergeschlechtlichung
- Die Instrumentalisierung von binären Geschlechter-Modellen in der europäischen Geschichte
- Musikästhetik gegendert
- Sind Tonsatz oder Sampel geschlechtsneutral?
- Komponistinnen, Dirigentinnen, Interpretinnen, Mäzeninnen, Pädagoginnen, ihre Werke und ihre Biografien im soziokulturellen Kontext

- Musikalische Handlungsmöglichkeiten von Frauen und Männern in unterschiedlichen historischen Epochen
- Musik und Geschlecht in unterschiedlichen Kulturen bzw. Prozesse und Phänomene des Othering
- Medialität, Performativität und Performances
- Genderspezifische und -konstituierende Musikerziehung

Bitte reichen Sie Ihren Text zum Thema *Musik & Gender* bis 15.12.11 bei den geschäftsführenden Herausgeberinnen ein. Der Text sollte max. 40.000 Zeichen umfassen, eine Rezension zum Thema *Musik & Gender* max. 12.000 Zeichen (jeweils inkl. Leerzeichen). Formatieren Sie Ihren Text bitte nicht! *Vielen Dank*!

Veranstaltungsreihe „Freiburger GeschlechterStudien"
im Wintersemester 2011/2012

„Musik und Genderdiskurs"

Männer und die Konstruktion von Männlichkeit rücken derzeit stark ins Blickfeld. Sind die Fragen, die vor gut 50 Jahren unter dem Titel ‚Frau und Musik' am Anfang einer genderorientierten Musikwissenschaft standen, inzwischen beantwortet? Keinesfalls. Nach wie vor gilt es, den Anteil von Frauen an Musik und Musikgeschichte aufzuarbeiten und ihre Hinterlassenschaften zu sichern, heute allerdings mit einem erweiterten Forschungsansatz. So sind etwa unterschiedliche Handlungsspielräume von Frauen und Männern in den Blick gerückt. Konstruktionen von ‚Weiblichkeit und ‚Männlichkeit' sind ebenso hinterfragt wie deren bipolare Verengung. In der notierten europäischen Musik hat das Spiel mit Geschlechterrollen eine weit zurückreichende Tradition. Diverse Geschlechterregelungen und Musikverbote (religiöse, ständische, ethnische, biologisch legitimierte) haben dazu herausgefordert, sie zu hintergehen. Hohe Stimmen können außer als ‚weiblich' auch mit ‚engelhaft', ‚göttlich' oder hochherrschaftlich ‚rein' konnotiert sein, unabhängig davon, wer sie ausführt. Keusch lebende ‚heilige' Frauen und Männer wurden im monastischen Kontext lange geschlechtlich von profanen unterschieden, ebenso wie Kastraten, die bis ins 18. Jahrhundert hinein als gesondertes Geschlecht gelten. Die sichtbare und vorgetäuschte Camouflage spielt von Beginn an auch im Musiktheater eine zentrale Rolle. Mit der Kolonialisierung und der Globalisierung konnten auch ganz andere Konzepte des Musizierens entdeckt werden. In elektronischer Musik, in der Töne synthetisch erzeugt und die Ton produzierenden menschlichen Körper durch Maschinen ersetzt werden, oder in sogenannter ‚Netzmusik' ist indessen der Geschlechterdiskurs nicht aufgehoben, wie anfänglich vermutet worden war. Vielmehr hat sich das Spielfeld durch die digitalen Medien und das Internet entschieden verbreitert, nicht zuletzt in Bezug auf die Selbstinszenierung von Stimme und Körper. Es bleiben grundsätzliche Fragen offen. Gibt es eine geschlechtsneutrale Musik? Welche Bedeutung haben erweiterte Geschlechterkonzepte in der gegenwärtigen Musiktheorie und Musikpraxis? Wird Musik geschlechterspezifisch vermittelt?

Wintersemester

Donnerstag, 20. Oktober 20 h c.t. – HS 1015
Prof. Dr. Janina Klassen (Freiburg)
„Die Stimme der Frau kann man absolut nicht toppen" Musikwissenschaftliche Perspektiven im Geschlechterdiskurs

Das Spiel mit Identitäten, Weiblichkeit und Männlichkeit, Camouflage und Hosenrollen gehört zum attraktiven Repertoire musikalisch künstlerischer Kreativität. Es ist ein allgemein bekanntes Phänomen und wird nicht nur in Werkkonzepten, sondern auch in der Selbstinszenierung und Werbung erfolgreich genutzt, wie illustre Beispiele aus jüngerer Zeit (etwas Tiny Tim, Prince oder Michael Jackson) zeigen. Ein Rückblick in die Geschichte verdeutlicht, dass solche Phänomene nicht immer spielerische Funktionen haben, sondern mitunter anderen Motiven entspringen, etwas sozial wie religiös begründeten Ausgrenzungen. Im Vortrag werden unterschiedliche Stationen der musikalischen Handlungsspielräume von Frauen und Männern angesprochen. Der Grad zwischen ästhetischem Handeln und gesellschaftlicher Wirklichkeit wird dabei immer wieder zu bestimmen sein.

Janina Klassen, Professorin für Musikwissenschaften in Freiburg. Studium der Fächer Musik- und Literaturwissenschaft, Philosophie und Italienischen in Freiburg, Wien, Siena und Paris. Promotion 1989, Fakultätspreis 1990, Habilitation 1997. Tätigkeiten als Dramaturgin und im Verlagswesen. Derzeitige Forschungsschwerpunkte: Musik und Sprachtheorie, Musikgeschichte und -theorie seit der Frühzeit, zeitgenössische Musikkonzepte und Gender Studien.

Donnerstag, 27. Oktober 20 h c.t. – HS 1015
Prof. Dr. Stefan Johannes Morent (Tübingen), Moderation und Diskussion: Prof. Dr. Magnus Striet (Freiburg) und Prof. Dr. Joseph Willimann (Freiburg)
Die Komponistin Hildegard von Bingen?

Die Figur der Hildegard von Bingen (1098-1179) fasziniert bis heute – was nicht zuletzt der kürzliche Kinofilm *Vision* von Margarethe von Trotta zeigte. Auch hier finden sich wieder zahlreiche der Klischees und Superlative, wie ‚Heilige', ‚erste deutsche Ärztin', ‚Hildegards Heilkunde' u.a., mit denen die Person Hildegards, beginnend in ihrem eigenen zeitgenössischen Umfeld, bis heute angereichert wurde und sich als nicht mehr hinterfragte Etikettierungen verselbständigt haben. Was Hildegards Musik betrifft, war sie von der Musikwissenschaft bis in die 80er Jahre des vorigen Jahrhunderts kaum beachtet. Allein vor dem Hintergrund des Gregorianischen Chorals betrachtet, wurden ihre Gesänge wahlweise als staunenswertes Exoticum oder dekadente Verirrung klassifiziert. Im Zuge des Hildegard-Kongresses 1998 in Bingen wurde dann im Zeichen der Dekonstruktion versucht, Hildegard in den Kontext ihrer Zeit einzuordnen. Dabei wurde auch die Hildegard zugeschriebene Musik kritisch beleuchtet sowie Hildegards Rolle als Urheberin der Gesänge in Frage gestellt und bis heute wird kontrovers diskutiert, ob und wie von Hildegard als ‚Komponistin' gesprochen werden kann. Der Vortrag diskutiert anhand musikalischer Analysen, der Interpretation des Überlieferungsprozesses bei den Gesängen Hildegards und des Kompositionsbegriffes im Mittelalter die verschiedenen Standpunkte und Argumente, die für und gegen eine Auffassung Hildegards als Komponistin sprechen.

Prof. Dr. Stefan Johannes Morent, studierte Musikwissenschaft und Informatik an der Universität Tübingen, Blockflöte und historische Aufführungspraxis am Institut für Alte Musik der Staatlichen Hochschule für Musik Trossingen bei Kees Boeke sowie Musik des Mittelalters bei Andrea von Ramm und Sterling Jones. Er promovierte 1997 mit „Studien zum Einfluss instrumentaler auf vokale Musik im Mittelalter". 2004 habilitierte er mit dem Thema „Das Mittelalter im 19. Jahrhundert. Ein Beitrag zur Kompositionsgeschichte in Frankreich". 2010 war er Visiting Professor an der University of Berkeley und seit 2011 hat er die Vertretungsprofessur für den Lehrstuhl für Musikwissenschaft an der Universität Heidelberg.

Magnus Striet ist seit 2004 Professor für Fundamentaltheologie an der Albert-Ludwigs-Universität Freiburg im Breisgau. Er promovierte 1998 mit der Arbeit „Das Ich im Sturz der Realität. Philosophisch-Theologische Studien zu einer Theorie des Subjekts im Anschluss an die Spätphilosophie Friedrich Nietzsches". 2001 habilitierte er und erhielt die venia legendi für das Fach Dogmatik und Dogmengeschichte. Thema der Arbeit: Offenbares Geheimnis. Zur Kritik der negativen Theologie

Joseph Peter Willimann (geb. 1955 in Zürich): Professor für Musikwissenschaft an der *Hochschule für Musik* Freiburg i.Br. seit 2003; Studium der Musik, Musikwissenschaft, Philosophie und Didaktik an *Musikhochschule und Universität Zürich*. Klavierdiplom (1981), Lizentiat (1985) und Doktorat (1994) mit einer Arbeit über Ferruccio Busoni. Redaktor und Produzent bei Radio DRS 2 Zürich (1985-1990), Wissenschaftlicher Mitarbeiter und Lehrbeauftragter am *Musikwissenschaftlichen Institut* der *Universität Basel* (1990-2003), daselbst Habilitation mit einer Arbeit über spätmittelalterliche Motetten des deutschen Sprachbereichs (2000). Herausgebender Redaktor des *Schweizer Jahrbuchs für Musikwissenschaft* 1987-2009, Präsident der *Schweizerischen Musikforschenden Gesellschaft SMG* 1995-2000. Mitglied des *Direktoriums der Internationalen Gesellschaft für Musikwissenschaft IMS* seit 2008. Lebt in Therwil CH bei Basel..

Donnerstag, 3. November 20 h c.t. – HS 3042
Dr. Cornelia Bartsch (Basel)
Das Andere des Autors/der Autor des Anderen – Perspektiven auf Prozesse von Othering und Selbstaffirmation in der europäischen Musikgeschichte

Die Konstruktion musikalischer Autorschaft, wie sie für die europäische Musikgeschichte seit der Wende zum 19. Jahrhundert maßgeblich wurde, ist eng mit Vorstellungen verknüpft, die in globaler Perspektive einen Gegensatz zu Tradierungs- und Sozialformen von Musik in zahlreichen ‚nicht-europäischen' Kulturen bilden. Dies gilt für das Kriterium der Originalität ebenso wie für die Repräsentation und Tradierung des ‚musikalischen Kunstwerks' durch die Schrift. Die Konstituierung des musikalischen Autors scheint dabei zu Beginn des 19. Jahrhunderts strukturell verknüpft mit der Bändigung und Einverleibung des musikalisch ‚Wilden', das sich der Schrift eigentlich entzieht – und das sowohl weiblich konnotiert als auch auf die musikalischen Praxis der vermeintlich ‚wilden' und fremden Völker projiziert wurde. Der Vortrag wird der diskursiven Verknüpfung von Gender und Ethnizität in der Konzeption musikalischer Autorschaft nachgehen und Schlaglichter auf Phänomene des musikalischen Othering im 18. und 19. Jahrhundert werfen.

Cornelia Bartsch studierte Schulmusik, Politologie und Germanistik in Osnabrück und Berlin und promovierte über „Fanny Hensel – Musik als Korrespondenz". Sie war Assistentin für Musikwissenschaft und Gender an der Universität der Künste Berlin, lehrte an Musikhochschulen und Universitäten in Deutschlang Österreich und der Schweiz. Forschungsschwerpunkte: Musik im jüdischen Akkulturationsprozess, Fanny Hensel und Felix Mendelssohn Bartholdy, Ethel Smyth, Beethoven-Rezeption, Musik und Geschlechtergeschichte um 1900, Othering und Selbstaffirmation in der europäischen Musikgeschichte.

Mittwoch, 9. November 19 h c.t. – CSH
Prof. Dr. Nanny Drechsler (Karlsruhe)
Nahe Ferne – Komponistinnen aus Osteuropa und

Prof. Dr. Christine Fischer (Basel)
Aufführungsarbeit als Forschung und Wissensvermittlung – der Austausch zwischen Wissenschaft, Aufführungspraxis und Öffentlichkeit am Beispiel von Francesca Caccinis „La liberazione di Ruggiero dall'isola d'Alcina"

Diskussion und Moderation Prof. Dr. Christian Berger (Freiburg)

„Nicht-hören trennt den Menschen vom Menschen." (Immanuel Kant)

Wenn es uns gegenwärtig in der Kultur- und Musikgeschichtsschreibung des 20. Jahrhunderts darum geht, Komponistinnen in der Musikwelt gleichberechtigt zu etablieren, kommt der Musikavantgarde im Osten Europas ein besonderer Schwerpunkt zu: Emigrations- und Exilproblematik, Spiritualität und Intermedialität russischer und rumänicher Komponistinnen sollen durch Werkbetrachtungen von Myriam Marbe, Sofia Gubaidulina, Adriana Hölszky u.a. als Diskussionskomplex der ‚Gender-Thematik' zur Sprache gebracht werden.

Prof. Dr. Nanny Drechsler studierte Musik (Diplom Klavier, Orgel) und die Fächerkombination Musikwissenschaft, Philosophie und Kunstgeschichte in Freiburg i.Br.; sie lehrt Musiktheorie an der Hochschule für Musik in Karlsruhe. Forschungsschwerpunkte: Systematische Musikwissenschaft, ‚Musik und Gender'.

Die musikalische Genderforschung steht vor einem Vermittlungsproblem: Vieles, wenn auch bei weitem nicht alles, ist erforscht, einer weiteren Öffentlichkeit bekannt davon ist wenig – nicht zuletzt die Namen von komponierenden Frauen oder auch deren Musik. Doch gerade der Transfer des Genderwissens in die Öffentlichkeit ist ein zentraler Punkt des mainstreaming und führt notwendigerweise zurück auf die ureigenste Vermittlungsform von Musik, die Aufführung. Die inzwischen lange Tradition der Historisch Informierten Aufführungspraxis hat Charakteristika, die sich mit den musikalischen Vermittlungsanliegen in Sachen Gender ideal zu decken scheinen: Die Frage nach der Wirksamkeit des Austausches zwischen Wissenschaft und Praxis durch die Aufführung steht ebenso so lange schon im Mittelpunkt wie die Entdeckerlust, was neue, unbekannte oder wenig aufgeführte Kompositionen angeht.

An diesen Überlegungen setzt das von Christine Fischer geleitete Forschungsprojekt „Gender Transgressionen" an der Schola Cantorum Basiliensis an, in dem in Form von Tagung, wissenschaftlich begleiteter Probenarbeit, Aufführung und Diskussion über die Aufführung, Genderwissen vermittelt werden soll. Vor diesem theoretischen Hintergrund stellt der Vortrag einen Bericht aus der Praxis der Arbeit an der Aufführung von Francesca Caccinis „La liberazione di Ruggiero dall'isola di Alcina" (Florenz, 1625) dar, der ersten Etappe des Forschungsprojektes.

Christine Fischer studierte Musikwissenschaft, Kunstgeschichte und italienische Literaturwissenschaft in München (Ludwig-Maximilians-Universität) und Los Angeles (University of California). Nach ihrer Magisterarbeit über die italienische Madrigalkomponistin Cesarina Ricci de' Tingoli promovierte sie als Assitentin am Institut für Musikwissenschaft in Bern über die Musiktheaterkompositionen der sächsischen Kurfürstin Maria Antonia Walpurgis (*Instrumentierte Visionen weiblicher Macht. Maria Antonia Walpurgis' Werke als Bühne politischer Selbstinszenierung*, (Schweizer Beiträge zur Musikforschung 7), Bärenreiter, 2007). Seit 2007 ist sie Förderungsprofessorin des Schweizerischen Nationalfonds an der Schola Cantorum Basiliensis. Neben einem interdisziplinären Forschungsprojekt zu italienischer Oper an deutschsprachigen Höfen des 17. und 18. Jahrhunderts leitet sie seit Frühjahr 2011 auch das vom Bundesamt für Berufsbildung und Technologie mitfinanzierte Forschungsprojekt Gender Transgressionen. Zudem ist sie verantwortlich für die wissenschaftliche Konzeption und Dramaturgie der Opernaufführungen der Schola Cantorum Basiliensis.

Prof. Dr. Christian Berger wurde nach dem Studium der Schulmusik und der Musikwissenschaft in Freiburg, Hamburg, Berlin und Kiel 1982 in Kiel promoviert, wo er von 1981 bis 1994 Assistent war. Von 1990 bis 1995 nahm er zahlreiche Vertretungen wahr, bis er 1995 dem Ruf auf den Lehrstuhl für Musikwissenschaft an der Universität Freiburg folgte. Schwerpunkte seiner Forschung sind die Musiktheorie des Spätmittelalters, insbesondere die Hexachord- und Modus-Lehre, die Musik des 14. und 15. Jahrhunderts, deutsche und italienische Instrumentalmusik des 17. und die französische Musik und Musikanschauung des 18. und 19. Jahrhundert.

Dienstag, 15. November 20 h s.t. – Theater Freiburg (Kammerbühne)
Szenische Lesung und Podiumsdiskussion mit Katharina Parpart, Judith Hantel und Samuel Tomczyk (Frischfleisch, Freiburg), Heike Müller-Merten (Freiburg), Darja Stocker (Zürich), Dr. Jenny Warnecke (Freiburg). Moderation: Andrea Zimmermann M.A.
Frischfleisch präsentiert: „Zornig geboren“ von Darja Stocker

Wie ist politischer Widerstand heute möglich? Die junge Sophie will dem Elend der Welt nicht länger zusehen und engagiert sich für Hilfsprojekte in Afrika. Doch dabei hat sie ständig übermächtige Vorbilder vor Augen: Sophies Großmutter Olivia kämpfte in der Résistance und überlebte KZ und Arbeitslager. Die Kurtisane Olympe de Gouges versuchte während der Französischen Revolution die Emanzipation der Frauen gegen Robespierre durchzusetzen – und landete auf dem Schafott.

Darja Stocker, ausgezeichnet beim Heidelberger Stückemarkt 2005, verdichtet in „Zornig geboren“ Szenen aus unterschiedlichen Zeiten und Räumen. Doch immer geht es um Widerstand gegen die herrschenden Verhältnisse, und immer sind es Frauen, die die Initiative ergreifen. Die Gruppe „Frischfleisch“ des Theater Freiburg präsentiert Darja Stockers jüngstes Stück in Kooperation mit den Freiburger GeschlechterStudien der Universität Freiburg.

Die Gruppe **FRISCHFLEISCH** hat sich als Fortsetzung einer gemeinsamen Seminarreihe von Deutsches Seminar II (Prof. Dr. Günter Saße und Prof. Dr. Werner Frick) und Theater Freiburg (Christoph Lepschy und Josef Mackert) etabliert.

Seit der Spielzeit 2006/7 stellt die Gruppe FRISCHFLEISCH die Ergebnisse ihrer Recherchearbeit zur zeitgenössischen Dramatik öffentlich vor. Einmal im Monat präsentiert sie zusammen mit SchauspielerInnen und Regieassistenten unter der Leitung von Josef Mackert neue Texte zeitgenössischer AutorenInnen als szenische Lesungen in der Kammerbühne des Theater Freiburg. In den vergangenen Spielzeiten inszenierte FRISCHFLEISCH u.a. Texte von Björn Bicker, Rebekka Kricheldorf, Dirk Laucke, Dea Loher, Philipp Löhle, Ewald Palmetshofer, Nis Momme Stockmann und Theresia Walser.

Darja Stocker, geboren 1983 in Zürich, schreibt seit 1998 literarische Prosa- und Theatertexte. Ihr Debütstück „Nachtblind" entstand im Rahmen eines Work-in-Progress am Züricher Theater an der Winkelwiese. Damit gewann sie den Autorenpreis des Heidelberger Stückemarkts und wurde zu den 32.Mülheimer Theatertagen eingeladen. Es folgten Inszenierungen u.a. in Zürich, Hannover, Hamburg, München, Leipzig, Stuttgart. „Nachtblind" wurde in acht Sprachen übersetzt und wurde auch im Ausland aufgeführt, z.B. in Oslo, Buenos Aires, Santiago de Chile, Montreal und bald in Alexandria. Ihr zweites Stück „Zornig geboren" entstand im Rahmen eines vom Hauptstadtkulturfonds geförderten Stipendiums zum Thema „Rebellion und Melancholie" am Maxim Gorki Theater. 2009 kam es dort in der Regie von Armin Petras am Maxim Gorki Theater zur Uraufführung und wurde ans Theaterfestival Havanna nach Kuba eingeladen, wo es den Preis für die zweitbeste ausländische Inszenierung gewann. Derzeit studiert Darja Stocker „Szenisches Schreiben" an der Universität der Künste in Berlin, wo sie an einem Auftragswerk für das Nationaltheater Weimar und das Centraltheater Leipzig arbeitet.

Heike Müller-Merten: Nach dem Studium der Theaterwissenschaft in Leipzig von 1993 bis 2003 Dramaturgin und Chefdramaturgin am Staatsschauspiel Dresden, von 2005 bis 2008 Chefdramaturgin am Schauspiel Leipzig. Außerdem war sie Dozentin an der Hochschule für Musik und Theater Felix-Mendelssohn-Bartholdy in Leipzig (2007 und 2008) sowie an der Akademie für Darstellende Kunst Baden-Württemberg in Ludwigsburg (2009 bis 2010). 2009 Mitglied der Preisjury für den Mülheimer Theaterpreis, 2010 Kuratorin des Rahmenprogramms für die Biennale „Neue Stücke aus Europa". Seit November 2010 ist sie Dramaturgin und Mitglied der Theaterleitung am Theater Freiburg.

Jenny Warnecke, geboren 1975 in Frankfurt am Main. Seit 1996 in Freiburg. Magistra-Arbeit: „Körpergedächtnis und Gedächtnispolitik. Die deutsch-jüdische Schriftstellerin Esther Dischereit" Doktorarbeit über Louise Aston veröffentlicht 2011 im Ulrike Helmer Verlag in zwei Bänden: „Frauen im Strudel gewaltiger Thaten. Louise Astons „Revolution und Contrerevolution 1849" und „Louise Astons ‚Revolution und Contrerevolution 1849'"als Edition.

Andrea Zimmermann ist Dozentin und Assistentin am Zentrum Gender Studies der Universität Basel. Sie studierte Katholische Theologie und Neuere deutsche Literaturwissenschaft in Freiburg und Edinburgh, war 2005-2008 Mitglied des Basler Graduiertenkollegs „Gender in Motion" und schreibt zurzeit an einer Dissertation über die performative Verfertigung von (Geschlechts-)Identitäten in zeitgenössischen Theatertexten. Seit 2004 arbeitete sie außerdem als Dramaturgin u. a. am Theater Freiburg und am Düsseldorfer Schauspielhaus.

Donnerstag, 24. November 20 h c.t. – HS 1015
Prof. Dr. Jessica Gienow-Hecht (Köln)
Männer und Musik: Wie deutsche Dirigenten das Gefühl in die USA exportierten

Zwischen 1865 und 1915 boomte in den USA die klassische Musik. In fast allen großen Städten, darunter San Francisco, Chicago und New York, entstanden weltberühmte Sinfonieorchester darunter z.B. das Boston Symphony Orchestra, bevölkert von hunderten von Instrumentalisten. Das ist kurios: Musik – der manifestierte Ausdrcuk von Emotion – galten im sptäviktorianischen Amerika als weiblich, wie überhaupt jegliche Hochkulture als weich und weiblich wahrgenommen wurde. In der Welt Theodore Roosevelts, die maskuline Körperkultur, kriegerische Härte und materialistische Prioritäten betonte, schien der Beruf des Musikers dem amerikanischen Mann äußerst unangemessen. Die nationalisiert-, ‚feminine' Perzeption von Musik diskreditierte oft die Kunst amerikanischer Komponisten und Soloisten – ein echter Amerikaner machte keine Musik, vor allen Dingen keine gute Musik. Warum, so fragt der Vortrag, konnten dann europäische Musiker in den USA ihre Emotionen darstellen und amerikanische Männer nicht?

Jessica Gienow-Hecht ist Professorin für Internationale Geschichte / historische Friedens- und Konfliktforschung an der Universität zu Köln. Ihr Forschungsgebiet ist die Rolle der Kultur in den internationalen Beziehungen. Ihre Monographien, *Transmission Impossible: American Jorunalism as Cultural Diplomacy in Postwar Germany, 1945-55* sowie *Sound Diplomacy: Music and Emotions in Transatlantic Relation, 1850-1920* sind international ausgezeichnet worden.

Mittwoch, 30 November 20 h s.t. –
Centre Culturel Français (Altes Kornhaus)
Konzert-Soirée mit Sophie Marest (Freiburg), Claudia Spahn (Freiburg) und Mathias Schillmöller (Freiburg)
Gaukler und amerikanische Mädchen – Parade, und andere Kompositionen

Jean Cocteaus *Ballet réaliste* Parade erlebte im Mai 1917 einen Skandalerfolg à la *Sacre du printemps*. Das Ballett ist eine avantgardistische Koproduktion mit der Geräuschmusik von Erik Satie, der Bühnenausstattung von Pablo Picasso und der Choreographie der Russischen Ballette um Serge Diaghilew. Die auftretenden Figuren, Manager, Gaukler und ein amerikanisches Mädchen spiegeln Klischees einer fragilen Zeitphase zwischen Romantik und Moderne, Belle Epoque und Années Folles. Parade ist eine zugleich Parade der Avantgardebewegungen und Metapher über Kunst und Rezeption.

Das Ballett erklingt in der Fassung für Klavier vierhändig und Geräusche und wird mit Texten und Originalphotos der Premiere untermalt. Um den eigenwilligen Charakter dieser künstlichen Trivialmusik zu verdeutlichen, werden auch andere Kompositionen zu den Themen Ragtime, Montmartre und Jahrmarkt zu hören sein. Erik Saties Sports et divertissements gewähren lakonische Einblicke in Mode und Lebensart der Pariser Gesellschaft des beginnenden 20. Jahrhunderts.

Sophie Marest, Studium Klavier und Orgel in Paris. Konzerttätigkeit in Deutschland und Frankreich. Schwerpunkt: interdisziplinäre Aufführungspraxis. Seit 2004 künstlerische Leiterin der Kulturstätte Les Dominicains de Haute-Alsace Guebwiller (Elsass).

Claudia Spahn, Leiterin des Freiburger Instituts für Musikermedizin, HfM und Universitätsklinikum Freiburg. Studium der Medizin und Musik, Promotion, Habilitation. Seit vielen Jahren künstlerisch aktiv im Bereich der interdisziplinären Aufführungspraxis. Mit Sophie Marest und Mathias Schillmöller Musiktheaterprojekte in Frankreich mit „La Compagnie Trompe-l'Oeuil", Musik-Cabaret der zwanziger Jahre als Duo „Die schönen Baritons" mit Bernhard Richter.

Mathias Schillmöller, Studium Schulmusik, Musikwissenschaft, Klavier, Dirigieren, Romanistik und Kunstgeschichte in Paris und Freiburg. Promotion zu Ravels L'Enfant et les Sortilèges. Oberstudienrat am Deutsch-Französischen Gymnasium Freiburg, umfangreiche künstlerische Tätigkeit als Pianist, Dirigent, Regisseur und Conférencier. Schwerpunkte: Wechselbeziehungen der Künste, deutsch-französische Kulturgeschichte, neue Strategien der Musikvermittlung.

Freitag, 2. Dezember 19:30 h – Kommunales Kino
Filmvorführung mit einer Einführung
On connaît la chanson

Donnerstag, 8. Dezember, 20 h c.t. – HS 1015
Dr. Carolin Stahrenberg (Freiburg)
„Anders als die andern"? (De-)Konstruktionen von Geschlechterrollen im Kabarettchanson der 1920er Jahre

In der Rezeptionsgeschichte des Kabaretts der Weimarer Republik herrschen bis heute zwei Bilder vor: Einerseits das Bild einer intellektuellen, politisch-satirischen Kunst (die „Muse mit der scharfen Zunge"), andererseits die Vorstellung eines erotisch-verruchten, für bürgerliche Moralvorstellungen faszinierend ‚anderen' und somit gefährlichen ‚Cabarets'. Die Bild-, Ton- und Textquellen, die diesen Eindruck untermauern, stammen meist aus den frühen 1930er-Jahren (wie z.B. Isherwoods *Berlin Stories*, die die Vorlage für das Musical *Cabaret* bildeten, oder Sternbergs *Der Blaue Engel*) und stellen fiktionales Material dar.

Inwiefern entspricht der ‚Mythos Weimarer Kabarett', der eng verknüpft ist mit dem Spiel um Geschlechterrollen und Identitätskonstruktionen, der Realität? Wie wurden auf der Bühne des Kabaretts Geschlechterbilder und Geschlechterbeziehungen konstruiert? Hatte die Kabarettbühne explorativen Charakter, konnten hier also Extreme dargestellt und herkömmliche Rollenbilder dekonstruiert werden, oder griff das Kabarettchanson als ‚Spiegel der Zeit' nicht vielmehr bereits existierende gesellschaftliche Rollenbilder auf und verstärkte diese? Der Vortrag versucht anhand von Quellen der frühen 1920er Jahre Antworten auf diese Fragen zu geben und die Chansons in ihrem (inszenierten) Kontext zu rekonstruieren. Dabei wird einerseits das Spiel mit Geschlechterrollen und die Darstellung von Homosexualität im Kabarett thematisiert, andererseits gezeigt, wie sich damalige Geschlechterbilder im alltäglichen Programm der Kabarettbühnen widerspiegeln.

Carolin Stahrenberg studierte Schulmusik, Musikwissenschaft und Germanistik in Hannover und Amsterdam. 2010 Promotion an der Hochschule für Musik, Theater und Medien Hannover bei Susanne Rode-Breymann mit einer Arbeit über „Hot Spots von Café bis Cabaret. Grundrisse und Ansichten musikalischer Handlungsräume im Berlin der Weimarer Republik". Tätigkeiten als wissenschaftliche Mitarbeiterin am Forschungszentrum Musik und Gender in Hannover und am Deutschen Volksliedarchiv in Freiburg im Breisgau. Lehrtätigkeit in Musikwissenschaft an der HMTM Hannover und der Universität Basel. Bisherige Forschungsschwerpunkte: Musiktheater, Musik und Gender, Musik und Raum, populäre Musik, Musikgeschichte der Weimarer Republik.

Sonntag, 11. Dezember 11 h s.t. – Theater Freiburg (Winterer Foyer)
Prof. Dr. Elisabeth Bronfen. Moderation und Diskussion: Friederike Schulte
Weibliche Stimmen der Nacht: Mozarts Sternflammende Königin

16 h s.t. Vorstellung „Zauberflöte" – Theater Freiburg, Großes Haus

Zuerst verführt sie mit ihrer Stimme den jungen Tamino, dann ruft sie Pamina zur Rache auf. In eine ewige Nacht verbannt bleibt am Schluss nur noch von Mozarts sternflammender Königin der Klang jener Zauberflöte, die sie als Gabe an ihre Tochter weitergab. Dennoch hat die dunkel strahlende Figur, die für eine ältere Form der opera seria einsteht, aber auch für eine zu überwindende weibliche Macht, die großen Arien mit den betörenden Kolloraturen. Ihr Gegenspieler Sarastro, unter dessen schwarzer Sonne das Projekt der Aufklärung sich in ihrer ganzen Brutalität durchsetzen wird, hat ironischerweise die tiefsten Töne. Am Streit, den Sarastros Tag mit der Königin der Nacht austrägt, so die Wette meines Vortrages, werden uns nicht nur die Kosten eines Glaubens an das Licht der Vernunft und eine Zügelung der Nachtseite des Denkens und Fühlens vor Augen geführt. Es wird auch ein Rückschlag der Aufklärung in die von ihr verdrängte dunkle Seite des Wissens sichtbar und hörbar; eine Kehrseite die zugleich auch der Ort der Phantasie, der Ort des Theaters ist.

Elisabeth Bronfen ist Lehrstuhlinhaberin am Englischen Seminar der Universität Zürich und seit 2007 zudem Global Distinguished Professor an der New York University. Ihr Spezialgebiet ist die Anglo-Amerikanischen Literatur des 19. und 20. Jahrhunderts. Sie hat zahlreiche wissenschaftliche Ausätze in den Bereichen Gender Studies, Psychoanalyse, Film und Kulturwissenschaften wie auch Beiträge für Ausstellungskataloge geschrieben. Momentane Forschungsgebiete sind eine Studie zu Hollywood Kino und Krieg (Rutgers University Press), sowie eine Studie über Königin Elizabeth I. als Diva (Manchester University Press).

Friederike Schulte ist Leiterin des Carl-Schurz-Hauses in Freiburg. Nach Auslandsstationen in Florenz, Italien und Amherst, Massachusetts schloss sie ihr Amerikanistik- und Komparatistik-Studium in Tübingen mit einer Magisterarbeit mit dem Titel „Identitätsentwürfe und - revisionen in den Autobiographien des Black Panthers Eldridge Cleaver" ab. Seit 2001 ist sie im transatlantischen Kulturbereich tätig – zuerst im deutsch-amerikanischen Institut in Tübingen, später am James-F.-Byrnes-Institut/Deutsch-Amerikanischen Zentrum in Stuttgart und seit Oktober 2010 am Carl-Schurz-Haus Freiburg.

Donnerstag, 15. Dezember 2011 19:30 h – Kommunales Kino
Filmvorführung mit einer Einführung von Caroline Günther M.A. (Freiburg)
Rocky Horror Picture Show

Caroline Günther studierte Neuere deutsche Literatur, Sprachwissenschaft des Deutschen sowie Gender Studies an der Universität Freiburg. Sie ist Redaktionsmitglied der Freiburger Geschlechter-Studien; Übungsleiterin bei FLUSS e.V. Derzeit bereitet sie ein Promotionsprojekt vor.

Freitag, 13. Januar 2011 20:00 h – Konviktkirche
Gregorianische Gesänge über biblische Bilder aus der Vogelwelt
Saxofonimprovisationen
Worte aus dem Buch der Bücher und andere
***Scapulis suis* – Unter seinen Schwingen**

Donnerstag, 19. Januar 20 h c.t. – HS 1015
Prof. Dr. Eva Kimminich (Potsdam/Freiburg)
***Black Barby* & co. Migrations- und Rassismuserfahrungen im französischen weiblichen Rap**

Der Vortrag befasst sich mit weiblichen MC'S in der französischen Rapszene und ihrem Diskurs über Migration und Rassismus. Zum einen arbeitet er den Umgang mit Erfahrungen einer xenophoben Gesellschaft und ihren möglichen Alternativen auf. Zum anderen wird der Mythos einer genuin männlichen

Rap-Szene dekonstruiert. Entgegen der allgemeinen Darstellung, Rap sei eine männliche und Frauen ausschließende Kultur, gab es in Frankreich, wie in der US-amerikanischen Szene, von Anfang an Rapperinnen. Dennoch werden sie nur bedingt wahrgenommen. Dazu trägt u.a. der Mythos von der ‚Männlichkeit' des Rap bei, denn einerseits Frauen hält er Frauen tatsächlich von dieser Ausdrucksform fern, andererseits generiert er einen blinden Fleck in Dokumentation und Forschung.

Eva Kimminich, Kulturwissenschaftlerin und Romanistin, ist Inhaberin des Lehrstuhls „Kulturen romanischer Länder" an der Universität Potsdam. Ihre Forschungsschwerpunkte sind Kultureller Wandel und Identität, Sub- und Jugendkulturen, urbane Räume, Oraturen und Immigrationsliteratur. Sie ist Präsidentin und Beirätin für Jugend- und Subkulturen der Deutschen Gesellschaft für Semiotik.

Freitag, 20. Januar 19:30 h – Kommunales Kino
Filmvorführung mit einer Einführung
Chellaponnu

Dienstag, 24, Januar 20:00 h Haus zur Lieben Hand
Ein Liederabend mit der Klasse von Prof. Dorothea Wirtz
Hosenrolle und Camouflage

Ein musikalisches Spiel mit wechselnden Identitäten von Weiblichkeit und Männlichkeit, Hosenrollen und Geschlechtercamouflage, Wahrnehmungsgewissheiten und Überraschungen in Musik von Händel, Mozart, Mendelssohn, Schumann bis Reimann.

Donnerstag, 26. Januar 19h c.t. – CSH
Imke von Helden M.A. (Freiburg)
„Brothers of Metal?" Gender, Ästhetik und Performance im Heavy Metal

Jennifer Moos M.A. (Saarbrücken)
Das ‚Phänomen Boygroup' oder: Singende Jungs, kreischende Mädels und verqueerte Männlichkeiten?

Moderation und Diskussion: PD Dr. Sven Kommer (Freiburg)

Aggression, Gewalt und Hyper-Maskulinität sind Schlagworte, die wohl annähernd jedem zu dem Musikgenre Heavy Metal einfallen. Dabei wird häufig die Diversität der Metal-Szene übersehen, die nicht nur musikalischer Natur ist, sondern sich auch im Bezug auf textliche und visuelle Inhalte, Ästhetik und

Performance, niederschlägt. In einem nicht unerheblichen Teil des ‚metallischen' Themenkanons werden zwar dem Klischee entsprechend – bisweilen unabhängig vom biologischen Geschlecht – rollenspezifische Bilder reproduziert, und das oft mit einer geradezu rückständig wirkenden Vehemenz. Diesen Inszenierungen stehen aber Performances gegenüber, in denen die Grenzen zwischen maskulin und feminin verschwimmen zu scheinen.

Der Beitrag soll Einblicke gewähren in die Inszenierungen und Paradoxe eines Musikgenres, in dem Make Up und Machismo näher beieinander liegen als gemeinhin angenommen und das eine binäre Kategorisierung von Geschlechteridentitäten oft in Frage stellt.

Imke von Helden (M.A.) studierte in Freiburg und Coleraine Skandinavistik und Englisch. Seit 2010 ist sie akad. Mitarbeiterin im DFG-Projekt „Historische Lebenswelten" an der Uni Freiburg und promoviert über das Symbol des Wikingers im Heavy Metal. Sie ist Mitglied des Komitees Heavy Fundametalisms und engagiert bei Fluss e.V., einem Verein für LesBiSchwulTransQueere Bildungsarbeit.

In den 1990er Jahren waren Boygroups aus dem alltäglichen Musik(markt)-geschehen nicht wegzudenken. Das ‚Phänomen Boygroup' strukturiert sich auf den ersten Blick entlang eines stark heteronormativ geprägten Schemas, das sich durch tanzende und singende Jungs *auf* der Bühne und kreischende, in Ohnmacht fallende Mädels *vor* der Bühne auszeichnet. Was dabei häufig übersehen wird, sind die affektiven Dynamiken, die sich ‚am Rande' abspielen: zwischen den einzelnen Mitgliedern einer Boygroup, zwischen den weiblichen Fans, zwischen männlichen Fans, durch subkulturelle Re-Interpretationen (z.B. von Liedtexten und Performances).

Der Beitrag stellt zunächst das ‚Phänomen Boygroup' am Beispiel der *Backstreet Boys* und *Take That* vor. Im Anschluss werden anhand von Text- und Videobeispielen subkulturelle Aneignungsprozesse diskutiert, die konventionelle Geschlechterbinaritäten in Frage stellen und dadurch einen Raum für alternative Männlichkeiten eröffnen

Jennifer Moos, M.A., Studium der Englischen Philologie, Sprachwissenschaft und Gender Studies in Freiburg und Manchester; seit 2009 wissenschaftliche Mitarbeiterin am Lehrstuhl für Nordamerikanische Literaturen und Kulturen der Universität des Saarlandes; Dissertationsprojekt zu „The Pleasures of Sleeping, or: Towards a History of Sleep and Sleeplessness in U.S. American Culture"; vorher tätig im Verlagsbereich und Eventmanagement.

PD Dr. Sven Kommer, geboren 1964. Studium für das Lehramt an Realschulen an der PH Ludwigsburg; 1995 Promotion an der Universität Bielefeld (Medienpädagogik).Habilitation 2009. 2000-2001 Vertretung einer Professur für Medienpädagogik an der Universität Augsburg, 2001-2007 Hochschuldozent für Medienpädagogik an der PH Freiburg. 2008-2011 DFG-Projekt „Populäre Mittelalter-Konstruktionen in der deutschen ‚Mittelalter-Szene'" (FOR 875). Sven

Kommer vertritt im Wintersemester 2011/12 an der RWTH Aachen eine Professur für Allgemeine Didaktik mit dem Schwerpunkt Medien- und Technikbildung und ist Gastprofessor an der Universität Wien.

Donnerstag, 2. Februar 19:30 h – Kommunales Kino
Prof. Dr. Beatrix Borchard (Hamburg)
Genie und Wahnsinn, Opfer und Kraft. Clara und Robert Schuhmann im Film

Die dramatische Lebens- und Liebesgeschichte von Robert und Clara Schumann erfreute sich auch im Kino schon immer besonderer Beliebtheit. Während der NS-Zeit entstand in Deutschland *Träumerei* (1940) mit Hilde Krahl und Matthias Wieman, zwei Jahre nach dem Krieg in den USA *Song of love* von Clarence Brown (Clara Schumanns große Liebe) mit Katherine Hepburn und Paul Henreid (1947). Diesen beiden historischen Filmbiographien werden zwei neue gegenübergestellt: *Geliebte Clara* von Helma Sanders-Brahms (2009) mit Martina Gedeck und das für das ARD-Fernsehen gedrehte Dokudrama *Robert Schumanns verlorene Träume* von Volker Schmidt-Sondermann (2010).

Beatrix Borchard, geboren und aufgewachsen in Lingen/Ems, studierte in Bonn und Berlin Musikwissenschaften, Germanistik und Geschichte und promovierte über geschlechtsspezifische Bedingungen künstlerischer Arbeit in der 1. Hälfte des 19. Jahrhunderts am Beispiel Clara und Robert Schumanns (1983). Sie habilitierte sich mit einer interpretationsgeschichtlichen Studie zum Thema „Stimme und Geige. Amalie und Joseph Joachim“ (2000). Nach einer kurzen Zwischenstation am musikwissenschaftlichen Seminar Detmold-Paderborn ist sie seit dem Sommersemester 2002 Professorin für Musikwissenschaften mit dem Schwerpunkt Gender Studies an der Hochschule für Musik und Theater Hamburg. Beatrix Borchard ist Autorin zahlreicher Rundfunkfeatures, moderiert häufig Konzerte und hat bisher zwei Filme gemacht, einen Dokumentarfilm über Clara Schumann (NDR 1996) und einen Film zum Thema Hausmusik (NDR 1997). An weiteren Musikfilmen hat sie mitgearbeitet. Mehr zu Beatrix Borchard: http://mugi.hfmt-hamburg.de/Borchard/

21:30 (im Anschluss) und Sonntag 5. Februar 17:30
Filmvorführung *Geliebte Klara*

Samstag 4. Februar 19:30 und Mittwoch 8. Februar 21:30
Filmvorführung *Frühlingssinfonie*

Donnerstag, 9. Februar 19h c.t. – CSH
Prof. Dr. Bernhard Richter (Freiburg) und
Prof. Dr. Thomas Seedorf (Karlsruhe)
Singen auf dem Hochseil –
Über Ästhetik und Technik des Divengesangs

Was eine Diva ist, versteht sich nicht von selbst. Der Begriff ist so schillernd und facettenreich, dass er vom jeweiligen Kontext abhängige unterschiedliche Definitionen zulässt. Der Vortrag befasst sich mit einem spezifischen Typus der Opernsängerin, wie er sich modellhaft vor allem in der zweiten Hälfte des 19. Jahrhunderts herausgebildet hat, in Maria Callas eine Art von Wiederbelebung erfuhr und heute etwa von Edita Gruberová repräsentiert wird.

Das Singen dieser Künstlerinnen in vielerlei Hinsicht einem Hochseilakt vergleichbar. Es verlangt ein Höchstmaß vokalen Könnens, das einerseits gleichsam zur Schau gestellt wird und andererseits hinter der künstlerischen Aussage zurücktritt. Der Vortrag verknüpft Fragen nach der historischen Herkunft und den ästhetischen Grundlagen des Divengesangs mit Einblicken in die physiologischen Vorgänge, die ihm zugrunde liegen

Thomas Seedorf, geboren 1960, studierte zunächst Schulmusik und Germanistik, dann Musikwissenschaft und Musikpädagogik in Hannover. Von 1988 bis 2006 war er als Wissenschaftlicher Angestellter am Musikwissenschaftlichen Seminar der Universität Freiburg tätig, seit dem Wintersemester 2006/07 wirkt er als Professor für Musikwissenschaft am Institut für Musikwissenschaft und Musikinformatik an der Karlsruher Hochschule für Musik.

Bernhard Richter ist seit 2006 Professor für Musikermedizin mit Schwerpunkt künstlerische Stimmbildung am Freiburger Institut für Musikermedizin (FIM). Neben seinem Medizinstudium in Freiburg, Basel und Dublin absolvierte er ab 1986 ein Gesangsstudium an der Staatlichen Hochschule für Musik in Freiburg (Konzertexamen 1991). Nach Promotion zum Dr. med. und zwei Facharztausbildungen zum HNO-Arzt und Phoniater (Stimmarzt) habilitierte er sich 2002. Seine aktuellen Forschungsschwerpunkte liegen im Bereich der Opernbühne als Arbeitsplatz, in der Anwendung der Hochgeschwindigkeitsglottographie und der dynamischen Kernspintomographie zur Untersuchung der Registerfunktion bei Sängern sowie dem Gehörschutz bei Orchestermusikern.

Evtl. Freitag, 10. Februar 19:30 h – Kommunales Kino
Filmvorführung mit einer Einführung
Chronik der Anna Magdalena Bach

Symposion Donnerstag 16.-18. Februar im CSH

Donnerstag 16.Februar, 20 h c.t.
Prof. Dr. Eva Rieger (Vaduz, Liechtenstein)
Von der Frauenforschung zu den Genderstudien am Beispiel Richard Wagners

Moderation und Diskussion: Prof. Dr. Janina Klassen (Freiburg), Prof. Dr. Nina Degele (Freiburg)

In den 1970er Jahren galt der Komponist Richard Wagner bei vielen Feministinnen als Frauenfeind. Erst mit Aufkommen der Geschlechterforschung und der darauffolgenden Genderdebatte wurde klar, dass man umfassender vorgehen muss, will man zu tragfähigen und nicht vorher festgelegten Ergebnissen gelangen. Eva Rieger zeigt anhand ihrer eigenen Entwicklung in der Auseinandersetzung mit Wagner, wie sich die Forschung verändert hat und wie sich dies auf die daraus gewonnenen Erkenntnissen niederschlägt.

Wagners Bild von Mann und Frau speiste sich nicht nur aus realen Begegnungen, sondern auch aus zeitgenössischen Vorstellungen. Die dem männlichen oder weiblichen Charakter zugeteilten Eigenschaften wurden von ihm auch musikalisch umgesetzt. Damit tritt ein System der musikalischen Zuordnung hervor, das jedoch im Widerspruch zu der gängigen Meinung steht, wonach es keine oder nur wechselnde Bedeutung in der Musik selbst gibt. Da die Genderforschung offengelegt hat, dass es auch keine ‚natürliche' Weiblichkeit oder Männlichkeit gibt, könnte man meinen, das Thema habe sich selbst erledigt. Eva Rieger versucht mit Musikbeispielen, diese Aporien aufzulösen.

Eva Rieger war bis 2000 Professorin für Musikwissenschaft an der Universität Bremen. Sie schrieb eine der ersten Untersuchungen zur Situation der Frau in der Musikkultur: Frau, Musik und Männerherrschaft. Zum Ausschluß der Frau aus der deutschen Musikpädagogik, Musikwissenschaft und Musikausübung. Berlin 1981 (Ullstein) (2. Auflage Kassel 1988). Übersetzt ins Japanische und Koreanische. Sie schrieb u.a. die Biographien von Nannerl Mozart und Minna Wagner. Jüngste Veröffentlichung: Leuchtende Liebe, lachender Tod. Richard Wagners Bild der Frau im Spiegel seiner Musik. Düsseldorf: Artemis & Winkler 2009. Ihre Biographie Friedelind Wagners (Enkelin des Komponisten) erscheint demnächst im Piper-Verlag. Eva Rieger lebt in Vaduz und Zürich.

Janina Klassen, Professorin für Musikwissenschaften in Freiburg. Studium der Fächer Musik- und Literaturwissenschaft, Philosophie und Italienischen in Freiburg, Wien, Siena und Paris. Promotion 1989, Fakultätspreis 1990, Habilitation 1997. Tätigkeiten als Dramaturgin und im Verlagswesen. Derzeitige Forschungsschwerpunkte: Musik und Sprachtheorie, Musikgeschichte und –theorie seit der Frühzeit, zeitgenössische Musikkonzepte und Gender Studien.

Nina Degele, Jg. 1963, Professorin für Soziologie und Gender Studies an der Uni Freiburg, Institut für Soziologie, Rempartstr. 15, 79085 Freiburg, nina.degele@soziologie.uni-freiburg.de Forschungsschwerpunkte: Soziologie der Geschlechterverhältnisse, Körper/Sport, qualitative Methoden.

Panel Körper

Freitag, 17. Februar

15:15-15:30 Eröffnung

15:30-16:15
PD Dr. Christa Brüstle (UDK Berlin)
Körper in der modernen Musik. Objekte, Medien, Kreaturen

Körperkonzepte in der Kunst des 20. Jahrhunderts haben sich auch in der Musik niedergeschlagen. Ausgehend vom modernen Tanz der Jahrhundertwende um 1900, von Bauhaus-Objekten und neuen Körperdarstellungen in der Malerei in den 1920er und 1930er Jahren sowie von innovativen Theaterkonzepten sollen die Verbindungen zur Musik dargestellt werden. Ein weiterer Einfluss auf Körper und Körperbilder in der neuen Musik ging von Maschinen und elektroakustische Medien aus, die bis heute sowohl Partner als auch Konkurrenten der menschlichen Körper bilden. Natürlichkeit und Kreatürlichkeit scheinen Gegenpole dazu zu sein, die vor allem experimentellen Musikerinnen zugesprochen werden. Es handelt sich um Klischees, die in diesem Vortrag ebenfalls zur Diskussion stehen.

Christa Brüstle, Studium in Freiburg i. Br. und Frankfurt a. M., 1996 Promotion. 1999-2005 und 2008 Mitarbeiterin im Sonderforschungsbereich „Kulturen des Performativen“ an der Freien Universität Berlin, 2007 Habilitation. Lehraufträge u.a. in Berlin, Kopenhagen und Wien. Seit 2008 Gastprofessorin an der Universität der Künste Berlin.

16:15-17:00
Prof. Dr. Rolf Großmann (Lüneburg)
Zeigt uns die Instrumente!“ Körperlose Medien und ihre Musik

Wer sein Instrument täglich mehrere Stunden geübt hat, weiß, dass manchmal der Gedanke an Folter näher liegt als an Spiel. Beherrschung und Kontrolle von Werkzeug, Medium und Mensch sind dabei wechselseitig, das Spüren des Instruments heißt auch Spüren des eigenen Körpers, der Möglichkeiten und Grenzen der eigenen Physis. Seitdem die Phonographie nicht mehr auf physischen Tonträgern schreibt und die elektrischen Impulse für Synthesizer und Sampler in diskreten Werten verarbeitet werden, schwindet ein Teil der Physis der Medien und Instrumente aus der Praxis auditiver Kultur. Eine Referenz oder Bedeutung der dort verwendeten digitalen Zahlencodes ist sowohl in technischer als auch in ästhetischer Hinsicht durch nichts anderes als Vereinbarung gegeben. Die Physis spielt dabei lediglich jenseits der informationstechnischen ‚Mechanik' eine Rolle, genau dort, wo sich die Verwandlung der Zahlen in die Welt des Wahrnehmbaren vollzieht. Neben diesen realen Ort der Körper tritt die Verkörperlichung des Virtuellen, die konzeptuell formbar, aber auch bereits technikkulturell sedimentiert ist.

Rolf Großmann, geb. 1955, ist apl. Professor für ‚Digitale Medien und auditive Gestaltung' im Institut für Kultur und Ästhetik digitaler Medien an der Leuphana Universität Lüneburg. Er promovierte 1990 an der Universität Gießen über „Musik als Kommunikation". Seit 1997 leitet er dort den Lüneburger Schwerpunktbereich „((audio)) Ästhetische Strategien". Arbeitsschwerpunkte: Technikkultur und Medienästhetik der Musik. http://audio.uni-lueneburg.de.

17:30-18:15
Julia Gerlach (Karlsruhe)
Körper – Musik – Gender. Effekte von Medialisierung und Theatralisierung auf zeitgenössische Musikpraxen

Der Vortrag geht von der musikalischen Praxis der Gegenwart aus und wird anhand konkreter Beispiele aufzeigen, wie Geschlechteridentität oder Geschlechterrollen künstlerische Arbeiten und deren Inszenierungen auf der Bühne prägen und bewusst als Themen gesetzt werden. Die Genderthematik ist – besonders bei Frauen – auf der Bühne angekommen. Diese Entwicklungen sind verknüpft mit der Veränderung des Verhältnisses von Körper und Musik, der Schnittstelle zwischen klingendem Phänomen uns seiner physischen Hervorbringung. Diese selbstverständliche Einheit ist durch den Einfluss technischer und medialer Elemente im Produktions- und Reproduktionsvorgang in mehreren Phasen entkoppelt worden und hat damit die breite Vielfalt von Körper-Musik-Interfaces der Gegenwart erst ermöglicht. Auch die musikalische Handlung, die Aufführung selbst ist dem Status eines Code Impensé enthoben. An diese Stelle tritt eine bewusste Inszenierung, eine Theatralisierung der Aufführung.

Julia Gerlach, geboren 1967, Musikwissenschaftlerin, Studium in Berlin und Paris, freiberuflich tätig als Autorin, Kuratorin und Produzentin. Seit 1992 Publikationen zu ästhetischen Fragen zeitgenössischer Musik. Redaktion und Herausgabe von (Programm-) Büchern, Katalogen; Autorin von Fachartikeln. Management von Künstlern und Projekten im Spektrum von Klangkunst und experimentellem Musiktheater seit 2002. Seit 2008/2009 Lehraufträge an der Hochschule für Musik und Darstellende Kunst Frankfurt und Promotion zum Thema Körper – Musik – Gender. Seit Oktober 2009 ist sie Projektkoordinatorin am ZKM / Institut für Musik und Akustik in Karlsruhe.

18:15-19:00
Kirsten Reese (Berlin)
live und medial, abstrakt und real, virtuell und physisch – Zur Präsenz von Körpern und Räumen in elektronischer Musik und akustischer Kunst

Anders als eine abstrakt vermittelte mediale Audiospur erzählt der konkrete Körper immer etwas. Wenn elektronische Musik oder akustische Kunst performativ wird, wenn Körper auf einer Bühne oder in anderen Aufführungsräumen agieren, werden auch Aspekte von Geschlecht und Gender vermittelt. Anhand von ausgewählten Arbeiten (von Kirsten Reese/ Victorine Müller, Georges Aphergis, Alvin Lucier, interdisziplinären Arbeiten von Studierenden u.a.) wird diskutiert, wie dies in unterschiedlichen Graden von Zu- und Festschreibung bzw. im Herstellen wechselnder, offener Assoziationsfelder zwischen Klang, Raum und Körper geschieht. Auch die Körper des Publikums werden einbezogen.

Kirsten Reese, Klangkünstlerin, Komponistin, Autorin. Ihre Arbeiten für Instrumente und elektronische Medien sowie intermediale und interaktive Installationen wurden bei zahlreichen internationalen Festivals aufgeführt. Als Autorin schrieb sie Radiosendungen und Features und Texte für Fachzeitschriften und Lexika. 2002-2007 Mitarbeiterin beim Forschungsprojekt „Musik und Gender im Internet“ an der HfMt Hamburg. Seit 2007 Dozentin an der UdK Berlin. Zur Zeit Arbeit an Dissertation zum Thema ‚Unter freiem Himmel‘ – landschafts- und naturbezogene Klangkunst und Komposition. http: //www.kirstenreese.de

19:00-20:00 Eröffnung der Ausstellung „Sophisticated Ladies – Women and Jazz“*

20:15-21:45 Podiumsdiskussion der Vortragenden
Moderation und Diskussion Prof. Dr. Janina Klassen (Freiburg)

Janina Klassen, Professorin für Musikwissenschaften in Freiburg. Studium der Fächer Musik- und Literaturwissenschaft, Philosophie und Italienischen in Freiburg, Wien, Siena und Paris. Promotion 1989, Fakultätspreis 1990, Habilitation 1997. Tätigkeiten als Dramaturgin und im Verlagswesen. Derzeitige Forschungsschwerpunkte: Musik und Sprachtheorie, Musikgeschichte und –theorie seit der Frühzeit, zeitgenössische Musikkonzepte und Gender Studien.

Panel Stimme

Samstag, 18. Februar

9:15-10:00
Dr. des. Anke Charton (Leipzig)
Was dem Manne die Bruststimme, das ist dem Weibe das Falset – Die Erfindung des Stimmgeschlechts

Der selbstverständliche Auftakt zu vielen gesangspädagogischen Schriften ist nach wie vor die Einteilung in zwei geschlechterspezifische Stimmgattungen, häufig schon im ersten Satz: Es gebe Männer- und Frauenstimmen, wobei Sopran, Mezzosopran und Alt die möglichen Frauenstimmen, Tenor, Bariton und Bass hingegen die möglichen Männerstimmen seien. Die vermeintlich naturgegebene Ordnung geschlechtsspezifischer Stimmhöhen ist jedoch eine auf dem Nährboden des 18. und 19. Jahrhunderts gewachsene Konvention: Die absolute Verknüpfung von Gesangsstimme und Geschlecht anhand bestimmter Tonhöhen kann sich erst aus Verschiebungen der Wertigkeiten von Natur und Körper im Rahmen der Aufklärung entwickeln und konsolidiert sich in Folge trotz zahlreicher widersprechender Beispiele in der Gesangspraxis. Dies bedeutet jedoch nicht, dass es vorher keine assoziative Verbindung von Stimme und Geschlecht gegeben hätte, die allerdings von anderen Ordnungskategorien abhängig war.

Anke Charton (Leipzig) studierte Theaterwissenschaft, Germanistik und Romanistik in Leipzig, Bologna und Berkeley. Interdisziplinäre Promotion mit einer Arbeit zu Geschlechterrepräsentation in der Oper; Aufbau der Sektion Musiktheater am Institut f. Theaterwissenschaft Leipzig. Lehrtätigkeit, Arbeit als Übersetzerin und in der Musiktheaterpraxis.

10:00-10:45
PD Dr. Corinna Herr (Schwerte)
„D'abord il est naturel & vrai-semblable que tous les hommes ayent la voix mâle." Singstimme und Männlichkeit in Frankreich zwischen dem 17. und dem 19. Jahrhundert

Mit Gilbert-Louis Duprez' ‚ut de poitrine' (also dem mit der Bruststimme gesungenen zweigestrichenen c) in Rossinis Guillaume Tell im Jahr 1837 war der hegemoniale Anspruch einer ‚natürlichen Männlichkeit' der Tenorstimme deutlich deklariert. Es ist kein Zufall, dass dieses Ereignis in Frankreich stattfand, denn im gesamten 18. Jahrhundert hatte ‚La France' es erfolgreich geschafft, die ‚unmännlichen' Kastratenstimmen von ihrer Opernbühne fernzuhalten und den hohen französischen Tenor, den haute-contre, als männlichen Bühnenhelden zu proklamieren.

Gleichwohl fanden sich Kastraten regelmäßig in der Chappelle Royale und aufgrund dieser Gemengelage war der Disput um die hohe männliche Stimme in

Frankreich wesentlich ausgeprägter als bspw. in Italien. Dies zeigt sich bereits in der „Querelle des Anciens et des Modernes en ce qui concerne la musique" um 1700 und setzt sich im gesamten 18. Jahrhundert fort.

Corinna Herr, geb. 1965, studierte Musikwissenschaft, Vergleichende Literaturwissenschaften und Philosophie in Bochum und London. M.A. 1995 an der Ruhr-Universität Bochum. Von 1995 bis 1999 war sie Stipendiatin im DoktorandInnenstudium „Erkenntnisprojekt Feminismus" der Universität Bremen. Promotion im Januar 2000 bei Prof. Dr. Eva Rieger („Medeas Zorn. Eine ‚starke Frau' in Opern des 17. und 18. Jahrhunderts". Kultur- und Sozialgeschichte der Musik, Bd. 2, Herbolzheim 2000). C.H. ist seit 1999 Lehrbeauftragte am Institut für Musikwissenschaft der Ruhr-Universität Bochum. Sie wurde am 8. Juli 2009 von der Fakultät für Geschichtswissenschaft der Ruhr-Universität Bochum habilitiert. Ihre Habilitationsschrift wurde von 2003 bis 2006 von der Deutschen Forschungsgemeinschaft gefördert und erscheint 2012 unter dem Titel „Gesang gegen ‚die Ordnung der Natur'? Kastraten und Falsettisten in der Musikgeschichte" im Bärenreiter-Verlag, Kassel. Seit Herbst 2008 ist sie Studienleiterin für Musik und Theater an der Katholischen Akademie Schwerte.

11:15-12:00
Sarah Lipfert (Freiburg)
„Die Stimmen von morgen" –
Singen im Klassenzimmer versus Castingshows

Von MTV über Viva hin zu Castingshows oder auch zu einschlägig bekannten Computerspielen wie „Singstar"– die jungen „Stimmen von morgen" sind den verschiedensten Lerneinflüssen und neuen Klangidealen ausgesetzt. In wie weit prägen diese Lerneinflüsse und Klangideale die Entwicklung der „Stimme von morgen"? Wie reagiert die Schulmusik auf die veränderten Gegebenheiten? In wie weit ist eine geschlechtsspezifische Ausbildung sinnvoll oder auch aber möglich? Diese und weitere Überlegungen zur Entwicklung der ‚Stimme von morgen' im Spannungsfeld zwischen Klassenzimmer und Castingshows sollen im Fokus stehen.

Sarah Lipfert, geboren 1979, lebt heute in Karlsruhe. Im Alter von 15 Jahren nahm sie ihre klassische Gesangsausbildung auf. Gesangsstudium an der Musikhochschule Mainz, seit 2001 an der Staatlichen Hochschule für Musik und Darstellende Kunst Mannheim bei Reinette Zijtveld- Lustig mit Diplom im Sommer 2005. Sie hat seit 2008 einen Lehrauftrag für Jazz- und Pop-Gesang an der Hochschule für Musik in Freiburg.

12:00-12:45
Dr. Fernand Hörner (Freiburg)
„Ain't no particular sign I'm more compatible with." Genderinszenierung durch eigene und fremde Stimmen bei Prince

Am Musikvideo *Kiss* von Prince and the Revolution (1986) werden exemplarisch verschiedene Verfahren beleuchtet, wie Gender durch ‚Stimme' im konkreten und abstrakten Sinn inszeniert wird. Michael Bachtins Metapher der fremden Stimme für das intertexuelle Verweisgeflecht von Sprache im Allgemeinen und Literatur im Besonderen wird hier sowohl im übertragenen als auch im wörtlichen Sinne verwendet und auf audiovisuelle Musikformate übertragen. Das Spiel mit Gender entsteht durch eine komplexe Verwebung von intertextuellen und intermedialen Verweisen: Welche Stimmtraditionen und damit verbundenen Männlichkeitskonzepte lassen sich aus dem Song heraushören? Auf welche für die Formate Musikvideo oder Musikfilm typischen ‚Inszenierungstraditionen' nimmt die visuelle Gestaltung Bezug? Wie stellen sich die drei Protagonisten des Musikvideos durch Mimik, Gestik, Tanz oder auch Mode dar? Und schließlich: Wie lässt sich dies alles vor dem Hintergrund des Songtextes samt dessen intertextueller Anspielungen deuten?

Fernand Hörner ist wissenschaftlicher Mitarbeiter am Deutschen Volksliedarchiv Freiburg, einer Forschungseinrichtung des Landes Baden-Württemberg zu Populärer Kultur und Musik. Promotion zur Figur des Dandys. Der aktuelle Forschungsschwerpunkt liegt auf audiovisuellen Musikformaten. Er ist Herausgeber des Jahrbuchs Song and Popular Culture und arbeitet derzeit an einem online verfügbaren Songlexikon.

13:00-14:30 Podiumsdiskussion der Vortragenden
Moderation und Diskussion Dr. Cornelia Bartsch (Basel)

Cornelia Bartsch studierte Schulmusik, Politologie und Germanistik in Osnabrück und Berlin und promovierte über „Fanny Hensel – Musik als Korrespondenz". Sie war Assistentin für Musikwissenschaft und Gender an der Universität der Künste Berlin, lehrte an Musikhochschulen und Universitäten in Deutschlang Österreich und der Schweiz. Forschungsschwerpunkte: Musik im jüdischen Akkulturationsprozess, Fanny Hensel und Felix Mendelssohn Bartholdy, Ethel Smyth, Beethoven-Rezeption, Musik und Geschlechtergeschichte um 1900, *Othering* und Selbstaffirmation in der europäischen Musikgeschichte.

Weitere Veranstaltungen

Dienstag, 11.00-13.00 Uhr, an der Musikhochschule, Raum 101 (Beginn: 18. Oktober 2011)
Prof. Dr. Janina Klassen
Seminar **„Musikgeschichte und Geschlechterdiskurs"**

Das Seminar befasst sich unter systematischen und historischen Aspekten mit Handlungsspielräumen von Frauen und Männern in der Musik sowie der Inszenierung von und dem kreativen Spiel mit Weiblichkeit, Männlichkeit und diversen Zwischenformen. Es sind Themen geplant wie Kirchenmusik und Klöster, Oper, Konzert, private und öffentliche Musikausübung, Foren der Avantgarde, Musik und Technik, Jazz und Pop.

Abschluss: qualifizierter Leistungsnachweis möglich
Literatur: R. Grotjahn (Hg): Gendertheorien, Laaber 2011

17. Februar 2012-19. April 2012, Carl-Schurz-Haus
Ausstellung von Arne Reimer (Leipzig).
Kuratorin: Friederike Schulte (Freiburg)
***„Sophisticated Ladies – Women and Jazz"**

Frauen im Jazz verzaubern und begeistern ihr Publikum nicht nur als Sängerinnen, sondern auch als Instrumentalistinnen. In einer von Männern dominierten Jazzwelt richtet sich der Focus dieser Ausstellung einmal nur auf die „Sophisticated Ladies": meistens fotografiert hinter der Bühne nach dem Auftritt. Dabei sehen wir die Gesichter der Frauen in dem Moment, wo sie gerade nicht aktiv auf der Bühne musizieren sondern kurz verweilen und innehalten für das Bild. Teil der Ausstellung sind außerdem kleine Statements von einigen der Musikerinnen über Ihr Leben mit dem Jazz.

Arne Reimer studierte Fotografie in Leipzig und schloss seinen Master of Fine Arts mit Hilfe eines Fulbright-Stipendiums in Boston ab. Seit 2006 ist er künstlerischer Mitarbeiter im Fachbereich Fotografie an der Leipziger Hochschule für Grafik und Buchkunst. Als freischaffender Fotograf arbeitet er für Magazine wie z.B. „JazzThing" oder „brandeins". Mit einem Stipendium des Kunstfonds Bonn arbeitet er fotografisch zur Zeit an einem Projekt, welches sich mit der Kultur der Langspielplatte beschäftigt.

Konzept, Leitung, Durchführung und Organisation:

Prof. Dr. Janina Klassen, *Musikhochschule Freiburg*, Dr. Meike Penkwitt, *Zentrum für Anthropologie und Geschlechterforschung der Albert Ludwigs-Universität.*

Veranstaltende: *Veranstaltende: Zentrum für Anthropologie und Gender Studies der Universität Freiburg (ZAG), Carl-Schurz-Haus (Deutsch-Amerikanisches-Institut), Musikhochschule Freiburg, Gleichstellungsbeauftragte der Pädagogischen Hochschule Freiburg, Büro der Gleichstellungsbeauftragten der Universität Freiburg, Institut für Soziologie der Universität Freiburg, Theologische Fakultät der Universität Freiburg, Frankreich-Zentrum Freiburg der Universität Freiburg, Centre Culturel Français Freiburg, Kommunales Kino Freiburg, Studium Generale, Frischfleisch/Theater Freiburg, Theater Freiburg Erzbischöfliches Priesterseminar Collegium Borromaeum Freiburg.*

AutorInnen

Mónica Alarcón, Dr. phil., geb. 1961, 2008 Promotion, 2003 Magister (Philosophie, Romanistik, Germanistik) an der *Albert-Ludwigs-Universität Freiburg*. Studium der Philosophie in Valparaiso, Chile. Vorsitzende der Medien- und Kultur-Kommission des *Migrantinnen- und Migrantenbeirats der Stadt Freiburg i.Br.* Sie gibt Seminare zur Philosophie des Tanzes in Deutschland, der Schweiz und Südamerika, organisiert interkulturelle und interdisziplinäre Projekte und arbeitet als Dramaturgin in verschiedenen Tanzprojekten. Mitglied der *Society for Phenomenology and Media* und *CLAFEN* (*Círculo Latinoamericano de Fenomenología*). Gründungsmitglied der Forschungsgruppe „mBody" – Künstlerische Forschung in Medien, Somatik, Tanz und Philosophie.

Veröffentlichungen (Auswahl): (2011) *Body Memory and Dance. Body Memory, Metaphor and Movement*. Hg. Sabine Koch/ Thomas Fuchs. New York: John Benjamins (im Druck); (2010) „Filosofía en movimiento. Esbozo sobre una filosofía de la danza." *Revista Anales* 25/2010: 92-95; (2009) *Die Ordnung des Leibes – Eine tanzphilosophische Betrachtung*. Würzburg: Königshausen & Neumann; (2009) „La inversión de la memoria corporal en danza." *A Parte Rei*, 66, Nov. 2009 <http://serbal.pntic.mec.es/~cmunoz11/alarcon66.pdf>; (2009) „The influence of Marshall McLuhan on Merce Cunningham's dance art." *Glimpse, Publication of the Society for Phenomenology and Media* 9-10/2007&2008: 34-37; (2008) *Berufliche Perspektiven für Migrantinnen – Eine partizipative Studie in Freiburg*. Freiburg: Furtwangen University; (2006) „Einführung in die Philosophie des Tanzes." *Philosophie des Tanzes*. Hg. Miriam Fischer/ Mónica Alarcón. Freiburg: fwpf, 7-12.

Nina Allweier wurde 1980 in Filderstadt geboren. 2000 machte sie das Abitur am *Alexander-von-Humboldt-Gymnasium* in Konstanz. 2001-2006 studierte sie im Magisterstudiengang Germanistik, Geschichte und Soziologie an den Universitäten Freiburg/i.Br. und Wien. 2006 schloss sie das Examen mit einer Abschlussarbeit über *Literarische Mutterschaftsentwürfe bei Helene Böhlau* ab. 2006-2008 studierte sie die Fächer Deutsch und Geschichte (Lehramt) an der Universität Freiburg/i.Br. 2008 absolvierte sie das 1. Staatsexamen. Seit Oktober 2008 arbeitet sie an einer Dissertation im Fach Germanistik im Rahmen des Freiburger Promotionskollegs „Lern- und Lebensräume: Hof – Kloster – Universität. Komparatistische Mediävistik 500-1600" als Stipendiatin mit einer Arbeit unter dem vorläufigen Titel *Griseldis-Korrektur: Zur Darstellung von Liebe und Ehe in der „Grisardis" des Erhart Groß von 1432.*

Roswitha Badry, geb. 1959 in Lingen/Ems, Studium der Orientalischen Philologie (Arabisch, Persisch, Türkisch, Urdu), der Politologie und Geschichte in Köln und Tripolis (Libyen). Magister (1982) und Promotion (1985) in Köln. 1986-92 Hochschulassistentin in Tübingen, 1995 dort Habilitation in Islamkunde. Seit 1992/94 Akademische Rätin/ Oberrätin am Orientalischen Seminar Freiburg, dort seit 2002 apl. Professorin für Islamwissenschaft. Frühjahrssemester 2008 Gastprofessur für Gender Studies und Islamwissenschaft an der *Universität Zürich*. Forschungsgebiete und Veröffentlichungen u.a. zur Ideengeschichte des ‚modernen islamischen Orients' und zu Frauen-/Gender-Fragen (so z.B. der von ihr zusammen mit Maria Rohrer und Karin Steiner hg. Sammelband: *Liebe, Sexualität, Ehe und Partnerschaft – Paradigmen im Wandel. Beiträge zur orientalistischen Gender-Forschung.* Freiburg: fwpf 2009).

Christa Binswanger ist Habilitandin und Dozentin am *Zentrum Gender Studies* der *Universität Basel.* Sie studierte Germanistik und Slavistik und hat im Jahr 2002 in Neuerer Russischer Literatur promoviert zu *Seraph, Carevič, Narr: männliche Maskerade und weibliches Ideal bei Poliksena Solov'eva (Allegro).* Von 2003-2009 koordinierte und leitete sie zwei Gender-Graduiertenkollegien an der *Universität Bern.* 2009-2010 war sie für drei Monate Fellow am *Center for Gender Excellence* an der *Universität Linköping.* Derzeit arbeitet sie mit einer MHV-Förderung des *Schweizerischen Nationalfonds* zu sexuellen Scripts in exemplarischen Erzähltexten der Neueren Deutschen Literatur.

Kerstin Botsch, M.A., geb. 1978 in Berlin, studierte die Fächer Soziologie, Kognitionswissenschaft und Gender Studies in Freiburg und Basel (Magisterarbeit: „Wissen(schafft) Körper und Geschlecht“). Sie promoviert bei Prof. Nina Degele zum Thema „Militär intersektional: Zur Bedeutung von Rassismus, Sexismus und Homophobie“. Seit ihrem Aufenthalt als Visiting Research Scholar an der *University of California*, Santa Barbara (2010) ist sie Mitglied der konversationsanalytischen Forschungsgruppe „Speaking to an Outsider – Speaking as an Outsider“ um Prof. Gene Lerner und arbeitet derzeit als Lehrbeauftragte am *Institut für Soziologie* in Freiburg.

Ursula Degener hat Skandinavistik, Politikwissenschaft und Öffentliches Recht in Freiburg, Berlin und Uppsala studiert. Seit 2000 arbeitet sie als Wissenschaftliche Mitarbeiterin am Seminar für Wissenschaftliche Politik der *Universität Freiburg*, von 2005-2007 war sie an der *Universität Kassel* beschäftigt. Ihre Promotion hat sie 2006 abgeschlossen, Forschungsschwerpunkte sind Feministische Theorien, Vergleichende Sozialpolitikforschung und Demokratietheorien.

Heike Drotbohm, Dr., studierte Ethnologie, Philosophie, Pädagogik und Religionswissenschaften in Münster und Marburg und promovierte 2004 über haitianischen Geisterglauben in der haitianischen Diaspora. Nach einigen Jahren in der Kinder- und Jugendförderung der deutschsprachigen Entwicklungszusammenarbeit arbeitete sie von 2004 bis 2011 als wissenschaftliche Assistentin am Institut für Ethnologie der *Universität Freiburg* und führte zwischen 2006 und 2011 ein Habilitationsprojekt über transnationale moralische Ökonomien, die grenzüberschreitende Gestaltungen von Sorgepraxen und die Folgen von Deportation und Immobilität in Kap Verde durch. Bis 2012 wird sie als fellow am Internationalen geisteswissenschaftlichen Kolleg „Arbeit und Lebenslauf in globalgeschichtlicher Perspektive“ der *Humboldt-Universität* zu Berlin beheimatet sein.

Margit Eckholt, geb. 1960 in Mülheim/Ruhr. Dr. theol.; Studium der katholischen Theologie, Romanistik und Philosophie in Tübingen und Poitiers; Promotion und Habilitation ebd. 1993-1995 Gastprofessorin und Alexander-von-Humboldt-Stipendiatin an der *Pontificia Universidad Católica Santiago de Chile*; 2001 bis 2009 Professorin für Dogmatik an der *Philosophisch-Theologischen Hochschule der Salesianer Don Boscos* in Benediktbeuern; seit 1. September 2009 Professorin für Dogmatik und Fundamentaltheologie an der *Universität Osnabrück*. Leiterin des *Stipendienwerkes Lateinamerika-Deutschland e.V.*; Vorsitzende der *Theologischen Kommission des Katholischen Deutschen Frauenbundes (KDFB)*; Mitglied im Vorstand von *AGENDA-Forum katholischer Theologinnen e.V.* Arbeitsschwerpunkte: interkulturelle Dogmatik; 2. Vatikanisches Konzil; Theologie, Kirche und Kultur in Lateinamerika; Theologie und Hermeneutik.

Publikationen in Auswahl: (2002) *Poetik der Kultur. Bausteine einer interkulturellen dogmatischen Methodenlehre.* Freiburg/i.Br. ; (2002) *Hermeneutik und Theologie bei Paul Ricoeur. Denkanstöße für eine Theologie im Pluralismus der Kulturen*, München; (2003) zusammen mit Christine Plahl, *Heraus-Gefordert durch Fremde.* München; (2007) *Dogmatik interkulturell: Globalisierung – Rückkehr der Religion – Übersetzung – Gastfreundschaft: Vier Stationen auf dem Weg zu einer interkulturellen Dogmatik.* Nordhausen; (2006) zusammen mit Sabine Pemsel-Maier (Hg.) *Räume der Gnade. Interulturelle Perspektiven auf die christliche Erlösungsbotschaft.* Stuttgart; (2007) zusammen mit Thomas Fliethmann (Hg.) *„Freunde habe ich euch genannt". Freundschaft als Leitbegriff systematischer Theologie.* Münster; (2009) *Schöpfungstheologie und Schöpfungsspiritualität. Ein Blick auf die Theologin Salllie Mc Fague.* München.

Annegret Erbes, geb. 1966, Dipl. Soz.-Arb. (FH), Dipl. Päd., Dr. päd., studierte an der FH Koblenz und an der *Universität Gesamthochschule Essen*, war in verschiedenen Feldern der Sozialen Arbeit sowie als wissenschaftliche Mitarbeiterin tätig. Promovierte 2007 zur Kooperation von Schule und Schulsozialarbeit. Lebt und arbeitet in Berlin und ist Redakteurin der *Freiburger GeschlechterStudien.*

Selma Erdogdu-Volmerich is a graduate student in the German Department of the *University of Virginia.* In her dissertation she explores issues of travel, translation, and identity in contemporary cross-cultural German and American literature. She currently lives in Dortmund where she teaches as a „Lehrbeauftragte" in the American Studies Department of *TU Dortmund University.* Erdogdu-Volmerich has taught a variety of literature classes, many of which focus on the topic of cross-cultural literature and identity. She has presented her research on travel, translation, and identity at a number of conferences in Poland, Germany, Denmark, and the United States.

Éric Fassin, Professeur agrégé an der *École normale supérieure* (Paris) und Chercheur am *IRIS* (*CNRS/ EHESS*), versteht sich als engagierter Soziologe und arbeitet über die Politisierung von Sexualität und ‚Rasse' in Frankreich und den Vereinigten Staaten, mit besonderem Interesse für Einwanderungspolitik und nationale Identitätspolitiken in Europa. Wichtigste Veröffentlichungen: (mit Clarisse Fabre) (2003) *Liberté, égalité, sexualités,* Editions 10/18; (2008) *L'inversion de la question homosexuelle*, Paris: Amsterdam; (2009) *Le sexe politique. Genre et sexualité au miroir transatlantique*. Paris: Editions EHESS. Er ist Mitherausgeber (mit Didier Fassin) von (2009) *De la question sociale à la question raciale ?* Paris: La Découverte. Er ist Mitglied des AutorInnenkollektivs „Cette France-là", das bislang zwei Bände über Einwanderungspolitik veröffentlicht hat und weitere Bände vorbereitet.

René Freudenthal studiert derzeit an der *Albert-Ludwigs-Universität* in Freiburg Neuere deutsche Literatur, Kultur & Medien (M.A.). Seine Bachelorarbeit (*Universität Konstanz*) verhandelte Raum und Ritual in Thomas Bernhards Roman *Beton*.

Elke Gramespacher, Dr. phil., Dipl.-Päd., Lehrerin. Von 2000 bis 2007 wissenschaftliche Mitarbeiterin am Institut für Sport und Sportwissenschaft der *Albert-Ludwigs-Universität Freiburg*, von 2008 bis 2010 Leiterin der Servicestelle Dual Career Couples der *Eberhard-Karls Universität Tübingen* und 2011 wissenschaftliche Referentin an der Internationalen Graduiertenakademie der *Albert-Ludwigs-Universität Freiburg*. Seit 1995 Lehraufträge in Gender Studies, Erziehungs- und Sportwissenschaft, seit 2010 Redakteurin bei den Freiburger GeschlechterStudien. Arbeitsschwerpunkte: Interkulturelles Lernen in Schule und Sport, (Schul-)Sport und Gender, Dual Career Couples an Hochschulen. Email: elke.gramespacher@iga.uni-freiburg.de.

Anja Gregor, M. A., Studium der Pädagogik, Geschlechterforschung und Philosophie an der *Universität Göttingen*, anschließend zwei Jahre als Sozialpädagogin tätig. Seit 2009 Stipendiatin der Doktorand_innenschule Laboratorium Aufklärung (DSLA) an der *Friedrich-Schiller Universität* Jena, Dissertationsprojekt zum Thema Intersexualität und Lehrbeauftragte in der Theoretischen und Allgemeinen Soziologie.

Caroline Günther, M.A., Studium der Neueren deutschen Literaturgeschichte, Sprachwissenschaft des Deutschen und Gender Studies an der *Universität Freiburg*; 2007 bis 2009 wissenschaftliche Hilfskraft, Tutorin und Lehrbeauftragte des *ZAG*; Autorin und Redaktionsmitglied der *Freiburger GeschlechterStudien*; Koordinatorin und Übungsleiterin von *FLUSS* e.V. – SchwuLesBiTransQueere Bildungsarbeit; derzeit als Regieassistentin in einem Theaterprojekt tätig.

Jana Häberlein, wissenschaftliche Assistentin und Koordinatorin des Graduiertenkollegs „Repräsentation, Materialität und Geschlecht: Gegenwärtige und historische Neuformierungen der Geschlechterverhältnisse" am *Zentrum Gender Studies* der *Universität Basel*. Schliesst z.Z. ihre Dissertation über biografische Erzählungen von Flüchtlingsfrauen in London im Spannungsfeld diskursiver Regulierung und eigenständiger Praktiken ab. Arbeitsschwerpunkte:

Kritische Migrations- und Flüchtlingsforschung, Geschlechterforschung, Biografieforschung.

Mona Hanafi El Siofi, geb. 1968. Im Jahr 2007 Erlangung des M.A. in Ethnologie, Gender Studies und Psychologie an der *Albert-Ludwigs-Universität Freiburg*, Deutschland. Magistraarbeit: „Der Westen – ein Sodom und Gomorrha? Westliche Frauen und Männer im Fokus ägyptischer Musliminnen." (unter gleichem Titel publiziert im Ulrike Helmer Verlag, Sulzbach/Taunus 2009). Redakteurin und Rezensentin der Freiburger GeschlechterStudien. Lebt seit 2008 in Kairo/Ägypten und ist als Redakteurin in einer Nachrichten-Firma tätig.

Irmtraud Hnilica studierte Neuere deutsche Literatur, Soziologie und Psychologie in Heidelberg, Paris und Freiburg. 2010 Abschluss der von der *Studienstiftung des deutschen Volkes* geförderten Promotion an der *Universität zu Köln*: *Im Zauberkreis der großen Waage. Die Romantisierung des bürgerlichen Kaufmanns in Gustav Freytags ‚Soll und Haben'* (erscheint bei Synchron 2011). Sie ist wissenschaftliche Mitarbeiterin am Institut für neuere deutsche und europäische Literatur der *FernUniversität in Hagen*.

Antonia Ingelfinger, Fachhochschulausbildung zur Diplombibliothekarin in Konstanz und Stuttgart, Studium der Kunstgeschichte und der Neueren Deutschen Literatur in Tübingen und Freiburg, 1997 Magisterabschluss mit einer interdisziplinären Arbeit über Cindy Shermans *Sex Pictures* und Elfriede Jelineks *Lust*. Interdisziplinäre Lehraufträge für den Studiengang *Gender Studies* und das Kunsthistorische Institut an der *Universität Freiburg*. 2010 Abschluss der Promotion mit dem Titel *Ekel als künstlerische Strategie im ausgehenden 20. Jahrhundert am Beispiel von Cindy Shermans „Disgust Pictures"*. August 2010 bis März 2011 Mitarbeiterin (Vertretung) im *Zentrum für Anthropologie und Gender Studies* (*ZAG*) der Universität Freiburg. Seit 1999 Redakteurin der *Freiburger GeschlechterStudien* (vormals *Freiburger FrauenStudien*).

Eva Kästle, Jg. 1984, Diplom-Sozialarbeiterin, studiert derzeit Soziologie an der *Babeş-Bolyai-Universität* in Cluj-Napoca, Rumänien. Seit 2009 Mitglied in der Redaktion der *Freiburger GeschlechterStudien*.

Eva Kimminich (Prof. Dr. habil.), Kulturwissenschaftlerin und Romanistin, ist Inhaberin des Lehrstuhls „Kulturen romanischer Länder" an der *Universität Potsdam*. Ihre Forschungsschwerpunkte sind kultureller Wandel und Identität, Cultural Studies, Metapherntheorie und -empirie, Sub- und Jugendkulturen, Oraturen und Immigrationsliteratur.

Marion Mangelsdorf, Kulturwissenschaftlerin mit Forschungsinteresse an intersektionellen Fragen, insbesondere an den Verbindungslinien diskriminierender Strukturen von Sexismus, Rassismus und Speziesmus. Seit 1998 wissenschaftliche Angestellte und Lehrbeauftragte an der Abteilung Gender Studies des *Zentrums für Anthropologie und Gender Studies* (*ZAG*). Seit 2009

Mitbegründerin und Koordinatorin des *Projekt- & Kulturraums Altes Schulhaus Vogelbach* (www.altes-schulhaus-vogelbach.de).

Miriam Nandi, Dr., geb. 1974, ist Margerete von Wrangell-Stipendiatin und habilitiert seit 2008 am Englischen Seminar der *Universität Freiburg*. Miriam Nandi studierte Soziologie, Philosophie und englischen Philologie in Freiburg und Reading (GB). Sie war Mitarbeiterin am SFB 541 „Identitäten/Alteritäten" und promovierte über die literarische Verarbeitung von Armuts- und Kastenproblematik im indisch-englischen Roman. 2005 besuchte sie die *School of Criticism and Theory* an der Cornell University, wo sie bei Robert Young und Homi Bhabha studierte. Sie ist Autorin der Monographien M/Other India/s (Heidelberg 2007) Gayatri Chakravorty Spivak: Eine interkulturelle Einführung (Nordhausen 2009) sowie zahlreicher Artikel über postkoloniale Theorie und indisch-englische Literatur. Miriam Nandi ist Mitbegründerin der *Initiative Vereinbarkeit von Familie und Wissenschaft „VerFaWi"*.

Debora Niermann, Dipl. Sozialpädagogin, (M.A.) ist Wissenschaftliche Mitarbeiterin am Institut für Soziologie der *Pädagogischen Hochschule Freiburg* und Mitglied des Instituts für Qualitative Sozialforschung, Freiburg (iqs). Sie forscht und lehrt zu den Themenbereichen Familie und Migration, Familienpolitik, Geschlecht und Globalisierung, Diskriminierung und Qualitative Methoden. Nach ihrem Diplomstudium der Sozialen Arbeit an der *Fachhochschule Würzburg* absolvierte sie einen forschungsorientierten Masterstudiengang an der *Evangelischen Hochschule Freiburg*. Als Wissenschaftliche Mitarbeiterin des Sozialwissenschaftlichen *FrauenForschungsInstituts* (*SoFFI F.*) führte sie unter der Leitung von Prof. Dr. Cornelia Helfferich die qualitative Machbarkeitsstudie „Männer Leben – Familie und Migration im Lebenslauf von Männern mit Migrationshintergrund" im Auftrag der *Baden-Württemberg Stiftung* durch.

Meike Penkwitt, geb. 1971, Studium der Fächer Deutsch und Biologie an der *Albert-Ludwigs-Universität* Freiburg, seit 1995 Organisatorin der Veranstaltungsreihe *Freiburger GeschlechterStudien (vormals Freiburger FrauenForschung)*, 1997 Frauenförderpreis der *Universität Freiburg*, 1999 erstes Staatsexamen, 2011 Abschluss der Promotion „Kontrapunktik, Räumlichkeit und Materialität der Sprache als Prinzipien der Textorganisation bei Erica Pedretti" bei Prof. Dr. Franziska Schößler und Prof. Dr. Ulrich Port an der *Universität Trier*. Mitarbeiterin im *Zentrum für Anthropologie und Gender Studies* (*ZAG*) an der *Universität Freiburg*. Redakteurin und seit 1998 Herausgeberin der Zeitschrift *Freiburger GeschlechterStudien* (vormals *Freiburger FrauenStudien*). Seit 2011 Mitglied der HerausgeberInnenschaft der *Freiburger Zeitschrift für GeschlechterStudien*.

Mariam Popal studierte Islamwissenschaft, Neuere Deutsche Literatur, Film und Politikwissenschaft an der *Universität Hamburg* und promovierte zum Thema Recht und Scharia aus postkolonialer Perspektive. Sie schreibt und lehrt im Bereich Postkolonialer Kritik, Kritischer Weißseinsforschung und

Cultural Studies, vertritt zur Zeit die Juniorprofessur Islamwissenschaft am Orientalischen Seminar der *Universität Freiburg* und arbeitet an den Themen Feministische Postkoloniale Ethik, Postkoloniale Methodologie, (afghanische) Diaspora und zum *Islam als Zeichen*. Zu ihren neueren Arbeiten gehören (2009) „Heine und der Orient? – Zwischen Subjektivität und Veranderung oder Wie das Andere nach Deutschland kam – sah – und ?" *Fremde, Feinde und Kurioses. Innen- und Außenansichten unseres muslimischen Nachbarn*. Hg. Lawrence I. Conrad/ Benjamin Jokisch/ Ulrich Rebstock und (2011) „Objektivität – Desiring Subjects." *Wie Rassismus aus Wörtern spricht – (K-)Erben des Kolonialismus im Wissensarchiv deutsche Sprache – Ein kritisches Nachschlagewerk*. Hg. Susan Arndt/ Nadja Ofuatey-Alazard.

Verena Schurt, Diplom-Pädagogin, Dr. phil., wissenschaftliche Mitarbeiterin am *Zentralinstitut für Didaktische Forschung und Lehre (ZdFL)* der *Universität Augsburg*, Koordinatorin des Promotionskollegs „Heterogenität und Bildungserfolg". Ausgewählte Publikationen: (2010) (gemeinsam mit Leonie Herwartz-Emden und Wiebke Waburg) *Aufwachsen in heterogenen Sozialisationskontexten*. Wiesbaden: VS Verlag; (2010) „‚Ist der nicht ein bisschen kurz?' Ethnographie in der Mädchenschule am Beispiel von Kleidungs-, Haar-, Styling- und Körperpraktiken." *Mädchen in der Schule*. Hg. Leonie Herwartz-Emden/ Verena Schurt/ Wiebke Waburg. Opladen/ Farmington Hills, MI: Barbara Budrich, 49-83; (2010) (zusammen mit Jörg Hagedorn, Corinna Steber und Wiebke Waburg) *Ethnizität, Geschlecht, Familie und Schule*. Wiesbaden: VS Verlag.

Dr. Claudia Seeling, geb. 1968, 1990 bis 1997 Studium Germanistik und Soziologie an der *Universität Mannheim*, Wiedereinstiegsstipendium der *Senatskommission zur Förderung der gleichberechtigten Entfaltung von Frauen in Studium, Forschung und Lehre*, anschließend Promotionsstipendium der *Gesellschaft der Freunde der Universität Mannheim*, Disputation März 2007, seitdem u.a. tätig in der Erwachsenenbildung, WS 2009/10 bis WS 2010/11 Lehrkraft für besondere Aufgaben im Fach Neuere deutsche Literaturwissenschaft an der *Universität Trier*, dort Lehrbeauftragte seit SS 2011, seit August 2011 Projektkoordinatorin Mentoring im *Frauenbüro der Universität Trier*. Veröffentlichung: *Zur Interdependenz von Gender- und Nationaldiskurs bei Marie von Ebner-Eschenbach*. St. Ingbert 2008.

Wiebke Waburg, Diplom-Soziologin, Dr. phil., wissenschaftliche Mitarbeiterin an der Professur für Pädagogik der Kindheit und Jugend der *Universität Augsburg*, Lehreinheit Interkulturelle Pädagogik. Ausgewählte Publikationen: (2010) (gemeinsam mit Leonie Herwartz-Emden und Verena Schurt) *Aufwachsen in heterogenen Sozialisationskontexten*. Wiesbaden: VS Verlag; (2010) „Zwischen Legitimationszwang und Normalitätserleben: Weiblichkeitskonstruktionen von Schülerinnen monoedukativer Schulen" *Mädchen in der Schule*. Hg. Leonie Herwartz-Emden/ Verena Schurt/ Wiebke Waburg. Opladen/ Farmington Hills, MI: Barbara Budrich, 85-121. (2010) (zusammen mit Jörg Hagedorn,

Verena Schurt und Corinna Steber) *Ethnizität, Geschlecht, Familie und Schule.* Wiesbaden: VS Verlag.

Jenny Warnecke, geb. 1975 in Frankfurt/M. Seit 1996 in Freiburg. Magistra-Arbeit: „Körpergedächtnis und Gedächtnispolitik. Die deutsch-jüdische Schriftstellerin Esther Dischereit." Doktorarbeit über Louise Aston, veröffentlicht 2011 im Ulrike Helmer Verlag in zwei Bänden: *Frauen im Strudel gewaltiger Thaten. Louise Astons „Revolution und Contrerevolution 1849"* und *Louise Astons ‚Revolution und Contrerevolution' (1849)* als Edition.

Weertje Willms ist Privatdozentin und Akademische Mitarbeiterin an der *Albert-Ludwigs-Universität Freiburg.* Studium der Komparatistik, Slavistik und Psychologie in Moskau, Mainz und München. Promotion 1999 im Fachbereich Sozialpsychologie der *Universität München* mit einer interdisziplinären Arbeit (Gesellschaftlicher Diskurs und literarischer Text in Deutschland zwischen 1945 und 1970. Würzburg: K&N, 2000). Habilitation 2006 am Institut für Literaturwissenschaft der *TU Berlin* (Geschlechterrelationen in Erzähltexten der deutschen und russischen Romantik. Hildesheim: Olms, 2009). Forschungsschwerpunkte: Interkulturalität, Literatur und Psychologie, Genderforschung, Diskursanalyse, deutsch-russische Kulturbeziehungen.

Gisela Wolf, Dr. Dipl. Psych., ist Mitarbeiterin des *Instituts für Transdisziplinäre Gesundheitsforschung*, Berlin. Forschungsgebiete: Netzwerkforschung, lsbt-Studien, Barrieren in der Gesundheitsversorgung.

Andrea Zimmermann ist Dozentin und Assistentin am *Zentrum Gender Studies* der *Universität Basel.* Sie studierte Katholische Theologie und Neuere deutsche Literaturwissenschaft in Freiburg und Edinburgh, war 2005-2008 Mitglied des Basler Graduiertenkollegs „Gender in Motion" und schreibt zurzeit an einer Dissertation über die performative Verfertigung von (Geschlechts-)Identitäten in zeitgenössischen Theatertexten. Seit 2004 arbeitete sie außerdem als Dramaturgin u.a. am *Theater Freiburg* und am *Düsseldorfer Schauspielhaus.*

Anzeigen

Gabriele Rohmann (Hrsg.):

KRASSE TÖCHTER

Mädchen in Jugendkulturen

2007, 312 Seiten, zahlreiche Abbildungen, durchgängig in Farbe, 25 Euro,
ISBN 978-3-940213-37-2

Jugendkulturen sind fast immer Jungenkulturen. Ob HipHop oder Metal, Skins oder Punks, Skater oder Techno – Jungen und junge Männer dominieren. Dennoch gibt es zahlreiche Mädchen und junge Frauen in diesen und allen anderen Szenen. Wie erleben sie ihre Szene? Werden sie genauso akzeptiert wie die Jungs? Müssen sie anderen Rollenerwartungen genügen? Auf welche Weise finden sie ihren Weg in die Szenen? Was schreckt sie von einer aktiven Teilnahme ab? Haben Mädchen und junge Frauen andere Einstellungen zu Drogen, Gewalt, Sex und Beziehungen als die jungen Männer? Der Sammelband enthält u. a. Texte zu Mädchen und jungen Frauen in Hardcore, HipHop, Graffiti, Metal, Gothic, Visual kei und im Fußball, zu Riot Grrrls und Ladyfesten, rechtsextremen Mädchen, Mädchen in der Skinhead- und Rockabilly-Szene, Mädchen und Medien sowie Möglichkeiten der jugendkulturellen und interkulturellen Mädchenarbeit.

Erwin In het Panhuis:

AUFKLÄRUNG UND AUFREGUNG

50 Jahre Schwule und Lesben in der BRAVO

2010, 195 Seiten, ca. 360 Abbildungen, durchgängig in Farbe, Hardcover, 28 Euro
ISBN 978-3-940213-58-7

Seit 1956 hat die BRAVO Generationen von Jugendlichen aufgeklärt. Homosexualität, zunächst tabu, wurde erst ab Mitte der 60er Jahre zum Thema – als krankhafte Abweichung vom Normalen und um die Jugend vor Verführung zu warnen. Ab 1969 kam mit Dr. Sommer die sexuelle Offenheit. Als dieser 1972 gleichgeschlechtliche Erlebnisse schilderte (u. a. seine eigenen), wurde die BRAVO auf den Index der jugendgefährdenden Schriften gesetzt und stand kurz vor dem Aus.
Den Anstoß für einen der ersten Beiträge über Homosexualität und Musik boten Village People mit ihrem Hit Y.M.C.A. (1979). Mit Smalltown Boy wurde Jimmy Somerville 1984 zu einer wichtigen Galionsfigur der jungen Schwulenbewegung. Das große Schweigen war nun endgültig vorbei! Heute erinnert kaum noch etwas an den schwierigen Weg der schwul-lesbischen Emanzipation. Hat sich BRAVO hier große Verdienste erworben oder eher gebremst? Dieses Buch untersucht ca. 1.000 Beiträge, die seit einem halben Jahrhundert dazu erschienen sind.

In jeder guten Buchhandlung oder unter www.jugendkulturen.de

FORUMRECHT
PRIVAT AUTONOM
FREIHEIT UND BÜRGERLICHES RECHT
BGB
Bürgerliches Gesetzbuch
Like
Heft 02/2011 jetzt erhältlich.
www.forum-recht-online.de
Das rechtspolitische Magazin
für Uni und soziale Bewegung.

mehr als 25 jahre:
spirituell & kritisch
engagiert & vernetzt
Doppelausgabe!
schweigen
schlangenbrut
schweigen
113/114
zeitschrift für feministisch und religiös interessierte frauen
Oder:
dialog der frauen (€ 4,80)
interreligiös & aktuell
€ 9,60 +
Versandkosten
schlangenbrut
zeitschrift für
feministisch und
religiös interessierte
frauen
Postfach 20 09 22 · D-53139 Bonn · Fon (02 28) 1 80 20 94
Fax (02 28) 1 80 20 92 · info@schlangenbrut.de
www.schlangenbrut.de

Bisher erschienene Titel

1/95	**Frauen und Wahnsinn (vergriffen)**
2/95	**Frauenräume (168 Seiten), 7,50 €**
1/96	**Frauenalter – Lebensphasen (140 Seiten), 7,50 €**
2/96	**Frauen – Bildung – Wissenschaft (136 Seiten), 7,50 €**
1/97	**Frauen und Körper (130 Seiten), 7,50 €**
1/98	**Frauen und Mythos (302 Seiten), 10,– €**
2/98	**Utopie und Gegenwart (237 Seiten), 10,– €**
1/99	***Cross-dressing* und Maskerade (vergriffen)**
2/99	**Feminismen – Bewegungen und Theoriebildungen weltweit (304 Seiten), 10,– €**
1/00	**Beziehungen (310 Seiten), 10,– €**
11	**Perspektiven feministischer Naturwissenschaftskritik (312 Seiten), 10,– €**
12	**Dimensionen von *Gender Studies*, Band I (322 Seiten), 10,– €**
13	**Dimensionen von *Gender Studies*, Band II (391 Seiten), 10,– €**
14	***Screening Gender* – Geschlechterkonstruktionen im Kinofilm (347 Seiten), 12,50 €**
15	**Entfesselung des Imaginären? – Zur neuen Debatte um Pornografie (397 Seiten), 12,50 €**
16	**Arbeit und Geschlecht (297 Seiten), 12,50 €**
17	***Queering Gender – Queering Society* (376 Seiten), 12,50 €**
18	**Elternschaft (375 Seiten), 12,50 €**

Fortsetzung bisher erschienene Titel

19 Erinnern und Geschlecht, Band I (455 Seiten), 12,50 €

20 Erinnern und Geschlecht, Band II (442 Seiten), 12,50 €

21 Männer und Geschlecht (501 Seiten), 15,00 €

22 Kindheit, Jugend, Sozialisation (518 Seiten), 15,00 €

23 Geschlechter – Bewegungen – Sport (418 Seiten), 29,90 €

24 Feminisms Revisited (468 Seiten), 29,90 €

25 Migration – Mobilität – Geschlecht (380 Seiten), 29,90 €

Jeweils zzgl. Versandkostenanteil (bei einem Band 1,50 €, ab zwei Bänden 3,– €).
Die Ausgaben 2/95, 1/96, 2/96 und 1/97 kosten bei Erwerb von zwei und mehr Bänden jeweils nur 5,– €.

Der Bezugspreis ab Band 23 beträgt im Abonnement 25,00 € zzgl. Versandkostenanteil.

Bei einem neuen Abo gibt es als Begrüßungsgeschenk einen der älteren Bände umsonst mit dazu.

Manuskripte:

Zur Einreichung Ihres Beitrags für die folgende Ausgabe der *Freiburger GeschlecherStudien* bitten wir den „Call for Papers“ auf Seite 327 zu beachten. Bitte fordern Sie außerdem das Stylesheet mit verbindlichen Vorgaben an.

Redaktionsadresse:

Zentrum für Anthropologie und *Gender Studies* (ZAG), Belfortstraße 20, 79098 Freiburg, Tel.: 0761/203-8846, Fax: 0761/203-8876,

frauenst@mail.uni-freiburg.de, http://www.zag.uni-freiburg.de